SYSTÈME FINANCIER

DE LA FRANCE

SYSTÈME FINANCIER

DE LA FRANCE

PAR

M. LE Mis D'AUDIFFRET

SÉNATEUR, PRÉSIDENT HONORAIRE DE LA COUR DES COMPTES,
MEMBRE DE L'INSTITUT, PRÉSIDENT DE LA SOCIÉTÉ GÉNÉRALE DE CRÉDIT ET ANTÉRIEUREMENT PREMIER
COMMIS DES FINANCES, CONSEILLER D'ÉTAT, PAIR DE FRANCE

TROISIÈME ÉDITION, REVUE ET AUGMENTÉE

TOME PREMIER

RAPPORT AU ROI SUR L'ADMINISTRATION DES FINANCES

DU 15 MARS 1830

(LÉGISLATION DE 1789 A 1830)

PROJET DE BUDGET DE L'EXERCICE 1831

DERNIÈRE LOI DE FINANCES DE LA RESTAURATION

PARIS

IMPRIMERIE ET LIBRAIRIE ADMINISTRATIVES DE PAUL DUPONT

Rue de Grenelle-St-Honoré, 45.

1863

PRÉFACE DE L'OUVRAGE.

Je cède au vœu des partisans de l'économie politique démontrée par l'expérience en donnant une nouvelle édition de l'ouvrage intitulé : *Système financier de la France*. Cette œuvre de conscience et de conviction, résume dans un ordre méthodique les meilleurs souvenirs de ma longue carrière constamment éclairée par la pratique des affaires et par l'observation des faits. Je complète l'ensemble de ce travail par plusieurs écrits qui se rattachent au même sujet et qui ont été publiés séparément, tels que *le Budget*, *la Libération de la propriété*, *Réforme de l'administration financière des hypothèques*, *la Crise financière de* 1848, etc. J'y ajoute aussi quelques nouveaux développements sur les questions qui ont été approfondies ou résolues depuis l'époque où j'ai commencé à traiter les différentes matières que je remets encore à l'étude. J'ai repris également et conduit jusqu'à l'époque actuelle l'historique sommaire de la législation des finances, commencé en 1789, mais arrêté en 1830, par le rapport présenté au roi, le 15 mars de la même année, et qui commence ce corps d'ouvrage. J'ai conservé d'ailleurs le plan primitif de mon précédent examen de l'organisation des finances et de la comptabilité publique, ainsi que le caractère d'actualité souvent instructif que lui ont imprimé les vicissitudes politiques au milieu desquelles se sont fortifiés, par des épreuves décisives, les bons préceptes et les doctrines de l'administration et de la science économique, dont j'étais alors, comme aujourd'hui, le disciple et le défenseur.

Je reproduis donc ma préface dans les circonstances et dans les termes où elle a été écrite pour la première fois.

Pendant les moments de loisir que m'ont procurés mes vacances judiciaires de 1839 j'ai présenté l'examen et la discussion des revenus publics de la France; j'ai soumis le résumé de leurs législations, la discussion de leurs tarifs et l'analyse de leurs résultats à l'appréciation des hommes qui cherchent la prospérité de leur pays dans l'étude sérieuse de ses intérêts positifs bien plus que dans les combinaisons spéculatives d'une politique presque toujours empreinte des couleurs variables et trompeuses de l'esprit de parti. Ce rapide exposé n'a point fatigué l'attention par des développements qui eussent été superflus pour l'expérience des administrateurs et décourageants pour la patience des lecteurs étrangers aux finances; mais les détails qu'il contient ont suffi pour mieux faire connaître les différentes branches des produits du trésor, pour en manifester plus clairement les avantages, pour en indiquer les imperfections et pour provoquer des améliorations depuis longtemps élaborées.

L'accueil bienveillant qui a été fait à cet écrit, inspiré par le sentiment du bien public, m'a engagé à le représenter avec quelques additions et à compléter le tableau général de notre organisation financière en rattachant à cette première partie trois nouveaux livres qui traitent successivement du *crédit de l'État, de sa dette et de ses moyens de libération; de la circulation des valeurs de la richesse publique*; enfin, *de la comptabilité publique*.

Ces notions supplémentaires ont été puisées dans des documents antérieurs qui ont déjà obtenu l'assentiment de beaucoup d'esprits sérieux, et que j'avais préparés, à diverses époques, pour le gouvernement et pour la tribune législative. L'isolement et l'usage éphémère de ces matériaux de discours et de rapports administratifs n'avaient pas permis de suivre la liaison des idées ni d'en vérifier avec maturité toutes les conséquences; j'ai donc pensé qu'il pourrait être utile de former de ces divers éléments un ensemble de travail, afin d'expliquer plus clairement les rouages variés du mécanisme financier de la France.

Les théories dangereuses qui séduisent la bonne foi et qui trompent le patriotisme sont ordinairement les fruits d'une ignorance présomptueuse et plus souvent encore d'une instruction superficielle; il est alors du devoir de ceux qui ont acquis une longue expérience des faits par une pratique personnelle et par une observation positive de chercher et de montrer la vérité telle qu'elle s'est révélée aux efforts de leur laborieuse carrière. Cette obligation est devenue désormais d'autant plus impérieuse que les emplois de toute nature ont été menacés en France de l'envahissement des influences politiques ou des courtisans du pouvoir, et que, sous le prétexte d'imiter l'Angleterre, quoique l'exemple soit mal choisi au moment où elle n'accorde plus qu'un petit nombre de sinécures aux partisans de la majorité ministérielle, nous avons vu livrer les postes les plus difficiles, de tous les degrés et dans tous les services, aux prétentions les plus téméraires et les plus abusives. Cette sorte de dilapidation des fonctions publiques expose les gouvernements aux erreurs et aux innovations de l'inexpérience; il est donc indispensable de placer, autant que possible, les œuvres du temps et du savoir sous la protection de l'opinion du pays par des explications claires et sincères sur la belle organisation administrative de la France, afin de la défendre contre l'affaiblissement du pouvoir et contre la plus funeste de toutes les anarchies, celles des agents chargés de l'exécution des lois.

J'ai fait suivre cet examen de nos principes, de nos règles et de nos procédés de finances, d'un recueil de documents complémentaires revêtus de la signature de plusieurs hommes d'État qui ont dirigé avec succès la fortune de la France et qui ont laissé d'utiles leçons aux administrateurs de tous les temps. J'ai cru que je répandrais, sur le sujet important de cet ouvrage, une lumière plus vive en l'éclairant de la pensée et des décisions de ces graves autorités. On trouvera, dans les opinions et dans les actes de ces ministres, une application aussi vivante qu'instructive des doctrines de la science économique pour laquelle j'emprunte leurs exemples, et parfois aussi leurs paroles.

On se convaincra d'ailleurs par la lecture d'une notice sur la vie du grand Colbert, qui est annexée à ces documents pour expliquer les fréquentes invocations que je fais à ce génie créateur de nos plus utiles institutions, que si nous devons de justes hommages aux talents et au patriotisme de nos contemporains, les œuvres trop oubliées de ce ministre du beau siècle de Louis XIV seront toujours dignes de notre admiration et de notre reconnaissance.

Enfin, j'ai pensé qu'il serait utile de réunir à ce cours d'études sur les finances un document qui n'a pas été mis à la disposition du public, quoique l'usage en soit éminemment utile à tous ceux qui se livrent à la pratique de l'administration : c'est *le Règlement général de la comptabilité publique*, en date du 31 mai 1862, précédé d'un Exposé général qui en facilitera l'intelligence, et modifié dans toutes les dispositions qui ont été revisées et complétées depuis sa première promulgation, en 1838.

SOMMAIRE DE L'OUVRAGE.

L'administration de la fortune de l'État embrasse tous les intérêts de la société. Il n'est pas, en effet, une seule existence individuelle qui ne soit directement affectée par la perception de l'impôt, par le développement du crédit, par la circulation de la richesse nationale, ainsi que par la répartition plus ou moins habile des revenus publics entre les besoins moraux et matériels des populations. L'agriculteur, le manufacturier, le négociant, le propriétaire, l'artisan lui-même, enfin toutes les professions alimentent à la fois les sources variées de la fortune publique par les produits de leur intelligence, de leur travail ou de leurs capitaux, et reçoivent du trésor, en échange de leurs sacrifices, la protection, l'assistance, la sécurité pour les personnes, avec l'indépendance et la grandeur de la patrie. Chaque Français est en même temps contribuable et créancier de l'État.

L'Exposé du système financier de la France que nous publions est le résumé des études et des travaux d'une longue carrière constamment éclairée par l'observation, par la pratique et par un concours actif à l'exécution, à la surveillance et à l'amélioration des services. Cinquante-huit ans d'une expérience laborieusement acquise dans le ministère des finances, dans la Cour des comptes, dans les fonctions législatives, dans la Société générale de crédit et dans le commerce habituel des hommes les plus éminents de son siècle, ont conquis à ces travaux une certaine autorité.

Cet ouvrage est le seul dans lequel se trouvent expliquées et enseignées la théorie et la pratique de l'administration des finances. Il est donc indispensable aux administrateurs, aux comptables, aux législateurs, aux fonctionnaires publics et aux hommes d'État qui veulent connaître et comprendre la belle organisation de notre système économique et financier.

Nous présentons ci-après une analyse sommaire des nombreuses questions examinées dans les diverses parties du système financier de la France.

Le *premier volume* contient le *Rapport fait au roi sur l'administration des finances, le 15 mars* 1830, ainsi que l'*Exposé des motifs et du projet de budget de l'exercice* 1831, qui avaient été préparés avant la révolution de 1830. Ce travail retrace l'histoire de l'organisation et de la législation financières depuis 1789 jusqu'au commencement de l'année 1830. Il a fait connaître, pour la première fois, dans toute son étendue, la carrière parcourue pendant près d'un demi-siècle de conjonctures difficiles par les nombreux administrateurs qui se sont succédé à la direction de ce grand service ; il a dissipé des préventions injustes sur la gestion et sur la situation des finances de l'État, et il a puissamment contribué, pour l'avenir, à perfectionner l'éducation des législateurs et des hommes d'État appelés à surveiller ou à conduire avec plus ou moins de succès la fortune de la France.

Le *second volume* se divise en quatre livres.

Le premier livre, sous le titre d'*Examen des revenus publics*, expose et discute toutes les questions de finances et d'économie politique qui se rapportent aux impôts sur la propriété foncière, sur les capitaux et les biens mobiliers; aux droits de consommation des sels, des boissons et des sucres; aux principes et aux résultats du tarif des douanes sur l'agriculture, le commerce, l'industrie manufacturière, la navigation et les colonies; aux taxes indirectes de toute nature; aux produits des tabacs, des poudres, des postes, des monnaies et des autres services exploités par le gouvernement; aux revenus des biens de l'État; enfin, au mécanisme administratif de ces différentes branches de la richesse du trésor qui composent la plus grande partie des attributions du ministère des finances.

Le second livre offre un *Examen ou traité sommaire sur le crédit de l'État*, sur la nature, l'origine, le développement successif et la composition de la dette de la France et sur ses divers moyens de libération par l'amortissement du capital ou par la conversion des rentes à plus bas intérêt.

Le troisième livre, ayant pour titre : *Examen de la circulation des valeurs de la richesse publique*, traite successivement des espèces métalliques ; des maisons de banque; des banques publiques ; des valeurs fiduciaires de crédit; de la trésorerie et des banques nationales en Angleterre, aux États-Unis, en France; de notre système spécial de circulation de la fortune publique; de la fusion des services du trésor et de la Banque de France; des comptoirs d'escompte; des institutions particulières de crédit.

Le quatrième livre présente l'*Examen de la comptabilité publique*, c'est-à-dire le tableau historique des garanties d'ordre, de contrôle et de haute surveillance accordées au pays sur la recette et l'emploi de la fortune nationale.

Les trois volumes suivants comprennent des *développements complémentaires* sur le système financier de la France.

Le troisième volume présente la première série de ces travaux complémentaires qui sont produits, à titre de corollaires de ce corps d'ouvrage, pour en éclairer et en démontrer les diverses parties par des explications instructives et par des témoignages irrécusables.

Ce volume se compose: 1° d'un livre spécial qui expose et discute, dans ses éléments et dans son ensemble, l'œuvre importante du *budget général de l'Etat* et qui réclame les améliorations dont ce programme annuel du gouvernement paraît encore susceptible à l'avenir; 2° d'une notice sur les *services spéciaux placés en dehors du budget de l'Etat*, mais qui s'y trouvent rattachés pour ordre, en conservant leur régime particulier, tels que la *caisse des invalides de la marine*, la *légion d'honneur* et autres institutions publiques; 3° d'une discussion sur la *responsabilité des ministres* en matière de dépenses publiques; 4° d'un exposé de système et des résultats de *l'amortissement de la dette*, depuis sa création en 1816 jusqu'à sa suspension en 1848, sa reprise temporaire et sa nouvelle suppression en 1860; 5° d'un *Essai sur l'organisation administrative des finances*, qui décrit, à toutes les époques, les rouages de ce grand mécanisme en indiquant les améliorations réalisées et celles qui pourraient encore être obtenues; 6° d'un *Rapport sur les déclarations publiques de la Cour des comptes* qui motive l'institution d'un contrôle judiciaire et indépendant sur l'exécution de tous les services de l'État; 7° d'un *Rapport sur l'administration et la situation des départements et des communes*, présenté au gouvernement par une commission spéciale le 6 mars 1851.

Le quatrième volume offre la seconde série des documents complémentaires du système financier de la France et comprend: 1° le *Tableau des finances au commencement du siècle*, sous le consulat de l'année 1800; 2° l'*Aperçu des progrès du crédit public et de la fortune natio-*

nale de 1789 *à* 1862; 3° la *Situation des finances en* 1816, constatant l'état du trésor et des revenus publics après la double invasion étrangère; 4° la *Crise financière de* 1848 comparée à celles de 1815, 1830 et 1840; 5° un *Rapport sur la campagne de Crimée de* 1854 *à* 1857; 6° la *libération de la propriété*, et 7° la *Réforme de l'administration financière des hypothèques*; ces deux ouvrages ont pour but de délivrer les biens-fonds des obscurités, des entraves, des lenteurs et des charges du régime hypothécaire, ainsi que des liens compliqués et onéreux de l'entremise obligée des officiers publics et des conservateurs d'arrondissements; 8° l'*Exposé des services de la caisse des dépôts et consignations*; 9° un *Rapport sur les indemnités dues aux colons de Saint-Domingue*; 10° *Une notice sur Colbert*; 11° des souvenirs sur le baron Louis, et 12° sur le comte de Villèle.

Le cinquième volume termine la série des documents complémentaires du système financier de la France et comprend le *Règlement général sur la comptabilité publique du* 31 *mai* 1862, modifié par les dispositions des lois, des ordonnances et des décrets rendus de 1838 à 1862, précédé d'un exposé très-détaillé sur l'organisation de la comptabilité publique et de la Cour des comptes, et suivi de rapports circonstanciés et de *règlements spéciaux sur les contrôles du trésor*.

On trouve dans ces dernières dispositions réglementaires un tableau analytique de toutes les parties de l'organisation politique, administrative et financière de la France, l'explication des rapports qui lient entre elles les diverses branches du gouvernement, l'exposé de leurs nombreux moyens d'exécution et de contrôle, l'indication du but marqué à chacune des institutions centrales ou locales du pays; enfin, le recueil méthodique des principes et des règles qui doivent être constamment observés, dans leurs fonctions respectives, par les membres des assemblées législatives, par ceux des conseils généraux ou municipaux, par les magistrats, par les administrateurs et par les comptables des différents services publics.

TABLE GÉNÉRALE DE L'OUVRAGE.

TOME PREMIER.

Exposé du système et de la législation des finances de 1789 à 1830, ou Rapport au roi sur l'administration des finances du 15 mars 1830 et dernier budget de la restauration pour l'exercice 1831.

TOME SECOND.

Examen du système et de la législation des finances de 1830 à 1862, savoir :

Examen
- des revenus publics.
- du crédit de l'État.
- de la circulation de la richesse publique.
- de la comptabilité publique.

TOME TROISIÈME.

DÉVELOPPEMENTS COMPLÉMENTAIRES DU SYSTÈME FINANCIER DE LA FRANCE.

Le budget général de l'État.
Services spéciaux placés en dehors du budget de l'État.
Responsabilité des ministres en matière de dépenses publiques.
Régime et résultats de l'amortissement de la dette publique.
Essai sur l'organisation administrative des finances.
Contrôles de la Cour des comptes, déclarations publiques.
Rapport du 6 mars 1851 sur la situation financière des départements et des communes.

TOME QUATRIÈME.

SUITE DES DÉVELOPPEMENTS COMPLÉMENTAIRES DU SYSTÈME FINANCIER DE LA FRANCE.

État des finances au commencement du siècle 1800.

TOME CINQUIÈME.

FIN DES DÉVELOPPEMENTS COMPLÉMENTAIRES DU SYSTÈME FINANCIER DE LA FRANCE.

PRÉFACE DU TOME PREMIER.

Au moment où le ministère nommé le 8 août 1829 reçut la mission de soutenir la lutte déplorable qui venait de s'engager entre la royauté provoquée par l'ambitieuse ingratitude des partis, et l'opinion publique égarée par les passions de la presse et de la tribune, M. le comte de Chabrol-Crouzol accepta la responsabilité du département des finances. Cet homme d'État, qui, dans sa longue carrière, avait exercé avec distinction les plus hautes fonctions de la magistrature et de l'administration publique, se proposa, dès sa rentrée dans les affaires, de désarmer, autant que possible, les préventions hostiles par la droiture de ses actes, par l'observation des lois et par des mesures d'intérêt général; enfin, de ramener les esprits à la modération et à la justice par la franchise de ses explications et par une entière manifestation de la vérité sur les finances.

J'étais alors le plus ancien des directeurs du ministère, le seul qui, sous l'Empire et sous la nouvelle monarchie, eût été longtemps associé, par la confiance des ministres successifs, aux réformes et aux améliorations qui avaient déjà procuré l'ordre dans la comptabilité, la simplification dans le mécanisme administratif, l'économie dans les dépenses, l'abondance dans les revenus, ainsi que les ressources fécondes du crédit de l'État. Je fus donc conduit par mon travail de chaque jour à retracer à ce nouvel administrateur de la fortune publique les utiles résultats obtenus par ses devanciers pour reconquérir la prospérité de notre belle France après les plus rudes épreuves de sa gloire et de ses revers.

C'est à la suite de ces entretiens, dans lesquels M. le comte de Chabrol se fortifiait des renseignements indispensables à la défense du budget avant l'ouverture d'une session législative très-menaçante, que cet homme de bien conçut la noble pensée de publier un exposé fidèle de toutes les parties de l'organisation de son ministère et de présenter à la nation l'état au vrai de ses finances.

C'est alors aussi qu'il s'imposa, pour la bonne exécution de ce grand devoir, la tâche laborieuse de présider lui-même les différentes commissions spéciales appelées à l'éclairer d'une manière approfondie sur les nombreux services de son département. Enfin, ce fut après cet examen personnel et consciencieux qu'il me confia l'honorable mission de lui préparer, dans les deux mois qui nous séparaient de la réunion des chambres, un rapport au roi, présentant le tableau complet de sa grande administration, ainsi que l'ensemble des travaux accomplis par ses prédécesseurs et continués sous sa direction.

Secondé par le zèle des différents administrateurs, je parvins à soumettre, en temps utile, cette œuvre importante à la censure éclairée du ministre qui lui accordait successivement son approbation en écoutant, avec une attention scrupuleuse, la lecture partielle de chaque chapitre de ce rapport avant de l'envoyer à l'impression.

Je reçus ensuite, par son entremise, l'une des récompenses les plus précieuses qu'il m'ait été donné de mériter dans le cours de ma longue carrière; appelé près du roi, le plus gracieux et le plus bienveillant, je l'entendis prononcer des paroles que je ne puis m'empêcher de rappeler ici comme l'expression touchante de sa profonde sollicitude pour le pays : « Ah ! mon cher d'Audiffret, s'écria-t-il, « en me serrant la main, je ne saurais vous exprimer la satisfaction « que j'éprouve à lire un travail qui me retrace et qui démontre clai« rement à la France tout le bien que nous lui avons fait. »

Cependant cette prospérité croissante fut arrêtée dans son essor par les journées de juillet 1830 : retour fatal des théories démocratiques inaugurées avec le plus aveugle enthousiasme, au déclin de l'ancienne monarchie, par de prétendus philosophes et par d'imprudents novateurs ambitieux, précurseurs des tribuns révolutionnaires; si cruellement humiliées en 1793 par le triomphe du crime et de la destruction ; si glorieusement subjuguées au commencement du siècle par la dictature d'un génie réparateur; et qui viennent de se montrer une fois de plus, en 1848, incompatibles avec tout pouvoir protecteur de la société.

M. le baron Louis, ce ministre habile et courageux qui se dévoua dans toutes les conjonctures difficiles au salut du trésor et du crédit de l'État, ordonna la publication immédiate du rapport sur les finances préparé par M. le comte de Chabrol (1), et contribua, par cet acte de politique généreuse autant que prévoyante, à dissiper les injustes défiances et les craintes mal fondées du pays sur la situation antérieure de ses ressources et de ses besoins.

Le budget de l'exercice 1831, dont la rédaction avait été revêtue de l'approbation du roi Charles X, fut remplacé par un projet de loi de finance approprié au nouvel ordre de choses, et ne reçut aucune publicité. Il m'a donc paru intéressant pour ceux qui veulent connaître le véritable état financier de la France à la veille même de la révolution de 1830 de donner ici, comme complément du rapport du 15 mars, l'exposé des motifs et le texte des dispositions législatives du budget que le ministère, renversé sous les débris du trône, allait présenter à la délibération des chambres.

(1) Rapport au Roi sur l'administration des Finances, en date du 15 mars 1830. (*Imprimerie nationale.*)

SYSTÈME FINANCIER
DE LA FRANCE.

RAPPORT AU ROI
SUR L'ADMINISTRATION DES FINANCES [1].

Sire, lorsque j'ai reçu de la confiance de Votre Majesté la direction des finances du royaume, mon premier devoir a été d'étudier le système de cette grande administration, pour reconnaître si son organisation actuelle et si les vues qui la dirigent permettaient de réaliser tous les bienfaits qui ont été promis à la France par le régime d'ordre et de justice qui s'est établi depuis la restauration. Cette branche importante du service public est celle qui touche le plus immédiatement aux divers intérêts de la société; elle offre de puissants moyens de faire pénétrer dans toutes les classes le bien-être dont les peuples ont appris à jouir, et dont ils attendent le développement de la sollicitude royale. Je dois

[1] Les questions importantes discutées dans ce grand travail ont été préparées par plusieurs commissions, composées des principaux administrateurs des finances, présidées par le ministre, et auprès desquelles M. le marquis d'Audiffret remplissait les fonctions de secrétaire rapporteur.

rendre un compte fidèle de cet examen, exposer les principes qui ont présidé à l'institution de chacune des parties de cet ensemble, le but qui leur a été assigné, enfin les modifications qu'elles ont déjà reçues et qu'elles doivent encore éprouver pour satisfaire aux nouveaux besoins, et pour assurer les nouvelles améliorations qui sont la conséquence des formes de notre gouvernement.

Avant de commencer l'examen des diverses branches de ce ministère, je dois tracer sommairement la marche qu'il a suivie pour parvenir à la situation présente.

On a cru longtemps devoir céder à forfait à des compagnies particulières la plupart des opérations relatives à l'assiette, à la perception et à l'emploi des revenus publics. Cet ancien système, qui livrait aux spéculations de l'intérêt privé l'exécution des lois de finances, l'application des tarifs et les ressources du crédit, était aussi préjudiciable aux contribuables que ruineux pour le Trésor de l'État. L'expérience a démontré au gouvernement qu'il devait prendre une part plus directe à l'administration des intérêts généraux qui lui étaient confiés, et il a fait succéder le mode plus régulier des régies intéressées à celui des fermes générales. L'épreuve de ces deux régimes a conduit plus tard à reconnaître qu'il était indispensable de soustraire aux mains avides des traitants la gestion des deniers de l'État; qu'il fallait confier le recouvrement des impôts, le mouvement des fonds qui en proviennent, leur application aux dépenses, les moyens du crédit public, enfin tout le service des finances, à des administrateurs placés sous les ordres immédiats du ministre, et soumis au contrôle d'une comptabilité centrale. Mais il a été longtemps impossible de faire prévaloir ces idées judicieuses contre tant d'intérêts coalisés et puissants qui ont arrêté les derniers efforts de la sagesse royale.

Les assemblées populaires qui ont momentanément usurpé tous les pouvoirs avaient remis la direction de chaque branche du service des finances à leurs propres commissaires, qui disposaient de la fortune publique, livrée aux égarements de leurs passions et de leur ignorance.

Pour préparer la transition de ces formes anarchiques au régime absolu qui allait bientôt les remplacer, on crut devoir établir des administrations collectives qui furent constituées sur de nouvelles bases et assujetties à des règles plus précises. Ces comités de finances étaient soumis à la direction d'un seul ministre; mais ils n'en continuèrent pas moins, comme leurs prédécesseurs, à rester dans l'indépendance de ce chef principal, et à ne reconnaître pour régulateur que le gouvernement lui-même.

On voulut enfin simplifier et régulariser l'action trop lente de ces corps délibérants, qui étaient toujours embarrassés pour donner un mouvement rapide et uniforme à chacune des parties de ce grand ensemble. Tels furent les principaux motifs qui déterminèrent à placer des directeurs généraux à la tête de ces nombreux mandataires du revenu public et du Trésor de l'État.

Cette nouvelle combinaison eut l'avantage d'établir plus d'unité dans l'exécution de chaque service, d'imprimer une marche plus prompte aux affaires, de créer une responsabilité plus directe de tous les actes administratifs, et d'offrir des points d'appui au gouvernement.

Mais les rapports directs que ces principaux fonctionnaires entretenaient toujours avec le chef de l'État, qui avait voulu les diriger lui-même et qui les soumettait au contrôle de son conseil, les avaient encore maintenus en dehors du ministère des finances.

A l'époque de la restauration, un seul ministre fut chargé de réunir ces différentes parties, de les rattacher à sa direction personnelle, et de répondre au roi et à la France de tous les actes relatifs au maniement des deniers publics.

Le service du Trésor et celui des contributions directes se rangèrent immédiatement sous ses ordres; les revenus indirects restèrent confiés à des corps administratifs, qui devaient désormais devenir les agents d'un même chef, et lui offrir les moyens de remplir les nouveaux devoirs de publicité et de responsabilité qui lui étaient imposés par un mandat royal, dont l'accomplissement avait tous les représentants des intérêts du pays pour contradicteurs et pour juges.

Le premier soin de l'administrateur général des finances fut d'approprier à cette mission difficile les divers services qui allaient se réunir dans sa main et s'exécuter par ses ordres. Celui du mouvement des fonds avait déjà été enlevé aux compagnies de finances, remis à la direction d'une banque centrale de l'État, et soumis au contrôle d'une comptabilité régulière. La nouvelle administration se hâta, d'après l'exemple du commerce, de régler les comptes des receveurs généraux, devenus ses correspondants, sur la base rigoureuse et certaine du recouvrement et du payement, au lieu de les établir sur des valeurs fictives, dont les termes plus ou moins éloignés de la rentrée ou de l'emploi des fonds leur laissaient encore d'importantes jouissances d'intérêts. A peine l'impôt est-il sorti de la main du contribuable, que son capital est productif pour l'État et onéreux pour le comptable qui s'empresse de se libérer de ses recettes par leur transmission au Trésor, ou par leur application locale aux dépenses des différents services. Les conditions réglées annuellement avec les receveurs généraux, pour maintenir chaque jour l'équilibre des ressources et des besoins sur tous les points du royaume, sont descendues progressivement à un prix inférieur au taux commercial; et les agents de cet important service ne reçoivent jamais qu'une faible partie des avantages que le Trésor obtient lui-même de leur concours.

L'administration des contributions directes s'est également perfectionnée par l'établissement d'un rôle unique, commun à ses quatre contributions, par l'application d'un mode uniforme d'écritures aux opérations des préposés, par une réduction considérable dans le nombre des perceptions, par un meilleur choix des percepteurs, par la révision du tarif des frais de poursuites, et enfin par la simplification du système dispendieux du cadastre. Le recouvrement qui était arriéré de plusieurs mois a été mis à jour, en même temps que les frais de poursuites, modérés dans leur taxe, ont suivi une proportion décroissante; des non-valeurs et des déficit annuels de plusieurs millions sur les fonds du Trésor et sur ceux des communes ont cessé de se reproduire, et la gestion des percepteurs a été placée tout entière sous le contrôle d'une comptabilité méthodique, et sous la responsabilité des receveurs des finances, leurs chefs immédiats.

C'est par suite des mêmes vues d'ordre et d'économie

que les administrateurs du Trésor ont été supprimés, que les rouages compliquées de ses quatre caissiers et de ses quatre payeurs généraux ont été remplacés par un seul payeur et par un seul caissier ; que les attributions administratives, confusément exercées par vingt et une divisions spéciales de travail, sont venues se classer plus simplement et se distribuer avec facilité entre les six parties principales qui résument aujourd'hui l'ancienne administration du Trésor et des finances.

La réunion dans les mêmes mains de toutes les attributions analogues a ramené l'organisation de ce grand ensemble aux seules divisions indiquées par la nature des choses, telles que le *service de trésorerie*, celui de la *dette inscrite*, celui des *contributions directes*, le *contentieux*, la *comptabilité générale des finances* : un *secrétaire général* est chargé du matériel, de l'ordonnancement des dépenses et de la suite des rapports du ministère avec les régies auxquelles a été déléguée l'*administration des revenus indirects* ; enfin, le *personnel* est confié au secrétariat particulier du ministre.

Cette organisation simple se complète et se fortifie par le concours d'un corps d'inspecteurs formé des hommes les plus instruits, et qui a pour mission d'exercer à l'extérieur une surveillance continuelle sur les nombreux préposés et sur les diverses parties du service des finances, d'éclairer le ministre par des rapports prompts et directs, de prêter partout l'appui de leur expérience, et d'assurer les moyens de contrôle de chaque branche de l'administration supérieure par des vérifications locales, dont elle compare les résultats à ceux qu'elle obtient par ses relations habituelles, dont elle apprécie les conséquences et dont elle dirige la suite vers le but spécial qui est marqué à chacune d'elles. Les progrès de l'ordre ont permis à Votre Majesté de diminuer, par son ordonnance du 20 janvier 1830, le nombre des agents qui composent ce personnel mobile, quoique ses attributions aient été successivement étendues aux travaux de toute nature qui ressortissent directement ou indirectement au ministère.

Ces utiles changements ont réduit de moitié le nombre des emplois et la dépenses des bureaux du ministère, et ont épargné chaque année plus de 20 millions sur les frais intérieurs et extérieurs du Trésor. Le travail a pris une marche plus simple et plus rapide ; tout est devenu clair et régulier dans ses résultats ; des écritures incomplètes et arriérées ont été remplacées par une comptabilité constamment à jour, prête à donner son bilan à l'expiration de chaque mois, et qui se contrôle à la fin de l'année par les déclarations publiques de la Cour des comptes.

PREMIÈRE PARTIE.

SERVICES PLACÉS SOUS LES ORDRES IMMÉDIATS

DU MINISTRE DES FINANCES.

Je dois présenter à Votre Majesté quelques développements sur les mesures qui ont successivement perfectionné le système de l'administration centrale des finances, en procurant d'abondantes épargnes dans les différentes parties de son service.

SERVICE DES PERCEPTEURS DES CONTRIBUTIONS DIRECTES.

Avant la réunion des ministères du Trésor et des finances, l'administration des contributions directes n'avait pas encore soumis les percepteurs au système général de contrôle et de surveillance déjà si utilement appliqué aux opérations des comptables directs du Trésor. Ces préposés, une fois nantis des rôles à recouvrer, avaient, pour ainsi dire, une ferme à exploiter avec toute la latitude que les lois précédentes avaient attribuée à un pareil mandat.

L'excès ou la modération des poursuites, la lenteur ou l'activité du recouvrement, l'importance des réserves de fonds, l'abus ou le bon emploi de ces réserves, en un mot toutes les relations du percepteur, soit avec les contribuables, soit avec les communes, soit avec les autorités locales, se réglaient uniquement d'après le degré d'aptitude, de zèle ou de probité du comptable. L'administration n'avait contre les abus qu'il pouvait commettre que la garantie illusoire d'un modique cautionnement ; aucune obligation expresse de surveillance, aucun principe de responsabilité, n'associait les comptables supérieurs à la conservation des intérêts publics confiés aux nombreux collecteurs de l'impôt direct.

Les inconvénients d'un tel état de choses ont éveillé la sollicitude du gouvernement du roi, et il s'est empressé de profiter de la fusion des deux autorités ministérielles, dont l'une réglait l'assiette de l'impôt et l'autre contrôlait la gestion des comptables, pour soumettre les percepteurs à un régime plus exact et plus sévère.

Dès les premières années de la restauration, les bases de la réorganisation de leur comptabilité ont été posées. Jusqu'à cette époque, ces agents n'étaient point assujettis à une tenue de livres uniforme ; ils avaient pour chaque exercice autant de rôles spéciaux que de natures de contributions à percevoir, et aucune règle fixe ne garantissait l'exactitude de leurs enregistrements, ni leur fidélité pour la remise des acquits de payement aux contribuables libérés.

A partir de 1818, un rôle unique pour toutes les cotes à recouvrer sur les quatre contributions directes a ouvert et maintenu constamment à jour le compte de chaque redevable; un journal à souche, où s'inscrivent sans interruption les versements successifs de l'impôt et dont la feuille même présente à la partie versante la quittance de la recette enregistrée; enfin un livre qui récapitule tous les résultats de la gestion du percepteur et en fait ressortir la situation complète, à l'époque de chaque versement à la recette particulière, ont assuré l'ordre et l'exactitude dans tous les détails de cet important service.

La nature de leurs fonctions appelait les receveurs des finances à seconder l'administration dans l'application de ces règles nouvelles qui leur permettaient de suivre et de constater chaque jour la situation des contribuables et celle des percepteurs, leurs subordonnés. C'est avec le concours de ces chefs principaux que le ministère est parvenu à obtenir la rentrée des produits aux époques déterminées par les lois; que les frais de poursuites ont été dirigés avec mesure et discernement; que les receveurs des finances ont cessé de solliciter, sur les fonds des communes ou des percepteurs, des avances que ne réclamait pas l'intérêt de l'État, et qui étaient souvent ruineuses pour les contribuables; que les recouvrements ont été apportés immédiatement aux caisses centrales, et que les deniers municipaux s'appliquent sans retard aux besoins journaliers, ou sont déposés au Trésor royal et augmentés par le produit des intérêts.

Ces premiers avantages ont été complétés par l'introduction, dans la comptabilité des communes et des établissements de bienfaisance, des formes que l'ordonnance du 14 septembre 1822 avait prescrites à tous les ordonnateurs des crédits législatifs. Cette utile mesure, dont le bienfait a été consacré par les décisions royales des 23 avril 1823 et 24 décembre 1826, a achevé la réforme salutaire qui devait s'étendre à toutes les gestions de deniers confiés aux percepteurs, et a ramené l'ordre et la clarté dans les diverses branches de leur service. L'unité de système s'est si bien établie dans toutes les parties de la comptabilité publique, que celui qui serait appelé désormais par la confiance royale ou par le vote électif à siéger tour à tour dans les chambres législatives et dans les conseils des départements, des communes et des hospices, retrouverait toujours l'application des mêmes principes et l'observation des mêmes formes pour l'administration des deniers du pauvre, des ressources locales et des fonds de l'État.

Après avoir soigneusement organisé tous les moyens d'éclairer les vérifications et de prévenir les désordres, l'administration, par une ordonnance royale du 19 novembre 1826, s'est empressée de placer tous les actes des percepteurs, comme agents du Trésor, des communes ou des établissements publics, sous la surveillance immédiate et sous la responsabilité personnelle des receveurs généraux et particuliers des finances. Ce dernier règlement, qui confirme et qui complète les instructions précédentes, en a garanti pour l'avenir toutes les utiles conséquences. Aucune irrégularité dans la tenue des écritures et de la caisse, aucune malversation dans le maniement des fonds, aucun retard dans la reddition ou l'apurement des comptes, ne peuvent plus exister sans accuser la vigilance et sans compromettre la fortune du receveur des finances chargé de mettre à couvert tous les intérêts confiés à son préposé.

On recueille aujourd'hui les effets de cette sage combinaison. La rentrée de l'impôt direct se maintient sans efforts dans la proportion du douzième exigible à la fin de chaque mois; les avances des percepteurs ont été presque entièrement supprimées ; les frais de poursuites, régulièrement constatés, sont descendus au-dessous de 3 fr. p. 1000, au lieu de grever les contribuables à l'insu de l'administration par des taxes occultes qui doublaient souvent le poids de leurs charges; un tarif uniforme et modéré des actes de poursuites vient d'être arrêté de concert entre l'administration et les préfets pour écarter toute rigueur et tout arbitraire dans l'exercice de l'action du Trésor. Enfin, la réserve de caisse de chaque percepteur a été réduite à la moyenne de 125 fr., et les fonds disponibles déposés pour le compte des communes se sont élevés, pendant le cours de quelques années, de la faible somme de 4 millions à plus de 66 millions, nonobstant la faculté accordée aux ordonnateurs locaux de ces ressources d'en disposer immédiatement par la simple délivrance de leurs mandats.

En même temps que l'administration faisait disparaître les traces des anciennes irrégularités, mettait les contribuables à l'abri des exactions, et épargnait au Trésor et aux communes des pertes et des non-valeurs considérables en introduisant partout des règles plus précises et des formes plus exactes, elle s'est trouvée conduite à examiner si la composition du personnel chargé d'en faire l'application permettait de réaliser les bons résultats qu'on devait espérer de ces nouvelles mesures. Elle devait aussi vérifier si la circonscription territoriale de chaque perception avait été calculée de manière à seconder les comptables dans l'exercice de leurs fonctions laborieuses, à satisfaire aux convenances des redevables, et à assurer sur tous les points la surveillance des autorités locales. Elle a reconnu qu'il était indispensable de mettre plus de soin dans le choix des préposés auxquels elle traçait des devoirs plus difficiles, et dont l'accomplissement exigeait plus d'instruction, de probité et de fortune. En obtenant ces nouvelles conditions, on s'imposait l'obligation d'accorder aux percepteurs des avantages proportionnés aux garanties qu'on leur demandait en faveur des nombreux services qui se réunissent entre leurs mains. L'équité voulait également que les receveurs des finances, rendus responsables de la gestion des percepteurs, eussent une participation plus directe dans leur nomination et dans leur révocation. En conséquence, une discipline plus sévère a été exercée par l'administration et par les comptables supérieurs ; les agents incapables ou infidèles ont été successivement écartés ; des titulaires plus instruits et plus sûrs ont été appelés, par le vœu des autorités locales et par l'assentiment des receveurs des finances, à ramener l'ordre dans toutes les parties du service.

On a entrepris ensuite de reviser les circonscriptions établies pour chaque perception, afin de les resserrer dans des cadres plus commodes, et d'en diminuer la trop grande quantité en améliorant le sort des percepteurs et en facilitant leurs communications avec les contribuables. Cette réorganisation a été aussi l'occasion d'une diminution importante dans le nombre des agents et dans la dépense de leurs émoluments ; près de quatre mille percepteurs ont été supprimés, et leurs remises ont été réduites de la somme considérable de 2,420,000 fr. qui a été diminuée sur l'impôt direct. Cette dernière opération a fait descendre le taux commun des centimes pour frais de perception de 3 centimes $^{88}/_{1000}$ à 3 centimes $^{15}/_{1000}$ par franc sur le montant des contributions à recouvrer. Aujourd'hui, le ministère s'efforce de compléter les avantages de cette réforme en opérant les rectifications que l'expérience indique encore sur les premières subdivisions, et en faisant disparaître les perceptions d'une trop faible importance par des réunions exécutées au fur et à mesure des vacances; ces utiles modifications pourront un jour procurer un nouveau soulagement aux contribuables.

Enfin, je crois qu'il est convenable à présent de renoncer à faire supporter à chaque localité le poids inégal des frais de perception. Cet usage, dont l'origine remonte à l'époque où le service était adjugé au rabais par les différentes communes, est en opposition avec les principes de justice du gouvernement actuel, qui tendent toujours à répartir proportionnellement entre tous les contribuables les impôts affectés aux besoins de l'État. Il est facile de former un fonds commun pour cette dépense, en calculant, sur le montant intégral des rôles des quatre-vingt-six départements, la proportion exacte à laquelle s'élèvent les frais de recouvrement des contributions directes alloués aux percepteurs et aux receveurs généraux et particuliers des finances, en imposant un égal nombre de centimes dans toutes les parties de la France. On parviendrait ainsi à dégrever les communes les plus pauvres d'une surcharge qui s'accroît en raison de l'insuffisance de leurs ressources, et à satisfaire aux vœux légitimes qui ont été plusieurs fois adressés à l'administration. Cette mesure aurait encore pour effet de simplifier et d'accélérer le travail relatif à la confection desrôles, en évitant les nombreux calculs qu'il est nécessaire d'opérer afin de déterminer la part que chaque redevable doit acquitter pour les traitements, taxations et remises des comptables qui concourent à la rentrée de l'impôt.

Le rapport actuel des frais attribués aux percepteurs et aux receveurs des finances, avec le montant des contributions à percevoir, est d'environ 4 centimes par franc. Je propose à Votre Majesté de comprendre, à partir de l'exercice 1831, le produit que ces centimes spéciaux représentent avec celui des centimes généraux du Trésor, et d'ouvrir un crédit particulier au budget pour le montant des rétributions à répartir entre tous les comptables; cette nouvelle disposition, que j'ai cru devoir insérer dans le projet de la loi de finances de cette année, permettra de réaliser une amélioration qui est depuis longtemps sollicitée, et qui sera le complément de toutes les mesures précédentes.

SERVICE DE TRÉSORERIE.

Pendant que l'administration s'assurait une rentrée prompte et entière du plus important et du moins variable de ses revenus, elle s'appliquait à perfectionner le système de services et de comptabilité du Trésor et à diminuer les frais de ses emprunts, de ses négociations et de ses mouvements de fonds entre toutes les caisses publiques.

La dette flottante est destinée à couvrir, par des voies et moyens de trésorerie, l'insuffisance des ressources des budgets; elle impose à l'État une dépense d'intérêts qui est aujourd'hui descendue au-dessous de 4 p. 100 du capital nécessaire pour combler le vide de ses caisses, ou pourvoir à des besoins temporaires. Quoique cette dette se soit progressivement accrue par des excédants de dépenses sur d'anciens exercices, par des avances remboursables à des termes éloignés, enfin par l'accélération imprimée à la liquidation et au payement des créances publiques qui a privé le Trésor d'une anticipation habituelle de recettes de plus de 150 millions, les crédits affectés à ces intérêts ont éprouvé annuellement une diminution importante. Les circonstances extraordinaires que je viens de rappeler les auraient élevés au double de leur précédente évaluation, si de nouvelles économies n'étaient pas venues compenser ces nouvelles exigences.

En effet, les receveurs généraux ont été privés de toute latitude abusive pour se libérer de leurs recettes par un compte courant qui les en charge tous les dix jours en capital et intérêts ; diverses jouissances de fonds sur les deniers de l'État, des départements et des communes leur ont été retirées.

1° Par la suppression des rescriptions délivrées sur leurs caisses au profit des payeurs pour plus de 400 millions, et dont les échéances précédaient au moins de trente jours l'époque précise des besoins..........	1,200,000
2° Par la cessation des réserves de caisses des payeurs, qui sont aujourd'hui à la charge des receveurs généraux, ci..........................	400,000
3° Par la remise immédiate au Trésor des fonds des départements et des communes, dont ils conservaient la disposition jusqu'à leur emploi, ci..............	1,700,000
les stagnations de caisses, qui étaient ordinairement de 30 à 40 millions, ont cessé chez tous les agents	
A reporter.....	3,300,000

Report..... 3,300,000

de la perception, et les produits recouvrés ont été ramenés, sans retard ni déviation, aux mains des préposés qui sont tenus de les rendre immédiatement à la circulation, en les remettant aux créanciers de l'État sur les lieux mêmes où s'opèrent les rentrées, ci..... 1,800,000

L'exactitude et la célérité avec lesquelles l'administration a rempli tous ses engagements ont élevé son crédit de manière à lui permettre d'abaisser le taux de ses emprunts temporaires de 6 à moins de 4 pour 100, et d'obtenir ainsi une bonification de plus de 2,000,000

Ces nombreuses améliorations ont eu pour résultat une réduction annuelle de dépense de.............. 7,100,000

et ont rendu au Trésor la jouissance d'un capital de plus de 120 millions.

Le développement des forces de notre crédit a encore exercé son heureuse influence sur d'autres parties du service. L'accroissement successif de l'aisance générale et la création de capitaux abondants produits par le travail et par l'économie, les progrès de la confiance publique envers un gouvernement exact à acquitter toutes ses charges, ont amené une diminution naturelle dans le prix des fonds déposés au Trésor, et conduit à modérer de 1 0/0 l'intérêt payé par l'État aux titulaires de cautionnements, enfin à retrancher 1 million sur les fonds précédemment alloués pour cette dépense.

A partir du 1er janvier 1815, les soumissions souscrites par les receveurs généraux, pour la portion des contributions directes appartenant au Trésor, ont été supprimées, ainsi que tous les autres engagements à terme qui étaient les éléments de leur compte courant avec l'administration.

Depuis cette époque, ce compte courant n'a plus eu pour base que les faits matériels de recette et de dépense au moment même de leur exécution. Le recouvrement des contributions directes est devenu l'objet d'un décompte spécial d'intérêts, tout à fait étranger aux écritures qui retracent les relations de banque des receveurs avec le Trésor, et qui a compris, d'une part, la totalité des douzièmes exigibles à la fin de chaque mois, et, de l'autre, les versements successifs des percepteurs sur le montant intégral des rôles. Cette méthode plus exacte a donné les moyens de mieux calculer les délais qui devaient être accordés aux receveurs généraux et particuliers pour la rentrée des produits, de les rapprocher davantage de l'échéance légale de l'impôt, et de modérer, proportionnellement à l'importance des recettes de chaque arrondissement, les avantages trop considérables qui leur étaient précédemment alloués. Cette mesure a eu pour résultat de répartir, avec une rigoureuse justice, les bénéfices qui sont le prix des soins et de la responsabilité de chaque préposé, et de restreindre la dépense dans la limite la plus étroite par une bonification d'intérêts qui décroît en proportion de l'élévation des rôles à recouvrer dans les divers arrondissements. C'est ainsi que l'on est parvenu à retrancher, sur une charge annuelle de 5 millions, la somme de 3 millions, et à garantir au Trésor la rentrée successive, sans perte et sans non-valeurs, dans l'espace de treize mois, d'une ressource de 325 millions, par une allocation qui n'est plus que de 2 millions, et qui n'élève pas la prime d'assurance accordée sur cet important capital à plus de 2/3 0/0, au lieu de 1 et 2 3 0/0.

Après avoir ainsi prévenu tout arriéré, toute stagnation

de recettes, et tout retard dans leur emploi, l'administration du Trésor s'est encore appliquée à supprimer les intermédiaires inutiles, et à réduire les frais du service du mouvement des fonds dans toutes les directions qu'ils doivent parcourir pour être répartis sur les différents points du royaume où les besoins les réclament.

Les préposés de l'administration des domaines ont cessé d'intervenir dans la perception des produits de coupes de bois de l'État acquittés en traites, et de prélever, sur une recette de 25 millions, une remise qui la réduisait de plus d'un million chaque année. Les receveurs généraux des finances, qui sont garants de la rentrée de ces valeurs, ont été exclusivement chargés de les faire souscrire, de les recevoir de la main même des adjudicataires, et de les transmettre immédiatement au Trésor sans aucune nouvelle indemnité pour le surcroît de soins et de responsabilité que cette mesure leur imposait, ci........................... 1,000,000

Par une conséquence des mêmes principes, les traites de douanes ne sont plus versées aux caisses des receveurs des finances; les préposés de cette administration les adressent directement au caissier du Trésor, et épargnent ainsi la taxation précédemment allouée aux receveurs généraux et particuliers sur plus de 60 millions de produits, ci.................... 300,000

La remise d'un tiers et d'un dixième de centime accordée à ces comptables sur les versements de tous les receveurs des impôts indirects a été réduite par une ordonnance royale du 29 novembre 1829 à trois dixièmes et à un vingtième de centime par franc, et a procuré une économie de........................ 200,000

La même réduction a été appliquée à la commission destinée à couvrir les receveurs généraux des pertes d'intérêts que leur impose la nécessité de réserver constamment dans leurs caisses pour assurer le paye-

A reporter... 1,500,000

Report. 1,500,000

ment des dépenses, une partie des recettes dont le Trésor les a déjà débités en compte courant. Cette indemnité, qui avait d'abord été fixée à 1/2 pour 100 des sommes qu'il est indispensable d'assurer aux payeurs par des versements successifs et rigoureusement calculés sur la quotité réelle et les époques précises des besoins journaliers, a été ramenée à 1/4 pour 100 du capital annuel de 388 millions employés aux services publics dans les départements, et a offert une diminution de 323,000

La commission de 1/3 pour 100 accordée sur les payements faits par ses comptables pour le compte du Trésor, et montant, année commune, à 87 millions, a été soumise à la même mesure, qui a produit encore.................................... 72,000

La suppression de toute rétribution sur l'encaissement à l'échéance de 82 millions de valeurs souscrites par les redevables des douanes, des contributions indirectes et des coupes de bois, a retiré aux receveurs généraux, sans diminuer leurs soins ni leur responsabilité, une allocation annuelle de................ 207,000

On a également repris la commission qui leur était donnée sur leurs remises en mandats payables par la caisse des dépôts en remboursement de leurs avances pour son service, et qui occasionnait, chaque année, sur un capital de 11 millions, une dépense de........ 37,000

Les dispositions que ces comptables font sur le Trésor pour le retrait de leurs avances, et qui n'étaient assujetties à aucune retenue, ont été soumises à une commission moyenne de 1/3 pour 100, qui se prélève chaque année sur une somme de 30 millions, et qui procure une économie de........................ 100.000

Des commissions supplémentaires, calculées d'une manière proportionnelle à l'importance des opérations

A reporter...... 2,239,000

Report....	2,239,000
qu'ils avaient exécutées et au résultat des services qu'ils avaient rendus au Trésor, leur ont été entièrement retranchées, ci....................................	600,000
Enfin, de nouveaux traités passés avec les entrepreneurs des messageries, la révision de tous les abonnements faits avec les comptables pour frais de transports matériels de fonds, et une application plus immédiate des ressources aux localités qui réclament des subventions, ont permis d'obtenir une économie de....................................	650,000
Les réductions opérées sur les frais du mouvement général des fonds du Trésor s'élèvent ensemble à...	3,489,000

SERVICE DES PAYEURS.

L'acquittement des dépenses avait été longtemps confié à des fonctionnaires importants, qui s'étaient entourés de nombreux bureaux pour reviser les liquidations et tenir les comptes des ordonnateurs, enfin qui choisissaient leurs propres délégués pour les représenter dans les départements. Les désordres et les frais considérables qui étaient la conséquence de cet ancien système ont fixé l'attention du gouvernement, et l'ont conduit à supprimer les quatre payeurs généraux de la guerre, de la marine, des dépenses diverses et de la dette publique, et à réduire 630,000 fr. sur le montant des traitements, et cent quatre-vingts personnes sur le nombre des employés qu'ils occupaient à Paris. On cessa aussitôt de séparer ces quatre parties des dépenses publiques et de les diviser entre des caisses et des payeurs différents dans toute l'étendue du royaume. Les agents placés aux chefs-lieux des divisions militaires pour y centraliser le service de la guerre furent également supprimés ; les receveurs des finances ont été appelés à concourir, dans toutes les communes, au payement des titres et pièces admis par les payeurs, sans délais ni déplacements onéreux pour les créanciers de l'État. Chaque payeur est devenu préposé direct de l'administration centrale et justiciable de la cour des comptes pour tous les faits de sa gestion. La tâche de ces agents s'est rapidement simplifiée du moment où ils n'ont plus été assujettis à des directions séparées, que tous leurs travaux ont été soumis aux mêmes principes et aux mêmes formes, que des nomenclatures précises de pièces justificatives, arrêtées de concert avec les ordonnateurs, ont remplacé des instructions difficiles à interpréter, et qu'ils se sont bornés à ne prendre dans le service de la dépense que la part qui appartient à des préposés du Trésor, celle de satisfaire immédiatement à tous les besoins après en avoir recueilli les preuves matérielles et légales, sans retarder la libération de l'État par des formalités superflues qui porteraient atteinte à son crédit.

On a reconnu en même temps que la comptabilité des ordonnateurs ne pouvait être bien organisée que dans le sein même de chaque département ministériel ; qu'elle devait désormais suivre et éclairer la marche des services auprès de celui qui les dirige sous sa responsabilité personnelle et qui est tenu d'en justifier chaque année par des comptes publics. Les ordonnances des 14 septembre 1822 et 10 décembre 1823 ont posé les bases de ce nouveau système; elles ont déterminé la durée de l'exercice et les opérations qu'il doit embrasser; elles ont fondé le régime des écritures des différents ministères d'après les méthodes exactes de la *partie double*, et fait commencer la description des dépenses au moment même où l'État s'engage par des marchés, des entreprises et des ordres de services : toutes ses charges se révèlent ainsi au fur et à mesure qu'elles sont créées par des administrateurs de tous les degrés; le ministre peut surveiller l'emploi successif des crédits qui sont à sa disposition depuis le jour où il leur a assigné une destination jusqu'à celui où son service est accompli, son ordonnance expédiée et sa libération complétée par la remise des fonds entre les mains de ses créanciers. Il s'est établi des communications réciproques entre les agents qui liquident les créances et ceux qui les aquittent; il s'est formé des liens nécessaires entre les écritures des ordonnateurs et celles de l'administration des finances.

C'est à l'aide de ces rapprochements et de cet enchaînement de résultats que toutes les imputations sur les crédits ouverts sont devenues régulières et définitives, que l'on a vu disparaître ces payements provisoires effectués sans ordonnances préalables qui grevaient la situation des finances, engageaient la responsabilité des ministres, ajournaient le jugement des actes des administrateurs et des comptables, et retardaient l'apurement des exercices expirés; que le Trésor a pu préparer à l'avance ses dispositions pour satisfaire à tous les droits exigibles, et que les comptes des principaux délégués de l'administration, comme ceux de leur mandataires, sont rendus à la fin de chaque année avec une clarté et une promptitude qui ajoutent encore à la facilité de leur vérification. Un délai de vingt-trois mois a suffi pour arrêter le résultat définitif des budgets de chaque exercice et pour consommer la libération de l'État sur tous les services publics ; enfin six mois d'examen sont à peine nécessaires pour assurer un quitus final à tous les agents d'exécution.

Toute réserve de fonds est désormais interdite aux ordonnateurs, et déjà plus de 11 millions de crédits disponibles sont rentrés au Trésor après la clôture légale des anciens exercices. Cette épargne importante ne s'est atténuée qne de 900,000 fr. par les restitutions inévitables que les budgets courants ont dû supporter au profit des créanciers qui n'avaient pas justifié de leurs droits en temps utile.

C'est dans le but de continuer ce régime d'ordre et d'économie, suivi par mes prédécesseurs, et d'effacer les dernières traces du système qu'ils se sont efforcés de détruire, que j'ai récemment proposé à Votre Majesté d'arrêter la réorganisation des payeurs sur des bases plus simples et plus régulières. D'après l'ordonnance qu'elle a rendue le 1er novembre 1829, un seul agent du Trésor sera désormais chargé d'acquitter toutes les dépenses des ministères dans chaque département : les émoluments et les cautionnements des payeurs se trouveront proportionnés à l'importance respective de leur service. Enfin la suppression des préposés créés pour les payements de la guerre et de la marine, et la rectification des traitements, conformément aux nouvelles bases arrêtées, produiront successivement, sans porter aucune atteinte aux droits aquis ni à la ponctualité du service, une économie de.................................... 336,000

La dépense des payeurs avait déjà été atténuée, par la suppression des payeurs divisionnaires, de.................... 165,000

et par celle des payeurs généraux, de...... 630,000

Total des économies réalisées sur ce service.................... 1,131,000

Je serai ainsi parvenu à conserver à l'État toutes les garanties que lui procure l'intervention de comptables spéciaux, pour l'acquittement et la justification des dépenses publiques, en réduisant les sacrifices qu'elle exige à la proportion la plus modérée, et qui doit bientôt se restreindre à la somme de 1,100,000 fr.

Cette dépense paraîtra, sans doute, avoir atteint le dernier degré de sa décroissance, si l'on considère tous les avantages dont elle est le prix. En effet, c'est à un seul comptable dans chaque département que reste confié le soin de veiller à l'acquittement ponctuel, et à domicile, de toutes les parties prenantes qui ont justifié des droits d'un véritable créancier; de donner ainsi un complément indispensable à la surveillance du gouvernement sur les ordonnateurs secondaires, jusqu'au dernier terme de sa libération; de veiller à l'observation rigoureuse des crédits; de mettre à couvert la responsabilité du ministre des finances, chargé de ne délivrer les fonds que dans les limites des budgets; d'éviter les retards et les embarras qui arrêteraient le payement des services, au fur et à mesure de leur exécution, et de préparer tous les éléments du contrôle final exercé sur la régularité des dépenses par la cour dont il attend son quitus. C'est donc à la fois dans l'intérêt de l'ordre, de l'économie et du crédit public que l'institution des payeurs a été maintenue et resserrée dans le cadre que Votre Majesté a bien voulu approuver par son ordonnance du 1er novembre 1829.

ADMINISTRATION CENTRALE DU MINISTÈRE DES FINANCES.

L'administration des différentes branches du service public a été organisée au commencement de l'année 1800. Cette époque offre toujours les termes de comparaison les plus modérés que l'on puisse opposer aux dépenses actuelles du gouvernement, parce que la misère publique et la pénurie des finances imposaient alors la plus sévère économie.

Les ministères des finances et du Trésor venaient d'être renfermés dans les cadres les plus étroits, et le personnel de ces deux parties présentait, pour le traitement des bureaux de l'administration centrale, à Paris, une dépense de 3,400,000 fr.

Cependant tout le service des fonds était exécuté en dehors de l'administration par des compagnies de finances ; le travail de la dette inscrite n'avait qu'une très-faible importance. Le contrôle de la comptabilité ne s'étendait pas sur les préposés extérieurs, et ses écritures ne donnaient pas même les moyens de connaître leur véritable situation, ni l'état réel de l'actif et du passif du Trésor. Les désordres de l'époque précédente avaient élevé les frais de négociation à plus de 50 millions par année; les déficit des caisses publiques présentaient un vide de plus de 40 millions; les non-valeurs prélevaient ordinairement plus de 5 millions sur les rôles de contributions directes à recouvrer; enfin, les deniers des communes étaient dilapidés avec ceux de l'État.

Le retour à de meilleurs principes et l'adoption d'un nouveau système de service et de comptabilité mirent un terme à ces abus plusieurs années avant la restauration.

Cette première réforme eut pour effet de remettre le gouvernement en possession des parties les plus importantes de l'administration des finances, telles que le mouvement des fonds entre toutes les caisses, la direction de ses opérations de banque et de crédit, et la répartition locale des ressources aux besoins; de compléter les moyens de contrôle sur les comptables extérieurs, en même temps qu'elle fondait une centralisation d'écritures destinée à éclairer la conduite des préposés, et à fixer, pour la première fois, l'état au vrai du Trésor public. Ces utiles changements firent ajouter quelques rouages de plus à l'ancien mécanisme de la Trésorerie, et les dépenses du personnel des deux ministères qui forment aujourd'hui celui des finances s'élevèrent ainsi, au 1er avril 1814, à 4,893,345 fr.

Bientôt après, le ministre des finances s'occupa de ramener à son action personnelle les corps administratifs auxquels était confié le service des revenus publics. Leur organisation n'était pas encore appropriée aux besoins actuels de notre gouvernement, et ne permettait pas d'accomplir la tâche difficile que cette nouvelle ère d'ordre et de publicité imposait à l'administrateur qui est aujourd'hui la gardien de la fortune publique. C'est pour préparer un système de travail plus applicable à cette situation impérieuse qu'une ordonnance royale du 8 novembre 1820 a prescrit à tous les préposés des revenus indirects des écritures régulières et uniformes, dont les résultats devaient se réunir chaque mois sous les yeux de l'administration centrale, et se constater en même temps dans les livres de la comptabilité générale des finances. L'exécution de cette mesure fut aussi prompte que salutaire : elle apprit à connaître pour la première fois le produit brut des impôts, la nature et l'importance des frais attachés à leur perception ; elle conduisit à les mettre en évidence dans les budgets et dans les comptes ; à soumettre 140 millions de dépenses à la révision ministérielle ; elle fit supprimer les doubles rouages d'un mécanisme de trésorerie que plusieurs administrations avaient organisé pour assurer sur tous les points l'équilibre de leurs recettes et de leurs payements, et qui compromettait souvent celui des ressources et des besoins du service général. Ces déviations dans le mouvement des deniers publics furent immédiatement interrompues : tous les virements de fonds ont été rendus à la seule direction de la banque centrale du Trésor, et les produits perçus ont passé sans retard de la main des contribuables dans celle des créanciers de l'État.

Enfin, la réunion dans un même local des différentes branches du ministère, prononcée par l'ordonnance royale du 4 novembre 1824, permit de les rattacher davantage à la direction du ministre, et plaça aussitôt dans ses mains la surveillance des frais du matériel, le choix d'une partie des préposés, la liquidation de leurs retraites, le contrôle immédiat de leurs écritures et de leurs pièces comptables, le règlement de leurs cautionnements, la poursuite de leurs débets et l'ordonnancement des dépenses de tous les services. Elle entraîna aussi la suppression des caisses spéciales établies, à Paris, auprès de chacune des administrations financières.

Ces améliorations successives dans le régime de l'administration centrale des finances ont nécessairement augmenté les travaux de la *comptabilité générale*, en étendant ses contrôles et ses descriptions à toutes les branches de revenus publics et à leurs nombreux préposés. Déjà ses comptes avaient recueilli les nouveaux tributs de renseignements demandés aux ordonnateurs des dépenses de l'État par l'ordonnance du 14 septembre 1822. Elle devint dès lors le point central où se réunirent tous les résultats qui composent la situation générale des finances, et elle put établir, à la fin de chaque année, les comptes géraux rendus au roi et présentés aux Chambres, de manière à expliquer à tous les yeux et à livrer à la discussion publique chacun des actes d'une administration qui n'avait autrefois à compter qu'avec elle-même.

La *Trésorerie* vit aussi s'agrandir la sphère de son action administrative ; au lieu de se borner à adresser ses dispositions aux seules recettes générales des départements, elle a fait commencer sa direction sur les deniers de l'État au moment même où ils sont entrés dans les caisses des préposés à la perception des impôts.

Les poursuites de l'*agence judiciaire*, qui ne devaient atteindre que les débiteurs directs du Trésor, se sont appliquées à tous les receveurs des revenus indirects. Un arriéré considérable a été presque entièrement apuré ; le mouvement de toutes les créances litigieuses a été soumis à des contrôles certains : leur liquidation ne souffre plus aucun retard, et ses progrès sont attestés chaque année par des publications spéciales et très-détaillées.

La *dette inscrite*, augmentée de l'administration des cautionnements, a vu s'élever le nombre des parties dont elle suit les comptes de 426,527 à 489,090.

Enfin, la tâche des bureaux du *secrétariat* s'est plus que doublée par la nécessité où s'est trouvé le ministre des finances de prendre une participation plus directe dans le choix des agents et dans la conduite des services relatifs à l'administration des revenus publics, dont il était devenu exclusivement responsable.

Toutes ces nouvelles obligations imposées au ministère des finances par les formes actuelles de notre gouvernement, auraient dû entraîner une augmentation dans la dépense de ses bureaux, et cependant les efforts de mes prédécesseurs et les miens sont parvenus à ramener aujourd'hui à la somme de 2,343,000 francs un personnel qui coûtait 3,400,000 francs dès l'année 1800, et qui exigeait 4,893,000 francs au 1er avril 1814, ce qui élève le total des retranchements depuis 1814 à 2,550,000 francs et à huit cent cinq employés.

Une forte partie de ces réductions a été obtenue pendant l'année qui vient de s'écouler : mon prédécesseur s'était imposé la tâche difficile de rechercher les simplifications et les économies dont les diverses parties du travail pourraient être encore susceptibles. Cet examen, qu'il a fait avec autant de zèle que de prudence, l'a conduit à reconnaître qu'une nouvelle diminution restreindrait sans inconvénient les cadres des bureaux de l'administration centrale. Éclairé par les documents qu'il avait rassemblés, j'ai porté cette réduction à deux cents personnes et à 500,000 francs. Votre Majesté a donné son approbation, le 13 septembre dernier, à cette utile mesure, en y appliquant des moyens d'exécution qui concilient l'intérêt du service et le respect des droits acquis avec le bienfait de l'économie.

On est frappé de l'importance de ces réductions. surtout lorsque l'on compare la tâche actuelle de l'administration à ses devoirs précédents, et lorsque l'on se rappelle que le travail relatif aux départements séparés du territoire ne représentait pas le dixième des frais du personnel du Trésor et des finances antérieurement à la restauration.

La concentration sur un même point des diverses parties de l'administration des finances, précédemment établies dans plusieurs hôtels, a permis d'exercer un contrôle non moins sévère sur les dépenses du matériel, et de réduire les frais de loyers, de réparations de bâtiments, de chauffage et d'éclairage, d'entretien du mobilier, d'impressions et de fournitures de bureau, d'une somme annuelle qui ne s'élève pas à moins de 700,000 fr.

RÉSUMÉ DES AMÉLIORATIONS RELATIVES AUX SERVICES PLACÉS SOUS LES ORDRES IMMÉDIATS DU MINISTRE DES FINANCES.

On peut donc aujourd'hui résumer avec quelque satisfaction les résultats des constants efforts de l'administration pour améliorer son système de service et pour réduire ses dépenses. Les épargnes obtenues directement par les soins du ministère des finances, et dont nous venons de présenter un tableau sommaire, se récapitulent comme il suit :

Service de la perception des contributions directes..		2,420,000
Service du Trésor.	Intérêts de la dette flottante...........	7,100,000
	Idem des cautionnements............	1,000,000
	Idem sur le recouvrement des contributions directes.....................	3,000,000
	Mouvement des fonds................	3,489,000
	Service des payeurs extérieurs.........	500,000
Administration centrale du ministère des finances.	Personnel.............	2,550,000
	Matériel..............	700,000
	Total...........	20,759,000

Ces réductions, dont plus de 3 millions sont le résultat des mesures prises en 1829, ont porté, dans la proportion suivante, sur les préposés des différentes branches de l'administration, savoir :

Receveurs généraux.........................	8,220,000
Receveurs particuliers....................	1,316,000
Percepteurs...............................	2,420,000
Payeurs extérieurs du Trésor..............	500,000
Receveurs de l'enregistrement..............	1,000,000
Employés de l'administration centrale..........	2,550,000
Ensemble...........	16,006,000

Le surplus de 4,753,000 francs s'applique au matériel des services, et principalement à la jouissance immédiate des fonds qui restaient improductifs dans les caisses des comptables, et à la diminution du taux de l'intérêt des emprunts faits aux correspondants du Trésor.

Une bonne division des matières, un bon choix des administrateurs et la surveillance du ministre sur les affaires et sur ceux qui les exécutent d'après ses ordres ont été les principales causes de ces importantes améliorations.

DEUXIÈME PARTIE.

ADMINISTRATION DES REVENUS PUBLICS.

L'administration des revenus de l'État appelle spécialement, depuis le retour de la paix, l'attention personnelle du ministre des finances; son examen a dû se porter constamment sur les rouages nombreux de son mécanisme intérieur et extérieur: il a dû observer les diverses combinaisons du tarif de chaque impôt, et faire son étude habituelle des effets de leur application à toutes les valeurs qui composent la richesse de la France. Je crois donc nécessaire de retracer le système suivi jusqu'à ce jour pour toutes les branches de contributions, d'expliquer les moyens matériels d'exécution de chaque partie, de suivre les modifications qu'ils ont éprouvées, de présenter le régime actuel de nos taxes publiques et les changements dont elles paraîtraient succeptibles. J'exposerai successivement les avantages déjà obtenus et ceux que l'on peut encore espérer des efforts du gouvernement et du concours de la législature.

Les contributions directes sont ordinairement les premières ressources qui s'offrent aux besoins des peuples, parce qu'il est plus facile d'atteindre par un impôt fixe les personnes et les propriétés que de frapper par des droits variables les produits industriels livrés à la consommation. La France, par les heureuses qualités de son climat et de son sol, est un pays essentiellement agricole, et son revenu le plus abondant et le plus certain reposera toujours sur ses productions naturelles. Ce sont elles qui ont apporté, dans tous les temps, les tributs les plus considérables au Trésor public, et dont la recette occupe jusqu'à ce jour la place la plus importante dans le budget de l'État; elles ont été le premier appui du gouvernement de nos rois, la plus sûre garantie de notre puissance intérieure et de l'indépendance de nos frontières. Nous leur demandons aujourd'hui, comme autrefois, de nous servir au dedans et de nous défendre au dehors par des subsides qui assurent l'ordre public pendant la paix et notre force pendant la guerre. Cette nature de contribution compense elle-même les sacrifices qu'elle impose par les gages de sécurité qu'elle procure et par les moyens de conservation et de protection qu'elle donne à tous ses tributaires.

Les tailles, la capitation et les vingtièmes composaient les impositions directes avant 1791; c'est à cette époque que leur système fut entièrement renouvelé, et que s'établirent les contributions foncière, personnelle et mobilière, ainsi que l'impôt des patentes; l'administration spéciale chargée, sous le nom de *Direction des vingtièmes*, de former des matrices et de dresser des rôles, fut en même temps supprimée, et ses attributions devinrent le partage des corps administratifs qui venaient d'être organisés dans les provinces pour y remplacer les autorités précédentes; l'insuffisance de ces moyens d'exécution fut immédiatement reconnue, et l'on crut pouvoir y suppléer par le concours d'un nombre considérable d'inspecteurs et de visiteurs de rôles délégués dans tous les départements du royaume. Ces nouveaux préposés ne prêtèrent cependant qu'un assez faible secours aux administrateurs des provinces, et ne corrigèrent pas suffisamment un régime tout à fait vicieux dans son principe, parce qu'il manquait à la fois d'unité d'action et de contrôle. Au surplus, ces dispositions incomplètes furent abandonnées après deux années d'épreuve, et remplacées par les combinaisons désastreuses qui ont alors renversé les institutions établies et consommé la destruction de nos revenus publics.

A partir seulement de 1797, une agence spéciale des contributions, composée des diverses autorités locales, fut recréée sous la surveillance du ministre des finances, mais avec des moyens si compliqués et si dispendieux, que les rôles de 1798 n'étaient pas même terminés à la fin de 1799, malgré les efforts de cinq mille coopérateurs, qui coûtaient ensemble près de 6 millions de traitements, remises et frais de toute nature. Enfin, au moment où les idées d'ordre commencèrent à reprendre leur empire, la direction des contributions directes fut rétablie dans la forme où elle existait avant que l'esprit de système et d'innovation eût abandonné la route tracée par l'expérience.

Dans le cours de 1800, les rôles de 1798, de 1799 et ceux de l'exercice courant furent expédiés, et le recouvrement put déjà commencer avec l'année même dont la contribution venait d'échoir. Une division du ministère des finances fut chargée de conduire les travaux qui s'exécutaient dans chaque département par un directeur spécial, un inspecteur et huit contrôleurs de différentes classes. Cette organisation exigeait encore, au 1er avril 1814, un personnel de soixante-quatorze employés et une dépense de 236,800 francs, sans y comprendre la suite des opérations du cadastre, qui occupait trente employés coûtant 90,000 francs; l'ensemble des besoins de ce service s'élevait, à Paris et dans les départements, à la somme de 3,725,800 francs, répartie entre huit cent soixante-dix collaborateurs. Aujourd'hui, les mêmes soins ne réclament plus les mêmes frais : le nombre des agents de cette administration, qui est restée sous les ordres immédiats du ministre des finances, n'est plus que de trente à Paris, et de sept cent un pour tous les départements, et ne figure au budget que pour 3,400,000 francs, c'est-à-dire pour un crédit inférieur de 2,600,000 francs à la dépense de 1799, et de 326,800 francs à celle de 1814.

Cette division du ministère a pour mission de concourir à l'exacte application de l'impôt en donnant des matrices régulières et des états de sections détaillés aux trente-huit mille communes de France, en opérant avec soin tous les changements qui surviennent dans la situation des redevables, et en préparant ainsi à l'avance les éléments de la répartition annuelle du contingent attribué à chaque département entre les arrondissements, les communes et les contribuables. Elle est appelée ensuite à établir les rôles, à délivrer les avertissements, et à mettre huit mille percepteurs en mesure de commencer le recouvrement de chaque exercice dès les premiers jours du mois de janvier; elle est tenue d'instruire sans délai toutes les réclamations pour décharges ou réductions de taxes, à reconnaître les cotes véritablement irrecouvrables, à constater les pertes éprouvées par suite d'événements de force majeure, enfin, à vérifier les demandes en dégrèvements, remises ou modérations.

On pourra se faire une juste idée de la tâche imposée aux agents des contributions directes, si l'on considère que les trente-huit mille matrices communales renferment six millions d'articles pour le foncier et les portes et fenêtres, cinq millions deux cent mille pour le personnel, et un million deux cent mille pour les patentes; que les noms et prénoms des redevables y sont inscrits par ordre alphabétique, et que ces registres élémentaires, qui sont la base de la répartition légale des taxes, sont toujours refaits en double expédition après un délai de trois années.

Il faut se rappeler aussi que le travail de cette administration porte, chaque année, sur les détails ci-après : la révision entière des matrices, la recherche de deux millions de mutations annuelles qui frappent sur le sixième des articles; celle de deux millions deux cent mille changements applicables aux communes déjà cadastrées, et qui seront plus que doublés après l'achèvement du cadastre; la formation des rôles et des avertissements pour douze millions de contribuables; l'examen de soixante-quinze mille réclamations, qui doivent être présentées assez promptement à la décision des conseils de préfecture pour qu'ils soient en mesure de réimposer les décharges sur l'exercice suivant; le contrôle de dix-neuf mille états dressés pour deux cent mille cotes, prétendues irrecouvrables, et qui demandent, au fonds de non-valeurs, des ressources qu'il est souvent plus juste de réserver pour des secours mieux justifiés; la vérification locale des faits exposés dans vingt-quatre mille pétitions collectives ou individuelles, tendant à obtenir des indemnités pour pertes de récoltes ou de propriétés; enfin, la délivrance des nombreuses ordonnances que les directeurs sont chargés de remettre aux contribuables pour satisfaire à leurs droits et pour accélérer leur libération envers l'État.

La célérité avec laquelle l'administration a fait profiter les redevables des décharges susceptibles de réimposition aussitôt que les conseils de préfecture ont reconnu la légitimité des réclamations, lui a donné les moyens d'avancer de six mois au moins le bienfait de ces actes de justice. Les soins et l'ordre qu'elle apporte aujourd'hui dans la vérification des cotes irrecouvrables lui ont permis également de réduire d'un quart, ou de 100,000 francs, le prélèvement que cette dépense occasionnait injustement sur le fonds de non-valeurs, au préjudice des contribuables qui avaient des droits plus réels à sa distribution. C'est encore la même sollicitude qui lui a inspiré la pensée de soumettre les demandes considérables qui s'adressaient à ce fonds de prévoyance à des principes et à des règles uniformes pour tous les départements, afin de les traiter avec une égale justice, et de procéder à la répartition de cette ressource, après avoir vérifié les droits de tous les contribuables par des procédés analogues. Cette nouvelle méthode a permis de mieux proportionner les dédommagements aux pertes éprouvées, et de corriger ainsi, autant que possible, l'insuffisance des moyens mis à la disposition du ministre des finances pour un service qui dépassera toujours les crédits jusqu'à ce que les deux portions du fonds de non-valeurs qui se partagent entre lui et le ministre de l'intérieur soient soumises de concer à un système de répartition plus en rapport avec l'ensemble des dommages réellement éprouvés par la matière imposable.

En attendant cette amélioration nécessaire, les départements viennent d'être admis, par une ordonnance du 22 novembre 1829, à profiter, sur le centime destiné aux non-valeurs, de tous les fonds restés disponibles à la fin de chaque exercice.

L'administration des contributions directes est chargée, en outre, d'établir les impositions extraordinaires autorisées annuellement par des ordonnances royales pour plus de 10 millions ; elle a simplifié les procédés de son travail et diminué les frais mis précédemment à la charge des contribuables de 500,000 fr., en comprenant ces impositions additionnelles dans les rôles généraux de chaque exercice, au lieu de les porter sur des états spéciaux et de les faire percevoir séparément. Ce dernier mode n'est plus en usage aujourd'hui que pour quelques taxes qui ne frappent pas sur tous les propriétaires, ou dont le régime particulier s'oppose encore à cette utile réunion, telles que celles qui ont pour objet le salaire des gardes champêtres, les frais d'administration des bois des communes et des établissements publics, les bois sortant du domaine de l'État, les redevances fixes et proportionnelles des mines, enfin les rétributions des patentables pour les frais de bourses, de chambres de commerce et de vérification de poids et mesures.

Je dois faire suivre ces explications détaillées sur le mécanisme du travail administratif de l'examen des quatre contributions directes.

CONTRIBUTION FONCIÈRE.

La contribution foncière est assise sur le revenu net des propriétés bâties et non bâties ; elle a été substituée aux anciennes impositions par la loi du 23 novembre 1790, qui a décidé qu'elle serait payable en argent, et qu'elle ne frapperait plus sur le produit brut par des redevances en nature dont la perception était toujours embarrassante et dispendieuse pour l'État et pour le cultivateur. Les revenus des immeubles de la France furent alors évalués à la somme de 1,200 millions, qui servit de base à la fixation d'un impôt foncier de 240 millions en principal, à répartir entre tous les propriétaires du royaume. Cette seconde répartition, plus difficile que la première, donna lieu à de longues recherches qui n'eurent d'autre résultat que de démontrer l'impossibilité de trouver des éléments exacts d'appréciation pour attribuer avec certitude une part proportionnelle de ce contingent général à la richesse relative de chaque département. On fut contraint de reprendre les anciennes fixations des vingtièmes, et de les choisir comme la meilleure mesure de la charge nouvelle qui devait les remplacer dans chaque partie du territoire. Quelque imparfaite que fût cette méthode, qui reproduisait entièrement les inégalités précédentes, on doit reconnaître qu'elle pouvait être conseillée par un sentiment de justice envers les propriétaires, dont elle ne troublait par la longue possession par des rectifications subites et mal justifiées.

Toutefois, pour obéir à l'influence des idées d'amélioration qui régnaient à cette époque, on décréta l'exécution du cadastre. Cette entreprise fut cependant retardée par les désordres de l'anarchie ; la facilité de se libérer en assignats rendit quelque temps l'impôt presque insensible aux redevables ; mais le retour du payement en numéraire, et surtout la misère publique, vinrent plus tard en aggraver le poids : des plaintes nombreuses et réitérées obligèrent, en 1797, à accorder à toute la France un dégrèvement de 22,900,000 fr., qui fut distribué en raison de la surcharge évidente qui accablait certaines provinces. L'année suivante, on réduisit d'un vingtième, ou de 10,902,000 fr., les contingents de chaque localité; une nouvelle diminution de 17,657,000 fr. fut encore appliquée, en 1799, à couvrir la part contributive des domaines nationaux exemptés d'impôt, en même temps qu'à corriger davantage l'inégalité de la répartition primitive. Constamment préoccupé du besoin de rétablir l'égalité proportionnelle de toutes les charges publique, le gouvernement autorisa les parties qui se croyaient lésées à réclamer des expertises contradictoires ; mais cette concession ne reçut aucun effet, soit par la difficulté d'en recueillir le bénéfice, soit par la nécessité d'en acheter trop chèrement les avantages. On s'empressa donc de renoncer à cette forme illusoire de répartition pour entreprendre d'abord la refonte des matrices d'après les déclarations des propriétaires, et ensuite l'arpentage des communes par masse de culture ; mais bientôt la lutte des intérêts particuliers fit également abandonner ces deux nouvelles mesures, qui n'avaient pu produire que des résultats incertains et incomplets. Pour suppléer au non-succès de ces diverses tentatives, plusieurs dégrèvements ont ordonné, pendant les années 1801, 1802, 1804 et 1805, une réduction de 17,381,000 fr. sur les rôles, et réparé les inégalités les plus frappantes que n'avaient pas encore pu atteindre les autres moyens employés par l'administration.

Éclairé par ces premières épreuves, le gouvernement adopta, en 1808, le système du cadastre parcellaire, c'est-à-dire qu'il se décida à évaluer toutes les parcelles de propriété, afin d'établir ensuite plus exactement la part contributive des particuliers, des communes, des cantons, des arrondissements et des départements. Il employait à ces investigations plus détaillées et plus étendues le concours des autorités locales, celui des agents des contributions directes et des préposés spéciaux délégués pour cette grande entreprise. La réunion de tant de soins et d'efforts permit d'obtenir des évaluations plus exactes, et conduisit à proposer de les employer comme éléments d'une péréquation générale entre tous les cantons cadastrés de la France. Cette proposition ne fut point accueillie, et la loi du 30 mars 1813 décida que cette opération ne serait appliquée que dans l'intérieur de chaque localité, et ne dépasserait pas la limite de l'unité départementale. Cette mesure, ainsi restreinte, excita, en 1814, des réclamations si vives, qu'il n'a pas même été possible de procéder à son exécution.

La nouvelle administration qui s'établit à cette époque profita des leçons du passé pour diriger ses efforts vers un but moins éloigné et moins difficile à atteindre. Elle chercha à profiter des données déjà réunies pour préparer un travail général sur les forces contributives de tous les départements. Des commissaires spéciaux, choisis parmi les hommes les plus expérimentés, furent chargés de vérifier sur tous les points du royaume, d'après les documents existant auprès des directeurs des contributions et sur le vu des résultats du cadastre et des baux à ferme, la proportion de l'impôt direct avec le revenu net imposable. Les événements de 1815 suspendirent l'exécution de cette opération importante, et ce n'est que la loi du 15 mai 1818 qui a autorisé à la reprendre et à la compléter par la supputation des actes de ventes. Le résumé des évaluations présentées pour chaque partie de la France par les différents délégués du ministre des finances exigeait encore une révision définitive qui fit disparaître plusieurs inexactitudes résultant d'un manque d'ensemble et d'uniformité dans la marche de ce travail difficile. On fut donc obligé de solliciter encore un délai pour perfectionner ces nouvelles bases de répartition, et de n'accorder, en 1819, qu'un dégrèvement provisoire de 4,590,000 fr. aux départements les plus surchargés.

De nouveaux commissaires eurent la mission de revoir tous les éléments des calculs précédents, de les soumettre à l'épreuve d'un contrôle dirigé par les mêmes principes et de les ramener à un taux commun. Ces dernières vérifications ont assuré l'exactitude et le rapport proportionnel de tous les termes sur lesquels on a fait reposer les propositions de dégrèvement adoptées par la loi du 31 juillet 1821, et qui ont soulagé cinquante-deux départements, évidemment trop imposés, de la somme de 13 millions 529,000 fr. Cette rectification a fait descendre le principal primitif de la contribution foncière de la somme de 240 millions à celle de 154 millions 681,000 fr., et a réalisé en faveur des contribuables, depuis l'origine, un adoucissement total de 86 millions. Le bienfait de cette mesure a rendu la charge de l'impôt moins pesante et plus équitable, moins onéreuse à acquitter et plus facile à percevoir. Il était digne du gouvernement du roi de se proposer une aussi noble tâche et de l'accomplir avec autant de zèle que de justice.

Un autre devoir restait encore à remplir dans l'intérêt des propriétaires et des localités, mais il n'imposait pas des obligations aussi pressantes et aussi directes à l'administration générale : c'était de rétablir l'égalité proportionnelle entre toutes les taxes. En effet, ce n'est plus aujourd'hui que d'après le vœu formel des départements qu'elle peut être conduite à leur prêter son appui pour réaliser cette espérance. Depuis la restauration, le gouvernement a décidé avec raison qu'il ne devait intervenir dans une meilleure répartition de l'impôt direct que par la modération successive des contingents respectifs des départements, et qu'il ne lui appartenait pas de porter en quelque sorte une véritable atteinte à la propriété en modifiant, par des appréciations variables et incertaines, sans l'assentiment des propriétaires, une charge qui est devenue inhérente au capital qu'elle grève depuis tant d'années et qui se confond tous les jours davantage avec la valeur des immeubles par les successions, les partages et les échanges qui les transmettent sans cesse à des mains nouvelles.

Néanmoins, l'opinion générale continuait de réclamer avec instance l'achèvement des travaux relatifs à la réparation des inégalité existant dans l'intérieur de chaque département. Le gouvernement ne pouvait pas se refuser à mettre à profit les sacrifices considérables qui avaient été faits dans toute la France pour réaliser cette amélioration. La loi du 31 juillet 1821 prescrivit, en conséquence, l'application aux arrondissements et aux communes des bases qui venaient de servir à la répartition générale, et restreignit aux cotisations individuelles la suite des opérations du cadraste parcellaire.

La première disposition fut immédiatement mise à exécution; les agents des contributions directes, secondés par les parties intéressées, par des assemblées cantonales, par les sous-préfets, par les membres des conseils municipaux, ont fait et discuté la ventilation des baux et des actes de ventes; des commissions spéciales, formées par ordonnances du roi, ont prononcé sur les questions à résoudre. et ont présenté des projets de répartition à l'approbation des conseils d'arrondissement et de département. Ces propositions sont déjà favorablement accueillies par cinquante-deux conseils généraux; elles n'ont été ajournées que par dix, et les vingt-trois autres auront incessamment les moyens de se prononcer sur les nouveaux contingents qui doivent être assignés à chaque localité, pour les placer dans une situation proportionnelle relativement à la part contributive de l'impôt foncier. Nous serons donc arrivés, aussi promptement que possible, au dernier résultat d'une répartition générale dont, avant 1814, on ne pouvait pas entrevoir le terme, et dont on recueille déjà les fruits dans un grand nombre de communes.

La seconde disposition de cette même loi, relative à la fixation du contingent individuel de chaque propriétaire, autorisait les conseils généraux à voter trois centimes additionnels du principal pour subvenir aux dépenses de cette mesure aussi vaste que difficile. A l'époque où elle fut adoptée, sur 37,250 communes et 51,954,834 hectares qui forment la consistance du royaume, il n'avait été cadastré que 11,245 communes et 14,526,051 hectares; il restait à arpenter, aux frais des départements, 26,005 communes et 37,428,783 hectares. Ces travaux considérables imposaient aux diverses parties de la France des charges inégales et disproportionnées à leurs ressources respectives. L'article 21 de la loi du 31 juillet a pourvu à cette difficulté par la formation d'un fonds commun destiné à secourir les départements pauvres.

C'est à l'aide de ces combinaisons que le travail a pris une marche régulière et rapide. Un géomètre en chef fait lever les plans des communes et présente les résultats de l'arpentage à la contradiction de chaque propriétaire. Aussitôt que l'adhésion des habitants est obtenue, le classement des biens-fonds est opéré par un expert, assisté d'un contrôleur des contributions et des propriétaires délégués par les conseils municipaux; les évaluations proposées par cet expert sont débattues et arrêtées par les propriétaires, et sont soumises à l'approbation des préfets; enfin, cette entreprise laborieuse a produit depuis quelques années des résultats si prompts et si satisfaisants, que les conseils généraux ont été unanimes pour en réclamer le bienfait et pour en voter la dépense au delà même des limites fixées par la loi du 31 juillet; ce n'est, en effet, que d'après les demandes réitérées des départements que la loi du 2 août 1829 les a autorisés à élever de 3 à 5 le nombre des centimes qui peuvent être affectés aux besoins du cadastre. Déjà trente-cinq d'entre eux viennent de profiter de cette nouvelle latitude. Les résultats ci-après feront connaître à Votre Majesté l'importance des fonds consacrés, depuis l'origine, à cette grande opération, et la progression récente des ressources qui ont été votées pour son entier achèvement, savoir :

ANNÉES.	NOMBRE DE DÉPARTEMENTS.	PRODUITS DES VOTES.
1822	69	2,727,000
1823	70	2,798,000
1824	77	3,404,000
1825	80	3,372,000
1826	83	3,612,000
1827	84	3,898,000
1828	83	4,058,000
1829	85	4,362,000
1830	85	4,950,000

Ces allocations plus abondantes ont permis d'arpenter et d'évaluer, depuis 1822 jusqu'en 1830, c'est-à-dire dans un intervalle de sept années, 10,267 communes comprenant 14,093,409 hectares, ce qui porte aujourd'hui le nombre des communes cadastrées à 21,512, présentant une étendue de 28,619,460 hectares, et réduit les travaux restant à faire à 15,738 communes, renfermant 23,335,374 hectares.

Les moyens très-actifs qui ont été préparés pour accélérer l'exécution de tous les détails du cadastre parcellaire, l'impulsion donnée, dans toutes les localités, aux divers préposés et aux autorités départementales chargés de la conduire à ses dernières conséquences, l'accroissement considérable des produits qui lui sont attribués, nous portent à croire que cette tâche importante sera définitivement accomplie, pour toute la France, dans un délai qui ne doit pas s'étendre au delà de dix années.

Ainsi, nous serons parvenus à devancer l'époque tardive et incertaine à laquelle s'attachaient depuis longtemps les vœux de tous les propriétaires, et qui leur assurera pour toujours l'inappréciable avantage de l'égalité proportionnelle et de la fixité d'un impôt acquitté par plus de dix millions de rèdevables. Cette fixité est commandée par la matière imposable elle-même, qui est permanente de sa nature, à l'exception des propriétés bâties, qui sont soumises à des variations fréquentes. Mais l'intérêt public exige impérieusement que les biens ruraux soient mis à l'abri de ces augmentations et diminutions de taxes qui affectent leur valeur réelle, découragent souvent les efforts du cultivateur, retardent l'amélioration de l'agriculture, et favorisent ordinairement l'indifférence des propriétaires. C'est alors que le système de répartition de la contribution foncière aura atteint son dernier degré de perfectionnement, et que l'on sera conduit à examiner si les maisons, qui se multiplient sur le territoire, et dont la valeur s'augmente ou décroît en raison de la population et de la richesse publique, ne devraient pas être soumises au régime de l'impôt de quotité, comme tous les objets qni éprouvent aussi immédiatement les vicissitudes de l'état mobile de la société.

Enfin, l'administration a prêté son concours aux travaux exécutés pour la carte générale de France, en transmettant des tableaux d'assemblage très-détaillés, des feuilles du plan parcellaire de chaque commune au dépôt général de la guerre, qui lui donne, en échange de ces communications, les résumés sommaires de la triangulation tracée par les ingénieurs géographes. Elle se prépare aussi à conserver tous les avantages de son travail, par des précautions qui en garantiront les résultats pour l'avenir. Elle est prête à mettre en usage des procédés descritifs, qui permettront de suivre et de constater avec facilité, sur les plans cadastraux, les mouvements continuels qui surviennent dans la configuration des parcelles. Ainsi se trouvera entièrement assuré, pour tous les temps et dans toute l'étendue de la France, un nouvel ordre de répartition de la contribution foncière, qui doit concourir puissamment à exciter encore l'émulation des propriétaires pour féconder les sources de nos revenus, et pour augmenter l'aisance générale, en même temps que l'abondance du Trésor.

CONTRIBUTION PERSONNELLE ET MOBILIÈRE.

Après avoir imposé la propriété foncière, il était indispensable de demander aux revenus acquis par le travail et créés par l'économie leur part contributive dans les charges publiques. Cette portion de la richesse de la France était beaucoup plus difficile à atteindre par l'impôt, parce qu'elle échappe à tous les regards, et qu'elle peut se soustraire aux investigations du fisc par la mobilité même des valeurs qui la représentent. On chercha néanmoins à reconnaître le rapport qui existait, en 1791, entre les produits des immeubles et ceux des capitaux mobiliers ; on supposa, d'après les données très-incertaines qui existaient alors, que ces dernières ressources étaient dans la proportion d'un cinquième avec les premières, qu'il était juste de leur imposer une contribution personnelle et mobilière de 60 millions, et de la répartir au prorata des anciennes impositions. Elle fut formée de cinq taxes distinctes, calculées sur trois journées de travail, sur le nombre des domestique, sur celui des chevaux, sur les loyers d'habitation, et enfin sur le vingtième du revenu présumé. La première était facile à déterminer à l'aide d'un tarif qui fixait à dix, quinze et trente sous le prix de la journée de chaque particulier non réputé indigent. C'était en effet la mesure la plus approximative des moindres facultés des contribuables, et il n'y avait rien d'arbitraire à exiger trois fois la valeur de ce faible salaire à titre de première cotisation. La seconde et la troisième, sur les domestiques et sur les chevaux, étaient de véritables taxes somptuaires, très-difficiles à asseoir et à recouvrer, dont le vice radical est toujours de détruire la matière même de l'impôt, et de ne pas frapper exclusivement sur celui que le tarif cherche à atteindre. Les deux dernières, qui portaient à la fois sur le revenu mobilier établi d'après l'importance du loyer de chaque habitant, étaient perçues d'abord à raison de 3 centimes du total de cette évaluation, et ensuite dans la proportion d'un vingtième de cette même somme, réduite du montant du revenu foncier dont le contribuable avait déjà payé l'impôt.

Ces diverses taxes ne pouvaient que très-difficilement fournir le contingent assigné à chaque commune; leurs résultats se trouvaient ordinairement au-dessus ou au-dessous de cette limite, et on ne parvenait à y rentrer qu'en reportant les différences en plus ou moins sur les deux dernières taxes, au moyen de calculs aussi longs et aussi compliqués que ceux de la première répartition. Cette série d'opérations, pénibles et embarrassantes pour les esprits les plus exercés à ces sortes d'appréciations mathématiques, était d'une exécution presque impossible dans la plupart des communes. Aussi ne parvint-on pas à établir des matrices régulières, et, dès l'année 1792, on se détermina à abandonner ces idées théoriques et inapplicables, pour tenter de nouvelles combinaisons.

Les cinq taxes précédentes furent réduites de moitié; les trois premières continuèrent à être fixes, et les deux autres, qui le devinrent aussi, furent respectivement portées au quarantième et au dix-huitième du revenu mobilier. Le régime d'impôt de quotité fut aussitôt substitué à celui de répartition, et ce nouveau système, dont on espérait au moins 30 millions, n'en produisit que 22. Les désordres qui ont désolé la France pendant les années suivantes firent négliger cette ressource comme toutes les autres, et ce ne fut qu'en 1795 que l'on chercha de nouveaux moyens de perfection, par l'établissement d'une contribution personnelle et somptuaire, soumise à l'action d'un tarif direct contre tous les redevables. Chaque individu jouissant d'un revenu de trente sous par jour était taxé à cinq francs ; un droit progressif, qui se doublait pour chaque unité, frappait sur les cheminées, sur les domestiques, sur les chevaux et sur les voitures suspendues avec une telle rigueur, qu'il forçait la richesse elle-même à prendre les attributs de la misère, et à subir le joug de cette ruineuse égalité, qui était devenue l'idole du jour. La violence de ce tarif ne permit pas de le supporter plus de deux années, et dès le commencement de 1797 on le modifia par la création d'un jury d'équité, institué dans chaque commune pour répartir entre les particuliers une contribution personnelle, mobilière et somptuaire, dont le contingent général avait été relevé à 60 millions. Cette assemblée municipale avait seule le pouvoir de régler la cote personnelle, depuis trente sous jusqu'à 120 francs, d'évaluer à son gré la cote mobilière en proportion du revenu, et d'appliquer les dispositions de la loi sur les taxes somptuaires précédemment établies. Un mode de répartition aussi arbitraire excita des réclamations universelles, qui firent d'abord diminuer d'un cinquième le contingent primitif, et qui obligèrent enfin à entrer dans des voies plus faciles et mieux tracées. En 1799, la quotité de cet impôt fut réduite à 30 millions, d'après les bases suivantes :

Le prix de la journée du travail fut fixé, à raison de la richesse relative de chaque département, depuis 50 centimes jusqu'à 1 franc 50 centimes. Ce premier terme servit à multiplier le sixième de la population, considéré comme la seule portion de la société qui fût imposable, et l'on obtint ainsi un résultat de	10,855,000
On évalua ensuite les cotes mobilières, d'après les loyers, à	5,645,000
Les taxes somptuaires	1,500,000
Enfin on proposa une retenue sur les traitements publics de	3,000,000
Total	30,000,000

Les deux dernières taxes furent maintenues comme impôt de quotité et les deux premières comme impôt de répartition. Il était encore facile de reconnaître, dans cette cinquième refonte de la même contribution, l'influence funeste des idées qui appauvrissaient la France depuis plusieurs années, en flattant les passions d'une multitude aveugle, et qui détruisaient les profits de la classe ouvrière, en poursuivant les jouissances du riche. Une contribution somptuaire aura toujours les plus graves inconvénients dans un pays où la fortune publique est assez bien répartie pour que la richesse individuelle n'y soit qu'une exception très-rare au milieu de l'aisance générale. On retrouvait aussi un nouvel indice de cette envieuse influence dans la retenue imposée aux traitements publics, qui arrachait aux employés le plus légitime salaire, qui diminuait les résultats de leur travail par le découragement, ou qui devenait illusoire par l'usage des récompenses supplémentaires. L'année suivante mit un terme à cette injustice et fit arrêter la contribution à 40 millions; elle fut même remise à 30 millions en 1801. Les taxes somptuaires, qui offraient encore les traces affligeantes des erreurs de la politique et de l'administration, donnaient lieu à des plaintes très-vives et à des difficultés sans cesse renaissantes dans toutes les localités; la ville de Paris n'avait pu échapper à de si graves embarras qu'avec le secours de son octroi; enfin, le gouvernement tenta de se soustraire à tant de soins et de mécontentements par des exceptions nombreuses qui ont heureusement achevé la destruction de cette triste ressource, et fait consacrer sa suppression définitive à partir de 1806. Cette mesure n'apporta aucune réduction au principal, qui resta fixé à 30 millions; la part de cette somme afférente aux quatre-vingt-six départements qui composent le territoire actuel était de 27,161,000 fr.; des centimes additionnels, montant à 13,893,810 francs, ont porté aujourd'hui le contingent général à 41,054,810 fr.

Cependant il est à remarquer que vingt-cinq villes, dont l'état nominatif est annexé à ce rapport, ont été autorisées par des ordonnances royales à convertir leur contribution mobilière en octroi, jusqu'à concurrence de 5,931,206 fr., et à réduire ainsi le montant des rôles à percevoir directement sur les redevables à 35,123,602 fr.

Cette contribution, qui a subi les vicissitudes des circonstances, et qui a été soumise à des combinaisons variées, n'a pas encore pu s'asseoir sur des bases aussi certaines et aussi régulières que celles de l'impôt foncier. Quoique beaucoup mieux conçue depuis l'année 1806, elle ne remplit pas la condition principale de toute imposition directe, celle de proportionner les taxes aux facultés réelles des redevables; la répartition en est tellement inégale, qu'elle demande souvent le même tribut à toutes les classes de la société, et qu'elle rend la perception difficile dans les lieux mêmes où la matière imposable serait abondante, si elle n'était pas soustraite à l'action du tarif par la forme de son application ou par l'inexactitude des éléments qui ont servi à fixer l'évaluation du contingent local et individuel. Il est facile de s'expliquer, en effet, comment des valeurs mobilières, si variables et si insaisissables de leur nature, ne sont pas exactement appréciées par la combinaison complexe du prix de la journée de travail et du sixième de la population, surtout quand cette première donnée ne se complète que par l'estimation des loyers, et lorsque ces trois opérations ont pour but d'assigner un contingent fixe à chaque localité, afin de le répartir invariablement sur la portion des ressources des particuliers qui est la plus sujette à l'inconstance de la fortune. Dans les communes où la contribution personnelle absorbe le contingent local, le tarif n'a qu'une seule taxe pour le riche et pour le pauvre. C'est ce défaut ordinaire de proportion dans les taxes actuelles qui a fait supposer, malgré les progrès évidents de la richesse publique et de la population, que cet impôt, qui avait produit dès l'origine 60 millions, ne pouvait plus désormais s'étendre au delà de sa nouvelle limite de 27 millions.

Cependant l'administration, mieux éclairée sur les faux résultats de cet ancien système, par ses propres observations et par les justes réclamations qui lui étaient incessamment adressées sur l'inégalité relative des charges locales et individuelles, proposa, en 1820, de fixer la somme à imposer dans les départements, les arrondissements et les communes, d'après la seule base qui lui avait paru jusqu'alors la moins imparfaite, le montant des valeurs locatives d'habitation. Cette mesure a obtenu l'assentiment des Chambres le 23 juillet 1820; mais elle ne conduisit d'abord qu'à des évaluations inexactes et incomplètes de la part des autorités des départements, qui, placées sous l'influence de l'intérêt local, ne présentèrent qu'une valeur très-atténuée de 155,286,836 fr., inférieure elle-même à celle qui figurait alors, dans les matricules communales, pour les cotisations personnelles.

L'insuffisance de cette première épreuve décida le ministre des finances à confier la suite de cette opération aux agents des contributions directes, dirigés par ses instructions précises et soutenus par le concours des inspecteurs spéciaux de cette partie. Un recensement spécial fit reconnaître les baux existant dans les villes, et détermina, avec certitude, le montant réel des loyers; il donna aussi les moyens d'établir le classement des communes rurales, de constater le nombre des maisons, celui des habitants, et d'apprécier l'importance de leurs ressources agricoles et industrielles. On ajouta à ces nombreux renseignements la valeur de la journée de travail dans chaque localité, comme un indice naturel de la somme applicable au logement des classes les moins aisées. C'est à l'aide de ces divers éléments, rassemblés de toutes les parties de la France, et discutés tous par les agents des contributions directes, que chaque inspecteur général, secondé par les propriétaires les plus éclairés, parvint à soumettre le tableau des valeurs locatives des départements qui lui étaient confiés à l'examen d'une commission spéciale, formée auprès du ministre, pour vérifier les calculs, reviser les différentes combinaisons, et pour en rassembler ensuite les résultats en un corps de travail complet et uniforme dans toutes ses parties.

Un recensement général des portes et fenêtres, exécuté en 1822, vint plus tard à l'appui de ce premier travail, et confirma l'un de ses résultats principaux, en présentant, d'une manière encore plus précise, un nombre de maisons égal à celui qui avait été trouvé précédemment dans les villes et dans les campagnes. Après tant d'épreuves contradictoires, on est arrivé à fixer le montant des valeurs locatives (sans y comprendre celles qui sont relatives à l'industrie) à 303,832,734 fr., dont 169,810,754 fr. appartiennent aux villes, et 134,021,980 fr. aux communes rurales. Le nombre des habitants était, en 1821, de 30,304,340; celui des maisons, de 5,886,727, et le prix moyen du loyer ressortait à 10 fr. 2 c. par habitant, et à 49 fr. 52 c. par maison. Cette évaluation était la plus modérée que l'on pût adopter, puisqu'elle se trouvait fort au-dessous de la valeur des baux recensés dans les villes, et qu'elle n'atteignait pas non plus le taux commun résultant des bases suivies pour l'appréciation des loyers des campagnes. Ces renseignements avaient démontré que quarante et un départements éprouvaient une surcharge de 3 millions, qui devait être répartie sur les quarante-quatre dont les contingents n'étaient pas proportionnés à leurs ressources contributives. Le département du Nord, évidemment ménagé, aurait dû recevoir la plus forte augmentation, et celui de la Seine avait droit au dégrèvement le plus considérable. Quelque positives que fussent les données recueillies avec tant de soin et de persévérance par l'administration, elle crut que la prudence lui conseillait encore de les soumettre à de nouveaux contrôles, avant d'en faire l'objet d'une proposition de loi. Le dégrèvement accordé, le 6 juillet 1826, sur les centimes additionnels de la contribution personnelle et mobilière, lui fournit une nouvelle occasion de faire vérifier l'exactitude de ses calculs ; et elle s'empressa d'en profiter, en invitant les préfets à employer les résultats qu'elle avait obtenus pour la distribution locale de cet allégement des charges. Soixante-quinze conseils généraux ont immédiatement accepté cette base pour la diminution des cotes individuelles de leurs départements. Néanmoins, on voulut encore procéder à une nouvelle révision des calculs précédents, pour y apporter les modifications que l'accroissement de la richesse publique avait rendues nécessaires depuis les trois années qui s'étaient écoulées après ce recensement général. En conséquence, huit commissaires spéciaux furent délégués pour rapprocher les éléments du dernier travail des faits récemment constatés, pour en combiner les termes avec les résultats antérieurs, et pour en corriger l'expression en la rendant complète et définitive.

Cette opération, qui a duré cinq mois, a été soumise, sur les lieux, à la contradiction des préposés qui avaient concouru aux premières évaluations, et elle a été ensuite approfondie et vérifiée dans tous ses détails, en présence des commissaires réunis, par l'administration centrale, sous la direction personnelle du ministre. On est ainsi parvenu à dresser des tableaux exacts et complets des valeurs locatives de toute la France. Ces nouveaux documents ont porté la population à 31,657,429 âmes, c'est-à-dire à 1,353,089 de plus qu'en l'année 1823; le nombre des maisons a reçu une augmentation de 509,281, qui l'a élevé à 6,396,008; les loyers (sans y comprendre ceux qui sont relatifs à l'industrie) ont été estimés à 384,008,125 fr., dont 211,806,483 fr. pour les villes, et 172,201,642 fr. pour les campagnes; la différence en plus, avec le premier travail, est de 80,175,391 francs; les villes y sont comprises pour 41,095,739 fr., et les communes rurales pour 38,179,662 fr. Ces dernières bases apporteraient un dégrèvement de 3,500,000 fr. à quarante-huit départements, qui s'ajouterait au contingent des trente-sept autres, et appliquerait encore la plus forte augmentation au département du Nord, et la plus grande diminution à celui de la Seine; la première serait de 500,000 fr., et la seconde de 700,000 fr. Il ne sera plus possible de conserver des doutes sur la régularité de ce dernier recensement et sur la modération de ces calculs, si l'on considère que les loyers stipulés dans les 56,565 baux vérifiés dans les villes produisent un revenu réel de 36,554,977 fr., tandis que les évaluations nouvelles ne l'ont porté qu'à 25,632,394 fr.:

cette dernière somme est donc à l'abri de toutes les contestations de l'intérêt privé. On obtiendra la même conviction et la même sécurité pour les communes rurales, en remarquant que l'appréciation du loyer de chaque maison ne dépasse pas le terme moyen de 32 fr. Enfin, on reconnaîtra sans peine que la différence en plus de 80 millions, sur le dernier travail, est une conséquence évidente de l'accroissement de la population, du développement de l'aisance générale, et des constructions nombreuses qui se sont multipliées depuis 1820 sur tous les points du territoire.

L'administration a rempli la tâche qu'elle s'était imposée, en préparant les moyens de mieux répartir les charges que la loi fait porter sur les valeurs locatives; elle pourrait, dès à présent, soumettre ses propositions de répartition nouvelle aux délibérations des Chambres; mais elle croirait rester encore au-dessous de ses devoirs, si elle se montrait indifférente aux notables changements qui sont survenus dans la matière même de l'impôt depuis que le système en a été créé : il lui est devenu indispensable, avant de se prononcer sur le maintien du régime actuel, de faire encore un examen approfondi des bases sur lesquelles il repose, surtout depuis qu'elles sont devenues l'objet de plusieurs critiques, et qu'elles ont provoqué des idées qui pourraient obtenir quelque faveur dans l'opinion des redevables. Cette considération m'a déterminé à faire discuter encore en ma présence, par les esprits les plus exercés sur ces matières, tous les documents recueillis par mes prédécesseurs pour rectifier la répartition du contingent, et à m'aider de ces renseignements pour vérifier si la situation des contribuables ne réclamait pas aussi des modifications à l'ancien tarif et à la forme de son application ; enfin, si les valeurs locatives étaient la meilleure mesure des ressources mobilières, et si l'impôt de quotité ne convenait pas mieux que l'impôt de répartition à la nature variable de cette taxe.

Cette révision m'a confirmé dans la conviction, depuis longtemps acquise par tous les hommes éclairés, que la disproportion existant aujourd'hui entre les charges de chaque localité était tout à fait démontrée, et que l'on était parvenu à se procurer les moyens de rétablir un équilibre plus exact entre tous les départements. J'ai également reconnu que le prix des loyers était, avec raison, la seule base qui ait été conservée pour l'appréciation des valeurs mobilières, et que toutes les autres combinaisons, même celle de la population, ne pouvaient conduire qu'à de vaines conjectures, plus propres à égarer qu'à éclairer les recherches. Mais, en même temps, je n'ai pas pu me dissimuler combien cette simple donnée était insuffisante pour découvrir les sources multipliées de la richesse mobilière, combien ses indications étaient restreintes, combien sa mesure paraissait étroite et souvent fautive; je n'ai pu enfin méconnaître ce qu'il y avait d'hypothétique et de susceptible de controverse dans ses évaluations incertaines. J'ai dû, néanmoins, renoncer à trouver de nouveaux moyens pour mieux diriger les investigations du fisc, et me résigner à prendre le seul indice qu'une longue expérience ait pu fournir pour une appréciation dont les nombreux éléments seront toujours impossibles à saisir dans leur ensemble.

Dans cette situation embarrassante, il restait à décider si les capitaux mobiliers, qui suivent toutes les oscillations de la fortune publique devaient continuer, au milieu du développement progressif de l'industrie, du commerce et de l'agriculture, à demeurer soumis à un impôt de répartition dont le contingent toujours fixe frappait une matière imposable continuellement modifiée. Cette question aurait été facile à résoudre, si la contribution avait pu s'asseoir sur une base exacte et positive, qui eût permis au gouvernement de demander un tribut justifié d'avance aux yeux mêmes des contribuables ; mais exiger une redevance incertaine et mal établie, par l'action directe d'un tarif rigoureux contre les personnes, sans être armé de toutes les forces d'un droit incontestable et défendu par l'égalité proportionnelle, c'était mettre l'administration et les contribuables dans une position où la sagesse royale n'aurait pas voulu les placer ; et j'ai pensé qu'il était convenable de consulter encore les connaissances et les habitudes locales, avant de prendre une détermination sur une opération aussi importante et aussi délicate. Les explications qui ont été transmises par les directeurs des contributions directes ont de nouveau confirmé l'exactitude et la modération des évaluations préparées pour la rectification du contingent général, en fournissant la preuve qu'elles se trouvaient atténuées de 30,677,585 fr., dont 11,589,057 fr. devraient être ajoutés aux villes, et 18,188,528 fr. aux campagnes ; mais elles ont entretenu le doute et l'incertitude sur la substitution de l'impôt de quotité à l'impôt de répartition.

La plupart de ces fonctionnaires redouteraient un changement qui enlèverait aux autorités municipales une participation directe dans l'application des charges publiques : cette ancienne concession de notre législation en vigueur est toujours considérée, dans les provinces, comme une des plus précieuses garanties des intérêts locaux ; et le regret de la perdre disposerait mal les esprits en faveur d'un nouveau système dans lequel il serait nécessaire de restreindre l'intervention des communes, si on ne voulait pas paralyser l'action des agents des contributions et atténuer entièrement les effets du nouveau tarif. Des contestations et des débats pourraient retarder l'émission des rôles, leur perception serait grevée de non-valeurs et de frais, qui attesteraient la résistance des redevables à une taxe mal assise et imparfaitement justifiée.

Quelques directeurs, cependant, ont pensé que l'esprit public était assez avancé pour faire sans peine le sacrifice d'une attribution qui est exercée avec beaucoup d'indifférence ; que le même sentiment d'intérêt général approuverait sans doute une innovation qui tendrait à mieux proportionner le poids des charges aux revenus de chaque contribuable, et à suivre toutes les variations de la richesse des particuliers, pour accroître ou diminuer les ressources du Trésor.

La théorie semble justifier ces derniers raisonnements, et personne ne saurait contester que les produits du travail et des capitaux mobiliers ne soient essentiellement une matière imposable par la voie d'un tarif proportionnel ; mais il est indispensable de s'assurer si les mœurs des habitants, si les préventions et les habitudes locales n'opposeraient pas un obstacle invincible à l'application des meilleurs principes, et n'empêcheraient pas d'en recueillir les heureuses conséquences. J'ai pensé que ces opinions différentes devaient encore être soumises à l'épreuve de la contradiction publique ; qu'il était sage de les faire méditer par les agents de l'administration, et qu'il fallait attendre les conseils du temps et les lumières d'une discussion plus longue et mieux approfondie, avant de s'exposer aux chances d'un projet qui a besoin du concours de l'opinion générale pour réaliser toutes les espérances qu'il a fait concevoir. Au surplus, mon prédécesseur a prescrit, par une instruction du 15 avril 1829, d'appliquer dès l'année 1830 la seule base des valeurs locatives à la répartition du contingent mobilier de chaque commune. Les changements que cette mesure apportera aux cotes individuelles, et les observations auxquelles elle aura pu donner lieu de la part des contribuables et des autorités locales, serviront à mieux fixer l'opinion sur les améliorations nouvelles que comporteraient l'assiette et le mode de répartition de la contribution mobilière.

CONTRIBUTION DES PORTES ET FENÊTRES.

La contribution des portes et fenêtres a été établie par la loi du 24 novembre 1798; elle est assise sur toutes les ouvertures des bâtiments destinés à l'habitation, sauf quelques exceptions relatives aux constructions affectées spécialement à l'agriculture, à un service public ou aux travaux des manufactures; son tarif est gradué d'après la population des communes.

Cette branche de produits, qui a été créée par le législateur pour servir de supplément à la contribution mobilière, parce qu'elle est à la charge des locataires dans la plupart des communes, pourrait être aussi bien considérée comme un complément de la partie de l'impôt foncier qui s'applique aux propriétés bâties. Le caractère primitif d'impôt de quotité, qui lui avait été donné par le décret de sa création, était mieux approprié à sa nature que le mode de répartition, parce qu'il permettait d'obtenir des propriétaires de maisons une redevance proportionnelle, qui aurait suivi les progrès de la valeur de cette nature d'immeubles, dont le capital et les revenus sont sans cesse modifiés par les vicissitudes de notre situation économique.

Mais à l'époque où ce nouveau système commença à s'établir, la misère était presque générale, les habitations n'avaient qu'une faible valeur, et les rouages de l'administration, qui venaient de renaître, éprouvaient de graves embarras dans leurs mouvements. L'application directe d'un tarif rigoureux sur les choses et sur les personnes par les préposés du fisc présentait alors des difficultés presque insurmontables ; aussi ne parvint-on pas à réaliser les ressources que l'on s'était promises de cette nouvelle imposition. Un recensement général ne produisit que des résultats fautifs et incomplets, et ne fit recouvrer au Trésor que 15,016,682 fr. Cette première rentrée s'affaiblit encore pendant les années suivantes, et détermina le gouvernement dès l'année 1802 à chercher un revenu plus certain par la forme plus facile de l'impôt de répartition, et à se servir des données qu'il s'était déjà procurées par l'essai du tarif précédent, pour répartir un contingent général de 16 millions entre toutes les communes, en raison des charges inégales et mal établies qui avaient été très-arbitrairement attribuées à chaque localité. Une disposition de la loi de 1802 avait, à la vérité, prescrit aux maires et aux agents administratifs de réformer l'assiette de cette contribution par un nouveau recensement ; mais on se borna à reproduire les états dressés en 1798, avec toutes les irrégularités dont ils étaient remplis. On peut même ajouter que les conséquences de ce régime se sont encore compliquées par suite des nombreuses constructions qui se sont élevées sur toutes les parties du territoire, et principalement dans les différentes villes du royaume.

Une loi du 13 floréal an x a apporté quelques changements aux dispositions antérieures, en ajoutant à la combinaison du tarif, déjà gradué sur la population, celle de l'espèce et de la position des ouvertures ; mais ce nouveau système fut bientôt modifié, dans l'application, par chaque localité, qui a toujours ramené le produit de l'impôt au contingent fixe qu'il devait atteindre.

Le principal des portes et fenêtres n'a éprouvé aucune nouvelle modification depuis cette époque, si ce n'est par suite de la diminution du territoire, qui l'a définitivement arrêté à 12,812,504 fr. Toutefois, les besoins extraordinaires de 1816 ont doublé cette contribution par des centimes additionnels, qui en élevèrent, pendant trois ans, le produit total à 25,625,222 fr. Mais il a été remis à peu près à son ancienne fixation par la loi du 6 juillet 1826, qui ne lui a laissé que dix centimes généraux et cinq centimes spécialement affectés aux frais de confection de rôles et aux non-valeurs, et qui lui a ainsi retranché une surcharge temporaire de 10,890,807 fr. 90 c.

A partir de 1822, l'administration s'est efforcée de remédier aux vices de la répartition primitive, en faisant procéder à un recensement général de toutes les ouvertures; elle a été conduite dès lors à reconnaître que les 6,432,000 maisons, portées aux anciennes matrices pour 21,358,240 portes et fenêtres, en contenaient réellement 33,949,468, c'est-à-dire 12,591,228 de plus que le nombre déclaré et soumis à l'impôt. Ces résultats seraient encore plus frappants si nous les complétions par les additions survenues pendant les sept années qui se sont écoulées depuis l'achèvement de cette opération. Néanmoins, le gouvernement n'a pas voulu profiter de ces utiles renseignements pour proposer un nouveau contingent général; il s'est borné à inviter les départements à les prendre pour base de leur répartition locale, afin de rectifier, autant que possible, les erreurs et les injustices les plus choquantes : cette mesure a été exécutée par la plupart des conseils généraux; neuf d'entre eux seulement en ont négligé les heureux effets. Au surplus, les rôles actuels qui devraient comprendre, d'après les recensements les plus exacts, 33,949,468 ouvertures, n'en présentent que 26,892,316, ce qui démontre que 7,057,152 sont définitivement soustraites à l'impôt. Il est également reconnu que, en appliquant aujourd'hui le tarif légal à toutes les portes et fenêtres réellement imposables, la contribution, qui n'est que de 12,812,535 fr. en principal, s'élèverait à près de 25 millions; et que, si l'on se bornait à l'exercer sur les seules ouvertures déjà portées dans les matrices, on pourrait encore obtenir 19,464,657 fr. en ajoutant 2 millions 141,516 fr. au contingent des villes et 4,540,607 fr. à celui des campagnes.

Ces différents calculs prouvent évidemment que les bases de la contribution des portes et fenêtres ont été préparées pour servir au régime de l'impôt de quotité, et ne sont point applicables à celui de répartition. En effet, le but du législateur a été d'asseoir une taxe graduée et destinée à suivre les variations de la matière imposable, et non de fournir des éléments incertains pour la distribution d'un contingent qui cesse d'être fixe, et qui change aussi souvent que le tarif dont il doit être le résultat. Ces considérations nous font croire qu'il serait plus régulier et plus conforme à la nature des choses de rendre un jour à cette imposition son caractère primitif, de lui donner ainsi à l'avenir cette condition précieuse d'égalité contributive qui en justifierait mieux la perception, et la rendrait plus équitable, plus facile et plus abondante. Mais un changement aussi notable doit être préparé longtemps à l'avance, pour ne pas troubler imprudemment la situation des redevables, et pour assurer à l'État tous les avantages que sa prévoyance doit en recueillir. Je crois donc devoir proposer à Votre Majesté d'ajourner sa détermination, sur cette mesure importante, jusqu'à ce qu'il ait été possible de mieux calculer toutes les conséquences de son application.

CONTRIBUTION DES PATENTES.

La contribution des patentes a remplacé, en 1791, les droits de maîtrises et de jurandes qui furent alors abolis ; elle a pour but de faire entrer l'État en partage des profits obtenus sur les capitaux mobiliers que le commerce a mis en valeur, et de procurer ainsi au Trésor public une faible partie des bénéfices réalisés par une classe laborieuse, qui recueille presque toujours de grands avantages des services qu'elle rend à la société.

Cet impôt n'a point échappé à la destruction générale de 1793, qui a renversé toutes les lois antérieures, et ce n'est que le 22 juillet 1795 qu'il a été rétabli, pour être ensuite modifié, pendant les trois années suivantes, par des dispositions qui ont elles-mêmes été réunies et refondues en un seul corps de travail le 22 octobre 1798.

Le tarif de cette contribution se divise en droit fixe et en droit proportionnel : le premier frappe sur sept classes distinctes de redevables, dont les rangs sont déterminés par la nature des professions et la population des communes ; le second représente le dixième de la valeur des loyers des bâtiments consacrés à l'habitation et à l'exploitation commerciale pour les cinq premières classes seulement.

La régie de l'enregistrement avait été originairement chargée de la perception de cet impôt sur des tableaux dressés par l'administration locale, et ce n'est qu'à partir de l'année 1800 que les agents des contributions directes en ont formé des rôles réguliers ; le recouvrement de ces rôles n'a même été confié aux percepteurs qu'en vertu d'un arrêté du 26 brumaire an x. Le payement des patentes fut d'abord exigé dans les premiers mois de l'année, et leur acquittement par douzièmes ne date que de l'époque de leur réunion aux contributions directes.

Les lois de finance des 25 mars 1817 et 15 mai 1818 ont cherché à protéger le commerce sédentaire des villes et des communes, en élevant les droits sur les colporteurs ambulants et sur les marchands forains ; elles ont voulu aussi compléter les classes déjà établies par le tarif, en y ajoutant quelques professions qui y étaient omises, elles ont créé de nouvelles divisions pour les établissements industriels; enfin elles ont fait une application différente du droit fixe aux filateurs et aux fabricants à métiers, qui a ensuite été adoptée, le 17 juillet 1819, pour les entrepreneurs de moulins à soie et les fileurs de cocons.

Nonobstant ces améliorations partielles, la législation de cette partie de nos revenus manque de précision sur plusieurs points, et n'établit pas exactement, entre les divers degrés de patentables, cette égalité proportionnelle si conforme aux principes de justice qui doivent diriger l'administration. Les bases primitives de ce tarif ont été d'ailleurs préparées à une époque déjà si éloignée des perfectionnements que reçoit chaque jour l'industrie française, qu'elles se trouvent maintenant incomplètes, et quelquefois inapplicables. Les classes originairement prévues ne comprennent pas un grand nombre de professions nouvellement établies, et qu'il est difficile de rattacher, par analogie, à celle que la loi désigne. Déjà la jurisprudence des conseils de préfecture, devenue incertaine et embarrassée, ne peut plus se guider que par des décisions ministérielles, qui réclameraient une sanction légale. Ces considérations ont déterminé mon prédécesseur à réunir tous les éléments de cette importante matière, pour les soumettre à l'épreuve de l'examen et de la discussion d'une commission spéciale composée des hommes les plus éclairés, et à faire préparer un projet de loi destiné à régler, d'une manière plus précise et plus étendue, la classification des professions existantes, à déterminer plus exactement le rapport du tarif avec les revenus qu'il doit atteindre, et à fixer plus régulièrement la mesure qu'il est convenable de leur appliquer, pour rétablir un juste équilibre entre tous les tributs que le Trésor demande aux différentes branches de la fortune publique. J'ai fait continuer cet examen, et j'en présenterai les résultats à Votre Majesté aussitôt qu'ils auront été rendus définitifs.

Le principal de la contribution des patentes est grevé du prélèvement annuel, 1° de 8 p. 100 affecté, à titre de complément, aux fonds de non-valeurs ordinaires, et subsidiairement aux dépenses des communes; 2° des dégrèvements extraordinaires, accordés pour cessation de commerce ou changement de profession avant le premier janvier.

Le produit brut de cet impôt, qui était de 19 millions en 1803, éprouva une réduction constante pendant les dix ans de guerre où les relations commerciales se sont trouvées généralement interrompues : les rôles de 1813 n'étaient parvenus qu'à 17 millions. Les dépenses extraordinaires de 1816, qui forcèrent à doubler cette imposition par des centimes additionnels, en ont porté les ressources, pour ce seul exercice, à 40,453,000 fr. Un tableau joint à ce rapport permet de vérifier la progression rapide que ces revenus ont suivie depuis cette époque, et de reconnaître que, dans le cours de quatorze années, ils se sont accrus de près d'un tiers, en procurant au Trésor une ressource qui s'élève à 27 millions au lieu de 20. Le nombre des individus assujettis à cette taxe n'était encore, en 1821, que de 955,000; il est aujourd'hui de 1,100,000, dont 285,000 appartiennent à une population de 5,085,675, placés dans les villes de 5,000 âmes et au-dessus, et 815,000 font partie d'une population de 26,772,719, comprise dans les communes au-dessous de 5,000 âmes.

Ces résultats rappellent les bienfaits d'un gouvernement qui protége toutes les industries, qui en soutient les efforts, en développe les progrès, et en recueille les précieux avantages dans l'intérêt général de la société. C'est avec le retour de votre royale famille que la France a vu se rouvrir toutes les sources de sa prospérité et de sa richesse, et Votre Majesté voit encore chaque année, dans les diverses parties du service public, de nouveaux effets de sa sollicitude éclairée pour augmenter l'aisance et le bonheur de ses peuples.

CENTIMES ADDITIONNELS AU PRINCIPAL DES CONTRIBUTIONS DIRECTES.

Les contributions directes ont été constamment augmentées, dès leur origine, par des suppléments proportionnels, calculés au marc le franc de leur principal, soit pour accroître les recettes du trésor public, soit pour subvenir aux dépenses locales des départements et des communes, soit enfin pour couvrir les non-valeurs et les frais inhérents à leur perception.

Des centimes additionnels ont été imposés dans tous les temps, en raison des besoins de l'État, et c'est principalement au milieu des circonstances les plus difficiles qu'ils ont apporté des tributs certains et considérables pour toutes les nécessités publiques. La facilité et la promptitude de leur assiette et de leur recouvrement ont procuré au gouvernement des secours très-précieux, qui ont toujours soutenu son pouvoir, et qui ont souvent protégé le territoire de la France. Il était juste et nécessaire de demander de semblables sacrifices principalement à la propriété foncière, parce qu'elle est la plus intéressée à prévenir les dommages qui menaceraient les revenus du sol et qui arrêteraient les efforts du cultivateur, car l'agriculture souffre moins des conséquences d'une guerre, qui consomme ordinairement ses produits, que le commerce et l'industrie manufacturière, qui voient alors se fermer pour eux les marchés de l'intérieur et ceux du dehors. Ces subsides avaient été portés, avant la restauration, à 50 centimes du principal de la contribution foncière, produisant 86 millions, et à 100 centimes des contributions personnelle et mobilière et des portes et fenêtres, montant à 32,900,000 fr.

Le produit de ces impositions additionnelles apportait aux caisses de l'État une somme annuelle de 119 millions. On a vu précédemment qu'elles avaient fourni, pendant les années où la présence des étrangers épuisait les fonds du Trésor, une subvention extraordinaire de 115,688,446 francs, frappant sur les rôles des quatre contributions. Depuis cette époque, les dégrèvements successivement accordés sur le principal et sur l'accessoire de l'impôt, à la faveur de la diminution de nos charges et de l'accroissement de nos revenus indirects, ont réduit à dix le nombre des centimes applicables aux dépenses générales, et leur produit total n'est que de 19,478,000 francs.

A l'époque où les contributions directes furent établies, le ralentissement du mouvement industriel et commercial commençait à atténuer les produits des impôts indirects, et avait même fait proclamer par certains esprits cette fausse doctrine, que la propriété foncière était la source de toute richesse et devait être aussi la seule matière imposable. L'influence de ces faits et de ces idées a conduit naturellement à ajouter, sur les rôles des départements, des centimes additionnels destinés à pourvoir aux services publics qui ont paru les concerner d'une manière plus spéciale. Cette combinaison nouvelle fut aussi très-favorisée par la disposition générale où se trouvaient alors les autorités locales et les habitants eux-mêmes à obtenir une participation directe à l'exercice du pouvoir, en se créant des ressources dont ils auraient la faculté de régler et de surveiller l'application aux dépenses de leur administration intérieure. Telle est l'origine des centimes appliqués aux besoins ordinaires et extraordinaires dans chaque département, pour des intérêts qui s'étendent au delà des limites de leur circonscription territoriale, et qui se rattachent évidemment au bien-être de la société tout entière. Cette dernière considération a déjà fait rentrer, sous la dénomination de dépenses fixes et communes, dans notre système général d'administration, la portion de ces fonds spéciaux qui est applicable aux traitements des fonctionnaires et aux frais de bureau des préfectures, aux maisons centrales de détention, à l'entretien des bâtiments des cours royales et aux établissements thermaux ou sanitaires. 6 centimes $^4/_{10}$ continuent néanmoins de figurer séparément dans les rôles des contributions foncière, personnelle et mobilière pour ces différentes affectations.

Le régime de la spécialité s'est maintenu davantage pour la partie des charges des départements qui est désignée sous le titre de dépenses variables, et qui leur impose une subvention additionnelle de 12 centimes $^6/_{10}$ sur les mêmes contributions. Ces allocations s'appliquent encore à des nécessités analogues de l'ordre public, telles que les loyers et mobiliers des préfectures, les prisons, le casernement de la gendarmerie, les menus frais des tribunaux, les constructions et réparations d'édifices, les dépenses relatives aux enfants trouvés, à la mendicité, aux routes, aux encouragements et secours, et autres frais de même nature. Aussi a-t-on été obligé de renoncer au principe même qui a spécialisé ces branches de l'administration du royaume, en formant un fonds commun de 5 centimes, et en n'attribuant d'abord que 7 centimes $^{6}/_{10}$ aux besoins de chaque département, de manière à rétablir ensuite, autant que possible, l'équilibre local des recettes et dépenses, qui se serait toujours trouvé rompu, sans cette mesure de prévoyance, par l'inégalité frappante des besoins et de la richesse des diverses régions de la France. Ces services particuliers emploient aussi plusieurs produits éventuels, qui sont réalisés pour le compte des départements, et qui proviennent ordinairement de prix de ventes ou de loyers d'objets mobiliers ou immobiliers affectés aux préfectures.

Enfin, les conseils généraux sont autorisés à couvrir l'insuffisance des centimes variables, et à pourvoir à des dépenses d'utilité départementale par le vote de 5 centimes facultatifs; la même autorisation leur a été récemment accordée pour les frais de l'opération du cadastre.

Ces impositions facultatives sont les seules qui aient un véritable caractère de spécialité; ce sont les seules aussi qui aient un but réellement local. L'assentiment des propriétaires est la première condition de leur existence, et c'est uniquement leur vote direct et volontaire qui en détermine l'emploi. Quant aux dépenses fixes et variables, elles suivent inévitablement la même marche que toutes les autres dépenses publiques, et ce serait une utile simplification que d'en classer les ressources parmi les centimes généraux du budget. Au surplus, les produits de toutes ces contributions particulières sont compris dans le tableau général des revenus de l'État ; les besoins qu'elles acquittent font ouvrir des crédits aux ministères de l'intérieur et des finances ; le vote législatif leur donne la même sanction qu'à tous les autres services publics ; des ordonnances régulières placent leur emploi sous la responsabilité ministérielle ; des comptes annuels en justifient plus tard tous les détails aux yeux des Chambres ; les comptables du Trésor ont le maniement de ces fonds et les soumettent au contrôle de la cour des comptes. Ces nombreuses garanties sont encore fortifiées par l'examen et la discussion des autorités administratives des départements, qui vérifient les affectations spéciales prescrites aux préfets par le ministre de l'intérieur, qui veillent sans cesse à ce qu'elles soient observées, qui en revisent les résultats définitifs après l'exécution, et les livrent ensuite à la contradiction de tous les habitants par des publications annuelles. On doit le reconnaître, aucune partie de l'administration n'est soumise à un concours d'épreuves mieux établies et plus rassurantes. Le montant des centimes départementaux est aujourd'hui de 50 millions ; il s'élevait à 62 millions avant la restauration.

Les communes ont aussi le droit d'ajouter 5 centimes additionnels aux rôles des contributions foncière, personnelle et mobilière, pour assurer le payement de leurs dépenses ordinaires ; elles sont également autorisées à s'imposer extraordinairement pour les traitements des gardes champêtres, les bourses et chambres de commerce, la réparation des chemins vicinaux, et, enfin, pour toutes les charges qui dépasseraient leurs revenus habituels. Ces ressources locales sont soumises aux formes et aux règles tracées pour la comptabilité municipale, et leur spécialité se justifie par l'existence individuelle que nos lois, d'accord avec la nature des choses, ont toujours maintenue à chaque commune depuis qu'elles sont instituées ; leurs centimes actuels sont au nombre de 10, produisant 18 millions. Ils s'élevaient, avant 1814 jusqu'à 70, 80 et 100 centimes du principal, et quelquefois même au delà.

Des mesures d'ordre prises depuis quelques années, de concert entre les ministères de l'intérieur et des finances, pour appliquer à toutes les gestions de deniers publics la régularité qui est le premier besoin du gouvernement du roi, ont fait rentrer officiellement, dans le budget de l'État et dans ceux des départements et des communes, une multitude de produits locaux qui ont été longtemps perçus et employés par les autorités locales, sans la garantie des formes légales et des contrôles sévères qui doivent suivre et vérifier l'emploi de toutes les ressources. Ces revenus et ces dépenses occultes, qui s'élevaient à plus de 15 millions, sont venus se classer dans les budgets et dans les comptes de ces trois branches du service de l'État, et il n'est plus désormais aucune partie des sacrifices demandés aux contribuables qui ne soit consentie par le vote des Chambres, par l'assentiment des conseils généraux, ou par l'approbation des autorités municipales.

Des centimes additionnels sont encore ajoutés aux quatre contributions pour couvrir les frais de leur perception. Ces allocations accordées aux comptables des départements, des arrondissements et des communes pour leurs soins et leur responsabilité, n'exigent pas 4 p. 0/0, au lieu de 5 p. 0/0 qu'elles coûtaient autrefois, et ont éprouvé une réduction en faveur des contribuables d'au moins 3 millions depuis 1814.

Enfin, le principal des contributions directes est grevé de non-valeurs qui tiennent à la nature même de l'impôt. Deux centimes portent sur la foncière, la personnelle et la mobilière, et sont mis à la disposition des ministères de l'intérieur et des finances, ainsi que des préfets ; pour couvrir cette dépense, le premier emploie un centime en secours effectifs pour grêle, incendies et inondations ; le second applique deux tiers de centime aux dégrèvements, remises et modérations réclamés par les besoins réels des départements ; les préfets disposent immédiatement du dernier tiers pour la même destination. Les non-valeurs des portes et fenêtres absorbent cinq centimes ; celles des patentes en exigent encore davantage, à cause de la mobilité des redevables et des changements qui surviennent dans la matière imposable. C'est ainsi qu'après avoir prélevé 8 p. 0/0 sur le principal, il est encore nécessaire d'y ajouter cinq centimes pour former un fonds de réserve de 13 centimes, dont le produit s'applique aux non-valeurs ordinaires jusqu'à concurrence des besoins, et présente souvent des excédants qui sont abandonnés aux communes, dans la vue de les intéresser à diminuer, autant que possible, par leur propre surveillance, le nombre des patentables qui voudraient échapper à l'impôt. Indépendamment de ces deux premiers moyens, on est même obligé de recourir à un troisième, par suite de la cessation de commerce de certains redevables avant le 1er janvier, et qui consiste à déduire encore du principal le montant des cotes que les changements de situation rendent tout à fait irrecouvrables. Les cinq centimes des patentes sont aujourd'hui de deux millions; ils ne s'élevaient précédemment qu'à 770,000 francs; les déductions faites sur le principal présentent une nouvelle non-valeur de 280,000 fr. Enfin, l'administration doit porter dans les rôles de chaque année un fonds de réimposition destiné à couvrir les pertes que lui occasionnent, sur chaque exercice, les erreurs d'indications ou les vices de répartition qui ont rendu le recouvrement de certains articles impossible, et qui le forcent d'en répartir de nouveau la charge sur d'autres contribuables du même département pendant l'année suivante. Ces fonds s'élèvent à 90,000 francs.

RÉSULLTATS GÉNÉRAUX DES PRODUITS ET DES FRAIS DE RÉGIE ET DE PERCEPTION.

Les développements qui précèdent ont fait connaître à Votre Majesté la véritable situation des quatre contributions directes, et lui ont permis de suivre les progrès des améliorations introduites dans le système de ces impositions depuis leur origine. Elle aura remarqué sansdoute les efforts qui ont été faits, pendant les dernières années, pour rectifier la répartition primitive des contingents, et pour réaliser le bienfait de l'égalité proportionnelle dans la distribution des charges. Elle aura été frappée des résultats déjà obtenus par l'application des nouveaux recensements et par les dégrèvements successifs qui ont allégé le poids de l'impôt dans toutes les parties de la France. Elle aura pu s'assurer aussi de l'activité et des soins que l'administration n'a cessé d'apporter pour régulariser l'exécution des tarifs par des méthodes plus exactes, et pour préparer les perfectionnements dont leur régime actuel serait encore susceptible. La prévoyance du gouvernement a dès longtemps étudié les bases sur lesquelles reposent ces quatre contributions; tous les documents qui pouvaient éclairer le législateur ont été rassemblés et livrés à ses méditations. Néanmoins, j'ai lieu de penser que Votre Majesté approuvera la réserve que je crois devoir observer et que recommandent encore la situation des choses et la disposition des esprits sur les changements à apporter au système actuel de ces taxes. Il ne suffit pas, en effet, d'avoir aperçu les imperfections des lois anciennes pour en proposer la réforme immédiate; il faut encore ménager longtemps les habitudes qu'elles ont créées, les droits qu'elles ont établis, les intérêts qu'elles ont fondés et même les opinions qu'elles ont accréditées, avant d'y substituer de nouvelles règles qui ne s'appuieraient pas sur l'assentiment des redevables. L'administration a rempli son devoir quand elle est parvenue à répandre la lumière sur les diverses parties du service qui lui est confié, et qu'elle se tient prête à l'avance à satisfaire aux besoins réels des temps et aux justes espérances des peuples. Les moyens qui ont été mis en usage, et ceux qui sont encore préparés pour une meilleure répartition des contributions directes, doivent remplir les vœux qu'il est aujourd'hui convenable d'écouter; les dégrèvements accordés depuis la restauration ont déjà répondu aux réclamations fondées des départements, en faisant disparaître les inégalités les plus choquantes, et en les soulageant de la partie la plus onéreuse de leurs charges.

Ces remises importantes ont porté sur le principal de l'impôt foncier, pour........................		18,419,222
et sur les centimes additionnels de la contribution pour........................	18,741,221	
De la personnelle et mobilière, ainsi que de la foncière, pour............	38,685,221	68,317,077
Des portes et fenêtres, pour......	10,890,610	
Enfin, sur les centimes affectés aux frais de perception, pour........................		5,429,048
Le résultat de ces décharges a été de rendre aux propriétaires un revenu annuel de..............		91,865,347

qui a considérablement augmenté la valeur capitale de leurs immeubles, et d'ajouter des moyens très-puissants aux efforts de l'agriculture.

A aucune époque les produits de la matière imposable n'ont été plus abondants, et jamais le poids de l'impôt n'a été plus égal et plus modéré. Le principal des contributions foncière, personnelle et mobilière, était évalué en 1791 à 300 millions; il ne s'élève pas aujourd'hui à 182 millions. Les centimes additionnels, dont l'importance a toujours été proportionnée aux exigences des temps, sont descendus au nombre de dix pour les dépenses du Trésor, et ont éprouvé une réduction assez importante sur les services locaux; les premières n'exigent plus que 19,478 mille francs; les seconds réclament encore 88,522,000 fr.

Enfin les patentes, soumises au régime d'impôt de quotité, ont à peine suivi la progression de la richesse commerciale et industrielle, que leur tarif actuel ne peut pas suffisamment atteindre, et se sont élevées à 27 millions.

La même forme de tarif pourrait peut-être s'appliquer, avec plus de justice et d'avantage, à toutes les autres impositions directes, à l'exception de celles qui portent sur les propriétés non bâties ; les moyens matériels d'exécution de cette mesure sont à la disposition du ministère des finances. Les renseignements qu'il a recueillis lui promettent déjà d'importantes ressources de ces nouvelles combinaisons; mais une question aussi difficile se lie trop étroitement à la situation générale de la France, et au système entier de ses revenus et de ses charges, pour qu'elle n'exige pas quelque temps encore l'étude et la discussion du gouvernement avant de pouvoir être résolue de manière à répondre à tous les intérêts qu'elle embrasse.

En résumé, ces quatre branches principales des revenus de la France apportent au Trésor une redevance facile et assurée, qui se monte en principal à...........		217.000.000
Et en centimes additionnels,		
généraux ...	19,478,000	108,000,000
spéciaux....	88,522,000	
Leur produit annuel est ainsi de................		325,000,000

Les frais de régie et de perception s'élèveront ensemble à 16,115,271 et font ressortir une proportion de 5 12/10 p. 100 entre la dépense et la recette.

ADMINISTRATIONS DE FINANCES.

DIRECTION GÉNÉRALE DE L'ENREGISTREMENT ET DES DOMAINES.

RÉGIME ET ORGANISATION.

L'administration de l'enregistrement et des domaines est la plus ancienne des régies financières; elle est importante à la fois par l'abondance de ses produits et par les nombreux services qu'elle rend à la société. L'enregistrement donne la fixité de date aux actes par lesquels se constatent les transactions sociales, et imprime à la plupart des contrats de la vie civile un caractère inaltérable de régularité et de stabilité. La liquidation de ces droits exige une interprétation judicieuse et éclairée des dispositions de nos Codes, une probité sévère et une connaissance approfondie des affaires judiciaires et administratives. La surveillance exercée par les employés concourt au maintien de l'ordre, à la conservation des minutes dans les dépôts publics, et à la rigoureuse observation des formalités prescrites par les lois. Chacun se plaît à reconnaître le zèle, les lumières et la délicatesse que les agents de ce service mettent à remplir leurs devoirs de jurisconsultes et d'administrateurs, sous le double contrôle des tribunaux et du ministère de finances.

Cette administration est placée, depuis longtemps, sous les ordres d'un directeur général et de plusieurs administrateurs, entre lesquels se distribuent les diverses branches dutravail. Ces derniers fonctionnaires étaient autrefois au nombre de douze, et se partageaient leurs attributions par divisions départementales. Un personnel assez considérable composait les bureaux chargés de traiter toutes les matières, sous la direction de ces chefs principaux. L'organisation extérieure de ce service dans chaque département est formée d'un directeur spécial, secondé par des inspecteurs, des vérificateurs et des receveurs. Le plan primitif de cet ensemble avait été assez bien conçu pour qu'il ait été possible de le simplifier par des modifications graduelles dont l'effet a été de réduire les cadres et les dépenses, sans jamais troubler la marche des opérations. On est arrivé aujourd'hui, en profitant des progrès déjà faits par mes prédécesseurs, à mieux classer les travaux de l'administration centrale, en les divisant par ordre de matières entre quatre administrateurs seulement.

En même temps que cette nouvelle mesure a permis de renfermer dans la limite de 640,710 fr. une dépense qui s'était élevée en 1814 jusqu'à 1,032,034 fr., elle procure l'avantage de prévenir toute variation contradictoire dans la jurisprudence suivie pour chaque nature d'affaires, et d'appliquer aux différentes parties des employés plus capables de bien traiter les questions spéciales qui leur sont déférées. J'ai pu également proposer à Votre Majesté, par suite des perfectionnements introduits dans la comptabilité des receveurs, de réduire considérablement le nombre des inspecteurs, en fortifiant le corps des vérificateurs, et de modérer à la somme de 1,950,000 fr. une dépense qui s'élevait autrefois à 2,182,600 fr. Le service extérieur a éprouvé aussi d'autres améliorations de détail. Enfin, nous aurons obtenu depuis 1814 une économie totale dans le service intérieur et extérieur de 623,924 francs.

EXAMEN DU TARIF.

DROIT D'ENREGISTREMENT.

La première loi qui ait fondé cet impôt porte la date du 19 décembre 1790; celles qui l'ont suivie jusqu'en 1798 n'étaient que transitoires et appropriées aux exigences des temps; c'est seulement le 13 décembre de cette dernière année que l'assiette des droits d'enregistrement a été déterminée avec maturité et précision.

Ces sages dispositions, qui étaient le fruit du savoir et de l'expérience, ont posé des principes si justes et si bien adaptés à la nature des choses, qu'ils sont entrés en quelque sorte dans les habitudes, sans éprouver d'altération pendant trente années consécutives.

La loi du 28 avril 1816 est la seule qui, pour obéir aux nécessités extraordinaires de cette époque, ait élevé le taux de plusieurs articles de ce tarif. Depuis le retour d'une meilleure situation, le gouvernement s'est constamment appliqué à procurer à l'agriculture et aux familles les soulagements qui devaient hâter les progrès du bien-être général, et s'est empressé de diminuer, à partir de 1824, les droits sur les échanges, sur les baux, sur les partages anticipés des ascendants, et sur les acquisitions ou donations d'immeubles au profit des communes et des établissements publics.

Les amendes de contraventions ont également éprouvé des diminutions considérables. L'administration continuera de marcher dans cette voie d'allégement, autant que pourront le lui permettre l'amélioration naturelle de nos revenus, l'économie progressive des dépenses, et l'extinction de nos charges temporaires.

DROIT DE TIMBRE.

L'impôt du timbre, qui fut établit le 11 février 1791, n'a été définitivement fixé sur ses bases actuelles que par les lois des 30 septembre 1796, 3 novembre 1798, 25 mai 1799 et 28 avril 1816; celles des 25 mars 1817 et 15 mai 1818 ont accordé des exemptions aux annonces de la librairie, des sciences et des arts. On a diminué, le 16 juin 1824, les droits à recevoir sur les livres du commerce et sur les effets au-dessous de 500 fr., ainsi que les amendes de contraventions. Un décret du 11 juillet 1810 a créé des timbres spéciaux pour les passe-ports et permis de ports d'armes, dont le produit s'ajoute aux ressources du premier tarif et se perçoit par les mêmes receveurs. L'apposition du timbre sur les pièces qui y sont soumises n'est pas seulement une mesure productive pour le Trésor, elle offre encore des garanties que réclament les intérêts de la propriété et la sûreté des engagements civils et commerciaux.

DROITS DE GREFFE.

Les droits de greffe ont été établis par la loi du 11

mars 1799, et coordonnés ensuite avec le Code de procédure civile par un décret du 12 juillet 1808 : ils représentent le prix des expéditions et autres formalités réclamées auprès des tribunaux dans l'intérêt des parties, et sont une juste indemnité des frais que coûte à l'État le maintien d'officiers publics spéciaux auprès des cours de justice et de commerce.

DROITS D'HYPOTHÈQUE.

Les lois des 11 mars 1799 et 28 avril 1816 ont réglé à 1 fr. pour 1,000 l'inscription des créances, et à 1 fr. pour 100 les transcriptions des actes portant mutation d'immeubles. Ces formalités garantissent aux particuliers l'exécution de leurs contrats, éclairent le prêteur sur la situation de son débiteur, l'acquéreur sur celle de son vendeur, et placent leurs intérêts respectifs sous la garde de la foi publique.

AMENDES DE CONTRAVENTIONS.

L'administration de l'enregistrement prête son concours pour le recouvrement des amendes de police municipale, rurale et correctionnelle, et pour les délits concernant les forêts, la pêche, la voie publique et les fonctions du notariat. Son intervention assure l'exécution des arrêts rendus par l'autorité judiciaire ou administrative, chargée d'appliquer aux contraventions les peines prononcées par la loi, et procure au Trésor, aux communes, aux départements et aux particuliers les portions de ces amendes qui leur sont respectivement attribuées par les lois.

FRAIS DE JUSTICE.

Elle est également appelée à poursuivre la rentrée des frais de justice, en l'absence ou à défaut de parties civiles.

DOMAINES.

A ces attributions variées se joignent encore la régie des biens mobiliers et immobiliers appartenant à l'État, la direction des opérations relatives à leur conservation ou à leur aliénation et à l'exploitation des revenus. Les ventes successives que les besoins du gouvernement ont exigées ont considérablement réduit l'importance de cette partie du service : leur nombre s'est élevé, depuis 1790 jusqu'à ce jour, à 1,209,669, et leur produit représente, en valeur numéraire, un capital de 4 milliards 631,580,144 fr. Le mouvement des épaves, déshérences et biens vacants ; la conservation des bâtiments et terrains affectés au service public ; l'adjudication de tous les effets hors d'usage dans les différentes branches d'administration ; l'examen et la solution des questions contentieuses, soit domaniales, soit forestières ; enfin la suite de toutes les instances concernant les propriétés de l'État, se réunissent à la tâche habituelle de cette administration. Néanmoins elle est encore très-activement occupée à conduire à leur terme plusieurs opérations qui réclament toute sa sollicitude, et qui ont pour but de satisfaire à des intérêts nombreux et pressants. C'est ainsi qu'elle a déjà réglé 1,066,565 décomptes d'acquéreurs de domaines nationaux, qui ont produit 36,227,396 fr. et qu'elle a presque complété la remise aux émigrés de leurs biens non vendus ordonnée par la loi du 5 décembre 1814. Il lui reste à présent à terminer deux grandes liquidations, la vérification des droits à l'indemnité accordée par la loi du 27 avril 1825 aux propriétaires dépossédés, et la discussion litigieuse des domaines engagés.

INDEMNITÉS ACCORDÉES PAR LA LOI DU 27 AVRIL 1825.

L'esprit d'ordre et d'investigation qui s'est introduit, dès l'origine, parmi tous les préposés de cette administration, a permis, après un intervalle de plus de trente ans, de reconnaître et de constater avec exactitude tous les résultats des lois rendues et exécutées au milieu des désordres et des violences de l'anarchie. Appelée la première à réaliser le grand acte de justice et de réparation que la sagesse royale avait préparé pour l'intérêt de tous en faveur des victimes de ces lois spoliatrices, elle a fixé les évaluations et les bases du projet adopté le 27 avril 1825, et, dans l'espace de trois années, tous ces travaux d'examen et de discussion sur 452,072 confiscations faites au préjudice de 30,804 parties, pour un capital brut d'un milliard 104 millions, ont achevé la liquidation de 28,159 demandes formées pour un capital d'un milliard 68 millions, sur lequel il a été alloué définitivement, après la déduction d'un passif de 141,000,000 fr., une somme de 814,848,663 fr.

D'après cette situation, on peut apprécier combien la régie des domaines, le ministère des finances et les autorités compétentes ont dû faire d'efforts et déployer de zèle pour amener à un point aussi avancé une opération qui avait été signalée dans les Chambres comme devant exiger une période de plusieurs lustres, et dans laquelle ont été discutées les questions les plus graves de l'ancien droit et du droit commun en vigueur, combinées avec celles qui se rattachent à la législation exceptionnelle applicable tant à la vente des biens des émigrés, déportés et condamnés révolutionnairement, qu'à la liquidation et au payement de leurs dettes.

Toutefois, on peut considérer aujourd'hui cette tâche difficile et laborieuse comme presque entièrement remplie et prête à se confondre avec les occupations courantes de l'administration. L'exécution de l'article 2 de cette loi réclamera plus tard de nouveaux soins de son active expérience.

DOMAINES ENGAGÉS.

En même temps que la régie des domaines concourait à l'accomplissement de l'œuvre d'équité que la loi du 27 avril 1825 avait confiée à son zèle, elle a continué d'assurer l'exécution de celle du 12 mars 1820, qui relevait de la déchéance les propriétaires de domaines engagés, sous la réserve de remplir les conditions qui leur étaient imposées par les lois précédentes. D'après les anciens principes de la monarchie, le domaine public était inaliénable; deux décrets antérieurs à 1794 avaient fait de ces principes une application trop rigoureuse en prononçant la dépossession prochaine des détenteurs de ces biens; trois autres lois des 12 décembre 1794, 4 mars 1799 et 5 février 1800, ont suspendu l'effet de cette mesure violente et ont accordé aux engagistes la faculté de devenir propriétaires incommutables, en payant le quart de la valeur de leurs immeubles dans les délais déterminés. Ces dispositions plus indulgentes, qui ne furent alors l'objet d'aucune plainte, ont été confirmées par les lois des 28 avril 1816, 15 mai 1818 et 12 mars 1820.

L'administration, qui n'était tenue que d'attendre les déclarations et les soumissions des détenteurs, aurait pu provoquer leur dépossession à l'expiration des termes légalement fixés ; mais le gouvernement a cru devoir, le 12 mars 1820, prolonger encore la faveur qui leur était accordée, en se chargeant de les mettre lui-même en demeure. Nonobstant ces nouveaux délais et ces nouveaux appels, les engagistes ont négligé de faire leur soumission. L'administration, après d'aussi long ménagements, n'a pas dû oublier ses devoirs : elle s'est livrée à d'immense recherches pour interrompre des prescriptions qui devenaient imminentes ; elle a notifié les sommations indispensables ; elle s'est empressée d'abandonner toutes celles que la précipitation de son travail avait fait diriger mal à propos, et elle a assuré la conservation de tous les droits de l'État.

J'aurai incessamment l'honneur de soumettre à Votre Majesté la question de savoir s'il ne conviendrait pas, pour ôter tout prétexte de plainte et d'inquiétude aux détenteurs de ces biens, de faire décider, par une nouvelle disposition législative, que toute sommation ou réserve faite en vertu de la loi du 12 mars 1820, ou avant sa promulgation, qui ne serait pas appuyée de la signification des titres, ou sur laquelle il n'y aurait pas de soumission faite ou d'instance engagée avant le 4 mars 1832, c'est-à-dire trois ans après la dernière époque de déchéance, serait considérée comme non avenue et demeurerait sans effet.

Par cette dernière concession on assimilerait les sommations et les réserves faites à des actes introductifs d'instance ; on abrégerait de vingt-sept années la durée des unes et des autres ; on donnerait au domaine le temps qui lui est nécessaire, tant pour examiner les réclamations et consentir les désistements qui pourraient en être la suite, que pour rechercher dans les archives publiques les expéditions des titres ; on le mettrait à portée d'obtenir des décisions judiciaires et souveraines sur les instances déjà suivies, et dont la solution fixera le sort d'un grand nombre d'articles analogues ; on éviterait aux détenteurs des frais considérables et en pure perte, et on concilierait enfin leur intérêt avec celui de l'État, qui est toujours de dégager, le plus promptement possible, la propriété publique et privée de tous les embarras, de toutes les charges qui la grèvent, qui compromettent sa disponibilité et qui suspendent l'amélioration de son capital et les progrès de ses revenus.

RÉSULTATS GÉNÉRAUX DES PRODUITS ET DES FRAIS DE RÉGIE.

L'activité des transactions et le mouvement plus rapide imprimé à tous les capitaux par l'influence du régime d'ordre et de paix dont nous jouissons avec sécurité, ont élevé progressivement, depuis quatorze années, les droits d'enregistrement de la somme de 106 millions à celle de 141 ; ceux du timbre ont été portés de 25 à 29 millions. Enfin, tous les articles de cette branche principale de nos revenus se sont accrus de 40 millions et figurent aujourd'hui dans nos budgets pour une ressource annuelle de 185 millions.

Tandis que les produits de cette administration suivaient une progression toujours croissante, ses frais de régie et de perception éprouvaient une décroissance successive. Le taux moyen des dépenses de personnel et de matériel, qui était en 1814 de 6 p. 100 du montant des recettes, est réduit à 5 2/5 p. 100. Le total de ces dépenses, qui montait en 1814 à 9,603,640 fr., ne s'est accru que de 300,000 fr., quoique, par suite d'une augmentation de 30 millions sur les recettes, les remises proportionnelles des préposés à la perception se soient élevées de plus de 1 million au delà de celles de 1814. Il en résulte une économie réelle depuis cette époque de 700,000 fr.

DIRECTION GÉNÉRALE DES FORÊTS.

RÉGIME ET ORGANISATION.

Les forêts de l'État forment encore la partie la plus importante du domaine public ; leur conservation et leur entretien réclament toute la sollicitude du gouvernement. Les bois sont en effet l'une des principales richesses de l'agriculture, l'un des plus précieux ornements de notre sol et l'un des premiers besoins de notre industrie, de notre navigation et de notre commerce. L'administration a spécialement pour but de protéger à la fois ceux du gouvernement et des particuliers, de veiller à l'amélioration de cette nature de propriété qui a une si grande influence sur la prospérité publique, et de la défendre contre l'imprévoyance des usufruitiers, toujours avides d'en consommer le capital ou d'en recueillir prématurément les produits.

Cette branche de service avait été sagement organisée dans l'origine ; mais elle a été soumise, comme toutes les autres, aux vicissitudes de nos troubles politiques ; elle sort à peine aujourd'hui de la tourmente qu'elle a éprouvée depuis la loi de 1791, qui détruisit le régime forestier établi par l'ordonnance de 1669 pour le remplacer par des mesures provisoires qui n'ont jamais reçu d'exécution. En effet, les maîtrises supprimées furent transitoirement maintenues et placées sous la direction de la régie des domaines. L'incertitude d'une pareille combinaison produisit bientôt le désordre et l'abandon du service ; les préposés ne cherchaient plus qu'à réaliser des recouvrements ; les aménagements étaient bouleversés et les forêts de l'État étaient menacées d'une ruine prochaine. Après cette épreuve de dix années, une administration spéciale fut créée en 1801, d'après un plan plus régulier ; réunie plus tard pour la seconde fois à celle des domaines, elle en fut encore séparée en 1820, pour être rétablie sur ses bases actuelles. C'est seulement à partir de cette dernière époque qu'elle a pris une marche plus assurée, qu'elle a recouvré les moyens de préparer un meilleur système pour la culture des bois, et qu'elle a pu donner à la législation forestière cette unité de jurisprudence qui lui manquait depuis longtemps ; on a enfin reconnu que cette administration exigeait des études suivies et des connaissances spéciales ; et d'après l'exemple de l'Allemagne, une École forestière a été fondée à Nancy par l'ordonnance du 25 août 1824.

En même temps que la prévoyance royale assurait ainsi le bienfait d'une instruction indispensable aux jeunes gens qui se destinaient à cette utile carrière, elle s'occupait aussi de recueillir toutes les opinions des cours, des conseils généraux et des autorités départementales pour la rédaction d'un Code qui a obtenu l'approbation des deux chambres, et qui règle aujourd'hui toutes les parties de cette importante matière.

Une nouvelle ère s'est ouverte aussitôt pour le régime forestier de la France ; sa législation spéciale, appropriée au système judiciaire en usage, a reçu l'ensemble qui lui manquait ; sa jurisprudence s'est simplifiée, les peines ont été mieux proportionnées aux délits, et la justice a accordé la même protection à tous les droits et à toutes les propriétés. Un règlement du 1er août 1827, qui doit être considéré comme une annexe de cette loi fondamentale, en complète les utiles dispositions, et détermine les formes administratives de leur application. Le gouvernement s'efforcera de réaliser les heureuses conséquences de ce nouvel ordre de service, et il attendra les conseils d'une longue expérience avant de provoquer des modifications dont le temps seul pourrait justifier la nécessité.

La contenance des forêts placées sous la surveillance de la direction générale ne sera exactement connue qu'après l'achèvement des travaux de l'arpentage ; néanmoins on peut l'évaluer sur les anciens plans et sur les états déjà dressés à 3,090,000 hectares, dont 1,134,000 représentent les bois royaux, et 1,946,000 ceux des communes et des établissements publics.

La conservation et la police des forêts sont l'objet des soins les plus actifs, et le zèle des agents supplée, autant que possible, à l'insuffisance de leur nombre dans plusieurs localités. L'étendue des coupes se mesure exactement sur celle des forêts royales, et l'administration s'applique surtout à ne point restreindre leur développement par des exploitations anticipées; mais elle n'est pas encore parvenue à éviter l'abus de ces mesures intempestives dans les bois des communes, dont les quarts en réserve tombent presque toujours avant d'avoir atteint l'élévation de haute futaie à laquelle ils avaient été destinés : des besoins présentés comme extraordinaires et urgents sont trop souvent le prétexte et l'excuse de cette disposition imprévoyante.

Des travaux indispensables ont été entrepris pour l'amélioration du sol forestier; mais ils sont loin de répondre aux exigences de cet important service, et l'insuffisance des fonds qui y sont affectés suspend encore l'impulsion qu'ils devraient recevoir pour satisfaire entièrement aux frais des aménagements, des semis et des plantations, ainsi qu'aux constructions et réparations des maisons de gardes. Il est d'autant plus urgent de renouveler partout les aménagements, qu'ils ont longtemps été livrés au plus complet abandon, et que sur beaucoup de points les abords des forêts ont été envahis à défaut d'une délimitation précise. Des semis nombreux sont également nécessaires pour le repeuplement des bois, et déjà les élèves sont assez instruits pour les diriger avec succès; enfin, il serait utile de consacrer des fonds plus considérables à élever ou à reconstruire au milieu des forêts des habitations pour les gardes, dont les modiques salaires sont réglés d'une manière insuffisante, et de les attacher ainsi par l'attrait du toit domestique à la défense et à la protection des lieux qu'ils occuperaient avec leur famille. C'est à l'aide de ces diverses combinaisons que l'administration des forêts, placée sous l'influence d'une législation conservatrice, pourra réparer ses pertes et préparer un avenir plus heureux à tous les intérêts qui lui sont confiés.

RÉSULTATS GÉNÉRAUX DES PRODUITS ET DES FRAIS DE RÉGIE.

Le tableau n° 14, qui est joint à ce rapport, présente les produits successivement obtenus pendant quatorze années par la vente des coupes de chaque exercice. Cette branche de nos revenus assure au Trésor une ressource annuelle de plus de 25 millions. On sera frappé de l'élévation progressive du prix des bois, qui nous procure aujourd'hui une recette plus considérable avec une plus faible quantité d'arbres vendus. C'est ainsi qu'en 1828 on a obtenu un produit de 29 millions pour 24,324 hectares plantés de 275,707 arbres, tandis qu'en 1816 27,856 hectares et 360,000 arbres n'ont pas représenté plus de 17,850,000 fr. Le prix moyen de l'hectare était alors de 647 fr. 97 c.; il est parvenu à 1,192 fr. 23 c. Cette amélioration remarquable de la valeur des bois a permis d'augmenter chaque année l'importance des réserves, et de ménager ainsi de grandes ressources pour les besoins de l'État et des particuliers. Ce n'est pas seulement à la diminution momentanée de nos forêts qu'il faut attribuer l'élévation graduelle du cours vénal de leurs produits : on reconnaît bien mieux les véritables causes de ce développement en parcourant les différentes parties du royaume dans lesquelles on voit s'élever chaque jour des constructions élégantes et commodes qui ornent les campagnes, agrandissent l'enceinte des cités ou forment de nouvelles villes; et tandis que les arts se réunissent pour faire une aussi utile application de nos bois indigènes à nos nombreuses habitations et aux meubles qui les décorent, l'industrie, toujours plus active, consomme dans ses usines laborieuses une plus grande quantité de ce précieux combustible, le commerce et la navigation multiplient l'emploi de ce premier agent de tous les transports, et les progrès du travail et de la richesse publique, qui surpassent encore ceux de la population, expliquent à tous les yeux l'accroissement successif du prix des bois de nos heureuses contrées.

Les dépenses de cette administration étaient, avant la restauration, pour le service intérieur, de 481,026 fr., et pour celui des départements de 5,512,964 fr. Les premières ont été réduites à 254,000 fr., et les secondes à 3,752,000 fr. Le personnel se compose, à Paris, d'un directeur général, de 3 administrateurs et de 61 employés; la surveillance locale des forêts occupe 20 conservateurs, 82 inspecteurs, 357 gardes généraux, 262 gardes à cheval, et 3,080 gardes particuliers, royaux et mixtes.

Les travaux actuels de direction, de conservation et de surveillance exigent ensemble une allocation de 3,996,000 fr., dont 1,492,023 fr. sont remboursés par les communes, et le surplus de 2,503,967 fr. reste à la charge du gouvernement. Cette dernière somme ne représente que la onzième partie du produit annuel des bois; et si l'on en déduit pour les frais de garde 1,013,000 fr. qui sont une charge inhérente à cette nature de propriétés, la proportion de la dépense au revenu n'est plus que de 5 1/10 p. 100.

DIRECTION GÉNÉRALE DES DOUANES.

RÉGIME ET ORGANISATION.

Les douanes sont chargées de mettre nos produits à l'abri de la concurrence étrangère, de favoriser l'agriculture par les secours et les encouragements que leur tarif accorde aux productions de notre sol, de défendre nos manufactures et nos fabriques par des droits répulsifs sagement ménagés, d'étendre les relations du commerce et de la navigation par des avantages spéciaux; enfin, de développer toutes les sources de la richesse publique en assurant aux efforts du travail une protection certaine et suffisante. Ce service est destiné, par les lois, à repousser entièrement certains articles préjudiciables à notre situation, ou dont le pays s'est réservé le marché dans l'intérieur, à écarter les fabrications étrangères qui ruineraient l'industrie nationale, à ne laisser pénétrer d'autres marchandises qu'après leur avoir fait subir le droit protecteur qui tient lieu de prime aux établissements du royaume, et enfin à asseoir des taxes de consommation sur les sels et sur les produits coloniaux. Il est l'auxiliaire de plusieurs autres branches d'administration, telles que la police des grains, la police sanitaire, celle de la librairie, des passe-ports, des armes et des poudres à feu; il réalise les mesures relatives à l'encouragement de la pêche nationale; il concourt à la surveillance qu'exerce la régie des contributions indirectes sur les boissons, le tabac, les cartes et les ouvrages d'or ou d'argent; il seconde l'administration des postes dans ses relations; il maintient l'observation du Code de commerce en ce qui concerne les rapports de mer et les assurances; il protége les monopoles et les prohibitions établis dans l'intérêt général, soit pour les produits indigènes, soit en faveur des colonies; enfin, il est institué par les lois pour défendre les abords du territoire à tout ce qui pourrait lui causer un dommage. Cette administration n'est donc pas seulement un simple moyen fiscal, mais une institution indispensable pour remplir certaines conditions de l'existence sociale.

Les droits de traites subsistèrent avec toutes les autres parties de la ferme générale jusqu'au 5 novembre 1790, date d'une loi qui, en supprimant tout ce qui tenait aux péages intérieurs, maintint la garde des frontières et ordonna la révision du tarif de 1664 et du règlement de 1687. Ces deux actes furent modifiés par la loi du 15 mars 1791 et par celle du 22 août de la même année, qui se borna à copier les règles que l'expérience avait tracées depuis la création du régime antérieur. Des dispositions arrêtées le 4 germinal an II ont considérablement amélioré les rapports existant entre la douane et les redevables: celles qui ont été rendues le 9 floréal an VII ont approprié la procédure spéciale de cette partie aux formes et au mode de juridiction nouvellement établis. La loi du

8 floréal an XI fit plus que modifier le régime précédent, elle l'agrandit d'une manière très-heureuse par le rétablissement des entrepôts dans plusieurs ports. Pendant les troubles politiques qui ont attaqué toutes les branches de la fortune publique, et suspendu l'action de tous les tarifs en détruisant la matière imposable, le service des douanes a été d'abord confié à une régie intéressée, dont les remises prélevaient une forte partie des produits bruts, et ensuite réuni au département des affaires étrangères, pour subir encore des modifications passagères qui portaient l'empreinte des désordres de cette époque.

A partir de 1801, les divers modes précédemment suivis ont fait place à une organisation qui est devenue définitive; les douanes ont été mises sous les ordres d'un directeur général assisté de quatre administrateurs. Des inspecteurs généraux ont été ajoutés plus tard à ce personnel.

Les côtes et les frontières sont partagées en directions et confiées à des directeurs spéciaux, responsables de toutes les parties du service; des inspecteurs et sous-inspecteurs sont chargés de seconder leur action et leur surveillance locale; des bureaux sont établis à toutes les issues du territoire que le commerce a besoin de trouver ouvertes; ils sont composés de receveurs principaux et particuliers, d'inspecteurs et sous-inspecteurs sédentaires, de contrôleurs aux entrepôts, commis principaux, vérificateurs ou visiteurs, receveurs aux déclarations et commis expéditionnaires; des brigades organisées militairement gardent les frontières et les côtes, où des embarcations et des équipages de marins complètent les moyens d'action. Cette organisation régulière a été longtemps détournée de son véritable but par le système continental, qui en avait fait un instrument de guerre plutôt que la sauvegarde de notre industrie.

Le service des douanes remplit aujourd'hui les conditions essentielles de son existence par les moyens perfectionnés qui sont à sa disposition, mais surtout par le zèle et l'activité de ses agents; car il a cela de particulier, qu'il faut que la chaîne de préposés placés aux abords du royaume saisisse la matière imposable dans tous les lieux où elle se présente, et constate l'action si fugitive et si rapide du passage d'une marchandise sur la ligne indivisible qui forme la frontière. Hors du point qui fait limite, passé le moment où elle est franchie, la chose qui, tout à l'heure, était soumise au tarif, se trouve entièrement libérée, sans aucun recours possible de la part du fisc. Aussi, la vigilance la plus soutenue suffit à peine pour déjouer les tentatives de la fraude, et pour protéger tous les intérêts qu'elle cherche sans cesse à attaquer.

Je n'expliquerai point ici tous les ressorts de ce mécanisme habile, et dont l'effet est réclamé par tant d'intérêts; je demande seulement à Votre Majesté la permission de présenter quelques explications sur les deux moyens qui concourent le plus à faciliter le mouvement commercial, en lui accordant la liberté du passage et la faculté du dépôt dans l'intérieur du territoire.

Les entrepôts sont des établissements dont l'utilité ne saurait être méconnue, et qui n'ont donné lieu à d'autres contestations qu'à celles qui s'élèvent entre certaines villes de l'intérieur qui voudraient en obtenir le bénéfice, et les ports maritimes qui en revendiquent la possession exclusive comme un droit inhérent à leur situation.

Dès qu'un gouvernement s'impose un régime de douane qui rend les marchandises passibles de droits à l'importation, il éprouve le besoin de faire à ce régime des exceptions en faveur des marchandises étrangères, que le commerce ne demande à recevoir que pour les rendre à l'étranger.

L'État désire naturellement ajouter aux avantages du système qui protége l'industrie nationale dans l'intérieur ceux du trafic extérieur et du commerce d'économie ; les spéculateurs désirent, de leur côté, que ce qui doit définitivement s'importer ne devienne passible des droits qu'au moment de la mise en consommation, afin de ne pas supporter longtemps à l'avance des charges réservées aux seuls consommateurs.

La première idée qui s'offre alors est celle de créer des ports francs où les marchandises étrangères arrivent, et d'où elles peuvent repartir en exemption de tous droits.

Mais dans un pays de grande étendue et très-peuplé, où la consommation intérieure est importante, les ports francs ont de graves inconvénients : ils vont au delà du but, en ce qu'ils séparent toute une cité du mouvement commercial intérieur, lorsqu'il ne s'agirait que d'isoler l'emplacement nécessaire au dépôt des marchandises étrangères dont l'entrée n'est pas définitive. Pour assurer à une ville le bénéfice du commerce de l'étranger à l'étranger, ils lui retirent des avantages souvent plus essentiels, ou du moins plus inhérents à leur nationalité. Si ensuite cette ville devient manufacturière, sa position est fâcheuse, car elle ne peut écouler ses produits dans l'intérieur, et se trouve atteinte par des prohibitions qui n'ont été dirigées que contre l'industrie étrangère. Aussi est-il reconnu que les ports francs sont une institution qui se détruit bientôt, et qui devient intolérable dès que la société arrive à un certain degré de développement industriel.

Puisqu'il ne s'agit, comme on vient de le voir, que d'isoler l'emplacement nécessaire aux marchandises reçues à condition, on a dû concevoir ensuite l'idée des en-entrepôts.

En France, cette idée s'est produite en même temps qu'on établissait des douanes régulières.

Ainsi l'ordonnance de 1687 organisa les entrepôts sur les mêmes bases, et, pour ainsi dire, avec les mêmes formes que celles qui sont maintenant adoptées, et en se bornant à modifier cette heureuse création du génie de Colbert.

Mais le tarif des traites, dont l'ordonnance de 1687 annonçait l'application, était devenu la propriété d'une ferme générale qui n'y pouvait plus voir qu'un instrument fiscal, et pour laquelle l'existence des entrepôts avait le double inconvénient d'occasionner des dépenses sans profit, et d'offrir à la fraude certaines chances qui pouvaient atténuer les bénéfices de son bail.

Il ne faut donc pas s'étonner si, un an après que l'ordonnance de février 1687 avait été rendue, le même ministre qui avait reconstitué les entrepôts les fit détruire par un arrêt du conseil du 9 mars 1688, sous prétexte qu'ils étaient *reconnus préjudiciables au commerce du royaume*, en ce qu'ils facilitaient le débit et la consommation des marchandises étrangères.

Ils ne furent pas rétablis de longtemps, parce que l'opposition de la ferme générale était toujours subsistante, et pour les mêmes motifs.

La loi du 22 août 1791 ne fit aucune mention des entrepôts dont on ne pouvait comprendre le besoin pendant les troubles de l'époque et la guerre maritime qu'ils firent éclater.

Mais aussitôt après la paix d'Amiens, et lorsqu'on espérait que le commerce et la navigation allaient reprendre leur essor, la nouvelle administration des douanes provoqua le rétablissement des entrepôts.

Dans l'intervalle de 1791 à 1803, la force des choses avait obligé de reconnaître des entrepôts ou dépôts accidentels qui admettaient quelques marchandises en petit nombre.

Mais l'entrepôt proprement dit, celui qui est ouvert de plein droit aux marchandises étrangères, que l'on apporte volontairement sans qu'elles soient encore destinées pour la consommation de la France, et qu'on se réserve de réexporter en franchise s'il convient de les revendre à l'étranger, cet entrepôt, dis-je, n'a réellement été établi que par la loi du 8 floréal an II.

Cette loi agrandit d'ailleurs l'ancien système, en ce qu'elle reconnait deux sortes d'entrepôt : d'abord l'entrepôt établi dans un magasin spécial gardé par la douane et fermant à deux clefs, l'une laissée au commerce, qui demeure en possession de sa marchandise, qui en soigne la conservation, et garde le corps de la chose; l'autre restant entre les mains des agents de l'administration, pour qui la marchandise forme le gage des droits, et dont toute la tâche se borne à ne laisser sortir que ce qui a été libéré par l'acquittement de ces droits ; *c'est l'entrepôt réel.*

Ensuite l'entrepôt établi dans des magasins particuliers, dont la douane n'a pas la clef, mais où elle a un libre accès pour reconnaître l'existence des marchandises qui ne doivent être déplacées qu'avec sa permission, ou retirées qu'après le payement des droits. La douane, qui n'a point ici, comme dans l'entrepôt réel, le gage des droits sous sa clef et sous sa garde continuelle, reçoit, en échange de ses garanties, l'engagement cautionné de l'entrepositaire de représenter les marchandises à toute réquisition et de les réexporter ou d'en payer les droits avant le terme fixé ; *c'est l'entrepôt fictif.*

Depuis 1814, divers actes législatifs que j'ai cités plus haut ont approprié le régime des douanes aux besoins du commerce. Ils ont ouvert la voie au transit de certaines marchandises, ce complément nécessaire des entrepôts ; ils ont déterminé les compétences en matière de douane, et donné plusieurs moyens d'action qui assurent le succès du service.

Le retour de la paix et de l'ordre a permis au gouvernement du roi de faire un examen attentif de toutes les parties de l'organisation des douanes, et dès les premières années de la restauration le ministre des finances a fait exercer une investigation sévère sur tous les rouages de son mécanisme. Elle a conduit à supprimer une caisse placée au centre de l'administration et qui entretenait des relations de banque avec les comptables extérieurs pour assurer le service local des douanes dans toutes les parties du royaume. Cet établissement spécial, qui agissait en concurrence avec la caisse centrale du Trésor et avec ses comptoirs dans les départements, detournait les recettes de leur destination légale, et faisait séjourner des réserves de fonds considérables dans les mains des receveurs principaux. Aujourd'hui les produits perçus sont rendus à l'État par un versement immédiat aux receveurs des finances de toutes les valeurs perçues par les préposés des douanes. Une comptabilité prompte et régulière a constaté les opérations des receveurs principaux et prévenu le retour des irrégularités précédentes. Des règles plus précises ont tracé la responsabilité de ces comptables pour la souscription des traites admises en payement de droits ; les délais de leur échéance ont été renfermés dans la limite légale, et on est ainsi parvenu à faire cesser des pertes qui grevaient trop souvent les revenus publics.

On a mis également plus d'économie dans l'allocation des suppléments de traitements accordés aux emplois supérieurs sur les produits des sels et sur les fonds de saisies. L'administration centrale a été privée de toute participation à ces rétributions extraordinaires, qui ont été réservées à l'encouragement du service extérieur. Le personnel des bureaux a éprouvé des réductions successives, malgré le surcroît de travail que de nouveaux devoirs lui imposaient pour les entrepôts, le transit, le régime des colonies, les tableaux de la balance du commerce, etc. La réunion de la comptabilité des douanes à celle des finances a aussi donné l'occasion de réduire à trois le nombre des administrateurs ; celui des employés de tous grades n'est plus que de 109 au lieu de 160 ; la dépense, qui s'élevait à 835,000 francs, a été réduite à 545,000 francs depuis le 1er janvier 1815 ; et il est à remarquer que, sur cette économie de 290,000 francs, 54,800 francs appartiennent à l'année 1829.

Les mêmes réductions, applicables aux fonds de la remise des sels, forment ensemble 400,000 fr. Toutes les simplifications possibles à faire dans l'administration centrale ont été réalisées avec persévérance et sans préjudice pour l'amélioration de son travail ; en effet, c'est à ses soins que l'on doit la préparation d'un modèle de tarif méthodique et complet qui a été officiellement publié pour la première fois en 1816, et dont le cadre offre avec clarté l'indication des taxes variées auxquelles sont assujetties les marchandises de toute nature, selon leurs qualités et leurs provenances; cet utile document a procuré aux redevables une connaissance entière des devoirs que la loi leur impose, et en a rendu l'accomplissement si facile, que la plupart des autres États ont voulu profiter des mêmes avantages en adoptant pour leurs douanes une formule analogue, parce qu'elle est à la fois simple, analytique et instructive. Depuis cette première amélioration, il a été préparé un nouveau Code usuel de toutes les lois en vigueur où les dispositions conservées sont classées par ordre de matières. Ce travail, fait avec maturité, sera d'un grand secours pour les négociants et pour les agents des douanes; il donnera les moyens de préciser leurs obligations respectives et d'éviter les embarras résultant d'une série de lois surchargées de détails surperflus ou d'articles abrogés ; il laissera toujours aux redevables le recours aux tribunaux pour résoudre les points controversés, et accélérera ainsi pour l'avenir la fixité de leur jurisprudence. Une exposition aussi franche des principes et des règles de cette matière importante est encore un nouveau témoignage de la marche loyale et sincère que Votre Majesté a tracée à tous les délégués de l'administration publique.

Cette direction générale a aussi fait, chaque année, imprimer et distribuer aux Chambres *un tableau général par nature de marchandises, du commerce de la France avec ses colonies et l'étranger*. On y trouve, indépendamment de l'évaluation et de la quantité des objets importés et exportés, le montant des droits obtenus par l'application du tarif. Mais cette publication isolée n'offrait pas des informations complètes et des moyens de contrôle suffisants sur les diverses perceptions en matière de douanes dont la recette figure dans le compte annuel des finances; enfin la cour des comptes ne recevait pas non plus, pour la vérification de ces produits dans les comptes des receveurs, les justifications qui lui sont fournies pour les autres revenus publics, selon le vœu de l'ordonnance du 10 décembre 1823.

Cette lacune a été remplie, et l'exactitude des produits de douanes, dans les comptes des finances de l'année 1829, est justifiée par des développements qui embrassent toutes les branches de recette de cette administration. Cette justification continuera d'être annexée aux comptes ultérieurs, et désormais le tableau général du commerce par marchandise cessera d'être imprimé séparément; mais on pourra y substituer avec avantage la publication annuelle d'un *tableau général par puissance et par marchandise du commerce d'importation et d'exportation*. Ce document, qui n'a pas encore été livré à l'impression, satisfera à l'un des vœux exprimés par les chambres de commerce. Éclairés par les détails contenus dans ce tableau sur l'objet, l'étendue et les résultats de nos transactions commerciales avec les diverses parties du globe, le commerce et l'industrie y puiseront des notions profitables à leurs entreprises; et dans les observations que cette publicité fera naître, les ministres de Votre Majesté trouveront le sujet de méditations utiles sur les modifications que les circonstances rendraient nécessaires dans le tarif des douanes.

Après avoir obtenu ces résultats pour les diverses parties du travail de l'administration centrale, il était encore indispensable de procéder à la révision du service extérieur des douanes, qui se partage en deux branches, celle des bureaux que l'on nomme *service sédentaire*, et celle des brigades, que l'on désigne sous le titre de *service actif*. Il devenait pressant de fortifier la garde des frontières et de mieux rétribuer les employés chargés de ce pénible devoir. Ces deux mesures avaient été réclamées par les commissions des Chambres, qui s'étaient convaincues de l'insuffisance des forces actuelles pour la protection de nos industries, et de la trop parcimonieuse modicité des traitements des préposés en exercice, dont quelques-uns ne s'élevaient pas même à 600 francs. Cette double dépense réclamait une allocation de 800,000 francs ; mais le crédit demandé ne fut d'abord obtenu que pour la moitié seulement et avec l'espérance que le produit des économies viendrait bientôt compléter les ressources nécessaires au bien du service.

Pour répondre à ces vœux, j'ai fait opérer une refonte générale des émoluments attribués par le Trésor aux employés du service sédentaire, et j'ai proposé à Votre Majesté de convertir en traitements fixes plusieurs des rétributions accidentelles qui leur étaient accordées, afin de compenser par l'avantage de cette fixité même les réductions que j'ai fait éprouver au fonds variable de leurs gratifications extraordinaires. Cette modification introduit plus de régularité dans la situation des préposés, elle établit des proportions plus justes et plus certaines entre les différents grades ; elle n'était donc pas de nature à troubler la marche ni à énerver l'action d'un service qui ne devait souffrir aucun ralentissement, et qui exige une vigilance et une émulation que le gouvernement ne saurait entretenir que par une bonne distribution des récompenses. Cette mesure a procuré une épargne de 350,000 francs, qui a été affectée aux emplois subalternes du service actif,

Les autres moyens d'économie ont été trouvés dans la diminution des abonnements précédemment consentis pour frais de loyer et de chauffage des directeurs et des receveurs principaux ; enfin, dans la suppression de treize inspections ou sous-inspections, et de six recettes principales. Ces diverses mesures élèveront bientôt à 400,000 francs les fonds applicables au service des brigades.

Les vues équitables et prévoyantes de Votre Majesté, qui veulent ne porter aucune atteinte aux droits acquis ni aux bases du service, se trouveront ainsi réalisées par un système de réforme qui améliore la situation des personnes et des choses, et qui se borne à profiter des vacances, des extinctions et des secours offerts par la loi du 1er mai 1822, pour obtenir d'utiles résultats, sans secousse et sans rigueur.

En même temps que l'agriculture et les fabriques recevaient de nouvelles garanties par les tributs d'une sage économie, le commerce obtenait aussi une diminution de 1/2 à 1/3 0/0 sur la prime qu'il doit aux receveurs des douanes, pour les couvrir de la responsabilité des traites admises en payement des droits, et il se trouvait encore dégrevé des frais du plombage dans tous les cas où cette formalité était le plus onéreuse, et principalement lorsqu'il s'agissait des réexportations d'entrepôt.

Néanmoins, la loi, d'accord avec la nécessité, n'a pas permis de supprimer entièrement ces charges inhérentes au service même des douanes, et qui sont les conditions inévitables des facilités accordées aux négociants, et des avantages qui résultent pour eux, soit du plombage, soit des crédits.

Je m'empresserai d'ailleurs de vérifier la liste des marchandises assujetties à la formalité des plombs, afin d'en écarter celles qui s'y trouveraient comprises contrairement au vœu de l'article 3 du titre III de la loi du 22 août 1791; ses dispositions ne sont relatives qu'au cabotage, et il n'y a, en effet, que ce genre de transport qui comporte des exceptions. Quant au transit, il n'en saurait être fait aucune; il est facile d'en comprendre l'impossibilité. Cette tâche sera accomplie avec zèle, et dans le désir de favoriser les expéditions, autant que pourront le permettre le texte formel des lois et la nécessité, toujours impérieuse pour les douanes, de reconnaître les marchandises qu'elles transmettent conditionnellement d'un point sur un autre, en évitant, dans les ports, la confusion des objets d'origine française transportés par le cabotage avec ceux de provenance étrangère qui arrivent aux entrepôts ou qui en sont retirés.

Enfin, j'ai cherché à répondre aux intentions bienveillantes de Votre Majesté pour le commerce en faisant cesser les rétributions qu'il accordait aux agents des douanes pour des services volontaires que réclamaient ses convenances particulières. Je suis parvenu à écarter ainsi tout prétexte de plainte et d'abus, et à concilier les égards dus aux habitudes avec les avantages d'une officieuse obligeance pour les redevables, en me réservant de récompenser directement le zèle et les soins des employés. Je me propose incessamment de faciliter encore l'accomplissement des formalités exigées pour l'exécution des lois de douanes, en recherchant les moyens de simplifier les procédés de description et de contrôle qui augmenteraient inutilement les travaux et les frais de l'administration.

Les réductions opérées sur le plombage et sur les crédits doivent procurer au commerce un soulagement de 550,000 francs.

SYSTÈME DU TARIF.

Le travail est la source de toute richesse; c'est lui seul qui crée les profits et les salaires, qui élève les revenus à la valeur des denrées, et qui fonde l'aisance et la prospérité des peuples. Le tarif des douanes a donc pour principal objet d'entretenir son activité, de fortifier son action en le mettant à l'abri de toute atteinte ruineuse, et de lui ménager l'importation facile des matières qu'il emploie. Mais ce tarif doit veiller avec sollicitude à ne point lui faire dépasser les limites de la consommation par des faveurs irréfléchies, et à ne pas lui fermer ses débouchés par des prohibitions exagérées ou imprévoyantes. C'est ainsi qu'il maintiendra un juste équilibre entre les besoins et les ressources de la France, et qu'il développera progressivement les jouissances de tous et les forces de l'État.

C'est d'après ces principes qu'a été revisé le tarif des douanes. Les droits qu'il autorise à percevoir, sauf les taxes de consommation sur les sels et les denrées coloniales, ne sont jamais que la conséquence d'un système de protection ou de défense que l'industrie nationale réclame impérieusement. En effet, en parcourant avec attention les articles qui le composent, on reconnaîtra qu'il ne repousse avec énergie que les objets ouvrés ou fabriqués à l'étranger qui décourageraient nos manufactures, mais qu'il n'exerce aucune rigueur contre les matières premières ou faiblement apprêtées servant à alimenter nos ateliers et à donner encore des salaires à la classe ouvrière.

C'est ainsi que l'on n'a soumis à une prohibition absolue que les objets qui intéressent la sûreté publique, ceux auxquels tient essentiellement l'existence de certaines fabriques et surtout celles des tissus français, enfin les denrées alimentaires qui sont notre principale ressource agricole et le premier besoin de la population.

Les droits protecteurs exigés sur les marchandises dont l'entrée n'est point interdite au commerce étranger sont calculés de manière à ne point contrarier nos rapports extérieurs et à seconder la marche intérieure du travail et de la reproduction. Cette législation, qui est le fruit d'une longue expérience, s'est successivement appropriée aux besoins des circonstances et aux progrès de nos différentes industries. C'est avec une sage lenteur que l'on doit procéder aux changements que réclamerait le cours naturel des choses ; et ce n'est qu'à l'aide du temps qu'il peut être permis d'adopter des modifications qui troubleraient les entreprises formées sous la foi des lois en vigueur. Au surplus, il sera toujours indispensable de conserver à la France les ressources qui lui sont propres, et de ne pas laisser s'épuiser les efforts de son génie industrieux et infatigable, en lui enlevant ses moyens naturels, et en les abandonnant aux hasards d'une liberté et d'une concurrence sans limites.

Mais on peut se confier dans l'avenir et dans un avenir très-prochain pour voir ces hautes questions se résoudre dans les intérêts les mieux entendus. Les connaissances en économie publique ont fait de notables progrès dans ces derniers temps ; l'attention des Chambres s'est portée sur tout ce qui tient à l'industrie agricole et manufacturière, ainsi qu'aux échanges qui peuvent se faire utilement avec l'étranger; enfin, Votre Majesté a formé un bureau et un conseil supérieur du commerce pour méditer sur les vues progressives que le temps doit amener, et pour préparer avec maturité toutes les améliorations que la prudence ne désavouera pas.

Rien en matière de douanes ne saurait être invariable ; car il s'agit de régler ou de défendre des intérêts essentiellement mobiles; et le seul engagement que l'on puisse prendre, c'est de consulter toujours, et sans préoccupation de système, ce qu'il y a de plus expédient pour le bien-être de chacun et la sûreté de tous.

Aujourd'hui la législation repose sur le vœu national formellement et persévéramment exprimé. Elle ne renferme aucune disposition essentielle qui n'ait été non pas seulement votée, mais produite par les Chambres. Ainsi, quand le ministère a proposé une loi sur les grains, des amendements y ont ajouté la prohibition pour certains cas; ainsi, le tarif des fers a été porté, de même par amendement, de 20 à 25 francs; ainsi, le droit des laines a été mis, par une forme semblable, à 30 p. 0/0. Tout a subi l'influence d'une pensée générale dont l'administration n'était que l'interprète. Lorsque celle-ci a proposé de supprimer une seule prohibition, celle des cachemires, elle a été mal accueillie, parce qu'on a cru entrevoir une sorte d'hésitation qui menaçait pour l'avenir l'existence des garanties acquises.

Le système des douanes n'a pas été établi par une seule législature, mais successivement par toutes celles qui se sont occupées de la matière depuis 1814. Différentes à certains égards, ces législatures ont été unanimes dans la pensée qu'il fallait protéger le développement de l'industrie, *en laissant au commerce extérieur toute la latitude possible.*

Les faits démontrent que, malgré des crises et des accidents inévitables, il y a eu progression marquée dans tous les genres d'établissements manufacturiers de l'intérieur ; nous avons vu des expositions qui en rendaient un éclatant témoignage, et ce serait assez inutilement que l'on s'attacherait à expliquer ici la différence de nos richesses en 1813 et en 1829. La concurrence n'a pas manqué pour produire le bas prix en toutes choses, ou pour exciter l'émulation de nos chefs d'ateliers. Nos filatures en coton ont obtenu des numéros que l'on croyait impossibles à atteindre. Nos tisseurs de Tarare, d'Alsace et du Nord n'ont point négligé la perfection de leurs produits. Le traitement des métaux et leur mise en forme prouvent que l'on ne s'endort pas à l'abri du monopole. Il y a abondance, perfectionnement, et bas prix pour la plupart de nos fabrications. Tel est l'état réel de notre situation intérieure.

Quant au dehors, si les débouchés ne se sont pas étendus autant qu'on pouvait le désirer, du moins n'ont-ils subi dans leur ensemble aucune diminution notable, et dans tous les cas la diminution qui aurait pu se produire sur tel article en particulier ne donnerait pas encore le droit de reprocher au législateur de n'avoir pas laissé une assez large part aux transactions avec l'étranger, car les états de douanes, dont l'exactitude est assurée, montrent que la France reçoit, des pays où elle peut le plus naturellement étendre ses relations, beaucoup plus qu'elle n'y envoie. Ainsi, par exemple, nous tirons de l'Inde et en général des contrées et possessions situées au delà du cap de Bonne-Espérance pour près de 26 millions de francs, et nous n'y envoyons que pour 14,256,000 francs. Nous tirons des contrées et colonies d'Amérique pour 140 millions, et nous n'y envoyons que pour 124 millions; nous tirons de la Suède pour 10 millions et plus, et nous n'y envoyons que pour 2,900,000 francs. Il en est de même pour la plupart des puissances, de celles même qui réclament de nouvelles facilités. Si donc elles n'achètent pas davantage, ce n'est pas qu'elles soient privées des moyens de payer par voie d'échange. Ainsi, la stagnation de nos échanges avec le dehors tient à des causes qui certainement ne se retrouvent pas dans le tarif des douanes. En effet, il faut bien que ce tarif ne soit pas prohibitif à l'excès, puisqu'il s'opère en masse, comme le prouvent les relevés de 1828, des échanges qui, pour l'importation, s'élèvent à 815,778,396, et pour l'exportation, à 638,194,196, y compris le numéraire.

Au reste, ce qu'il y a de restrictif dans notre législation commerciale n'y a pas été mis par un esprit théorique et absolu, car l'on s'est attaché depuis 1814 à faire disparaître du tarif toutes les prohibitions inutiles. Ainsi, les lois antérieures à cette époque avaient pour but, quant à la sortie, de réserver à la France tout ce qui appartient aux subsistances et toutes les matières premières propres aux fabriques, et celle du 19 thermidor an IV, notamment, avait voulu retenir une foule de produits naturels que les étrangers venaient acheter avec du papier-monnaie, dont la dépréciation était effrayante malgré les rigueurs qui en maintenaient le cours légal ; mais on reconnut que l'agriculture était une industrie qui, pour prospérer, demandait, comme celle des fabriques, à pouvoir étendre le marché de ses produits au delà des frontières, afin d'en obtenir la valeur naturelle qui ne peut résulter que de la concurrence. Cette doctrine a été admise ; on s'est dégagé de certaines craintes traditionnelles, et l'on s'est confié dans ce principe que l'abondance de la reproduction est secondée par la liberté du commerce.

Le tarif actuel favorise donc l'exportation de presque toutes les marchandises, et ne conserve qu'un très-petit nombre de prohibitions.

Ces prohibitions restreintes et spécialement motivées conservent à l'industrie française certaines matières à fabriquer dont la production a cela de particulier que, d'une part, elle n'est pas commune à tous les pays, et, de l'autre, qu'elle ne saurait être étendue à volonté dans l'intérieur, comme celle des *drilles, poils de chapellerie, bois de construction*, etc.

Telle autre prohibition, comme celle des *armes de guerre*, a pour motif la sûreté publique.

La grande masse des productions permises à la sortie est faiblement imposée. Les droits de sortie n'ont, pour la plupart, d'autre objet que d'obliger à déclarer et de fournir les moyens de constater les faits de commerce.

Le produit total de ces droits ne s'élève, année commune, qu'au trentième des droits d'importation, quoique la valeur des choses exportées, en n'y comprenant pas le numéraire, dépasse de beaucoup celle des choses importées.

PRIMES.

Certaines marchandises françaises sortent du royaume non-seulement en exemption de droits, mais encore sous la réserve d'obtenir une prime qui a pour objet de compenser la taxe de consommation que les matières qui ont servi à fabriquer les marchandises ont dû subir à l'entrée ; la prime remet le fabricant français vis-à-vis de l'étranger dans la position où il se trouverait s'il eût employé des matières affranchies de tout impôt.

Cette sorte de remboursement ou de compensation n'a jamais eu pour objet de procurer aux fabriques du royaume une prééminence factice sur les marchés étrangers ; elle doit uniquement neutraliser les droits que certains produits ont payés à l'entrée, dans la supposition, démentie par le fait, que cette matière serait consommée dans l'intérieur.

Ce genre d'encouragement, connu en Angleterre sous le nom de *drawback* et de *bounties*, existait déjà avant la révolution; plusieurs produits, tels que les sucres raffinés et la bonneterie orientale, obtenaient un remboursement à titre de prime. La loi du 8 floréal an XI accorda des primes aux sucres raffinés et aux savons fabriqués à Marseille.

La loi du 30 avril 1806 accorda 50 francs par quintal de tissus de coton exporté.

Par décret du 3 août 1811, une prime de 220 francs par quintal fut accordée aux toiles, bonneteries et autres ouvrages en coton et en coton filé.

Mais c'est seulement depuis la restauration que le système des primes a été complétement établi et a reçu des applications rigoureusement justes; il embrasse aujourd'hui douze espèces de marchandises : en première ligne se placent les sucres, les tissus de laine et les tissus de coton, sans compter les remboursements qui se font à un autre titre pour le sel ammoniac, les viandes et les beurres salés.

Les avantages de ce système ne peuvent être méconnus, puisqu'il donne le moyen de recevoir de l'étranger certaines productions que l'on y renvoie avec un accroissement de valeur acquis à notre industrie, et qu'il favorise des exportations plus considérables que celles qui se soient faites à aucune autre époque.

Si l'on admet, d'une part, que les primes ont été si parfaitement calculées qu'elles remboursent tous les droits, et rien que les droits qui ont été perçus à l'entrée, et, d'autre part, que la réexportation des matières à l'état de fabrication se fait exactement et sans abus, le Trésor doit se trouver indemne et le commerce satisfait. C'est à obtenir cet heureux résultat que tendent tous les efforts de l'administration.

DROITS ET POLICE DE NAVIGATION.

Sans être engagé dans aucun système de prohibitions

ou de représailles, un pays qui a une grande étendue de côtes et une marine marchande susceptible d'accroissement est tenu par la nature des choses de donner protection à ses propres navires et de leur ménager la plus grande part possible dans les transports qui lui sont naturellement acquis, ou du moins de leur réserver quelques avantages qui les distinguent de l'étranger; s'il renonce à ce moyen de prospérité, c'est envers quelques puissances seulement, et par suite d'avantages spéciaux qu'elles lui concèdent, en sorte que le principe subsiste toujours.

Une loi du 21 septembre 1793, copiée sur l'acte de navigation de l'Angleterre, porte qu'aucune marchandise étrangère ne sera reçue dans les possessions de France qu'autant qu'elle arrivera sur bâtiments français ou sur bâtiments du pays de production ou de première vente, les officiers et les trois quarts des équipages étant du pays dont le bâtiment porte le pavillon.

Cette disposition absolue n'a jamais été appliquée dans son entier : la guerre et le blocus maritime l'ont rendue inutile jusqu'en 1814, et au retour de la paix l'on admit (loi du 17 décembre 1814) les navires étrangers, soit du pays de provenance, soit de tiers pavillon, à concourir avec les nôtres pour toutes les importations de l'étranger, à charge seulement de payer une surtaxe pour les marchandises comme ils en payaient déjà une pour le tonnage; on ne réserva l'exclusif aux navires français que pour le cabotage, la pêche et les transports entre la métropole et ses colonies.

Ce système de droits différentiels fut complété par la loi du 28 avril 1816, et il se trouve encore en vigueur, sauf les modifications partielles qui résultent des traités passés avec quelques puissances étrangères.

C'est l'administration des douanes qui, à la suppression de l'amirauté, a été investie par la loi de 1790 de tout ce qui se rapporte à la francisation des navires, à la police des mouvements et à la perception des droits de navigation, qui figurent dans ses produits pour une somme moyenne de trois millions.

D'autres causes peuvent ralentir le développement de notre marine marchande; mais on ne peut s'empêcher de reconnaître qu'elle retire de grands avantages des diverses dispositions consacrées par la loi du 27 vendémiaire an II et par les combinaisons du tarif des douanes.

COLONIES.

Les intérêts de notre navigation sont liés à la prospérité de nos colonies. Les établissements d'outre-mer procurent à notre marine marchande des expéditions importantes, lui offrent des points de relâche, et donnent à nos produits un écoulement naturel et utile, en leur réservant les priviléges du marché colonial. C'est en échange de ces avantages que le tarif des douanes soumet les denrées de ces possessions françaises à des droits toujours plus modérés que ceux dont il frappe les mêmes denrées de provenance étrangère. Le régime suivi pour les productions agricoles de nos colonies n'est en effet qu'une sorte de grand octroi national au profit de la métropole, qui en retire d'abondantes ressources, tout en favorisant leur débit et leur consommation, et en se ménageant ainsi des relations de commerce et des débouchés précieux pour les produits de notre sol et de notre industrie. Ce régime, qui a déjà été l'objet de plusieurs enquêtes et sur lequel l'opinion doit être fixée, est encore administré par les douanes. Il le sera d'autant mieux à l'avenir qu'une nouvelle ordonnance rendue par Votre Majesté rattache le personnel des douanes coloniales à celui de l'administration française, et donne la certitude que l'exclusif réservé dans les colonies aux productions du royaume ne sera pas moins réel que le privilége réservé en France aux productions des colonies. Cette mesure détruira le motif de beaucoup de plaintes, et permettra au commerce d'agir dans la juste confiance qu'il y a réciprocité d'avantages entre les Français d'Europe et ceux de nos possessions d'outre-mer.

SELS.

L'administration des douanes perçoit également la taxe de consommation sur les sels qui s'exploitent dans les lieux voisins des côtes et des frontières du royaume. La nature prodigue avec abondance et presque sans frais les produits de cette matière imposable à tous ceux qui se livrent à leur facile exploitation. L'usage de cette denrée étant général, la charge qu'elle fait supporter à la population tout entière se répartit d'une manière très-peu sensible sur chacun des nombreux tributaires de cet impôt. Le gouvernement s'est d'ailleurs attaché à en exempter le sel, que l'on peut, après l'avoir dénaturé, livrer à l'industrie, comme moyen de reproduction, tels que la soude et le sulfate de soude, qui sont remis en franchise aux différentes fabriques. Aussi les plaintes dont l'impôt du sel peut être l'objet ne viennent-elles pas des consommateurs, mais bien des propriétaires de marais salants. Si quelque moyen s'offrait d'alléger pour eux cet impôt ou de leur procurer une compensation, le gouvernement de Votre Majesté ne manquerait pas de le saisir. Le taux moyen du droit est de 28 francs 50 centimes par quintal métrique, après la déduction de 5 p. 100 accordée pour tout déchet par la loi du 11 juin 1806 ; il frappe chaque année sur une quantité qui s'est progressivement accrue depuis la restauration, et qui s'élève aujourd'hui à 2,144,569 quintaux pour une population de 30,450,378 habitants, ce qui porte la consommation moyenne, par individu, à 7 kilogrammes 4 décagrammes, ou environ 15 livres, et le montant du droit à 2 francs pour chaque individu ; le produit total de cette taxe s'élève à 61,120,120 francs. La portion qui est perçue dans l'intérieur par les agents des contributions indirectes est de 6,877,100 francs; celle qui est réalisée par les préposés des douanes se monte à 154,243,020 francs.

Le régime actuel de cette contribution, qui fait peser une charge égale sur toutes les parties de la France, en a rendu la perception facile, et exempte des abus de la fraude. On doit reconnaître qu'à aucune époque son produit n'a présenté des résultats aussi favorables, comparativement à l'importance de la population, et que jamais l'aisance générale ne s'est mieux manifestée que par cet indice particulier de la consommation habituelle du peuple. On se convaincra aussi, par ces heureux résultats, que le prix du sel ne dépasse plus aujourd'hui les facultés des contribuables, et que cette source abondante des revenus du Trésor n'enlève pas, comme autrefois, un aliment aussi indispensable à la nourriture du pauvre.

La place importante que cette contribution occupe dans

le budget de l'État ne permet pas d'en modifier le tarif, sans s'exposer à déranger l'équilibre de notre situation financière, et ce sera toujours une mesure difficile et embarrassante que de proposer une réduction de taxe qui pourrait considérablement affaiblir cette ressource indispensable, et forcer ensuite le gouvernement à redemander de plus onéreux sacrifices à ceux-là même qui auraient obtenu un dégrèvement dont les conséquences auraient trompé sa prévoyance.

RÉSULTATS GÉNÉRAUX DES PRODUITS ET DES FRAIS DE RÉGIE.

On appréciera mieux les effets de la législation des douanes sur toutes les parties de notre situation économique en parcourant les résultats de l'application de son tarif. Les droits à l'importation, qui n'étaient que de 44,461,000 francs en 1816, sont maintenant accrus de 60 millions, et portés à 104,164,000 francs, dont 45,582,000 francs pour les produits coloniaux; ceux qui concernent la navigation ont éprouvé une augmentation graduelle qui les a élevés de 2,844,000 francs à 2,972,000 francs. En réunissant à ces deux articles principaux les droits à l'exportation, qui donnent 1,447,800 francs, et les recettes accessoires de douanes, leur montant annuel est de 109,982,000 francs, au lieu de 51,458,000 francs. Les taxes perçues sur les sels, par la même administration, ont été portées de 42,748,000 fr. à 54,243,000 francs. Le Trésor reçoit donc désormais, chaque année, de cette régie financière, une ressource totale de 153,525,000 francs.

La dépense du service des douanes est toute de protection et de défense pour l'agriculture, le commerce, l'industrie et la navigation. Ces grands intérêts de notre existence sociale ne sauraient être garantis par des moyens trop puissants, et nous souffririons bien davantage des atteintes portées au développement de ces forces vitales de la France, que nous n'aurions à profiter des épargnes imprévoyantes qui troubleraient la sécurité de nos ateliers, et arrêteraient les mouvements de notre activité commerciale et industrielle. Les frais s'accroissent toujours en raison de la nécessité de la surveillance; l'énergie et les précautions du service se proportionnent constamment aux prescriptions plus ou moins nombreuses et plus ou moins restrictives de notre législation nouvelle. C'est la population laborieuse elle-même qui réclame l'assistance de cette armée d'observation qui la met chaque jour à l'abri d'une ruine certaine, par la vigilance de ses brigades sur tous les points de la frontière et des côtes. La seule portion du travail des douanes qui ait pu se réduire par l'analyse et par la méthode est celle qui s'exécute à l'administration centrale : les décisions de mes prédécesseurs et les miennes ont réduit ces dépenses de 835,000 fr. à 545,000 fr.; les retranchements faits aux emplois supérieurs, sur les fonds des sels, s'élèvent aussi à 400,000 francs; mais la garde du territoire contre l'invasion des produits étrangers, et l'exécution toujours plus difficile des dispositions rendues en faveur de nos diverses industries, ont élevé les besoins du service extérieur de 2,500,000 francs.

La proportion de la recette à la dépense brute serait donc de 16 1/6 p. 100; si l'on reconnaît que la solde de la force armée entretenue pour la défense de notre agriculture et de nos fabriques ne doit pas être considérée comme des frais de régie et de perception, la somme à comparer avec le revenu des douanes ne sera plus que de 6,944,010 francs, au lieu de 23,804,547 francs, et leur rapport proportionnel avec ces produits ne sera pas au-dessus de 4 francs 6/10 p. 100.

DIRECTION GÉNÉRALE DES CONTRIBUTIONS INDIRECTES.

RÉGIME ET ORGANISATION.

La régie des contributions indirectes fut établie en 1804, sous le titre de *droits réunis*.

L'erreur funeste qui avait fait supprimer les taxes sur les consommations dans un de ces moments d'effervescence où les meilleures institutions succombent devant les préventions populaires, était généralement sentie.

On reconnaissait que l'impôt territorial, qui repose uniquement sur la propriété foncière, était loin de peser également sur tous les habitants, et d'opérer une répartition suffisamment juste des charges de l'État; que l'impôt personnel et mobilier lui-même n'était supporté que par une partie de la population, et qu'assis sur une base qui n'est pas toujours le véritable signe du revenu, il devait être renfermé dans de certaines limites, et ne pouvait être porté au degré nécessaire pour que toutes les fortunes fussent atteintes dans une égale proportion; enfin, que l'impôt sur les mutations d'immeubles et les transactions civiles n'était pas de nature à compléter, sous ce rapport, le système de nos perceptions publiques.

Cette lacune ne pouvait être bien remplie que par l'impôt indirect, car s'il est assis sur des objets d'une consommation générale, il doit atteindre tous les contribuables dans la proportion de leurs dépenses, qui sont ordinairement l'indice le moins trompeur de leurs facultés.

C'est dans cette vue que le rétablissement de l'impôt des boissons fut d'abord essayé au moyen d'un faible droit perçu, à la production, sur les vins et les cidres, et à la fabrication sur les bières. Ce nouveau droit, celui qui existait déjà sur le tabac, mais qui fut assis sur de meilleures bases, la taxe d'entretien des routes et quelques autres perceptions de moindre importance sur les cartes, la garantie des matières d'or et d'argent, les voitures publiques, les bacs, la navigation, etc., qui, depuis plusieurs années, étaient confiés à l'administration des domaines, formèrent, à son origine, la consistance de la nouvelle régie.

Deux ans après, en 1806, ses attributions furent complétées par le développement donné à l'impôt des boissons, c'est-à-dire par l'établissement de droits sur le commerce en gros et sur la vente en détail, ensuite par un accroissement de la taxe sur les tabacs, et enfin par la perception, sur les sels fabriqués à l'intérieur, du droit qui fut créé en remplacement de la taxe des routes. La régie des douanes fut chargée de la perception du même droit à l'extraction des marais salants et à l'importation.

Ce n'est donc réellement qu'à l'année 1806 que remonte la véritable organisation de l'administration des contributions indirectes. La suppression, en 1808, de l'inventaire local des boissons, la création, à la même époque, d'un droit aux entrées des villes, ensuite la substitution d'un droit de mouvement au droit de vente en gros, et l'élévation successive des tarifs; d'un autre côté, l'établissement du monopole des tabacs au 1er janvier 1811, sont les changements les plus notables qui furent apportés au régime de ces perceptions jusqu'à la Restauration.

Longtemps accoutumée à ne figurer aux budgets de l'État que pour ses produits nets et à prélever ses frais de perception sur ses recettes, la régie avait une grande latitude pour ses dépenses, et son organisation dut inévitablement s'en ressentir. D'ailleurs l'établissement successif de nouvelles perceptions, la création du monopole des tabacs, l'accroissement continuel du territoire et la nécessité d'introduire rapidement dans les pays conquis un régime qui n'y était pas connu, furent de continuels obstacles à ce qu'elle entrât dans des voies d'économie que plus d'expérience, un ordre de choses plus stable et de quelque durée, ont pu seuls lui ouvrir par la suite.

En effet, jusqu'en 1813, les comptables de la régie, isolés de ceux du Trésor, versaient les produits de l'impôt de caisse en caisse jusqu'à la caisse générale de l'administration à Paris, qui seule apportait tardivement au Trésor les recettes nettes qui lui étaient parvenues. Indépendamment d'un directeur dans chaque département, qui était en même temps receveur général des produits et jouissait à ce titre de grands avantages, on comptait alors plusieurs inspecteurs par direction et un chef de service par arrondissement sous le nom de *contrôleur principal*, dont les divers traitements étaient tous fort élevés. Le monopole occupait dans les manufactures et les magasins de tabac un nombre considérable d'emplois supérieurs, et dans chaque département une double ligne d'entrepôts principaux et particuliers. La haute surveillance était exercée par un corps nombreux d'inspecteurs généraux et d'inspecteurs ou contrôleurs extraordinaires qui leur étaient adjoints. On a compté dans les premières fonctions de l'administration centrale, outre le directeur général et deux maîtres des requêtes chargés de parties spéciales, jusqu'à six administrateurs, un secrétaire général, un receveur général, six auditeurs au conseil d'État, et de plus un personnel considérable qui ne s'élevait pas à moins de neuf cent quarante-deux individus, coûtant au Trésor 3,230,000 francs.

Il est résulté de cet état de choses qu'en 1813, pour opérer dans toute la France, composée alors de cent vingt-neuf départements, une recette brute qui fut,

En droits généraux de		177,930,284
Et en prix de la vente des tabacs, de		88,657,434
Total		266,587,718
Les dépenses se sont élevées, en frais de perception, à (dont 27,408,826 fr. pour les quatre-vingt-six départements conservés)	41,113,238	
En achats de tabacs, à	20,859,668	78,450,696
Et en frais d'exploitation du monopole, à	16,477,790	
D'où résultait un produit net de		188,137,022

Pour obtenir un revenu de 188 millions, on dépensait donc en frais d'administration et de perception 41 millions, c'est-à-dire 22 0/0 environ du produit net, ou, ce qui revient au même, 18 0/0 du produit brut de l'impôt.

Telle était, Sire, la situation de cette branche importante de l'administration des revenus publics, lorsque l'auguste frère de Votre Majesté remonta sur le trône de ses pères.

La législation, qui n'avait pas encore subi l'épreuve du temps, se ressentait, à certains égards, des formes du gouvernement qui l'avait établie ; d'un autre côté, l'élévation des tarifs, en rendant la charge de plus en plus pesante, avait entretenu contre ce genre d'impôt, notamment dans celles de nos provinces où il était inconnu autrefois, des préventions dont il est assez difficile de le garantir, et que réveillent toujours les commotions politiques : on s'en prenait de l'excès à la chose même ; de là les vœux de suppression qui se firent entendre. Mais la situation du Trésor eût-elle permis de les accueillir ? Il était impossible de méconnaître que, dans tout système de finances bien ordonné, les taxes sur les consommations doivent entrer pour une notable portion dans les revenus publics. Il était donc de devoir comme de nécessité de maintenir cet impôt ; mais on mit un soin particulier à retrancher des tarifs ce qu'ils avaient d'exagéré, et des formes de perception ce qu'elles pouvaient avoir de trop sévère. Cette réforme fut un des premiers bienfaits qui signalèrent le réblissement du trône légitime. En effet, c'est dans cet esprit que furent conçues d'abord quelques ordonnances transitoires, ainsi que la première loi sur laquelle les Chambres furent appelées à voter à la fin de 1814.

Un essai hasardeux qui fut tenté pendant les Cent-Jours dans la vue d'obtenir une popularité passagère, substitua l'arbitraire à la règle dans la perception du droit sur les boissons sans soulager le contribuable.

L'ordre des perceptions fut rétabli au 1er janvier 1816, et une nouvelle loi, rendue le 28 avril, reconstitua les deux branches principales des revenus indirects, les taxes sur les boissons et l'exploitation du monopole des tabacs. Cette loi, sauf quelques changements relatifs aux boissons introduits en 1817, et modifiés eux-mêmes en 1824, forme encore aujourd'hui le fond de la législation sur ces matières.

Toutefois, de notables réductions furent opérées dans l'administration centrale et dans tous les services : les entrepôts principaux, institution complétement inutile, furent supprimés ; le nombre des manufactures de tabac fut réduit à dix, et celui des magasins de feuilles considérablement diminué. On retrancha du personnel de ces établissements le luxe avec lequel ils avaient été primitivement organisés.

Chaque année, des efforts ont été faits pour simplifier la marche de l'administration et diminuer ses dépenses.

En 1816, une organisation nouvelle fut donnée au service extérieur : les directeurs de département et les inspecteurs furent supprimés ; la haute direction du service fut remise à douze inspecteurs généraux divisionnaires; les recettes principales furent réunies aux entrepôts de tabac. En 1817, le conseil d'administration, composé de sept administrateurs et d'un secrétaire général, fut réduit à quatre membres, dont l'un était en même temps inspecteur général à Paris ; deux autres dirigeaient la comptabilité et les tabacs, et le quatrième était secrétaire général. La suite du service et de la perception était confiée à des chefs de division.

Ces changements avaient fait faire un grand pas aux

économies. Déjà, en 1818, pour opérer un recouvrement brut,

En droits généraux, de...................		109,757,543
En produit de la vente des tabacs, de..........		65,886,345
Et en produit de la vente des poudres (confiée à la régie par ordonnance du 25 mars de cette année), de....................................		1,882,882
Total.....................		177,526,770
Dont il faut retrancher, pour achat de tabac..........................	16,093,593	24,256,990
Pour frais de fabrication et d'exploitation..........................	7,507,665	
Pour achat de poudres...........	655,732	
Ce qui réduit le produit brut de l'impôt à.......		153,269,780

on ne dépensa, en frais d'administration et de perception proprement dits, y compris même les traitements et remises des entreposeurs, que 23,624,297 francs, ce qui est moins de 14 1/2 0/0, au lieu de 18 0/0, comme en 1813.

Les améliorations introduites dans l'administration du monopole des tabacs procurèrent des avantages non moins frappants, puisque, soit par l'effet des économies dans les dépenses, soit par celui d'une meilleure fabrication, le bénéfice net du privilége exclusif, qui n'avait été, en 1815, que de 32 millions, et en 1816 de 33 millions, s'éleva, en 1817, à 39 millions, et, en 1818, à 41 millions.

Enfin, le personnel des bureaux, qui n'était plus dans cette dernière année que de cinq cent cinquante-huit employés, présentait, en le comparant à celui de 1813, une diminution de trois cent quatre-vingt-quatre individus, et, sur les traitements, une économie de 1,344,000 francs.

Depuis cette époque, l'administration a éprouvé divers changements : en 1820, le directeur général et cinq administrateurs ont conduit les diverses parties du travail et formé le conseil de la régie. Au commencement de 1823, on a rétabli les directeurs de département, qui n'existaient plus en 1816, et l'on a supprimé les treize inspecteurs généraux divisionnaires qui les avaient remplacés; cinq fonctionnaires seulement de cet ordre furent conservés, et devinrent membres du conseil avec les cinq administrateurs. Les recettes principales furent de nouveau séparées des entrepôts; l'administration centrale fut divisée par ordre de matières; peu après le nombre des administrateurs fut porté à six, et celui des inspecteurs généraux réduit à quatre. A la fin de 1824, la comptabilité étant réunie à celle des finances, on en prit occasion pour supprimer, d'abord un inspecteur général, puis les trois autres, et même un administrateur. Un autre le fut en 1826, époque où l'on revint encore une fois, pour l'organisation des bureaux, à la division territoriale. Ce dernier état de choses s'est maintenu jusqu'aujourd'hui.

Le directeur général, quatre administrateurs et un pareil nombre de chefs de division composent le personnel supérieur de l'administration centrale.

La surveillance du service extérieur est confiée à des directeurs de département, qui ont sous leurs ordres d'autres directeurs spéciaux pour les représenter dans les arrondissements; des contrôleurs de comptabilité sont placés auprès de ces premiers chefs pour les suppléer dans la suite de leurs travaux multipliés et pour les remplacer en cas d'absence; des contrôleurs ambulants opèrent, d'après leurs instructions, les diverses vérifications qui sont nécessaires pour maintenir l'exactitude et l'activité dans toutes les parties du service local. Des contrôleurs de ville remplissent des fonctions analogues dans l'intérieur des cités; de semblables agents sont également chargés d'exercer les mêmes attributions auprès des salines royales et particulières, et de veiller à l'exécution des lois sur la navigation et sur la marque des matières d'or et d'argent. Des commis à pied et à cheval sont placés sur tous les points où la vigilance de l'administration doit assurer les ressources du Trésor; des receveurs buralistes sont répandus dans toutes les communes et à l'entrée des villes pour la perception des droits au comptant, et pour la délivrance des expéditions aux particuliers; des receveurs sédentaires font rentrer dans chaque ville les produits des droits constatés, ainsi que ceux de la garantie, de la navigation et des péages; des receveurs ambulants recueillent les fonds déjà versés chez les buralistes, vérifient les caisses et les écritures de ces comptables, poursuivent le recouvrement des droits constatés, contrôlent les mouvements des boissons en cours de transport, et dirigent dans les campagnes toutes les opérations des préposés du service actif. Enfin, des receveurs principaux, qui sont en même temps percepteurs des droits liquidés dans leur résidence, centralisent les recettes des autres receveurs au chef-lieu de chaque arrondissement, et sont tenus d'acquitter toutes les dépenses de leur circonscription administrative, de réunir les nombreux éléments de la comptabilité courante, et d'en présenter les résultats, sous leur responsabilité, au contrôle du ministère et au jugement de la Cour des comptes.

Des inspecteurs de la culture, des vérificateurs des gardes-magasins de feuilles, des contrôleurs aidés de plusieurs commis forment le personnel des magasins de tabacs; des régisseurs, des inspecteurs, des contrôleurs, des gardes-magasins, des commis aux écritures sont placés auprès des manufactures. Un entreposeur, dans chaque chef-lieu d'arrondissement, reçoit et livre aux débitants les tabacs et les poudres à feu que la régie fait vendre aux consommateurs.

Pour faire apprécier l'influence qu'ont exercée sur les dépenses les changements précédemment exposés, et notamment l'effet de la nouvelle organisation donnée au service extérieur en 1823, j'indiquerai ici, comme je l'ai fait plus haut, les résultats généraux de l'exercice 1824 d'abord, puis ceux de l'exercice 1828.

En 1824, les recouvrements bruts se sont élevés, en droits généraux, à		134,139,317
En produit de la vente des tabacs		66,045,667
En produit de la vente des poudres		3,452,543
Total		203,637,527
Retranchant,		
Pour achats de tabacs	14,936,473	23,283,259
Pour frais de fabrication et d'exploitation	6,201,296	
Pour achat de poudre	2,145,490	
On obtient pour produit brut de l'impôt		180,354,268

Et, durant cette année, les frais d'administration et de perception, y compris ceux des entrepôts, ont été de 22,787,021 francs.

En 1828, les recouvrements bruts se sont élevés, en droits généraux, à		140,170,590
En produit de la vente des tabacs		67,989,487
En produit de la vente des poudres		4,097,172
Total		212,257,249
Retranchant,		
Pour achats de tabacs	14,552,176	
Pour frais de fabrication et d'exploitation	7,641,359	
Pour achats de poudre. 2,248,881 / Pour frais divers. 156,982	2,405,863	25,639,073
Pour remboursements et restitutions	1,039,675	
Il reste pour le produit brut de l'impôt		186,618,176

Et les frais de perception ont été de 22,569,580 fr.

Ainsi, la proportion de ces derniers frais a été de 12, 63/100 0/0 en 1824, et de 12, 09/100 0/0 en 1828.

Le bénéfice net du monopole des tabacs s'est élevé à 43 millions, la première de ces deux années, et à 46 millions la seconde.

Enfin, le personnel des bureaux de l'administration centrale n'a plus été, en 1824, que de 356 employés ayant un traitement total de 2,273,632 francs, et, en 1828, que de 321 ayant un traitement total de 1,177,250 francs.

Si l'on compare ces divers résultats à ceux qui ont été indiqués plus haut, ont voit les immenses progrès qu'a faits cette administration de 1818 à 1828.

Les recettes brutes se sont élevées de 163 millions à 212 millions.

Les frais de perception, qui étaient de 18 0/0 en

1813, et de 14 1/2 en 1818, ont été réduits à 12 1/2 0/0 en 1828.

Le bénéfice net du monopole a été porté de 41 millions, en 1818, à 46 millions, en 1828.

Enfin, les traitements de l'administration centrale sont descendus de l'une à l'autre de ces deux années de 1,886,000 francs à 1,177,250 francs.

Tout n'était pas fait encore cependant, et les efforts de l'administration ont sans cesse été dirigés vers de nouvelles améliorations.

Déjà, en 1829, elle a réalisé sur les traitements des bureaux la réduction de 68,000 francs imposée par le budget, et de plus elle est parvenue à faire disparaître une dépense de 77,950 francs pour appointements de commis auxiliaires qui ont été rendus au service des départements. D'autres économies encore sont préparées : elles se feront par extinctions, sans blesser les droits acquis, et en simplifiant l'organisation des bureaux sans nuire à l'ensemble du travail.

Votre Majesté, en daignant approuver, par son ordonnance du 12 décembre dernier, les propositions que j'ai eu l'honneur de lui soumettre à ce sujet,

A fixé pour l'avenir les traitements annuels des employés à	908,000
A quoi il faut ajouter :	
Le traitement du directeur général	40,000
Celui des quatre administrateurs	80,000
Et la somme allouée, par les budgets de 1829 et 1830, pour gratifications à distribuer en fin d'année	51,750
Ainsi la dépense totale à porter au budget de 1831, ne sera plus que de	1,079,750

Report......		1,079,750
Elle était, au 1er janvier 1829, de...	1,109,250	1,187,200
Plus, pour commis auxiliaires......	77,950	
La nouvelle économie sur ce chapitre sera donc encore de......		107,450

ainsi que je l'ai annoncé dans le rapport qui a précédé cette ordonnance.

L'administration doit aussi trouver une source d'économies dans la réunion des fonctions d'entreposeur à celles de receveur principal, que Votre Majesté a également approuvée par son ordonnance du 13 décembre; exécutée déjà une première fois et maintenue pendant six ans, cette réunion n'a présenté d'inconvénients que dans les pays de grande consommation. Partout ailleurs, l'existence dans une même ville de deux comptables du même ordre est un double emploi évident. Il était donc convenable de ne conserver d'entrepôts que dans quelques arrondissements d'une certaine importance (le nombre en est fixé à 35). Par ce moyen on obtiendra, sur les 1,200,000 fr. que coûtent aujourd'hui les premiers de ces emplois, une réduction de plus de moitié, en allouant même aux receveurs le supplément nécessaire pour les indemniser des nouvelles obligations qui leur seront imposées; mais c'est avec le temps et à mesure des extinctions dans l'un et l'autre grade que la fusion peut être opérée et l'économie réalisée.

Enfin, nous touchons bientôt à l'époque où un certain nombre d'employés fatigués du service actif, et dont l'entrée en fonctions remonte à l'origine de la régie, seront admissibles à la retraite. Cette époque sera celle d'un mouvement dans le personnel, qui ne peut qu'être très-favorable aux produits, car dans cette partie le sort de l'impôt dépend, plus que dans toute autre, du zèle et de la vigilance de ceux qui le recueillent. Quelques améliorations dans l'organisation extérieure pourront aussi conduire au même but. La nécessité de faire monter les directeurs d'une classe à l'autre occasionne de fréquents déplacements, qui dérangent le service. La différence de traitement entre chaque classe est si faible, que l'avancement est quelquefois plus onéreux pour celui qui l'obtient, par les dépenses qu'il entraîne, que profitable par l'avantage qu'il procure. On pourra remédier à ces inconvénients, soit en réduisant le nombre des classes, soit en cessant de considérer leurs différents degrés comme une règle absolue d'avancement, mais toujours sans rien changer au chiffre total des traitements.

Après avoir ainsi présenté à Votre Majesté un tableau fidèle de la marche de cette grande administration et de ses continuels efforts vers les améliorations qui doivent profiter à l'État, soit par la réduction des dépenses, soit par l'accroissement des recettes, il me reste à lui rendre compte de l'état actuel de la législation, des plaintes qui se font entendre, de leurs causes, et des moyens qui peuvent être employés pour donner satisfaction aux contribuables, sans tarir cette source importante du revenu public.

EXAMEN DU TARIF.

BOISSONS.

Je parlerai d'abord de l'impôt des boissons, non-seulement parce qu'il est le plus important, mais encore parce qu'il est l'objet de vives attaques.

On l'accuse de nuire à la consommation, soit par l'élévation des tarifs, soit par les entraves qu'il met à la liberté du commerce. C'est à lui qu'on attribue l'encombrement des celliers, le défaut de débouchés, la vileté des prix et la gêne qu'en ressent le producteur.

Ces plaintes ne sauraient être écoutées avec trop d'attention, car un impôt qui produirait de tels effets porterait atteinte à la richesse publique en paralysant la plus précieuse de nos cultures, et frapperait de stérilité la source même où il doit puiser.

Mais un premier examen nous rassure : ce n'est pas l'impôt qu'il faut accuser de l'engorgement de nos vignobles. De nouveaux terrains, consacrés chaque année à la culture de la vigne, de ceux-là même qui étaient employés à la culture des céréales ; la subdivision des propriétés plus favorable à cette exploitation qu'à toute autre ; la préférence donnée, par le choix de plants plus féconds et l'usage des engrais, à la quantité aux dépens même de la qualité, et surtout trois années successives d'une grande abondance, telles sont les causes, aujourd'hui bien connues, qui ont rompu l'équilibre entre la production et la consommation. La preuve en ressort, jusqu'à la dernière évidence, des documents statistiques qui ont été recueillis. Ils montrent partout une augmentation considérable dans le nombre d'hectares livrés à la culture de la vigne. Il est certains départements (et ce n'est pas là que les plaintes sont les moins vives) où cette culture a doublé depuis vingt ans ; il n'en est aucun où le produit, par hectare, ne se soit également accru d'une manière remarquable. Nous voyons que depuis 1827, c'est-à-dire depuis l'époque où l'encombrement se fait sentir, les nouvelles plantations excèdent encore les destructions; enfin, nous apprenons que le même encombrement existe dans les pays qui nous avoisinent, quoique les vins n'y soient soumis à aucun droit.

D'un autre côté, il est certain que nos exportations à l'étranger n'ont point à souffrir du régime des taxes intérieures. Elles ne dépassèrent pas, année moyenne, de 1787 à 1789, un million d'hectolitres de vin et 250,000 hectolitres d'eau-de-vie. Des expéditions plus considérables furent faites dans les premières années de la Restauration ; mais elles furent principalement excitées par le besoin de vendre, qu'une longue guerre avait produit, et les débouchés ne répondirent pas à l'espoir que s'étaient formé les spéculateurs : aussi les exportations furent-elles réduites de plus de moitié en 1817, et ne se relevèrent-elles qu'en 1819. Depuis lors, elles se sont soutenues, année moyenne, à 1,100,000 hectolitres de vin et à 272,000 hectolitres d'eau-de-vie. Celles de 1828 ont même été de 1,243,809 hectolitres de vin et 403,000 d'eau-de-vie. Si donc les demandes de l'étranger sont moindres aujourd'hui que par le passé dans quelques-uns de nos vignobles, c'est que d'autres vignobles exportent davantage. On ne peut y voir que l'effet d'un changement dans les goûts ou les habitudes sur lequel le régime de nos perceptions est sans influence.

En présence de ces faits, il n'est plus permis de soutenir que l'impôt nuise à la production; il serait injuste de lui imputer les souffrances du producteur.

Notre conviction sur ce point ne doit pas cependant nous empêcher d'examiner si, par quelques-unes de ses combinaisons, il ne gêne pas la consommation.

L'ensemble du système se compose de droits dits *de circulation, d'entrée, de détail et de consommation.*

Le droit de circulation est payé pour les vins et les cidres que le consommateur achète directement du producteur ou du marchand en gros. Il est uniforme pour toute la France, et fixé à un taux modique. Le producteur qui consomme sur place ou qui transporte ses boissons dans un rayon fort étendu, et que la loi détermine, est exempt de ce droit. Il produit, année moyenne, 8,500,000 francs, plus 600,000 francs pour le prix des expéditions, lorsqu'il y a exemption du droit.

Le droit d'entrée porte exclusivement sur la consommation des villes de 1,500 âmes et au-dessus; il atteint toutes les espèces de boissons. Pour la perception de ce droit sur les vins, les départements sont rangés en quatre classes, suivant la valeur moyenne de cette boisson ; les villes sont divisées, en outre, en huit classes, suivant la population : ainsi, le tarif suit une double progression, et s'élève d'autant plus que les villes sont grandes et qu'elles sont éloignées des lieux de production. Pour les autres boissons, la progression suit uniquement la population des villes. Le produit annuel des droits d'entrée est de 17,800,000 francs (Paris non compris).

Le droit de détail est prélevé sur toutes les boissons que vendent les débitants : il est de 15 0/0 de la valeur, et donne un revenu annuel de 57,200,000 francs.

Le droit général de consommation ne porte que sur l'eau-de-vie et les liqueurs spiritueuses achetées directement par le consommateur. Il est égal au droit que payent les détaillants sur les mêmes liquides : son produit annuel est de 900,000 francs.

Paris est soumis à un régime d'exception. Les différents droits y sont remplacés par une taxe unique que l'on perçoit aux entrées, et qui pèse sur tous les consommateurs également : cette taxe produit, année moyenne, 12,500,000 francs.

Ainsi, l'impôt sur les vins, les cidres et les spiritueux entre dans les ressources de l'État pour une somme totale de 97,500,000 francs.

Mais cette somme n'est pas la seule qu'aient à supporter les boissons en taxes indirectes. Elles sont encore frappées de droits d'octroi au profit des villes. Ceux-ci ne devraient pas excéder les droits d'entrée; telle est la règle posée par la loi ; mais des exceptions ont été permises : aussi les villes perçoivent-elles sur cet objet de consommation un revenu annuel de 25,200,000 francs, dans lequel l'octroi de Paris entre pour 12,500,000 francs.

En définitive, la somme totale d'impôt qui pèse sur les vins, les cidres et les spiritueux est donc de près de 122 millions.

On ne peut pas disconvenir que l'effet le plus frappant de ce système ne soit une grande inégalité de charges entre les contribuables.

Dans les campagnes, le propriétaire récoltant ne paye

rien, lors même qu'il consomme à une distance assez éloignée du lieu de production; le consommateur aisé, qui s'approvisionne en gros, ne paye qu'un faible droit de circulation qui ne varie jamais, tandis que celui qui achète au détail supporte un droit de 15 0/0 de la valeur vénale: aussi la disproportion, qui est peu sensible dans les pays de récolte, devient-elle considérable dans ceux où le vin est cher.

D'un autre côté, l'habitant des villes paye encore des droits d'entrée et d'octroi que n'a pas à supporter l'habitant des campagnes, et ces mêmes droits, formant une addition au prix de la vente du débitant, accroissent d'autant plus le droit de détail que supporte la classe peu aisée.

Plus les villes sont populeuses et éloignées des pays de production, plus cette double disparité se fait sentir, et il n'est guère permis de douter que, dans ce cas, l'excès des taxes ne porte quelque atteinte à la consommation, ou tout au moins ne la déplace en attirant au dehors une partie des consommateurs.

Cependant c'est dans les villes qu'il importe le plus de favoriser la consommation; car c'est là principalement que se réunissent toutes les circonstances propres à lui donner de l'activité.

Celle des cabarets placés à l'extérieur ne saurait y suppléer complétement; car ce n'est pas là que peut se porter la consommation domestique, et il n'est pas sans inconvénient, d'ailleurs, pour les mœurs, pour l'ordre public, pour le bien-être du peuple, d'encourager ces réunions à l'extérieur des villes, où l'affluence appelle l'intempérance et la débauche, et qui ne sont pas moins funestes pour la classe ouvrière par la perte de temps qu'elles lui font éprouver, que par des dépenses trop souvent contraires aux intérêts de la famille.

Les droits d'entrée ont pour avantage, il est vrai, une grande facilité de perception : ils coûtent peu de frais, la fraude est aisément réprimée ; mais ces qualités particulières ne peuvent détruire le reproche qu'on est en droit de leur faire de n'atteindre qu'une partie de la population.

Au surplus, l'économie des frais de perception tient à ce que ces droits sont perçus en même temps que les droits d'octroi sur les boissons ; mais ceux-ci, qui ont une part égale aux inconvénients que nous venons d'indiquer, peuvent-ils entrer dans un système d'impôt bien combiné ?

Quand une taxe est établie au profit de l'État sur une matière d'un usage général, le tarif doit en être calculé de telle sorte qu'elle n'excède nulle part les limites auxquelles elle ne peut être portée sans nuire essentiellement à la consommation et par conséquent à la production ; mais si des taxes locales sont tolérées ensuite sur la même matière, l'équilibre est aussitôt dérangé, et toutes les combinaisons faussées. En vain dirait-on que ce sont les consommateurs qui s'imposent volontairement ; il ne s'agit pas seulement de mesurer les charges des contribuables, il s'agit aussi de défendre les intérêts du producteur et de mettre le revenu public hors d'atteinte. Or, ces sortes de taxes peuvent, dans certaines localités, devenir prohibitives, ou tout au moins repousser un objet recueilli au loin au profit d'une production analogue du pays, comme le vin, par exemple, dans les lieux où le cidre ou la bière forme la boisson habituelle ; et dans ce cas, les octrois, en circonscrivant, en quelque façon, les limites de la consommation, peuvent dégénérer en une sorte de ligne de douanes intérieures, au grand préjudice de la richesse publique et de l'impôt.

Il semble donc permis de poser en principe qu'un objet de consommation soumis à l'impôt indirect au profit de l'État ne peut plus être taxé au profit des communes; que l'impôt général est exclusif de l'impôt local.

Ainsi, la conclusion à tirer de ces considérations, c'est que la première réforme qui paraisse devoir être faite à la législation actuelle est la réduction successive des droits d'entrée et d'octroi sur les boissons.

On y perdrait, il est vrai, des moyens de surveillance pour la conservation des autres taxes; mais aussi on y gagnerait la cessation des entraves que le commerce et les particuliers éprouvent par les visites aux entrées des villes et par les formalités qui en sont le complément.

S'il était possible d'arriver à la suppression totale des droits d'entrée et d'octroi, l'impôt serait réduit, quant aux vins et aux cidres, au droit de détail pour une classe de consommateurs, au simple droit de circulation pour une autre classe; une troisième, celle des récoltants, demeurerait affranchie de toute taxe, non-seulement dans le lieu de production, mais encore dans un rayon fort étendu.

Il est évident que le système ainsi simplifié serait encore vicieux, qu'il blesserait la justice distributive, qu'il consacrerait tantôt un privilége, tantôt un allégement de charge au profit des consommateurs les plus aisés.

Cet inconvénient n'existe pas pour les liqueurs spiritueuses. Nous avons dit qu'elles sont frappées d'un droit égal pour toutes les classes de consommateurs, en sus des droits d'entrée. Si donc ceux-ci étaient supprimés, tous les contribuables ne resteraient pas moins imposés également.

Cela n'indique-t-il pas ce qu'il est à propos de faire pour les vins et les cidres ? Un impôt qui atteindrait dans une juste proportion les consommateurs de tous les lieux et de toutes les conditions semblerait, en effet, concilier tous les vœux, et offrirait le moyen de retrouver une partie au moins du sacrifice qui serait fait sur les entrées ; car les besoins de l'État ne permettraient pas de proposer cet abandon sans remplacement.

Il reste à examiner comment ce nouveau droit devrait être assis.

On a proposé un droit unique, payé à la première vente par le producteur et garanti par l'*inventaire* après la récolte.

Ce système serait séduisant par son extrême simplicité, et par l'avantage de rendre la liberté à la circulation et au commerce des boissons.

Mais l'inventaire offre en lui-même de grandes difficultés d'exécution. Vainement voudrait-on s'en tenir à des déclarations ou à des estimations, et faire intervenir les autorités locales. Les déclarations seraient infidèles, les estimations erronées et le concours des autorités sans efficacité. Il s'agirait, d'ailleurs, de déterminer la base première de l'impôt, et il faudrait absolument opérer avec précision. Des vérifications à domicile seraient donc indispensables, et elles devraient être faites partout simultanément, sans distinction de récoltants et de non-récoltants ; car autrement les soustractions seraient nombreuses. Ainsi, toute la population dans les pays vignobles serait soumise à l'action du fisc ; les employés ordinaires ne suffiraient pas, il faudrait y faire concourir une multitude d'auxiliaires d'une instruction fort bornée, d'un zèle fort incertain, et qu'un modique salaire garantirait mal contre les infidélités ou la corruption.

Supposons cependant qu'on parvînt, contre toute vraisemblance, à faire un bon inventaire : on reconnaîtra bien quelle quantité chaque producteur aura récoltée; mais rien ne sera fait encore pour la perception. La loi dira que le droit est dû à mesure des ventes; mais il ne sera pas payé si l'enlèvement peut être fait librement. Ce ne sera qu'au moyen de recensements qu'on pourra parvenir à le recouvrer, et les recensements devront être très-fréquents, car l'impôt doit rentrer sans interruption. Mais que de précautions à prendre pour éviter la fraude! Ce ne sera pas assez de compter, il faudra déguster, autrement les futailles seront remplies d'un liquide trompeur. Voilà donc plus de deux millions de producteurs soumis à toutes les rigueurs de l'exercice, et parmi eux il en est un tiers au moins qui ne récolte pas au delà des besoins de sa consommation. D'un autre côté, le droit unique, s'il doit produire autant que l'impôt actuel, sera excessif dans la plupart des vignobles ; il sera même quelquefois supérieur, dans les mauvaises années surtout, à la valeur du produit chez le récoltant. Quel moyen aura-t-on d'en garantir la rentrée ? Les formes sévères des contributions directes elles-mêmes échoueraient; car il ne s'agirait plus d'une simple fraction de revenu, mais quelquefois de plus que le revenu: et si le récoltant n'est que fermier, on ne pourrait avec justice recourir sur le fonds. Le vigneron, lorsqu'il sera pressé de vendre, ce qui n'arrive que trop souvent, s'inquiétera peu de l'impôt. Quand ensuite on le lui demandera, il sera sans ressources pour l'acquitter, et le recouvrement d'une grande partie de cette branche de revenu sera soumis aux chances de poursuites judiciaires contre des insolvables, et frappé de l'odieux que de telles mesures entraînent toujours avec elles.

La régie, durant cinq années que l'inventaire a subsisté, a fait l'expérience de toutes ces difficultés. Elles ont été telles qu'il a fallu abandonner ce système; chaque année, les embarras des recensements, des récolements, des comptes à tenir aux producteurs, se sont accrus; chaque année, des sommes plus considérables tombaient en non-valeurs: cependant il ne s'agissait que d'un modique droit de 40 centimes dont était exemptée la consommation de famille portée à 9 hectolitres de vin ou 19 hectolitres de cidre; et le payement du droit à la première vente était garanti par l'obligation de prendre une expédition. Qu'on juge de ce qui résulterait d'un droit six à sept fois plus élevé, et que rien n'obligerait de payer à l'enlèvement.

Si l'on considère les autres effets d'une taxe unique assise à la première vente, on ne peut s'empêcher de reconnaître qu'elle ne satisfait à aucune des conditions de l'impôt indirect. Elle est perçue loin du consommateur et longtemps avant la consommation; elle n'est pas en rapport avec la valeur de l'objet imposé, et encore moins avec la dépense du consommateur; elle nuit aux spéculations, en obligeant le spéculateur à consacrer à l'avance du droit une partie des capitaux qu'il emploierait à l'achat de la matière même: elle pèse à la fois sur ce qui doit être exporté comme sur ce qui doit être consommé à l'intérieur, et fait arriver nos vins et nos eaux-de-vie avec désavantage sur les marchés étrangers; en un mot, elle est assise à la production et agit sur le producteur absolument comme l'impôt direct, avec cette différence même que la charge s'accroît, non en raison du produit en argent, mais en raison de la récolte en quantité, c'est-à-dire fort souvent en proportion inverse du revenu.

Ce régime a été introduit dans quelques provinces du Rhin séparées de la France en 1814, et nous savons qu'il y excite les plus vives plaintes. Il est considéré comme formant en réalité une addition à l'impôt foncier sur les terres plantées en vignes. Le producteur, obligé de faire l'avance du droit, est sans cesse placé dans l'alternative ou de vendre ses récoltes à vil prix, ou de faire des emprunts onéreux. Il doit subir la loi ou des spéculateurs ou des capitalistes. Dans les années abondantes, l'impôt excède même les facultés des récoltants ; dans les mauvaises, il produit peu à l'État, et, en trompant les prévisions du budget, il rompt l'équilibre des recettes et des dépenses. Enfin la gravité de ces inconvénients y est signalée de la manière la plus évidente par la diminution progressive de la culture de la vigne.

Concluons donc que l'inventaire, comme moyen immédiat de perception d'un droit unique, serait loin de répondre aux espérances de ceux qui le proposent.

L'inventaire, comme moyen de mettre la matière imposable sous la main du fisc, et de telle sorte qu'elle puisse être suivie ensuite jusqu'au moment de la consommation, peut sans doute offrir en théorie un complément de formalités propres à garantir l'impôt. De cette manière, dira-t-on, la circulation peut être libre, le vin peut aller du producteur au marchand, de celui-ci à un second, à un troisième, et jusqu'au dernier destinataire, au moyen d'acquits-à-caution, qui font passer la responsabilité de l'un à l'autre, sans qu'aucune vérification soit nécessaire en cours de transport; mais cet adoucissement ne serait obtenu qu'en soumettant le producteur à un joug beaucoup plus dur. Il devrait, en outre, répondre de l'impôt au taux le plus élevé, et nous avons vu combien le recours serait incertain. D'ailleurs les difficultés d'exécution de l'inventaire resteraient tout entières; et, quand elles ne seraient pas un obstacle perpétuel à ce qu'il fût rétabli, ce n'est pas au moment où l'on cherche à soulager le producteur qu'il peut être question de l'assujettir à un mode aussi rigoureux et à toutes ses conséquences.

C'est donc par des moyens plus simples qu'il faut arriver à répartir l'impôt entre toutes les classes de consommateurs plus également que ne le font les taxes actuelles.

Si le vin avait dans tous les départements une valeur égale, s'il était toujours consommé près du lieu de récolte, s'il passait immédiatement du producteur au consommateur, s'il formait partout et au même degré une boisson d'un usage général, il suffirait d'une taxe uniforme pour atteindre également tous les contribuables; mais il n'en est pas ainsi : la disproportion entre les prix des différents crus est considérable. Les frais de conservation et de transport, les bénéfices des spéculateurs en établissent une plus importante encore entre la valeur au lieu et au moment de la récolte, et le prix que paye le consommateur éloigné. Dans une partie de la France, le vin cesse d'être une boisson de première nécessité, et devient, par une transition insensible, un objet de luxe à mesure que le cidre ou la bière le remplace dans la consommation habituelle du peuple. Une taxe égale, pour une matière soumise à des effets si divers, serait donc en réalité la taxe la plus inégale qu'on pût imaginer; et la première condition d'un impôt sur cette matière est évidemment qu'il soit réglé sur la valeur, au lieu et au moment de la consommation.

Le droit de vente en détail remplit parfaitement cette condition, et satisfait de même à toutes celles qu'on peut rechercher dans l'établissement des taxes indirectes : il frappe partout la matière imposable en raison de sa valeur; il suit toutes les variations du cours, et pèse par conséquent sur le consommateur dans la juste proportion de sa dépense. Celui-ci ne paye qu'au moment même où il consomme, et sans qu'il s'en doute ; car, pour lui, l'impôt se confond avec le prix. Quant au débitant, il n'est tenu d'acquitter le droit qu'après l'avoir reçu, et s'en trouve réellement le premier percepteur. A la vérité, ce mode d'imposition exige une surveillance à domicile qui n'est pas sans quelque rigueur ; mais, si l'on considère qu'elle s'exerce dans des lieux toujours ouverts au public, on reconnaîtra qu'aucune industrie n'aurait moins à souffrir d'un semblable contrôle.

Il reste donc, pour compléter le système, à asseoir d'après les mêmes principes l'impôt que doivent supporter les consommateurs qui s'approvisionnent directement; nous l'appellerons *droit de consommation*.

On ne peut songer à régler ce droit sur le prix d'achat, parce qu'il n'existerait pas, comme pour la vente en détail, un moyen de contrôler les déclarations, et que l'impôt serait ainsi à la merci du contribuable. Il faut chercher une base plus solide, et il ne saurait y en avoir de meilleure que celle même du droit de détail.

En effet, le terme moyen des déclarations de prix de vente en détail, dans chaque localité, peut être considéré comme un signe certain de la gradation que suit la valeur des vins. Il est vrai que ceux qu'achètent directement les consommateurs sont en général d'un prix plus élevé ; mais cela ne peut déranger la proportion d'un département à l'autre ; et, s'il en résulte quelque différence, elle est à l'avantage du contribuable.

En conséquence, pour connaître la somme sur laquelle le droit de consommation doit être réglé, il suffit de retrancher du terme moyen des prix de vente en détail le bénéfice présumé du débitant, et ce bénéfice ne peut être évalué à moins d'un tiers, si l'on considère que le débitant doit se couvrir du droit de 15 0/0 et s'indemniser de ses frais.

Ainsi, pour former le tarif du droit de consommation, on prendrait pour chaque département 15 0/0 sur les deux tiers de la valeur moyenne à la vente en détail, et, afin d'opérer sur une base plus large, il conviendrait alors d'établir le prix moyen sur une série de cinq années, sauf à reviser le tarif chaque année, en écartant du calcul la plus ancienne et en y faisant entrer la dernière.

Tel serait le système d'impôt qui pourrait être proposé et sur lequel nous appelons à l'avance les avis et les objections. En résumé, il consiste en une taxe générale assise à la consommation et graduée suivant la valeur vénale, taxe qui continuera d'être perçue chez le débitant à raison de 15 0/0 du prix de vente, et qui sera payée par les autres consommateurs d'après un tarif formé, pour chaque département, sur le terme moyen de ces mêmes prix durant cinq années, et réduits aux deux tiers.

Une conséquence nécessaire de ce système serait de faire rentrer dans la condition commune la consommation que fait le producteur ailleurs que dans le lieu même de la production ; et, selon nous, on ne peut y voir que justice, car le contraire est un véritable privilége. Que le récoltant jouisse de la franchise sur ce qu'il consomme dans le lieu de l'exploitation, cela peut jusqu'à un certain point se justifier ; et d'ailleurs, à moins de recourir à l'inventaire, il serait impossible de l'atteindre ; mais pour tout ce qui est déplacé et consommé dans les maisons d'habitation, le propriétaire n'a plus aucune préférence à invoquer. Un impôt de consommation doit peser sans distinction sur l'universalité des consommateurs. L'exemption pour les uns serait une surcharge illégale pour les autres.

Outre l'avantage d'étendre ainsi l'impôt à tous ceux qui doivent le supporter, de le répartir également entre tous les contribuables, de soulager notamment les consommateurs des villes, d'anéantir la fraude que favorisent l'exception dont nous venons de parler et la disproportion qui existe aujourd'hui entre le droit de détail et le droit de circulation, le plan que nous développons ici ferait disparaître les entraves et les formalités qui embarrassent le passage aux entrées des villes.

Nous reconnaissons cependant que les boissons n'en resteront pas moins soumises aux liens du fisc, depuis le premier enlèvement jusqu'à la consommation : et, quelque allégés que ces liens puissent être, nous ne nous dissimulons pas qu'ils sont une gêne réelle ; mais c'est la conséquence inséparable de l'impôt : elle ne pourrait être évitée qu'au moyen de mesures plus intolérables, comme il arriverait de l'inventaire si l'on voulait encore en faire l'épreuve. Pour rétablir une liberté complète, il faudrait renoncer à l'impôt ; et comme il est impossible de priver l'État de cette ressource, comme il n'est aucune autre taxe qui n'offrît autant et plus d'inconvénients, il faut se soumettre à la nécessité et savoir supporter les charges avec les avantages.

Nous avons établi que la suppression des droits d'octroi sur les boissons entre comme une condition essentielle du système que nous avons exposé. Nous devons ajouter que, pour ne pas causer une trop grande perturbation dans les finances des communes, l'État devrait renoncer en même temps à certains prélèvements qu'il opère sur leurs revenus. Ce sera, pour un grand nombre de villes, un moyen suffisant de compensation. Pour les autres, de nouvelles matières imposables pourraient être substituées aux boissons, et enfin on parviendrait, au moyen de délais sagement combinés, à laisser à toutes les communes la faculté de se libérer de leurs dettes.

Quant à Paris, il n'y aurait aucun avantage à renoncer au régime d'exception qui s'y trouve établi. Le tarif du droit devrait seulement être modifié, et une taxe d'octroi moins onéreuse pourrait y être maintenue, si les finances de la ville n'en permettaient pas la suppression complète.

J'ai dit qu'après la suppression des droits d'entrée et d'octroi, les spiritueux resteraient soumis, pour toutes les classes de consommateurs, à un droit égal. Il n'y aurait donc rien à changer à la législation, si la matière imposable pouvait être atteinte partout de la même manière ; mais elle n'est mise sous la main de la régie, à la production, que chez les distillateurs de profession ; les bouilleurs de cru n'ont aucun compte à rendre des produits de leur fabrication, et la fraude profite audacieusement, dans quelques parties du royaume, de cette distinction qui ne repose pas sur des motifs bien solides. Une nouvelle disposition législative devra tôt ou tard mettre un terme à cet abus.

Les questions difficiles que je viens de parcourir ont été discutées en ma présence par des personnes instruites, choisies avec soin parmi les partisans des différents systèmes. Le résultat de ces conférences a été d'affermir en moi une conviction déjà préparée par l'avis, pour ainsi dire, unanime de tous les hommes qui, aux époques les plus diverses, ont réuni la pratique des contributions indirectes à la théorie de l'impôt. En venant déposer aux pieds de Votre Majesté le tribut de leur expérience, je dois lui annoncer que je ne suis pas encore en mesure de lui soumettre des propositions définitives : j'ai pensé néanmoins qu'il était utile d'éclairer une matière aussi importante par l'exposé complet des faits qui s'y rattachent et des conséquences que l'on peut en déduire ; leur examen et leur interprétation m'ont conduit à des conclusions qu'il m'a paru prudent de livrer à l'investigation et au débat contradictoire de tous les intérêts qui se trouvent engagés dans la solution que je présente. D'ailleurs il ne serait permis d'accomplir de si notables modifications au régime actuel des taxes que par un sacrifice considérable sur les ressources qu'elles procurent habituellement au Trésor. Un tel abandon ne pourrait être consenti dès à présent sans détruire aussitôt l'équilibre du budget ; et il est indispensable d'attendre, pour réaliser cet allégement du tarif, que les dispositions définitives qui seraient préparées sur le crédit public aient offert à votre royale sollicitude les moyens d'accorder de nouveaux soulagements à vos peuples, sans porter atteinte à la situation générale des finances.

DROIT SUR LES BIÈRES.

Le droit sur les bières est perçu à la fabrication ; il produit annuellement 6 millions.

Ce mode d'imposition, si différent en apparence de celui que nous proposons pour les vins, est le même au fond : la bière passe immédiatement du producteur au consommateur; elle est fabriquée à mesure des besoins de la consommation ; elle ne s'éloigne pas des lieux de production; l'atteindre à la fabrication, c'est donc en réalité l'imposer à la consommation : quant à la taxe, bien qu'elle puisse paraître élevée dans les lieux où cette boisson est d'un usage général, elle est, avec les droits sur les vins, dans un rapport qu'il est convenable de maintenir afin de conserver à nos vignobles la protection qu'ils réclament. La petite bière n'est imposée qu'au quart du droit que paye la bière forte. Cette distinction semble être, au premier aperçu, une conséquence nécessaire du principe qui veut que les taxes soient proportionnées aux valeurs ; mais le rapport entre les quantités des deux espèces de bière fabriquée étant toujours le même, une seule taxe pour l'une et pour l'autre, qui serait calculée de manière à offrir un produit égal, aurait le même effet, et simplifierait les obligations des brasseurs, en faisant disparaître les difficultés qu'on éprouve pour distinguer la petite bière, et pour prévenir la fraude que ces difficultés favorisent. En effet, la loi n'a pu faire dépendre cette distinction que de l'accomplissement de certaines conditions dans le cours de la fabrication : or, il arrive que les mêmes règles, appliquées à des procédés différents, affranchissent dans un lieu, du droit plus élevé, une bière de qualité égale ou supérieure à celle qui, ailleurs, y est soumise. Une amélioration, sous ce rapport, est donc réclamée : quelques innovations annoncées dans les procédés de fabrication pourront aussi rendre nécessaires des modifications aux règles posées par la loi ; car l'impôt ne doit pas nuire aux progrès de l'industrie. Les formalités sont conçues dans le seul but de prévenir la fraude : elles doivent être appropriées à la méthode existante, et, quand celle-ci change, il faut que les exigences du fisc changent aussi.

VOITURES PUBLIQUES.

Les voitures publiques sont divisées, pour la perception de l'impôt, en deux classes : celles qui font un service régulier en desservant la route d'une ville à une autre, et celles qui marchent d'occasion ou à volonté. Les premières payent le dixième du prix des places sous la déduction du tiers pour les places vides ; les autres ne supportent qu'un droit fixe gradué suivant la capacité des voitures. La distinction entre ces deux services, aux environs des grandes villes, n'est pas toujours facile, et, dans ces lieux, la disproportion entre l'une et l'autre taxe est assez grande pour détruire la concurrence, si une entreprise parvient, au moyen de quelques nuances dans son service, à ne payer que le droit proportionnel, quand l'entreprise rivale demeure assujettie au droit fixe. Cet inconvénient est devenu sensible, surtout depuis l'établissement des voitures dites *omnibus*. Il est d'autant plus grave même, que ces voitures ont jusqu'à vingt places, tandis que le tarif du service d'occasion s'arrête à un *maximum* de neuf places. Il deviendra donc indispensable de donner au tarif plus d'étendue, et peut-être même d'établir une définition plus précise de deux services à l'égard des voitures qui vont à de petites distances.

DROIT DE NAVIGATION.

Un droit de navigation intérieure sur les fleuves, rivières et canaux navigables, a été établi par la loi du 30 floréal an X, avec la destination spéciale de pourvoir aux dépenses que l'État est obligé de faire pour l'entretien de ces cours d'eau.

Les tarifs ont été arrêtés séparément pour chaque bassin, par des règlements d'administration publique, d'après des données puisées sur les lieux, et il est résulté de cet établissement partiel, et surtout de l'affectation spéciale des produits, une grande inégalité dans la quotité de l'impôt et dans son assiette, non-seulement entre les différents bassins, mais encore entre les cours d'eau d'un même bassin, et entre les différents bureaux d'un même cours d'eau.

Depuis que la spécialité a été supprimée, à juste titre, ces inégalités auraient dû disparaître ; l'administration a tenté fréquemment d'y parvenir : un projet de loi fut présenté aux Chambres, en 1824, dans ce but ; il remplaçait les taxes diverses par une seule taxe perçue uniformément sur tous les cours d'eau, en raison du tonnage et de la distance parcourue ; mais cette réforme devait nécessairement avoir pour effet d'élever l'impôt partout où il se trouvait au-dessous du terme moyen, c'est-à-dire dans la moitié des bureaux, et elle fut repoussée par ceux dont elle aggravait ainsi les charges, sans trouver des défenseurs chez ceux qu'elle favorisait. Peut-être aussi le chiffre du droit unique se trouvait-il trop fort pour ne produire qu'un simple remplacement. Quoi qu'il en soit, le gouvernement dut retirer ce projet; mais on réclame toujours contre l'imperfection des tarifs, même dans les lieux où la taxe n'excède pas la quotité moyenne, et une révision partielle ou totale devra tôt ou tard avoir lieu, soit qu'on juge qu'elle puisse être faite en exécution de la disposition de la loi de l'an X, qui remet au gouvernement le soin d'arrêter les tarifs, soit qu'on reconnaisse qu'on ne puisse y procéder qu'avec l'intervention des Chambres.

BACS ET PASSAGES D'EAU.

La loi du 6 frimaire de l'an VII a ordonné la remise à l'État des bacs et bateaux qui avaient été établis pour la traversée des fleuves, rivières ou canaux. Elle a autorisé le gouvernement à déterminer le nombre et la situation des bacs qui seraient conservés, et à fixer le tarif de chaque bac par des règlements d'administration publique. Enfin elle a statué que l'exploitation des bacs serait mise en ferme et adjugée suivant la forme prescrite pour les domaines nationaux.

Ces dispositions sont fondées sur ce principe, que le droit de propriété de tout passage d'eau, établi pour un service public, appartient à l'État.

Ce n'est donc pas à titre d'impôt que le prix de ferme des bacs est recueilli par la régie des contributions indirectes, mais comme revenu du domaine public; et si, depuis l'an XII, elle est chargée de ce recouvrement et de celui de quelques produits accessoires, c'est qu'ayant des comptables et des surveillants partout, elle est plus particulièrement en position d'assurer l'entière exécution de la loi.

GARANTIE DES MATIÈRES D'OR ET D'ARGENT.

C'est dans l'intérêt public, et afin d'assurer la fidélité du titre des ouvrages d'or et d'argent, bien plus que dans la vue de créer une ressource à l'État, qu'a été institué le droit de garantie. En effet, ce droit, fort modique eu égard à la valeur des matières qui le supportent, et dont le produit annuel ne s'élève pas au delà de 1,400,000 francs, n'est perçu qu'après que les ouvrages ont été essayés et empreints d'un signe qui met l'acheteur à l'abri de tout préjudice.

C'est dans le même but aussi que des peines sévères sont portées, non-seulement contre ceux qui vendent des ouvrages empreints de fausses marques, mais encore contre les fabricants et marchands qui se dispensent de faire marquer.

La loi du 19 brumaire an VI, qui renferme toutes les dispositions relatives à la garantie, n'est pas complète. On a pu remplir quelques lacunes en faisant revivre d'anciens règlements non abrogés; mais il en est qui ne peuvent l'être que par des dispositions nouvelles. Par exemple, cette loi, qui est sévère quelquefois jusqu'à l'excès pour l'inobservation de pures formalités, n'inflige aucune peine au fabricant chez lequel on trouve des ouvrages à faux titre non encore achevés. Il en est quitte pour les remettre au creuset. Ce qui s'y trouve réglé, relativement aux ouvrages en plaqué, est également imparfait, et une commission examine en ce moment à quelles obligations peut être soumise cette industrie, qui était à peu près inconnue en l'an VI, et qui a pris depuis cette époque un si grand essor. La pénalité demande aussi à être revisée, et il est désirable surtout que, pour certaines contraventions, la régie obtienne la faculté de transiger avant jugement, comme elle l'a relativement à ses autres perceptions; car la nécessité où elle se trouve de poursuivre devant les tribunaux, dans tous les cas, aggrave sans nécessité la position de ceux des contrevenants dont la faute serait excusable.

CARTES.

L'impôt sur les cartes, qui ne produit annuellement que 500,000 francs environ, est le moins important de tous ceux que perçoit la régie, et celui qui est le plus exposé à la fraude. Les fabricants déclarés sont soumis aux obligations les plus rigoureuses; ils ne peuvent employer que des papiers et des moulages fournis par l'administration, et les jeux sont mis sous bande à mesure qu'ils sont fabriqués; mais la fabrication clandestine n'en est pas moins active et difficile à découvrir ou à réprimer, parce qu'elle s'exerce avec des matières de peu de valeur, dans des ateliers que rien ne décèle au dehors, et par des gens qui n'offrent le plus souvent aucun recours. On n'obtiendrait quelque succès qu'en punissant d'une amende la possession et l'usage des cartes de fraude; mais il paraît difficile de songer à un tel moyen.

OCTROIS.

Les droits d'octroi sont établis dans 1,508 communes ayant ensemble une population de 6,500,000 âmes. Leur produit total est de 67,000,000 francs ; ils portent en première ligne sur les boissons, puis sur les comestibles, les combustibles, les matériaux, les fourrages et autres objets divers. Les tarifs varient avec les besoins des villes, et la taxe par tête ressort depuis 1 franc 50 centimes jusqu'à 30 francs ; 722 octrois sont affermés ; les autres sont perçus par les soins de l'autorité municipale, sous la surveillance de la régie. Le Trésor est associé à cette perception par un prélèvement du dixième du produit net. Ce prélèvement, qui ne porte pas sur la portion des taxes destinées à remplacer la contribution mobilière ou à payer des dettes arriérées, ne s'élève qu'à 4,900,000 francs environ. Il doit son origine à l'obligation qui était imposée autrefois aux communes de fournir le pain de soupe aux troupes. La subvention fut réglée, par arrêté du 24 frimaire an IX, à raison de 5 0/0 du produit de l'octroi. Les communes ayant 4,000 âmes de population furent seules tenues d'abord à cette indemnité. Elle fut portée, par la loi du 24 avril 1806, à 10 0/0, et étendue aux villes qui, sans avoir 4,000 âmes, avaient plus de 20,000 fr. de revenu. La loi du 28 avril 1816 a rendu l'obligation générale sous le nom de subvention ; mais, quelque dénomination qu'on donne à cet impôt, on doit reconnaître qu'il n'atteint qu'une partie de la population, qu'il ne porte pas sur tous les revenus des communes, qu'il est inégalement réparti sur ceux qu'il atteint, parce qu'il s'élève ou s'abaisse suivant les besoins des villes ; qu'en un mot, il pèse d'autant plus sur le contribuable, que celui-ci a plus à concourir aux charges locales. Ces considérations permettraient donc d'examiner s'il ne conviendrait pas d'abandonner ce prélèvement, dans le cas où les droits d'octroi sur les boissons seraient supprimés, afin de faciliter aux communes le remplacement du revenu dont elles seraient ainsi privées.

On pourrait dans le même but vérifier s'il ne serait pas à propos de renoncer aussi à l'abonnement payé par les villes pour tenir lieu des frais de casernement, cet impôt ayant, sous beaucoup de rapports, les mêmes inconvénients. Son produit est d'un million environ.

SELS.

L'administration des contributions indirectes n'est chargée de la perception du droit sur les sels qu'à l'intérieur du royaume. La plus grande partie de ses recouvrements, qui sont annuellement de 6,600,000 fr., provient des salines de l'Est. La perception sur les sels étrangers, sur ceux qui sont extraits des marais salants ou qui sont fabriqués près des frontières, appartient à l'administration des douanes, qui est plus spécialement chargée de la législation sur cette matière. Par ces motifs, c'est à l'article relatif à cette administration que je traite de l'impôt sur les sels en général.

TABACS.

Le privilége exclusif attribué à l'État de la fabrication

et de la vente des tabacs est jugé aujourd'hui comme étant l'unique moyen de concilier la culture indigène avec un impôt sur cette matière, et d'obtenir de cet impôt un revenu d'une certaine importance. Les débats des Chambres à chaque renouvellement du monopole ont prouvé cette vérité. Ils ont démontré que l'espoir d'un produit égal sous un régime de taxes quelconque est une illusion ; qu'avec la liberté de culture et de fabrication on n'arriverait pas au tiers de ce produit, et qu'avant de songer à un tel dégrèvement sur une matière si éminemment imposable, il y aurait beaucoup d'autres charges à alléger.

L'exercice du privilége exclusif n'est l'objet d'aucune difficulté sérieuse. La loi du 28 avril 1816, qui en a posé les règles, a satisfait à tout. Elle a confié aux autorités locales le soin de faire les règlements relatifs à la culture ; et ces règlements, conçus plus encore dans l'intérêt des planteurs que dans ceux de la régie, sont partout exécutés avec confiance et soumission. La culture est concentrée dans huit départements, et la répartition des besoins de la régie est faite entre eux dans une proportion équitable. La loi a posé elle-même le *minimum* des prix, et le classement des tabacs est confié à des experts parmi lesquels les planteurs sont représentés. Des achats de tabacs exotiques sont faits avec publicité et concurrence. Des experts désignés par les Chambres de commerce de Paris, de Bordeaux et du Havre concourent aux opérations de l'expertise et de la réception avec ceux qui sont choisis par l'administration.

La régie n'est peut-être pas suffisamment armée contre un genre de fraude qui semble devoir prendre quelque importance. C'est la vente de matières préparées pour être mélangées avec le tabac, ou même pour être consommées comme tabac. Cependant, si la loi a dû défendre la fabrication et la vente en fraude du véritable tabac, à plus forte raison doit-elle interdire tout commerce de tabac factice; car il ne peut exister qu'à l'abri de l'impôt et en détournant une partie de ses produits; il tend en outre à tromper le public. D'ailleurs on ne peut donner à des substances étrangères quelques-unes des propriétés du tabac qu'à l'aide de mixtions qui sont nuisibles à la santé. L'intérêt des consommateurs, comme celui de l'impôt, pourra donc appeler sur ce point quelques mesures répressives.

La nécessité de repousser l'infiltration des tabacs étrangers, et de neutraliser la fraude à laquelle peuvent se livrer les planteurs français, oblige la régie à vendre à prix réduit des tabacs de qualité inférieure dans les pays qui avoisinent la frontière; mais il lui manque un moyen certain d'empêcher l'introduction de ces mêmes tabacs dans les départements où la consommation n'en est pas permise. C'est encore une lacune qui devra être remplie.

La fabrication dans les manufactures royales a reçu de notables perfectionnements; les travaux les plus pénibles s'y faisaient à main d'homme. L'économie et l'humanité réclamaient depuis longtemps l'emploi des machines. L'État ne pouvait rester en arrière des progrès de l'industrie: mais l'application de la mécanique aux divers procédés de la fabrication du tabac, ne laissait pas de présenter des difficultés: elles ont été vaincues; et, dans le cours de 1828, ce changement a été introduit avec succès dans la manufacture de Paris, la plus considérable de toutes. Il a permis d'y réunir, au 1er janvier 1829, les travaux de la manufacture du Havre et de supprimer celle-ci. Les effets de cette heureuse innovation sont une économie réelle sur les frais de main-d'œuvre, dans les deux établissements, de 430,000 francs.

L'administration s'occupe aujourd'hui d'établir le même système de fabrication dans la manufacture de Lyon, la seconde en importance. Elle y trouvera encore une réduction nouvelle de 100,000 francs sur les frais de main-d'œuvre; successivement elle pourra l'introduire dans ses autres établissements avec les modifications que réclament les localités.

D'autres économies encore ont été faites dans ce service, soit par une organisation plus simple et mieux entendue du personnel des manufactures et des magasins, soit par la suppression des frais de loyers et d'indemnités de logements, et il est résulté de l'ensemble de ces mesures la possibilité d'une première réduction de 568,000 francs sur le budget de 1829, et d'une seconde de 220,480 francs sur celui de 1830, en sus des frais de construction de la manufacture de Paris et du crédit nécessaire pour les travaux de Lyon.

C'est de cette manière que la régie a continué de réaliser, malgré les difficultés des circonstances, un bénéfice net de 45 à 46 millions en 1829, et qu'elle compte sur le même profit en 1830, pourvu, toutefois, que la consommation ne souffre pas quelque atteinte; car celle-ci dépend de la prospérité générale, et il n'est pas au pouvoir de l'administration de vaincre les causes qui peuvent lui être contraires. En effet, si les récoltes sont mauvaises, si le commerce souffre, si les travaux se ralentissent, si les objets de première nécessité sont chers, la vente du tabac s'en ressent aussitôt, parce que cette matière est celle dont le peuple se prive d'abord, et le plus aisément.

POUDRES.

La vente des poudres à feu, attribuée à la régie par l'ordonnance du 25 mars 1818, entre annuellement dans ses recettes pour une somme de 4 millions. Elle est faite par les mêmes agents et soumise aux mêmes règles et à la même surveillance que la vente des tabacs.

RÉSULTATS GÉNÉRAUX DES PRODUITS ET DES FRAIS DE RÉGIE.

L'accroissement de la population et de l'aisance de toutes les classes de la société, l'activité progressive du commerce et de l'industrie, qui sont les heureux fruits de la paix dont nous jouissons et des formes douces et régulières de notre gouvernement, ont exercé une telle influence sur les consommations en général, que toutes les perceptions ont éprouvé, de 1816 à 1828, de notables augmentations. Les produits des droits sur les boissons ont été portés de 58 à 98 millions. L'impôt des bières, qui n'était que de 5 millions et demi, s'est élevé à plus de 10 millions lorsque les vins étaient moins abondants, et il était encore, en 1828, de 9,230,000 francs. On ne comptait que 244,400 personnes qui se livraient au commerce des matières imposées et payaient en droit de licence 2,400,000 francs. Leur nombre est maintenant de 322,490, et le montant du droit de 3,370,000 francs. Les voitures publiques produisaient une somme de 2,380,000 francs; aujourd'hui elles rapportent 5,500,000 francs. Les cartes procurent un revenu de 525,000 francs au lieu de 402,000 francs. La taxe des sels a été portée de 4,140,000 francs à près de 7 millions; la garantie ne donnait que 689,000 francs, elle verse maintenant au Trésor 1,438,000 francs. La navigation et le péage des bacs et des ponts sont montés de 4 à près de 6 millions ; le dixième des octrois de 4 à 5 millions ; la vente des poudres de 3 à 4 millions ; celle des tabacs de 55 à 68 millions, et les recettes accidentelles de 2 millions et demi à plus de 5 millions. Enfin le Trésor a trouvé, dans l'ensemble de ces perceptions, une ressource qui, de moins de 140 millions, a été portée jusqu'à 212 millions, et une augmentation de 72 millions qu'il a pu appliquer aux dépenses de chaque exercice. Les frais d'administration et de perception, proprement dits, sont en même temps descendus, malgré l'accroissement des recettes, de 27 à 22 millions, et la proportion des dépenses avec le produit brut de l'impôt, après déduction des frais d'achat et de fabrication des tabacs, et d'achat des poudres, a été ramenée, ainsi que nous l'avons déjà dit, de 14 1/2 0/0 qu'elle était en 1818, à moins de 12 1/2 00.

DIRECTION GÉNÉRALE DES POSTES.

RÉGIME ET ORGANISATION.

Les progrès de la civilisation créent partout de nouveaux rapports parmi les hommes, multiplient sans cesse les liens de leurs affections et de leurs intérêts, et imposent au gouvernement le devoir d'établir entre eux des communications plus faciles et plus fréquentes, de rapprocher par des moyens plus prompts et plus exacts les distances qui les séparent, d'ouvrir à leurs relations des voies plus directes et plus commodes, enfin de satisfaire à toutes les exigences de leurs besoins et même de leurs seules convenances. La société reçoit la vie et le mouvement par le contact perpétuel des idées et des actions de ceux qui la composent : le service des postes est donc indispensable pour entretenir et pour animer notre existence sociale, par l'activité de son mécanisme, et par le jeu continuel de ses nombreux ressorts.

Cette institution, dont les ancêtres de Votre Majesté ont fondé le système et perfectionné les moyens d'exécution, était originairement destinée à porter les dépêches royales. La sollicitude de nos princes a dès longtemps appelé tous leurs sujets au bienfait de cette généreuse entreprise, et les messagers du souverain sont devenus successivement ceux du commerce et de toutes les familles de la France. C'est ainsi que les courriers à cheval, bientôt ralentis par le poids progressif d'une correspondance plus active, ont été remplacés d'abord par des chariots grossiers, ensuite par des malles moins lourdes, et enfin par des voitures plus légères et mieux attelées. Des relais réguliers furent établis sur toutes les routes importantes, et confiés à des officiers du roi, désignés sous le nom de *maîtres de poste* : on attribua à ces agents des priviléges considérables ; on leur accorda des gages et des indemnités en proportion de leurs frais respectifs, et ils furent placés sous la surveillance d'un directeur général. Le service des lettres fut également remis aux soins d'une administration spéciale, composée d'un intendant général et de plusieurs régisseurs qui prenaient à bail l'exploitation de cette branche de revenus publics. Le transport des voyageurs par les messageries fut en même temps placé sous le monopole du gouvernement, qui en confia la suite à plusieurs fermiers chargés de rendre leurs comptes et d'acquitter leurs obligations entre les mains de l'intendant général des postes; enfin un tarif légal détermina avec précision le prix qui devait être payé pour le transport de chaque lettre, en proportion de son poids et d'après l'étendue de la distance parcourue par le courrier chargé de la remettre à sa destination. Telle était la situation de cet important service au moment où les commissaires des assemblées de 1793 s'emparèrent des rênes de l'administration, et placèrent immédiatement sous leur direction ces trois grands moyens d'entretenir tous les rapports d'une société qui était alors prête à se dissoudre. La mobilité de la valeur des assignats fit varier souvent le taux de la taxe des lettres; les priviléges des maîtres de poste furent abolis; la faculté d'établir de nouveaux relais à leur usage fut accordée à toutes les voitures publiques partant à heure fixe et faisant un service régulier; néanmoins, pour éviter le danger d'une interruption subite de toutes les communications, en consommant la ruine des anciens relais, on soumit les messageries à payer aux maîtres de poste placés sur leur passage une indemnité de 25 centimes par poste et par cheval. Le monopole de ces voitures fut abandonné à l'industrie particulière, au moyen d'une taxe d'un dixième prélevée au profit du Trésor sur le prix des places des voyageurs. Dès l'année 1800, le service des lettres avait été replacé sous la main du chef de l'État, qui avait formé une direction générale pour le service des lettres et un conseil particulier des relais.

Depuis 1814, ces deux branches de travail ont été réunies sous les ordres d'un directeur général entouré d'abord de six administrateurs, et ensuite de trois administrateurs seulement.

La comptabilité fut le premier objet des soins du ministre des finances ; il fit apurer des comptes arriérés de plus de dix années, régulariser près de 20 millions de dépenses provisoires, établir des écritures régulières chez les préposés et au centre de l'administration, de manière à connaître promptement sa situation et celle de tous les agents extérieurs, à prévenir les déficits, qui s'élevaient alors à plus de 3 millions et qui se renouvelaient chaque année pour une somme de 300,000 francs, à éviter pour plus de 500,000 francs de non-valeurs dans les produits, et à réduire les réserves habituelles de caisse de 4 millions à 400,000 francs.

Quatre caissiers principaux, qui exerçaient un maniement de fonds considérable sous les yeux des administrateurs à Paris, ont été supprimés ; les comptables extérieurs, au lieu d'adresser leurs recettes à la capitale en les remettant aux courriers dont ils ralentissaient la marche en compromettant la sûreté des deniers et des dépêches, ont été tenus de vider immédiatement leurs mains dans celles des receveurs des finances. Le mouvement matériel entre les bureaux de poste des articles d'argent déposés par des particuliers pour être remis à toute destination, a été interrompu, et les espèces confiées à ces directeurs dans les diverses localités ont été remboursées avec les formes simples de la Banque par toutes les caisses publiques, dans le lieu même où se présente chaque *destinataire* porteur de la reconnaissance du dépôt qui lui est adressé. L'exactitude et la célérité de ce nouveau régime ont si bien prévenu les erreurs et les retards précédents, que les réclamations des parties ont été réduites de 160,000 à 3,000 par année.

Enfin, la direction des fonds et le contrôle des écritures, replacés entièrement sous la surveillance immédiate du ministre des finances, ont conduit à éviter tous déplacements onéreux et inutiles des valeurs recouvrées, à simplifier les formes de la comptabilité et à les rendre en même temps plus sévères, plus promptes et moins dispendieuses, par la centralisation de leurs résultats au chef-lieu de chaque département, et à la réduction du nombre des comptables directs de 1,400 à 86.

En même temps que l'ordre se rétablissait dans la marche générale de ce service, ses combinaisons et ses procédés recevaient de grandes améliorations.

C'est ainsi que de nouveaux bureaux de poste et de distribution, et que des relais plus nombreux et mieux servis ont été successivement proportionnés aux besoins locaux d'une population toujours croissante et d'un mouvement commercial et industriel toujours plus important et plus actif. Les uns ont été portés de 1,300 à 1,400, et les autres de 1,250 à 1,320.

On a senti la nécessité d'imprimer plus de rapidité à la marche des courriers et à la remise de la correspondance. Des voitures commodes et légères, à quatre roues et à quatre chevaux, ont remplacé des malles à deux roues, d'une construction grossière et d'une pesanteur accablante pous les trois chevaux qui y étaient attelés. Cette réforme, qui a produit une accélération si remarquable et si précieuse dans le transport des lettres, n'a point été achetée par des frais trop considérables, parce qu'elle a procuré en même temps un revenu de plus de 2 millions par année pour le prix des places réservées à quatre voyageurs dans l'intérieur de ces malles perfectionnées.

Un trajet de cent lieues, qui ne pouvait autrefois être parcouru que dans le délai de soixante heures, se franchit aujourd'hui en moins de quarante. Les divers intérêts de la société sont servis avec une exactitude et une célérité qui les mettent à l'abri de toute chance imprévue, et qui satisfont en même temps à tous les calculs de la prévoyance. Le Havre et Calais sont devenus le centre des opérations les plus étendues, par suite de leur situation naturelle, et surtout à cause de leur proximité de la ville de Paris. Aussitôt l'administration s'est empressée de seconder les relations importantes et multipliées qui réunissent ces trois points principaux, en établissant une estafette particulière sur chacun de ces deux ports, et d'accélérer ainsi de près de vingt-quatre heures la correspondance avec l'Angleterre.

La facilité et la fréquence des communications établies entre tous les points du royaume sont un sujet d'éloges de la part des habitants et des étrangers. L'administration offre non-seulement le secours de sa course hâtive aux papiers que le public lui confie, mais elle transporte le voyageur avec la même rapidité, et pour une rétribution modique, dans tous les lieux où il veut se rendre. Quatre-vingt-six heures suffisaient à peine pour courir les soixante-dix-sept postes qui nous séparent de Bordeaux : quarante-cinq heures nous y conduisent aujourd'hui. Il fallait quatre-vingt-sept heures pour arriver à Brest : on s'y rend maintenant en soixante-deux heures ; la route de Lyon exigeait soixante-huit heures : elle n'en demande plus que quarante-sept ; Toulouse était à cent dix heures de Paris : il n'en est plus qu'à soixante-douze heures. L'emploi du temps, si fécond en résultats pour une population industrieuse, est soigneusement ménagé à toutes les professions utiles, par un service de poste qui parvient à conserver des heures et des jours entiers aux efforts du travail et de la production. Le départ des malles a été fixé à six heures du soir, ce qui permet de recevoir les lettres jusqu'à cinq heures, et de satisfaire ainsi des convenances et des habitudes nombreuses. Enfin, les frais de poste ont été modérés par une disposition qui dégrève le voyageur du payement d'un cheval de renfort dans cent vingt-neuf relais, et qui lui accorde encore la même faveur dans cent dix-sept autres relais où ce supplément était précédemment exigé pendant six mois de l'année.

Il sera possible un jour de proportionner les ressources aux besoins du service des relais de chaque localité, en formant un fonds commun des 25 centimes imposés aux Messageries en faveur de chaque maître de poste, et en le répartissant d'après les charges respectives qu'ils ont à supporter pour l'entretien des chevaux.

C'est principalement au point central des relations des différentes parties de la France que le zèle de l'administration a cherché des combinaisons qui lui permissent de répondre à toutes les demandes. Des facteurs à cheval ont remplacé les piétons chargés de la distribution des lettres dans les divers bureaux de Paris. Aussitôt la correspondance des départements et de l'étranger s'est trouvée remise avant midi, au lieu d'être attendue jusqu'à cinq heures du soir ; sept fois par jour, en toute saison, les lettres qui appartiennent à cette vaste capitale se trouvent recueillies, distribuées et rendues à leur destination. Dans la banlieue de cette ville, et jusqu'à Versailles et Saint-Germain, on a créé vingt bureaux qui correspondent trois fois par jour avec elle. Enfin, dans un rayon de douze lieues à l'entour, se suit également sans interruption et sans retard un double service journalier. Une mesure toute récente vient d'accorder aux particuliers la faculté de faire déposer leurs affranchissements, ainsi que leurs articles d'argent, dans tous les bureaux de la capitale, et les dispense de les apporter des quartiers les plus éloignés jusqu'à l'hôtel de la grande poste.

On est parvenu à offrir des avantages non moins importants aux départements du royaume ; la correspondance a été rendue journalière entre tous les bureaux répandus sur la surface de son territoire.

Les départements réclamaient la faculté d'adresser à Paris leurs traites et effets à terme sans aucun risque et sans nouveaux frais. Cette réclamation a été promptement accueillie, et toutes les *lettres recommandées*, sans éprouver d'augmentation dans leur taxe, sont remises à domicile par les soins directs de l'administration.

Un nouveau service de malles-postes, qui vient d'être organisé sur la route de Lyon à Bordeaux, facilitera les relations commerciales entre les villes les plus industrieuses du centre de la France, telles que Saint-Étienne, Montbrison, Thiers, Clermont, Ussel, Tulle, Brives, Tarascon, Périgueux et Libourne.

Enfin, cette régie financière, non contente d'assurer partout la transmission journalière des dépêches, d'avoir presque doublé les soins et les bons résultats de la tâche qu'elle s'impose en élevant de 400,000 à 737,000 le nombre des postes qu'elle fait desservir sur les grandes lignes par ses propres courriers, et de 4 millions à près de 6 millions de lieues les courses qu'elle fait exécuter par des entreprises particulières dans les routes d'embranchements, a voulu répondre à tous les vœux en préparant à l'avenir un service régulier entre les 38,000 communes du royaume. A partir du 1er avril 1830, cinq mille facteurs devront recueillir et distribuer les lettres dans tous les lieux habités, et faire participer au bénéfice d'une active correspondance les sept dixièmes de la population. Ces préposés ruraux auront à se présenter de deux jours l'un dans chaque localité, en parcourant un espace de cinq lieues par jour. Cette entreprise est certainement la plus laborieuse qui ait jamais été exécutée, puisque le parcours journalier qu'elle exige ne sera pas au-dessous de 25,000 lieues. Les frais de cette mesure, que l'on a présumé devoir s'élever à 3 millions par année, pourront être un jour remboursés par le produit même de la taxe de 10 centimes demandée au destinataire de chaque lettre, en supposant que 30 millions d'habitants acquittent ce faible tribut une seule fois chaque année. Mais les résultats d'une opération qui tend à créer de nouvelles habitudes sociales, ne peuvent être exactement évalués avant qu'elles aient commencé à s'établir, et on doit attendre l'expérience de quelques années pour en apprécier toutes les conséquences.

Pour achever de réunir tous les anneaux de cette chaîne de communications intérieures et extérieures, des traités de postes, avantageux aux sujets des diverses puissances et qui les dispensent presque toujours d'affranchir leurs dépêches, ont été conclus avec les gouvernements étrangers.

Des paquebots à vapeur ont établi des rapports réguliers entre la Corse et la métropole, qui seront bientôt suivis tous les huit jours.

Des bâtiments semblables ont ouvert des relations faciles avec le Nouveau-Monde, de Bordeaux à la Vera-Cruz et à Buénos-Ayres; elles s'étendront même au Brésil, à partir de 1830. Ces dernières dispositions, qui procurent à notre pays le bienfait d'une correspondance suivie avec les contrées les plus éloignées, n'exigeront du public qu'un léger tribut de 1 fr. 50 c. par lettre, et de 20 cent. par journal; elles ouvriront une nouvelle source de produits destinés à couvrir une partie des frais du gouvernement; elles vont créer des rapports importants, des habitudes précieuses, une protection constante des Français établis dans cette partie du globe; elles appelleront des étrangers dans nos ports, et de nouveaux moyens d'échange et de débit à nos arts, à nos manufactures et à toutes nos industries. Nous épargnerons ainsi à l'avenir les dépenses considérables qu'exigeait le fret des bâtiments chargés de transmettre les ordres du roi aux diverses stations des mers d'Amérique. Nos militaires et nos marins employés dans les colonies ne pouvaient pas recevoir les secours pécuniaires qu'ils attendaient de leurs familles : le mouvement des articles d'argent va s'organiser de manière à leur procurer ces précieuses ressources dans toutes les stations françaises.

Afin de compléter ces améliorations, un nouveau tarif a fixé le prix de chaque dépêche en proportion de sa pesanteur, et d'après la distance mathématique qu'elle a dû suivre à vol d'oiseau pour parvenir à sa destination. On a reconnu que cette dernière base était la seule qui n'offrît aucun prétexte à l'arbitraire du gouvernement, ni aux plaintes des particuliers, et qu'il fallait renoncer à la règle variable précédemment adoptée, de mesurer les sinuosités des différentes courses pour élever ou modérer le prix du transport de la correspondance. Le tarif actuellement en usage a élevé le poids de la lettre dite *simple*, qui paie la taxe la plus modique, de 5 grammes à 7 grammes et demi, et a permis aux négociants et aux agents d'affaires de porter à ce degré de pesanteur leurs dépêches habituelles; ils ont obtenu ainsi un véritable dégrèvement qui est devenu très-sensible dans les relations suivies de la Banque et du commerce, et qui a contribué à mériter un assentiment unanime aux nouvelles règles tracées pour la taxation des lettres. Jalouse de prémunir le public contre toute erreur et toute négligence, l'administration a ajouté au bienfait de ces méthodes plus exactes la précaution d'apposer sur l'adresse des lettres un timbre qui indique le jour précis de leur départ et celui de leur arrivée.

RÉSULTATS GÉNÉRAUX DES PRODUITS ET DES FRAIS DE RÉGIE.

Maintenant que nous avons exposé la série des mesures qui ont amélioré dans toutes ses parties le service de l'administration des postes, nous allons en apprécier les résultats pour le Trésor.

Les produits de la taxe des lettres ont reçu depuis quatorze ans un accroissement proportionné au développement successif de notre prospérité publique. Paris seul en offre l'exemple le plus frappant, puisque l'on distribue maintenant quarante-trois mille lettres par jour au lieu de vingt-huit mille, et que le départ journalier des dépêches qu'il expédie, sans y comprendre les paquets du gouvernement, a été porté de soixante-cinq mille à cent dix-huit mille. Cette progression de l'activité industrielle et commerciale a élevé cette taxe de 18 à 27 millions; les droits de 5 p. 100 sur les articles d'argent ont augmenté d'un tiers représentant plus de 200 mille francs; les malles-poste ont créé un revenu qui dépasse 2 millions. Enfin, la recette totale est parvenue de 19 à 31 millions.

Nonobstant l'accroissement de travail que l'administration n'a pas craint de supporter pour procurer de nouvelles facilités et de nombreux avantages à tous les intérêts qu'elle est chargée de soutenir et de favoriser, les frais du personnel de la direction générale sont restés les mêmes. Cette administration s'est appliquée à opposer constamment la ressource des économies ou de plus grands efforts de zèle aux changements de service qui lui créaient une tâche plus laborieuse. La nécessité de fortifier l'action extérieure a ajouté 515 mille francs aux dépenses des préposés des départements, 440 mille francs à leur matériel, 3 millions 780 mille francs au transport des dépêches, et 61,000 francs à l'entretien des relais. En définitive, les charges de cette administration sont aujourd'hui de 16 millions 470 francs au lieu de 11 millions 676 mille francs. Cette augmentation de 4 millions 794 mille francs ne paraîtra pas d'une grande importance, si on la compare à l'accroissement considérable de son service, aux heureuses conséquences qui en sont résultées pour le public, et aux produits qu'elle a créés pour le Trésor.

La proportion des recettes et des dépenses du service des postes se trouve ainsi successivement réduite de 56 p. 100 à 53 $^{1}/_{10}$ p. 100, par l'effet d'un meilleur système d'administration et d'une plus grande activité de la correspondance. C'est à la bienfaisante influence de la protection royale que la France doit le développement des forces de son industrie, le retour de son ingénieuse énergie pour les arts et le commerce, et l'amélioration de toutes les causes de son bien-être. Heureuse de s'associer aux intentions paternelles de Votre Majesté, l'administration des postes s'est efforcée d'exciter et de prévenir même ce besoin de communications qui devient chaque jour plus impérieux pour un peuple qui voit s'augmenter les produits de son travail, et qui cherche sans cesse des voies nouvelles pour leur débit, pour leur échange et pour leur consommation.

ADMINISTRATION DE LA LOTERIE.

RÉGIME ET ORGANISATION.

Les loteries tirent leur origine de l'Italie et se sont successivement répandues chez tous les peuples de l'Europe. La France a longtemps payé des tributs considérables aux loteries particulières et étrangères avant d'en recueillir elle-même les produits, et de faire tourner à l'utilité publique des ressources que le peuple livrait, sans réserve, à la spéculation de l'intérêt privé ou aux trésors des puissances voisines.

On affecta d'abord les recettes de cette nature à des œuvres de religion et de charité, ainsi qu'à la fondation de plusieurs monuments qui embellissent encore la capitale ; mais le gouvernement, mieux éclairé sur l'importance de ces revenus, sur la nécessité d'en régler la marche et sur l'avantage d'en réserver les fonds aux besoins de l'État, détruisit peu à peu la complication de ces loteries particulières, et substitua une administration unique et régulière à toutes ces agences spéciales. Le premier résultat de cette mesure fut de créer un revenu annuel de 9,100,000 francs qui fut exactement perçu jusqu'à ce que toutes les sources de la perception fussent taries par les désordres politiques de 1793.

A cette époque, la loterie éprouva le sort des autres revenus indirects, et, pendant le cours des quatre années que dura sa suppression, on fit encore une nouvelle épreuve de l'impuissance de toute répression contre ces établissements particuliers ou étrangers qui se multiplient dans les différentes villes du royaume, et échappent aux recherches et aux rigueurs d'une police dont la surveillance ne peut pas toujours résister à la séduction, et ne parvient que difficilement à armer la vindicte publique contre des dommages où tout est volontaire et où les parties sont toujours d'accord entre elles.

Au moment où l'épuisement de la France était arrivé à sa dernière période, et lorsque le gouvernement s'occupa du rétablissement de ses finances entièrement ruinées par le système des assignats, on s'empressa de reconstituer le régime des impôts indirects et de rétablir en même temps la loterie, en se fondant sur cette maxime si souvent démontrée par l'expérience, qu'il est plus sage de gouverner les hommes tels qu'ils sont que tels qu'ils devraient être, et de ne pas toujours faire une application absolue des principes de la vie privée aux affaires publiques. Cette administration reçut alors des améliorations importantes : on substitua les registres à souche aux reconnaissances provisoires et aux billets imprimés ; on interdit la faculté de retirer les numéros trop chargés par les mises des joueurs, et on donna à toutes les opérations l'authenticité et les garanties que réclamaient les intérêts respectifs du gouvernement et des actionnaires.

Une seule roue, celle de Paris, fut établie dès l'abord ; mais les besoins du service et la nécessité de remplacer, pour la combinaison des différents jeux, les petites loteries qui existaient autrefois concurremment avec la loterie royale, firent créer quatre autres roues : on n'en attribua cependant que deux aux receveurs des départements, et Paris seul eut la participation à toutes les roues. On jugea avec raison que c'est à Paris surtout qu'il convient d'ouvrir toutes les voies de la recette, que là se font les mises par association, celles des étrangers, des riches oisifs et des joueurs d'habitude qui s'amusent des calculs de la loterie. On sentit que les sommes employées à ces mises, dont le taux est en général très-élevé, et dans lesquelles par conséquent le peuple ne prend aucune part, si elles étaient négligées par la prévoyance de l'administration, iraient se perdre au dehors dans les maisons de jeu ou dans des spéculations hasardeuses, au détriment de tous et sans aucun profit pour l'État.

Le nombre des bureaux de Paris fut fixé à cent cinquante, et il est toujours resté le même ; il a, au contraire, beaucoup varié dans les départements : de quatre cents il s'est élevé à neuf cent dix, en y comprenant les divisions étrangères établies antérieurement à 1814; maintenant il se trouve réduit à quatre cent quatre-vingt-seize, et il ne sera plus que de quatre cent quarante en 1830.

Le personnel de l'administration centrale était autrefois de deux cent soixante-dix employés; celui du service extérieur de soixante et un; le premier se trouvera réduit à cent soixante-quinze, et le second à cinquante-deux, dès l'année 1830.

Les dépenses de régie et de perception ont éprouvé, comparativement, une diminution considérable; elles s'élevaient avant la Restauration à 7 millions, et depuis cette époque elles ont été ramenées successivement au chiffre actuel de 3 millions.

La remise accordée aux receveurs était de 6 p. 100; elle est aujourd'hui de 5, et en 1830 elle ne s'élèvera pas à plus de 4 p. 100 par l'effet de la décroissance proportionnelle réglée d'après l'importance des recettes, par l'ordonnance du 22 février 1829.

En définitive, la loterie, qui est actuellement dirigée par deux administrateurs, au lieu de trois qu'elle occupait précédemment, a réalisé sur son administration centrale, depuis 1814, une économie annuelle de 800,000 francs, dont 150,000 francs ont été obtenus par les mesures adoptées pendant l'année 1829, et, sur le service extérieur, une réduction récente de 800,000 francs.

Le rapport des frais de service aux recettes brutes a longtemps varié de 3 à 4 p. 100; il est maintenant descendu à près de 1 $^{9}/_{10}$ p. 100, et il est probable qu'il s'abaissera encore davantage en 1829 et en 1830. Celui du produit net à la dépense était de 45 2/3 p. 100, et se trouve réduit à 20 1/4 p. 100.

J'ai fait dresser un tableau des recettes de la loterie depuis son rétablissement, qui présente les résultats ci-après :

A partir de 1797 jusqu'en 1814, le taux moyen des produits bruts a été, chaque année, de 64 millions, qui ont été employés en totalité à payer les lots gagnants et les dépenses. Le résultat final de cet exercice a été une perte de 376,000 francs pour le Trésor ; c'est le seul exemple de perte donné par cette administration, et l'on sait qu'il a eu pour cause les circonstances extraordinaires d'une invasion. Nous pensons donc qu'il est convenable de ne pas faire entrer cette année dans nos calculs. De 1815 à 1828, le taux moyen des mises a été de 50 millions, et celui des produits nets de 9,500,000 francs. Enfin, si nous voulons apprécier les produits bruts réalisés dans la période de trente et un ans que la loterie a parcourue depuis son origine, nous trouvons, sans y comprendre 1814, une somme annuelle de 58 millions et un bénéfice de plus de 11 millions. Il est nécessaire de faire remarquer que la ville de Paris seule donne une somme de 30 millions par an aux chances de la loterie, et que les mises au-dessous de 3 francs, qui représentent les deniers du peuple, n'entrent pas pour plus d'un cinquième dans le total des recettes.

On a vu par les détails qui précèdent que la loterie a procuré à l'État, depuis son rétablissement, une ressource de 340 millions qui est entrée dans les caisses publiques sans aucun retard, sans moyen de contrainte et sans réclamations de la part des contribuables, qui sont tous volontaires.

Les avantages de cette perception n'ont pas pu la mettre à l'abri des attaques et des critiques qui s'attachent au principe même de ce genre d'impôt. Sans entrer ici dans la controverse à laquelle a donné lieu une matière aussi délicate, nous nous bornerons à faire observer que ce n'est pas la loterie qui fait naître la passion du jeu ; que c'est cette passion, de tous les temps et de tous les lieux, qui a provoqué l'établissement des loteries; que, ne pouvant détruire ce funeste penchant, qui a des racines dans le cœur de l'homme, on a cherché à régulariser le jeu en le rendant productif pour l'État, et qu'on est parvenu à en diminuer les fâcheuses conséquences en empêchant les particuliers et les étrangers de l'exploiter avec cupidité et mauvaise foi.

Le gouvernement a voulu ne laisser aucun prétexte à des plaintes fondées, en écartant de son système d'administration tout ce qui pouvait exciter ou provoquer les joueurs; il a cherché à éviter le reproche de fiscalité dans ses moyens d'exécution. C'est dans ce but qu'il a supprimé les appels faits par des colporteurs sur la voie publique pour la vente des billets; qu'il n'a plus permis aucune manifestation extérieure de la joie populaire pour la sortie des lots gagnants; enfin, par une ordonnance royale du 22 février 1829, Votre Majesté a supprimé les bureaux improductifs de vingt-huit départements, dans lesquels elle aurait craint de solliciter un goût dangereux qui ne s'était pas révélé de lui-même; elle a ensuite réduit les remises des receveurs, afin d'en faire cesser le partage avec des actionnaires auxquels elles pouvaient offrir une prime d'encouragement au jeu; elle a élevé le taux des mises, afin de rendre la loterie moins accessible aux épargnes de la classe ouvrière, et elle est ainsi parvenue à arrêter les progrès d'une passion dont l'administration recueille les tributs, sans jamais aller au-devant de ceux qui les lui apportent (1).

COMMISSION DES MONNAIES.

RÉGIME ET ORGANISATION.

Les métaux ont une valeur intrinsèque et très-facile à reconnaître; leur prix est suffisamment élevé et la matière dont ils se composent est assez malléable pour qu'il soit possible d'en réduire le poids et le volume à la forme la plus commode pour les échanges. C'est ce qui a fait adopter l'or, l'argent et le cuivre comme les signes représentatifs de tous les autres objets, et qui a conduit à les diviser en pièces de diverses dimensions, frappées des empreintes publiques qui en garantissent le bon aloi et les font employer depuis longtemps comme monnaies courantes par tous les peuples.

Le plus haut degré de fin et la perfection de la fabrication sont les seuls avantages qui marquent entre elles une juste préférence, parce qu'ils rendent leur titre incontestable et leur type impossible à contrefaire; toute altération, toute irrégularité même dans ces moyens matériels d'échange, occasionnerait un préjudice aussi grave pour l'État que pour les particuliers. Les progrès de l'économie politique ont démontré ces principes à tous les gou-

(1) La loi du 21 avril 1832 a supprimé la loterie à dater de l'exercice 1836.

vernements, en même temps que ceux de la mécanique et de la chimie leur ont permis d'en faire une application régulière.

Le système monétaire, dont les règles n'étaient pas mieux connues que les procédés de fabrication, a été dirigé longtemps de manière à porter atteinte à tous les droits et à toutes les fortunes. Le privilége de battre monnaie, qui ne doit appartenir qu'au souverain, a été autrefois livré aux combinaisons de la cupidité privée. Des ateliers nombreux, placés dans des mains intéressées, étaient soumis à la surveillance d'une cour spéciale, chargée de punir les nombreux délits qui se commettaient à la faveur d'un aussi vicieux régime. On créa ensuite trente et un hôtels des monnaies immédiatement soumis à la surveillance royale et confiés à la direction de trois officiers des monnaies; enfin, un édit de 1772 les réduisit au nombre de quinze, et l'année suivante ils furent placés sous le contrôle d'un tribunal composé d'un premier président, de six présidents, de trente conseillers, de deux avocats généraux, d'un procureur général, etc.

Pendant les troubles politiques de la France, tous les hôtels de monnaies, devenus inutiles par suite de la substitution des assignats au numéraire, furent fermés, à l'exception de celui de la ville de Paris. La loi du 22 vendémiaire an IV en rétablit huit, et l'arrêté du 10 floréal an II en porta le nombre à quinze, qui se sont réduits à treize depuis que Gènes et Genève ne font plus partie de la France.

La loi du 21 mai 1791 a supprimé la cour des monnaies et l'a remplacée par une commission formée du ministre de l'intérieur, de huit commissaires et d'un secrétaire général. Mais ce régime transitoire fut bientôt suivi de l'institution de trois administrateurs qui ont exercé leurs fonctions jusqu'au 26 décembre 1827, époque à laquelle a commencé l'organisation actuelle, qui se compose d'un président et de deux commissaires généraux.

Cette nouvelle modification a été l'occasion de la suppression des caissiers spéciaux placés auprès de chaque Monnaie, et dont l'intervention, d'ailleurs inutile, faisait retomber sur le Trésor la responsabilité d'un maniement de fonds qui pèse aujourd'hui exclusivement sur les directeurs.

Toutes les fabrications monétaires sont soumises à l'épreuve du laboratoire des essais. Le directeur, assisté d'un vérificateur et de deux aides, contrôle la régularité des opérations et le titre réel des nouvelles espèces successivement livrées à la circulation.

Le personnel de chaque atelier se compose d'un commissaire du roi chargé de toute la surveillance ; d'un premier contrôleur qui veille aux opérations du change ; d'un second contrôleur qui suit celles du frappage des pièces, et d'un directeur ou entrepreneur de la fabrication, qui, moyennant une prime ou un droit perçu sur les matières, les convertit, conformément aux lois, en monnaies de l'État.

Le mode qui garantit la fidélité des opérations est fort simple. Lorsqu'une fabrication est terminée, c'est-à-dire aussitôt qu'un certain nombre d'espèces a été frappé, le commissaire du roi et le contrôleur au change en prennent au hasard six qu'ils envoient sous cachet à l'administration ; trois de ces échantillons sont soumis à l'essai, et si l'un d'eux se trouve hors des limites déterminées par la loi, la fabrication entière est condamnée à être refondue.

L'émission de toutes les pièces est au contraire ordonnée, lorsque les trois qui ont été livrées à la vérification de deux essayeurs sont entièrement conformes, dans leur titre et leur poids, aux proportions légalement fixées.

Cette administration spéciale qui offre une garantie indispensable à la sûreté des transactions, n'impose à l'État, pour son personnel, qu'une faible dépense de 255,000 francs, dont 120,000 francs s'appliquent à Paris, y compris les dépenses du laboratoire des essais de tous les hôtels des monnaies, et 135,000 francs aux douze hôtels des départements, ce qui ne représente pas plus de 10,500 francs pour chaque établissement.

L'ordonnance royale du 26 décembre 1827, qui a simplifié le mécanisme de cette branche de service, a produit une économie de 83,000 francs.

Il n'est pas inutile de faire remarquer qu'en Angleterre la fabrication de la monnaie est entièrement à la charge de l'État, et que le porteur de matières reçoit une valeur intégrale en échange des espèces ou des lingots qu'il apporte à la refonte ; tandis qu'en France le particulier supporte le droit de la façon, et il ne retire d'un lingot de 200 francs que 197 francs, valeur intrinsèque, en espèces neuves ; les 3 francs qui forment la différence sont abandonnés au directeur pour le couvrir de ses frais. La retenue opérée sur l'or est fixée à 9 francs par kilogramme par la loi du 7 germinal an XI.

Le nouveau système adopté pour déterminer le titre et le poids des espèces, beaucoup plus simple que le précédent, en a fait cesser aussi les erreurs et les incertitudes. Une pièce de monnaie représente aujourd'hui un poids fixe ou une fraction précise de poids en usage : ainsi le franc, qui est actuellement l'unité monétaire, pèse 5 grammes, et la pièce de 5 francs 25 grammes : chaque espèce divisionnaire de celle-ci suit la même proportion.

L'alliage des monnaies a été également simplifié : on avait autrefois l'habitude de compter par denier, gros et grains de fin, pour l'argent, et chaque émission nouvelle était faite à un titre différent : aujourd'hui, au contraire, le titre est invariable et donne à tous les contractants une sécurité qui fait rechercher avec empressement les monnaies françaises par les étrangers. Neuf cents parties d'argent fin, représentant la valeur effective de chaque pièce, alliées à cent parties de cuivre, forment le titre actuel des espèces, c'est-à-dire qu'elles contiennent un dixième d'alliage ; il en est de même pour l'or. Il est généralement reconnu que cette proportion est la plus favorable à la durée des monnaies et qu'elle oppose une plus forte résistance au frai.

J'ai livré à l'examen d'une commission spéciale la révision des procédés suivis jusqu'à ce jour pour déterminer le titre des monnaies, afin de ramener les opérations de l'essai à une plus rigoureuse exactitude, et d'éviter ainsi les pertes qui résulteraient d'une différence trop forte dans la fixation du degré de fin des matières. Cette question, qui exige à la fois un contrôle éclairé des moyens chimiques employés par les essayeurs, et une vérification approfondie des conséquences d'un changement dans le mode d'essai pour les relations commerciales intérieures et extérieures de la France, n'est point encore arrivé à une solution définitive. Aucun moyen ne sera négligé pour obtenir dans cette partie du service une amélioration qui, sans troubler le rapport des échanges établis entre les peuples, apporterait une économie considérable dans les frais de fabrication calculés à la charge du Trésor.

La commission des monnaies s'occupe en ce moment de perfectionner le procédé qui sert à marquer la tranche de chaque pièce pour la rendre identique; un moyen plus ingénieux et par lequel la pièce sera frappée et cordonnée d'un même coup de balancier, permettra bientôt de réaliser cette amélioration.

C'est seulement à partir de 1795 que le calcul décimal adopté en 1791 fut appliqué au système monétaire. La loi du 15 août 1795 autorisa les particuliers à faire convertir les lingots et les anciennes pièces versées aux changes en espèces décimales. Une première refonte faite de 1795 à 1801 a produit une fabrication en argent montant à 106,236,000 francs, dont les frais ont été supportés par les porteurs de matières. Cette opération, qui a été suivie sans interruption jusqu'à la Restauration, avait encore répandu dans la circulation une somme de 528 millions en or, et de 887,880,000 francs en argent. Ces résultats représentent une conversion d'anciennes monnaies en nouvelles espèces pour 550,340,000 francs et un emploi de lingots pour 965,460,000 francs ; depuis cette époque, il a été fabriqué, par suite des versements faits aux divers hôtels par les particuliers, en pièces d'or 419 millions, en pièces d'argent 1,152,900,000 francs, en échanges d'anciennes espèces, pour 466,900,000 francs, et de lingots pour 1,105,990,000 francs.

Dans le but d'accélérer l'importante opération d'une refonte générale, le gouvernement a consacré chaque année, depuis 1823, un crédit spécial aux frais de cette mesure. Cette dépense s'élevait en totalité, au 1er janvier 1830, à trois millions, pour une fabrication de 168 millions en argent, qui a coûté, taux moyen, 1 fr. 68 centimes p. 100, y compris les frais d'administration.

Ces diverses opérations ont élevé la masse des espèces soumises au système décimal, à l'époque du 1er janvier 1830, à 947 millions en or, et à 2,040,700,000 francs en argent.

Une découverte récente que l'on doit à la chimie a prouvé que les monnaies d'argent fabriquées en France antérieurement à 1786 et jusqu'en 1793, contiennent une quantité d'or que l'on peut évaluer à environ un millième par kilogramme.

Cette circonstance a provoqué l'établissement d'affinages particuliers dont les profits ont éveillé l'attention du gouvernement.

L'administration a pris des mesures pour s'assurer les mêmes bénéfices en mettant en adjudication l'affinage des 5 à 600 millions d'anciennes monnaies qui vont être livrées à la fonte dans l'espace de cinq années.

La concurrence a été établie de manière à obtenir les conditions les plus avantageuses dans les divers arrondissements monétaires, et à ne pas enlever tout à coup aux départements le numéraire indispensable à leurs transactions habituelles.

Le ministère des finances a obtenu pour la ville de Paris une soumission dont le prix, porté à 6 fr. 50 cent. par 1,000 francs, a dépassé le minimum qu'il avait fixé ; mais il n'a reçu que des offres inférieures à ce minimum de la part des adjudicataires des autres arrondissements. La première proposition a donc été admise, et l'insuffisance de celles qui étaient relatives aux départements a conduit à traiter de gré à gré avec les directeurs des douze autres hôtels, au prix de 6 francs par 1,000 francs, minimum qui avait été fixé, en leur imposant la charge des frais du transport des fonds, les risques de route, et enfin le devoir de rétablir immédiatement dans chaque caisse des espèces nouvelles en somme égale aux anciens écus qui leur seraient livrés.

Ces conditions, dont le résultat doit présenter un bénéfice de 3 à 4 millions sur une dépense de 9 que coûterait la refonte de 600 millions, répondent aux justes espérances qui avaient été conçues, sans exposer la fortune publique aux chances dangereuses que présenterait la réunion simultanée de tous les capitaux mis en mouvement par cette grande entreprise dans les mains d'un seul adjudicataire.

Cette combinaison, en effet, aurait été la seule qui fût de nature à exciter des offres plus élevées de la part de quelques grands capitalistes. Mais son adoption aurait entraîné à accorder à l'unique soumissionnaire d'une si vaste opération des moyens trop puissants et une influence trop étendue, pour qu'il n'en dût pas résulter une perturbation dans les rapports commerciaux et industriels des départements, ainsi que dans la situation de la place de Paris. Cet exorbitant privilége aurait assuré à son possesseur des bénéfices qui lui auraient permis d'offrir des conditions plus avantageuses en apparence, mais dont le résultat eût été très-préjudiciable à l'État et aux particuliers. Cette mesure imprévoyante aurait consommé violemment la destruction de tous les ateliers monétaires, à l'exception d'un seul ; enlevé aux villes des établissements dont elles sont accoutumées à jouir, et qui donnent des salaires à un grand nombre de familles laborieuses; privé des fonctionnaires utiles d'une existence honorable et justement acquise, et dont les droits exigeraient des indemnités considérables; enfin elle aurait laissé l'administration sans aucun moyen de se mettre à l'abri des conséquences de la non-exécution des engagements pris par ce seul adjudicataire; le cautionnement qu'il aurait déposé, pour la garantie de sa gestion, n'aurait été qu'un dédommagement illusoire pour couvrir des préjudices que l'argent ne répare jamais.

RÉSULTATS GÉNÉRAUX DES PRODUITS ET DES FRAIS DE RÉGIE.

La retenue exercée sur les versements des porteurs de matières produit une recette annuelle de 2 millions, qui se balance avec les frais de fabrication, et dont le montant est ajouté, pour ordre, au budget général de l'État. La fabrication des monnaies procure également un bénéfice éventuel de 100,000 francs par année, qui est appliqué au chapitre des produits divers de chaque exercice; mais il ne serait pas exact d'en conclure que cette branche du ministère appartient à la section des revenus publics, et n'a été rangée dans cette catégorie qu'afin de ne pas la séparer des administrations des finances dont elle fait partie; la nature et le but de ses opérations la rattachent plus naturellement à la Trésorerie, dont elle est un des principaux moyens de service. Cette dernière considération interdit toute comparaison entre les recettes et les dépenses des monnaies, puisque son résultat ne pourrait être la base d'aucun raisonnement.

SALINES DE L'EST.

Ces salines sont situées dans les anciennes provinces de Lorraine et de Franche-Comté, sur le territoire des départements de la Meurthe, du Doubs et du Jura; leur exploitation et leurs produits étaient compris autrefois dans les baux de la ferme générale. En 1791, l'administration des finances reprit la direction immédiate de ce service qu'elle plaça sous la surveillance d'inspecteurs spéciaux établis sur les lieux: trois années plus tard, il fut confié à une régie simple, sous l'autorité du ministre des finances. En 1797, les trois régisseurs en exercice furent admis à le prendre à ferme, et ils se formèrent ensuite en régie intéressée, à partir de l'année 1800 jusqu'au 1er avril 1806. Depuis cette époque, une nouvelle Compagnie passa un bail emphytéotique, avec la faculté d'émettre des actions, et sous la condition d'une révision de prix à des époques déterminées. Ce régime a duré jusqu'au 1er janvier 1826, époque à laquelle plusieurs circonstances impérieuses obligèrent de résilier le contrat, d'un consentement réciproque, et de mettre en adjudication les conditions d'un nouveau bail.

Les sels provenant de ces exploitations ont de tous temps été consommés par les provinces qui les avoisinent et par les pays étrangers limitrophes de la France. Sous la ferme générale, la vente à l'intérieur était peu considérable; elle se bornait à l'ancienne Lorraine, au duché de Bar et aux trois évêchés : la Suisse, la principauté de Sarrebruck, le duché des Deux-Ponts et l'électorat de Trèves étaient les marchés habituels de la consommation extérieure. Ces débouchés se sont étendus au delà du Rhin et sur ses deux rives jusqu'à Mayence pendant l'accroissement du territoire. Mais la rentrée dans les anciennes limites de la France a fait cesser ce développement temporaire, et les chances de débit à l'étranger se sont réduites à la Suisse pour une moindre quantité, et à la partie de la Prusse qui borde la rive gauche du Rhin. Le commerce intérieur de cette denrée s'est néanmoins accru dans la Champagne et la Bourgogne, qui étaient autrefois soumises à la gabelle. On retrouve dans ces diverses circonstances la cause des variations fréquentes du revenu des salines de l'Est, et des changements qui ont souvent été apportés aux conditions de leur exploitation.

C'est principalement le rapprochement de nos frontières, la découverte de sources salées dans les États de Bade, la rivalité des sels de mer sur les points précédemment alimentés par les seules salines de l'Est, et enfin la concurrence du sel gemme, qui ayant rendu beaucoup trop difficile pour la précédente Compagnie l'accomplissement de ses engagements, ont imposé au gouvernement la nécessité de résilier son bail emphytéotique et d'ouvrir une nouvelle adjudication.

Ce nouvel appel fait à l'industrie particulière, dans le but de mieux assurer au Trésor les produits de cette ancienne exploitation, fut fait sous l'influence de l'opinion très-exagérée qui s'était généralement répandue sur les bénéfices que produirait la découverte du sel gemme, et sous l'empire des illusions qui avaient alors excité les spéculations d'un grand nombre de capitalistes.

On avait supposé que cette nouvelle mine était d'une richesse inépuisable et devait prodiguer ses produits à peu de frais, de manière à en rendre l'écoulement facile et abondant, soit en France, soit à l'étranger, malgré les efforts d'une concurrence moins favorisée. On se flattait donc de conserver et d'étendre au dedans et au dehors les marchés ouverts à la consommation des sels de l'Est.

Tels furent les principaux motifs qui déterminèrent une nouvelle Compagnie à souscrire aux charges et conditions suivantes :

1° Payement aux inventeurs de la mine de sel gemme, à titre d'indemnité, 2 millions, et pour remboursement des avances relatives à leurs recherches, 1,075,000 francs ;

2° Remise à l'ancienne Compagnie d'une somme de 592,000 francs, pour indemnité de la valeur de ses améliorations, et pour la cession de traités considérés comme avantageux ;

3° Reprise des sels en magasin au prix de 13 francs 67 centimes le quintal métrique.

Près de 4 millions se sont ainsi trouvés absorbés dès le début de l'opération.

Les charges permanentes et annuelles consistaient :

1° Dans le prix fixe du bail, s'élevant à 1,800,000 francs ;

Dans le prix d'un ancien bail, montant à 50,000 francs, dont la charge est en pure perte, attendu qu'elle s'applique à trois salines particulières qui ne sont pas exploitées ;

3° Dans la contribution foncière afférente aux salines, et montant à 93,485 francs 26 centimes ;

4° Dans une subvention qui varie de 50 à 60,000 fr., pour la part contributive de la Compagnie à l'entretien des routes départementales de la Meurthe et de la Moselle;

5° Dans les droits d'octroi montant environ à 17,000 francs.

Il est superflu de faire remarquer que ces dépenses permanentes étaient entièrement improductives et indépendantes de celles qui constituent les frais d'exploitation et d'administration proprement dits ; mais elles ne s'ajoutent pas moins à ces dernières pour augmenter sensiblement le prix de *revient* de chaque quintal de sel à vendre.

L'État, aux termes de l'adjudication, entrait en partage avec la Compagnie pour 59 centimes par franc dans les bénéfices nets de toute nature résultant de l'exploitation.

D'après ce résumé des obligations consenties par la Compagnie adjudicataire, on peut apprécier toute l'étendue de ses espérances; mais de nombreuses circonstances ne tardèrent pas à tromper ses évaluations.

La mine de Vic, qui était en pleine exploitation sous la Compagnie des inventeurs, fut inondée avant même que la Compagnie adjudicataire en eût pris possession : ainsi fut anéantie la valeur des travaux qui figuraient pour plus de 700,000 francs dans les remboursements stipulés au profit des inventeurs.

Pour retrouver les avantages espérés de l'exploitation du sel gemme, il a fallu ouvrir une nouvelle mine à Dieuze. Cette opération a entraîné du temps et de grandes dépenses, et ce résultat fâcheux s'est encore aggravé des progrès que la concurrence étrangère avait faits dans l'intervalle.

En perte, dès son début, sur les sels qu'elle avait été obligée de reprendre de l'ancien établissement, la nouvelle Compagnie perdit même sur ceux qu'elle fabriqua dans le cours de la première année. A la fin de 1826, la concurrence des sels de mer la força à une diminution sur ses prix de vente. Depuis, l'article 11 du cahier des charges l'a obligée de les renfermer partout dans la limite du maximum de 15 francs : cette réduction a eu surtout une grande influence dans la partie du rayon de ses ventes où elle n'avait aucune concurrence à redouter.

Des essais ont été faits, mais sans succès, pour améliorer les procédés de fabrication.

Le sel gemme en nature a été repoussé par les consommateurs, parce qu'il est moins soluble et moins blanc que les sels raffinés. D'ailleurs la valeur de la matière même entre pour une si faible portion dans le prix du sel grevé de l'impôt, que la différence qui peut exister à cet égard entre le sel gemme et le sel fabriqué, est insensible et ne peut suffire pour balancer les motifs de préférence qui existent en faveur de ce dernier. Il s'ensuit que le sel gemme, dont l'acquisition a été si coûteuse à la Compagnie, n'a eu d'autre avantage pour elle que de lui procurer, par la saturation des eaux à un degré plus élevé, une faible économie dans les frais de fabrication.

La découverte du sel gemme, d'un avantage si restreint en France, et, comme on l'a vu, si chèrement acheté par la Compagnie, lui est en même temps devenue fort préjudiciable à l'étranger, où les conditions différentes du commerce des sels en ont favorisé le développement. De nombreux établissements se sont formés dans le grand-duché de Baden, dans la Hesse, dans le Wurtemberg. Cet état de choses a amené la résiliation des traités qui existaient avec le grand-duché de Baden et fermé pour jamais ce débouché à nos sels de l'Est. Les cantons helvétiques ont profité de la même circonstance pour demander également la résiliation de leurs traités et des conditions plus favorables. Dans la vue d'empêcher que la France ne fût entièrement dépossédée des fournitures de sel qu'elle faisait depuis si longtemps à la Suisse, le gouvernement a tenu à ce que de nouveaux traités fussent conclus. Ils l'ont été en effet, mais à des conditions telles, qu'ils ne présentent que de bien légers bénéfices.

Privée ainsi de la plus grande partie des profits habituels que les fournitures du sel à l'étranger procurait aux anciens entrepreneurs, la Compagnie nouvelle, qui croyait avoir acquis, en échange de ses engagements, le monopole de la fabrication du sel dans les dix départements dont se compose sa concession, s'est vue, de plus, tout à coup frappée au centre même du rayon de ses ventes d'une concurrence qu'il lui était impossible de prévoir. L'exploitation de la saline de Salzbroun, département de la Moselle, a été autorisée par une ordonnance royale du 28 décembre 1825, c'est-à-dire presque à la même époque qu'avait lieu l'adjudication des salines et mines de sel de l'Est.

La Compagnie a attaqué cette ordonnance devant le conseil d'État, comme étant en opposition avec les termes de son traité, et surtout avec l'esprit dans lequel il avait été conçu ; mais son pourvoi a été rejeté, et l'ordonnance du 28 décembre 1825 maintenue dans tous ses effets. C'est dans cette situation devenue tout à fait périlleuse, qu'elle s'est adressée au ministre des finances pour réclamer la rescision de son contrat.

Une commission spéciale ayant été chargée, depuis l'établissement de la Compagnie, de l'examen et de la vérification de ses comptes, mon prédécesseur crut devoir la charger également de l'examen de ses demandes, et de lui donner son avis sur le parti le plus convenable à prendre dans la circonstance présente.

Cette Commission a reconnu que la Compagnie des salines n'avait aucun moyen de droit à faire valoir pour obtenir la rescision du contrat qui l'oblige envers l'État, mais que de graves considérations d'équité parlaient en sa faveur, et surtout qu'il existait, entre son intérêt et celui de l'État, une liaison telle qu'il était nécessaire, pour l'avantage même du trésor royal, de modifier les conditions qu'elle s'était imposées par l'adjudication.

Pénétrée de la pensée qu'il importait à l'intérêt du gouvernement de se départir le moins possible des avantages qui lui étaient assurés par la clause du traité actuel, la commission s'occupa de la recherche d'une combinaison qui, en altérant aussi le moins possible la situation relative de l'État et de la Compagnie, ne fît supporter à l'administration que des sacrifices indispensables, tirât la Société de la crise qu'elle subit, en ce moment, et ne compromît aucune des chances d'un meilleur avenir.

Dans l'appréciation des allégements réclamés par la position même des adjudicataires, il fut reconnu qu'il ne fallait pas se borner à examiner la part de responsabilité que le gouvernement pouvait trouver juste de prendre envers eux dans les événements qui troublaient leur exploitation; que l'on devait considérer que c'est l'intérêt même du Trésor qui est ici la raison déterminante. En effet, si les soulagements accordés n'étaient pas suffisants pour que la Compagnie pût se soutenir, si sa perte restait toujours inévitable dans un avenir plus ou moins prochain, la propriété de l'État dépérirait elle-même entre ses mains, et le mal qu'il s'agit d'arrêter ne ferait que s'aggraver. La commission a donc conclu que le sacrifice à faire par l'administration devait être réglé en raison du besoin réel des circonstances, et que, pour laisser à cette Compagnie la latitude d'action qui lui est indispensable dans sa nouvelle situation, tout en assignant un terme auquel l'État rentrera dans ses droits et pourra les exercer selon qu'il y aura lieu, il convenait de fixer à dix années la durée d'une convention nouvelle et transitoire. Cette limite de dix années n'a pas paru trop étendue, en considérant que la Société, obligée de traiter avec des tiers pour ses ventes et ses approvisionnements, de passer des marchés pour des termes assez éloignés, de combattre des concurrences et de faire des travaux pour développer son industrie et améliorer ses procédés de fabrication, ne saurait agir dans la limite d'un nombre d'années trop restreint.

Il a été dit, au commencement de cet exposé, que les engagements de la Compagnie envers l'État se composaient d'une redevance fixe et annuelle de 1,800,000 francs, et, en outre, d'une part dans les bénéfices éventuels fixée à raison de 59 centimes par franc.

L'examen des comptes, pendant les quatre dernières années qui viennent de s'écouler, a permis d'établir avec exactitude la situation probable de 1830.

Il est résulté de la comparaison des recettes présumées avec les charges et les dépenses d'exploitation reconnues indispensables, que les bénéfices de l'année 1830 devaient être évalués à 1,930,000 francs.

Sur cette somme il fallait pourvoir, en première ligne, à la création d'un fonds d'amortissement destiné, d'une part, à reconstituer une portion du capital employé à des dépenses de construction et d'amélioration, et de l'autre, à la recomposition d'un capital non représenté par des valeurs matérielles, telles que l'indemnité à allouer aux inventeurs, etc. Ce fonds d'amortissement, qui, aux termes du traité de régie et des statuts, devait se former au moyen des bénéfices, après le payement aux actionnaires de 5 0/0 d'intérêt et de 2 0/0 de dividende, n'a pu être fixé au-dessous d'une somme annuelle de 100,000 francs.

Dans toute entreprise industrielle, il est indispensable que l'intelligence, les soins et l'économie trouvent leur récompense ; sans le mobile de l'intérêt particulier, il eût été à craindre que l'inertie et le découragement ne s'introduisissent dans la régie des salines, et que l'entreprise ne languît faute de ce stimulant nécessaire.

Cette réflexion m'a conduit à penser, avec la commission, qu'il fallait laisser une part des bénéfices éventuels suffisante pour que la Compagnie fût excitée, par son propre bénéfice, à faire des économies, à améliorer et à agrandir son industrie.

Dans cette conviction, j'ai proposé à Votre Majesté de s'arrêter aux combinaisons suivantes, qui ont pour effet :

De réduire le prix du bail pendant dix années, de 1,800,000 francs à	1,200,000
De créer un fonds d'amortissement de 100,000 fr., dont 70,000 fr. sont applicables aux dépenses temporaires, et 30,000 fr. à la reconstitution du capital perdu, ci	100,000
A reporter	1,300,000

Report.........	1,300,000
D'allouer un intérêt de 4 p. 100 aux actionnaires, conformément aux dispositions de l'article 5 du traité, ci..	400,000
Total.................	1,700,000

La différence entre cette somme et le montant des bénéfices probables, qui ont été évalués à 1,930,000 francs, constitue les profits éventuels à partager entre l'État et la Compagnie dans la proportion suivante :

Les premiers 300,000 francs, si les bénéfices nets s'élèvent à cette somme, seront partagés entre l'État et la Compagnie à raison de 66 centimes $^2/_3$ par franc pour l'État, et 33 centimes $^1/_3$ pour la Compagnie.

Et dans le cas où les bénéfices s'élèveraient au delà de 300,000 francs, le partage aura lieu sur les sommes excédant ces 300,000 francs, dans la proportion des trois quarts, ou 75 centimes pour l'État, et de un quart ou 25 centimes pour la Compagnie.

La moitié de ce quart, ou un huitième seulement, sera alloué aux actionnaires comme dividende, et l'autre huitième sera employé à l'amortissement du capital social.

Cette combinaison m'a paru de nature à concilier les divers intérêts engagés dans cette importante affaire.

Une résiliation pure et simple aurait compromis la fortune ou entraîné la ruine des particuliers qui y ont engagé leurs fonds, dans la confiance qu'une entreprise placée sous la surveillance du gouvernement ne présentait aucune espèce de danger : une adjudication nouvelle, après le peu de succès de la Compagnie qui est actuellement en possession du bail, n'offrait que des chances défavorables au

Trésor, tandis que la dernière convention, qui ne s'écarte en rien de l'esprit du traité, et qui ne fait qu'en modifier temporairement l'exécution, ménage les intérêts particuliers fortement menacés, et laisse à l'État l'espoir de rentrer dans la plénitude de ses droits après un laps de temps peu considérable, eu égard à la durée d'un bail de quatre-vingt-dix-neuf ans.

Ces motifs réunis m'ont déterminé à soumettre à Votre Majesté le projet d'ordonnance qu'elle a bien voulu approuver le 17 janvier 1838, et qui garantit au Trésor une recette fixe et annuelle de 1,200,000 francs, indépendamment d'une part dans les bénéfices éventuels, en mettant le crédit de l'administration à l'abri de toute atteinte par un nouvel exemple de sa justice et de sa loyauté. Le gouvernement ne pouvait pas consentir à laisser succomber par la force des événements une entreprise dont les calculs n'avaient pu être éclairés à l'avance, et dont la ruine prochaine aurait épuisé ses propres capitaux en même temps qu'une source précieuse de revenus publics. Il ne devait pas décourager, par une rigueur imprévoyante, cet esprit d'association qui lui promet à l'avenir des résultats si importants pour le développement de nos forces industrielles et commerciales.

PRODUITS DIVERS.

Pour compléter l'exposé des revenus publics, je dois tracer encore l'analyse des produits divers qui se réunissent chaque année aux ressources ordinaires du budget.

REDEVANCES DES MINES.

Les particuliers qui sont autorisés à exploiter des mines sont tenus, par la loi du 21 avril 1810, d'acquitter une première taxe qui est déterminée par l'ordonnance royale de concession, et de payer ensuite chaque année une redevance fixe, calculée d'après la superficie du terrain, ainsi qu'une redevance proportionnelle au produit net de l'exploitation. Ces droits, qui sont une juste indemnité de l'usage fait par ces redevables d'une propriété commune, procurent une recette habituelle de plus de 200,000 francs, qui est confiée aux soins des directeurs et des percepteurs des contributions directes.

RÉTRIBUTIONS POUR VÉRIFICATION DES POIDS ET MESURES.

Des lois et des arrêtés du gouvernement dont les dispositions ont été rappelées par une ordonnance du 18 décembre 1825, ont imposé des rétributions spéciales fixées par un tarif particulier sur tous les marchands, fabricants et négociants qui font usage des instruments de pesage et de mesurage soumis au contrôle d'inspecteurs spéciaux nommés par l'autorité locale pour veiller à l'exécution du système métrique. Ces rétributions, qui étaient autrefois perçues par les vérificateurs eux-mêmes, ne s'élevaient pas à 600,000 francs, et se trouvaient toujours entièrement absorbées par les frais de leur surveillance. Depuis 1825, ces produits sont rentrés au budget, en vertu de rôles dressés et perçus par les agents des finances, pour une somme de 8 à 900,000 francs, qui dépasse le crédit ouvert au ministère de l'intérieur pour les besoins de ce service spécial et donne un excédant annuel au Trésor de 2 ou 300,000 francs.

INDEMNITÉ DE REMPLACEMENT DE MILITAIRES.

Une ordonnance du 14 août 1816 a établi une indemnité de remplacement de militaires qui représente la valeur de l'habillement et de l'équipement du remplacé; ces indemnités s'élèvent à près de 150,000 francs par année.

RECETTES SUR DÉBITS ET CRÉANCES LITIGIEUSES.

Cet article présente le résultat des poursuites exercées contre tous les débiteurs de l'État dont les débets n'ont pas dû figurer dans l'actif de l'administration des finances, attendu qu'ils se rattachent à de très-anciennes liquidations, et qu'ils représentent des reliquats de fournisseurs et entrepreneurs de service, dont le montant a été porté en dépense définitive dans les comptes du Trésor, et ne forme pas déficit dans ses caisses. Ces produits éventuels de créances litigieuses procurent encore une ressource habituelle de 700,000 francs, qui décroît chaque année et sera bientôt épuisée pour l'avenir en raison de l'ordre et de la rapidité d'action que le système actuel de comptabilité a introduits dans les diverses parties de l'administration.

PRODUITS PROVENANT DES MINISTÈRES.

L'ordonnance du 14 septembre 1822, en retirant aux

ministres ordonnateurs toute recette spéciale précédemment ajoutée à leurs crédits législatifs, a procuré au Trésor une rentrée annuelle de plus de 1,400,000 francs, qui représente les produits de ventes d'objets mobiliers et immobiliers appartenant à l'État, dont la réalisation a été confiée aux soins des préposés de l'enregistrement et des domaines, ainsi que les fonds reversés par les parties prenantes, ou restitués sur divers services après la clôture légale des exercices. L'exactitude exige que cet article comprenne aussi la valeur des objets retirés des magasins pour être appliqués au service courant, et fasse connaître ainsi dans toute leur étendue les consommations réelles des ministères pour chaque exercice.

RECETTES ACCIDENTELLES.

Quelques autres articles provenant soit des budgets fermés, soit des arrérages d'effets publics existant dans le portefeuille du Trésor, soit d'une origine imprévue, procurent ordinairement une somme de 4 à 500,000 fr.

Enfin, on a ajouté, pour ordre, aux recettes diverses plusieurs produits spéciaux dont les fonds sont affectés à des destinations particulières, tels que les ressources extraordinaires des départements pour dépenses variables, les sommes avancées par les propriétaires pour les besoins du cadastre, les prix de ventes d'hôtels destinés par les lois à des constructions du gouvernement, etc. On a cru devoir y comprendre, également pour ordre, 3 ou 4 millions d'amendes et confiscations perçues au profit des tiers par les administrations de finances, dans l'intérêt de la police et de la sûreté publique, ou pour l'observation des lois sur les douanes et sur les contributions indirectes, quoique ces fonds appartiennent exclusivement à des particuliers, et que l'on soit dans la nécessité de les ajouter au crédit des remboursements et restitutions pour une somme absolument égale à celle qui est portée en recette. Peut-être cette dernière considération conduira-t-elle un jour à replacer ces entrées et sorties de fonds dans le service de trésorerie où elles figuraient autrefois, au lieu d'en grossir inutilement la masse des ressources et des besoins du budget général de l'État.

Les produits divers sont évalués dans l'ensemble de nos revenus pour une ressource de 8 à 9 millions, qui s'accroît encore d'un versement annuel de la ville de Paris sur la ferme des jeux, montant à 5,500,000 francs.

RÉSUMÉ DES RÉSULTATS DE L'ADMINISTRATION DES REVENUS PUBLICS.

Je viens de présenter à Votre Majesté un tableau complet des revenus de l'État, qui lui a fait connaître les principes et le but de chacune des branches de leur administration, l'organisation successivement perfectionnée de chaque partie de leur service, les améliorations et les économies obtenues dans leur mécanisme intérieur et extérieur, le système des différents tarifs de nos contributions directes et indirectes, les modifications que l'expérience et l'intérêt général ont déjà conseillées ou réclameraient encore sur les divers impôts; enfin, la progression toujours croissante de la richesse publique et des ressources du Trésor. Je dois résumer sommairement les principaux résultats de cet ensemble, pour mieux faire apprécier les heureuses conséquences du régime paternel que la France a reçu de ses souverains légitimes.

Les taxes indirectes ont apporté au Trésor, pendant le cours de quinze années, des tributs dont l'abondance a constamment suivi les progrès de la prospérité publique.

L'accroissement de la valeur des propriétés et l'activité des transactions sociales, signes certains de la sécurité et du bien-être des peuples, ont donné une augmentation sur les produits de l'enregistrement, montant à....................	40,000,000
Les constructions qui se sont répandues sur tous les points du territoire, les usines qui ont mis en œuvre tant d'utiles fourneaux, ont ajouté chaque année au revenu de nos forêts une plus-value de..	11,000,000
Le développement des efforts de l'industrie et des relations du commerce, a élevé les tributs des douanes de..............................	60,000,000
Le nombre des patentables de tous les degrés s'est proportionné à ces nouveaux besoins en créant une nouvelle ressource au Trésor de.............	7,000,000
L'aisance qui s'est répandue dans toutes les classes de la société par les progrès du travail, a ajouté aux droits sur les sels.................	12,000,000
Les consommations de la classe ouvrière se sont multipliées en même temps que les salaires qu'elle obtient dans les ateliers plus nombreux de nos fabriques, et leur ont fait ajouter à l'impôt des boissons....................................	54,000,000
Et à celui des tabacs.....................	13,000,000
La fréquence des mouvements d'une population croissante et d'une société toujours plus active, a augmenté les droits sur les voitures publiques de	3,000,000
A reporter......	200,000,000

Report........	200,000,000
Et sur le transport des lettres et des voyageurs, de..	12,000,000
Enfin, les habitudes d'ordre et d'économie, que favorise toujours un utile emploi des forces et des produits du travail, n'ont pas permis à la loterie de suivre une marche analogue à celles des autres branches de nos revenus.........................	*Mémoire.*
La France a donc vu s'élever, depuis la Restauration, les ressources de son gouvernement en raison de l'amélioration des revenus de son sol et de son industrie, d'une somme de....................	212,000,000
Pour seconder encore cet heureux développement de la richesse publique, la sollicitude royale a cru devoir restituer à ses peuples une part considérable des tributs qu'ils versaient plus abondamment aux caisses de l'État ; elle a voulu encourager l'agriculture et lui procurer de nouveaux moyens de produire, par l'abandon d'une recette de 92 millions sur l'impôt direct, ci....................	92,000,000
Il n'est donc resté au budget qu'un excédant de recette de..	120,000,000

Votre Majesté se plaira sans doute à remarquer, à cette occasion, que les premiers fruits de la prospérité publique n'ont été recueillis par le Trésor que pour être aussitôt rendus à ceux qui les lui ont apportés, et pour servir à améliorer la situation actuelle des contribuables, ainsi que les chances de leur avenir.

J'ai cherché à préparer, par l'analyse et par l'examen, les diverses questions relatives au système de nos contributions publiques, et j'ai l'espérance d'avoir ouvert la voie à de nouveaux perfectionnements, qui pourront encore alléger un jour le poids de nos charges, sans priver le gouvernement des fonds indispensables à l'exécution des services. Mais il ne m'a pas été possible de devancer la marche du temps, pour réaliser des avantages que l'expérience seule permettra d'obtenir, et qui exigent l'épreuve d'une longue discussion avant d'être entièrement démontrés à tous les yeux.

Votre Majesté aura reconnu, en parcourant les développements qui précèdent, que des réductions de dépenses ont été soigneusement obtenues dans les diverses parties de l'administration des revenus publics qui pouvaient les supporter sans préjudice pour le service et sans dommage pour le Trésor. Je ne rappellerai pas celles qui concernent les contributions directes, parce qu'elles sont comprises dans les économies déjà présentées sur le personnel du ministère des finances ; mais je crois devoir récapituler ici les retranchements successivement opérés sur les crédits ouverts pour les branches de travail déléguées à des administrations spéciales.

Les bureaux établis à Paris, centre commun de la direction et de la surveillance, ont éprouvé les suppressions suivantes :

Direction générale de l'enregistrement	391,000
Idem des forêts............................	227,000
Idem des douanes...........................	290,000
Idem des contributions indirectes.............	2,151,000
Administration de la loterie.....................	800,000
Total........................	3,859,000

Le service des départements n'a pas pu recevoir une application aussi absolue des règles de l'économie, et le bien général a quelquefois commandé des sacrifices plus considérables, dont le pays et l'administration ont retiré de grands avantages.

C'est ainsi que l'on a vu fortifier par de nouveaux subsides la surveillance des douanes organisée sur les frontières et sur les côtes pour la défense de toutes nos industries, ci..... 2,500,000

Et accorder des moyens plus actifs et plus étendus pour le transport des voyageurs et de la correspondance, ci.................................... 4,294,000

Total.................... 6,794,000

Mais, d'un autre côté, la direction générale de l'enregistrement a réduit ses préposés extérieurs de 232,600

Les frais de l'administration des forêts ont diminué de... 1,861,000

Celle des contributions indirectes a simplifié ses moyens d'action et de contrôle jusqu'à concurrence de. 4,839,000

La loterie a diminué le nombre de ses receveurs et le montant de leurs remises de.................... 800,000

La Monnaie a restreint le personnel et les dépenses de ses treize hôtels de.............................. 83,000

Ces différents résultats prouvent que l'économie la plus sévère a été observée toutes les fois qu'elle ne devait pas se réaliser aux dépens du service, et par conséquent des contribuables, et qu'en définitive elle a retranché sur les charges précédentes.............. 7,815,600

Je demande à Votre Majesté la permission de terminer ces calculs par le rapprochement des produits des contributions directes et indirectes et des frais d'exploitation de régie et de perception dont elles sont grevées.

J'ai joint à ce rapport un premier état n° 28, qui présente les produits bruts de nos revenus annuels, les restitutions, les non-valeurs et les achats de matières qu'il est nécessaire d'en déduire pour obtenir les produits réels, et enfin la comparaison de ces derniers termes avec les frais du personnel et du matériel de chaque branche d'administration, de manière à faire ressortir le rapport proportionnel qui existe aujourd'hui entre la recette et la dépense de ce service spécial. Un second état n° 29 est rédigé dans la même forme pour les revenus de la France annoncés dans les comptes publiés en 1789 ; un troisième, enfin, n° 30, offre des calculs analogues sur les revenus de l'Angleterre.

J'ai pensé qu'il était utile de fixer avec exactitude les résultats de ces trois comparaisons, qui sont un sujet habituel d'examen et d'observations, afin d'éclairer l'opinion sur cette partie de la situation de l'administration actuelle, et sur l'effet réel des deux régimes que l'on est dans l'usage de comparer avec celui que suit maintenant le ministère des finances.

Le premier tableau démontre que le taux moyen des frais de régie, d'exploitation et de perception, a été, en 1828, pour tous les revenus de la France, de 10 $^{7}/_{10}$ p. 100 ; le second prouve qu'il était de 13 $^{5}/_{10}$ p. 100 en 1789, et le troisième présente une proportion de 6 $^{1}/_{10}$ p. 100 pour les revenus de l'Angleterre en 1828.

Il est d'abord évident que le nouveau système est moins onéreux que celui de l'ancienne administration, surtout si l'on veut bien se rappeler que les impôts de 1789 étaient aliénés en grande partie à des compagnies de finances, qui recueillaient des bénéfices considérables et ne pouvaient pas prévenir les exactions de leurs préposés. Tous ces sacrifices, ajoutés à la charge des contribuables, étaient alors inconnus au gouvernement, et devaient élever le taux des frais véritables à une proportion qu'il a toujours été impossible d'apprécier, mais qui dépasse de beaucoup celle que nous avons obtenue de nos méthodes perfectionnées.

Quant à l'Angleterre, la différence qui existe matériellement entre son régime et le nôtre s'explique par des causes naturelles qui nous assurent le même avantage dans la comparaison de notre situation avec la sienne. En effet, le taux moyen de nos frais de perception n'excède celui qu'elle atteint que de 4 $^{17}/_{60}$ p. 100; mais il faut considérer :

1° Que les revenus de l'Angleterre sont de 57 millions 83,800 livres sterling ou de 1,370,000,000 francs et dépassent de plus d'un tiers ceux de la France;

2° Que cette masse plus considérable de contributions est cependant payée en Angleterre par un très-petit nombre de redevables, à cause de la grande concentration des fortunes et des industries, qui sont en France disséminées dans tous les rangs de sa nombreuse population;

3° Que les douanes françaises, en raison des lignes de terre qu'elles ont à surveiller et à défendre contre la fraude, exigent des frais bien plus élevés que ceux des douanes anglaises, qui n'ont à garder que des frontières maritimes avec l'assistance de la marine royale;

4° Enfin, que les frais du service des postes, pour être exactement comparés avec ceux de l'Angleterre, devraient être réduits de 12 p. 100 représentant une recette de 32 millions que produirait la correspondance du gouvernement expédiée en franchise, si ses dépêches officielles étaient, comme à Londres, soumises à une taxe légale.

On se convaincra facilement, d'après cet exposé des

causes inévitables de différence entre les résultats définitifs de ces deux systèmes, que les procédés de l'administration française ont triomphé d'une grande partie des désavantages de la situation, et qu'elle est parvenue à obtenir des conditions moins onéreuses que l'Angleterre elle-même pour la réalisation des revenus publics.

TROISIÈME PARTIE.

DETTE PUBLIQUE.

DETTE FONDÉE.

Après avoir examiné toutes les branches des revenus publics, et exposé à Votre Majesté les ressources importantes qu'elles procurent annuellement au Trésor, je dois lui faire connaître aussi d'autres voies et moyens non moins précieux pour les besoins de l'État, et dont la France a été si heureusement enrichie par la droiture et par la régularité de l'administration royale.

Le crédit public est d'une origine toute récente pour nous, et nous avons longtemps acheté les ruineux secours du crédit des particuliers avant d'avoir fondé celui du gouvernement. Dans l'état d'incertitude et de désordre où se trouvaient autrefois les différentes parties du service général, il était indispensable de garantir les promesses de l'administration par la foi des engagements privés, et de leur donner pour gage spécial et immédiat toutes les contributions à percevoir sur les peuples. Ainsi s'était établie cette onéreuse intervention des compagnies de finances, qui séparait les redevables et les créanciers du Trésor des administrateurs délégués par le souverain, et qui livrait ordinairement les plus chers intérêts du pays à la cupidité des traitants.

Il est inutile de rappeler les conséquences désastreuses de ce régime, dont le dernier résultat a été de produire les plus graves embarras, et de répandre de si déplorables alarmes sur les moyens de libération de la fortune publique, pour une insuffisance de recettes momentanée et d'une très-faible importance, si on la compare à toutes les ressources que la France pouvait alors lui opposer.

Aujourd'hui que le gouvernement a repris la direction immédiate des finances du royaume; qu'il a soumis les diverses parties de l'administration à un ordre sévère et méthodique, dont les résultats se révèlent à tous les yeux par une comptabilité prompte, exacte et publiquement contrôlée; que les services sont constamment à jour, que tous les engagements sont accomplis avec une ponctualité sans exemple; que les recettes et les dépenses sont votées par l'assentiment national; enfin, que la situation générale des ressources et des besoins est expliquée dans tous ses détails à la sollicitude du prince et de ses sujets, les secours du crédit sont venus s'offrir à toutes les exigences de nos charges extraordinaires, et ont ouvert pour l'avenir de nouvelles sources à la richesse publique.

La bonne foi est la seule base sur laquelle repose cet édifice de prospérités; c'est elle seule qui commande la confiance, et qui réunit par le même lien toutes les fortunes privées à celle de l'État. Montrer la volonté de remplir ses engagements et prouver qu'ils sont religieusement calculés sur les moyens d'y satisfaire, telle est la règle invariable tracée à la conscience éclairée de l'administration du roi, pour recueillir tous les fruits que doit porter cette moderne institution.

Il existe deux modes principaux de recourir aux subsides offerts par le crédit : le premier consiste à constituer une rente perpétuelle pour un capital déterminé, avec ou sans indication d'époque de remboursement; et le second à échanger ce même capital contre des engagements à terme, productifs d'intérêts jusqu'au jour de leur échéance. L'une est désignée sous le titre de *Dette inscrite*, et l'autre sous celui de *Dette flottante*.

Le service de la dette inscrite était partagé autrefois entre quarante payeurs spéciaux, chargés d'acquitter séparément les arrérages de tous les titres, soit perpétuels, soit viagers; ceux de la première catégorie comprenaient les fonds constitués sur l'Hôtel de Ville de Paris, sur les pays d'état, le clergé, etc.; les intérêts des effets au porteur, des actions des compagnies, des charges de finances et des offices de judicature. Cette partie de l'ancienne dette s'élevait en totalité à 127,800,000 francs. Elle s'est accrue, pendant les désordres de l'anarchie, de 47 millions, pour les intérêts d'emprunts en assignats, les créances passives des communes et des émigrés, la conversion d'une portion du viager en perpétuel et les payements faits en inscriptions à des créanciers de l'État : et elle s'est élevée ainsi à 174,800,000 francs, jusqu'au moment où des lois de violence et d'iniquité l'ont fait descendre à la somme de 42 millions, en la réduisant des deux tiers, et en annulant toutes les rentes des émigrés, des établissements mainmortables, ainsi que celles qui étaient échangées contre des domaines nationaux. Cette dernière fixation s'est encore augmentée depuis l'année 1800, par suite de la réunion de certaines provinces à la France, de 4,586,000 francs; par l'acquittement de l'arriéré antérieur à 1809, de 11,254,000 francs; par le remboursement des avances de la Caisse d'amortissement et du domaine extraordinaire, de 5,750,000 francs; elle se trouvait portée, au 1er avril 1814, à 63,307,637 francs.

Les changements qui ont été introduits dans le régime administratif de la dette inscrite, pendant cette période de vingt années, méritent de fixer l'attention. Après la liquidation générale de tous les titres, ses résultats ont été réunis et constatés au Trésor public par l'inscription complète des créances sur un registre unique ouvert à tous les droits définitivement reconnus.

La loi d'août 1793 avait ordonné qu'après l'inscription de toute la dette perpétuelle, une copie de ce grand-livre serait déposée aux archives comme un moyen d'échapper aux conséquences d'un incendie.

Cette mesure préventive fut exécutée en 1805 par la formation d'une double collection de copies séparées de chacune des inscriptions subsistantes, et par le dépôt de ces feuilles dans un local isolé des bureaux de la Dette; et par conséquent à l'abri des chances d'une destruction simultanée avec les pages du grand-livre. Le classement par ordre alphabétique de ces copies, constamment complété à mesure des nouvelles délivrances et des mutations de propriété, a permis en outre d'en former un répertoire ou dictionnaire de noms patronymiques des familles, qui fournit les moyens de satisfaire aux nombreuses demandes des héritiers sur la fortune de leurs auteurs, toutes les fois que la recherche est réclamée par le véritable propriétaire ou avec son autorisation.

A la prodigieuse diversité de titres qui étaient en usage avant l'établissement de ce nouveau grand-livre, tels que contrats, quittances de finances, effets au porteur, actions de compagnie, etc., a succédé, pour chaque rentier, un seul extrait ou certificat d'inscription, dont les termes simples et précis ont renversé cet échafaudage de connaissances spéciales qui étaient autrefois indispensables aux créanciers de l'État pour pouvoir régir leurs capitaux et en percevoir les intérêts.

La négociation des rentes sur la place a également profité des avantages de cette homogénéité de valeurs; la facilité et la promptitude des opérations de vente et d'achat évitent les pertes de temps précédemment occasionnées par la divergence des offres et des demandes, en même temps qu'une plus grande publicité dans les cours, suite naturelle d'une concurrence mieux concentrée, donne aux transactions de la Bourse une authenticité et une garantie propres à rassurer tous les intérêts.

Le rétablissement des agents de change (arrêté du 27 prairial an X) et leur intervention dans les déclarations de transferts pour certifier l'individualité des vendeurs, en rassurant l'administration sur les aliénations frauduleuses, a permis d'introduire une célérité jusqu'alors inconnue dans l'exécution des transferts, et a donné à l'inscription nominative toutes les propriétés d'un effet au porteur dégagé des risques nombreux qui en accompagnent la possession.

Il est donc juste de reconnaître que les moyens matériels adaptés à cette nouvelle organisation de la dette inscrite avaient été habilement préparés : mais aucun progrès ne s'était fait remarquer dans la marche suivie par le dernier gouvernement pour tout ce qui se rattachait à la partie systématique du crédit public. Cependant on était parvenu à secouer entièrement le joug onéreux des compagnies financières, et les rênes de l'administration s'étaient toutes réunies dans la main puissante du chef de l'État. La Trésorerie, dirigée avec autant d'ordre que de droiture, avait même réussi à se créer les moyens et les ressources d'une banque accréditée au milieu de la défiance générale. Dans toutes les autres parties du service, il s'était établi une lutte où la ruse des particuliers cherchait toujours à tromper l'arbitraire du pouvoir, et dans laquelle la mauvaise foi des créanciers triomphait souvent de celle de l'administration, malgré les rigueurs de l'arriéré et de la déchéance. La situation générale des finances ne s'était jamais révélée dans son ensemble aux regards du public, ni même à ceux du gouvernement. Le régime du blocus continental comprimait chaque jour davantage l'essor du commerce et de l'industrie ; la population laborieuse et les produits de l'agriculture s'épuisaient à la fois pour l'entretien des armées; enfin toutes les fortunes et toutes les existences étaient constamment exposées aux caprices et aux chances d'une politique qui était devenue presque aussi menaçante au dedans qu'au dehors.

Il était impossible de persévérer dans de tels principes et d'entrer dans la voie du crédit; aussi les opérations de cette époque se sont-elles bornées à la consolidation forcée des créances qui excédaient les ressources affectées à chaque exercice, et à celle des avances du domaine extraordinaire et de l'ancienne caisse d'amortissement envers le Trésor.

Cette caisse d'amortissement, dont le titre ne répondait

nullement au but que l'on s'en était proposé, avait alors pour véritable mission de faciliter l'application aux dépenses générales d'une partie du domaine de l'État, en en mobilisant la valeur par des émissions de bons et de délégations successivement délivrés aux créanciers de tous les services ; de recevoir les cautionnements de certaines fonctions pour les mettre à la disposition du Trésor ; de recueillir les produits des bois des communes, soit pour les restituer aux localités, soit pour les livrer à des affectations spéciales ; enfin de servir d'intermédiaire ou de dépôt pour la recette et pour l'emploi de fonds de diverses origines qui étaient définitivement appliqués aux nécessités publiques. La faible somme que cette caisse avait convertie en rentes avant 1814 a été aliénée au commencement de 1815 et consommée par les nouveaux désordres de cette malheureuse époque. La loi du 28 avril 1816, en ordonnant la liquidation de cet ancien établissement et la réunion de son actif et de son passif à la situation des finances, n'a eu d'autre effet que d'ajouter une nouvelle insuffisance de recette de 16 millions au premier déficit du Trésor, montant à 84 millions, et de porter à plus de 100 millions l'excédant de dépense au 1er avril 1814, qui a été couvert par les emprunts faits aux correspondants et aux porteurs des bons de l'ancienne caisse de service.

Mais en même temps que ce régime avait produit un vide aussi considérable dans les caisses de l'État, il laissait encore après lui l'arriéré de tous les services, les besoins imprévus d'une longue guerre et les charges d'une occupation étrangère. Il nous a donc fait supporter à la fois tout le poids de ses anciennes dettes, les exigences de ses derniers efforts, et tous les tributs attachés à la double invasion du territoire. Les ressources intérieures de la France étaient depuis longtemps épuisées, en même temps qu'un discrédit général était devenu la conséquence des principes adoptés par une administration obérée.

Il serait donc tout à fait inexact de considérer le chiffre de		63,307,637
comme le véritable point de départ de la dette existant avant la Restauration, et il faut nécessairement y ajouter, pour la rendre complète à cette époque :		
1° Les inscriptions délivrées pour complément des liquidations antérieures à l'année 1801	241,267	
2° Celles qui ont été créées par les lois de finances pour le payement de l'arriéré qui s'est formé de 1801 à 1815	31,300,622	
3° Les rentes accordées aux communes en remplacement du revenu de leurs biens ruraux dont le gouvernement s'était emparé en 1813, à	2,631,389	
4° Celles enfin qui ont été successivement inscrites pour remplir les engagements que les guerres précédentes ont fait contracter à la France envers les puissances étrangères	95,844,187	
Le complément des charges léguées à l'administration royale par le régime antérieur est donc de	130,017,465 ci.	130,017,465
Et la totalité de la dette inscrite, par suite des événements qui ont précédé la restauration de 1815, est réellement de		193,325,102
A reporter		193,325,102

Report..........		193,325,102

représentant un capital de près de 4 milliards.

Cette ancienne dette a été accrue par le gouvernement actuel :

1° Pour acquitter les engagements pris par le roi dans un temps moins prospère, et qui étaient garantis par l'honneur national (*Loi du 21 décembre* 1814)........................	1,499,354	
2° Pour subvenir aux frais de la défense du trône d'Espagne (*Loi du 17 mars* 1823)......................	4,000,000	
3° Pour échange de bois avec la Légion d'honneur, et pour remboursement de cautionnements (*Loi du 30 juillet* 1821)......	242,654	
La dette créée par ces nouveaux besoins ne s'est donc élevée qu'à.....	5,742,008 *ci*.	5,742,008
Total des inscriptions..........		199,067,110

Mais elle s'est en même temps réduite :

1° Des rentes devenues libres par suite de restitution de territoire à des princes étrangers	273,000	
2° De celles qui ont été retirées aux grandes charges de la couronne (*Loi du 26 juillet* 1821)............	1,458,574	
3° Des rachats faits en vertu de la même loi avec les produits de l'ancien domaine extraordinaire.........	147,919	
4° Des dotations dont cette loi a ordonné le retour à l'État.............	12,356	
5° De l'inscription de l'ancien sénat, annulée par la loi du 28 mai 1829....	1,330,818	
6° De la dotation du sceau des ti-		
A reporter..	3,222,667	199,067,110

Report.....		3,322,667	199,067,110
tres, supprimée par la loi du dix-sept août 1828........................		100,000	
7° Enfin, des rentes éteintes, par suite de déchéance (*Loi du 17 août* 1822)............	29,765		
Par annulations de crédits disponibles................	40,948	163,418	
Par rectifications d'erreurs de liquidations, et extinctions d'usufruits, etc............	92,705		
Montant des réductions..........		3,586,085 *ci.*	3,586,085
La dette inscrite en rentes 5 p. 100 s'est trouvée ainsi de................................			195,481,025

En présence de ses nouvelles charges, la France, déjà fatiguée par tant d'épreuves et condamnée à subir les dernières conséquences de la lutte inégale qu'elle avait si longtemps soutenue avec gloire, retrouva toutes les forces de son énergie et de son courage pour se préparer par de nouveaux sacrifices au chances d'un meilleur avenir. C'est ainsi qu'elle s'est rachetée de l'occupation étrangère par le doublement momentané d'une partie de ses contributions directes, par un impôt extraordinaire de 100 millions, par des suppléments de cautionnements, par l'abandon d'une portion de la dotation de la Couronne et des traitements publics. Mais toutes les ressources de la fiscalité et du dévouement national auraient été insuffisantes sans les secours du crédit. Les formes du gouvernement que nous devons à la sagesse royale devaient ramener bientôt la confiance des peuples; on avait tenté, dès la première année, de la mériter aux yeux de tous par un retour complet aux principes d'ordre et de justice qui avaient été trop longtemps méconnus, et l'on est parvenu à la reconquérir plus tard, au milieu même de la souffrance générale, par l'inébranlable loyauté qui a signalé le cours de notre libération, soit envers les créanciers de l'État, soit envers les étrangers. Les puissances alliées nous ont appris elles-mêmes à apprécier toute la valeur de nos fonds publics par la sécurité qu'elles montraient à les recevoir.

Le crédit spécial du Trésor se développait aussi pendant les circonstances les plus difficiles ; les fonds particuliers de ses comptables, ceux de ses correspondants, lui apportaient tous les jours des secours plus abondants qui s'ajoutaient encore aux moyens de service qu'il se procurait par des émissions d'effets à terme opérées à des cours très-avantageux.

Enfin tous ces indices d'une régénération rapide de notre crédit public, ont permis de renoncer au mode vicieux, qui était autrefois en usage, de consolider d'une manière forcée les créances arriérées des différents ministères. Cette forme de payement injuste et violente, qui a porté de si fâcheuses atteintes au succès de nos transactions nouvelles, n'a plus été appliquée qu'aux exercices qui s'y trouvaient soumis par les lois antérieures. Tels sont les derniers préjudices qui aient été imposés aux particuliers par l'inscription au pair de la rente du montant de leurs liquidations.

La loi rigoureuse de la nécessité a commandé cette seule exception aux règles de justice et de prévoyance qui ont si puissamment concouru à rétablir la situation de nos finances. On avait tenté, dès 1814, de s'affranchir entièrement de ces moyens de déception et de contrainte envers les créanciers de l'État, en affectant une partie du sol forestier à l'extinction de toutes les dettes anciennes, et en créant des obligations royales à trois mois d'échéance avec un intérêt élevé, mais susceptible de réduction, pour mettre le capital de ces immeubles à la disposition du Trésor, au fur et à mesure de la délivrance des ordonnances ministérielles. Cette noble résolution d'offrir le payement intégral de toutes les créances qui menaçaient alors la fortune publique a été la première base et le point de départ de notre crédit futur. Toutefois les moyens préparés en 1814 ne pouvaient plus être mis à exécution après les événements 1815 qui avaient accru le poids de nos charges dans une proportion supérieure à toutes les ressources, et qui avaient paralysé nos moyens de crédit. Dans cette situation plus difficile, la loi du 28 avril 1816 eut recours, comme celle du 23 septembre 1814, aux subsides de la dette flottante, afin de ménager l'emploi des ressources de la dette inscrite ; mais elle cessa d'affecter à ces nouveaux moyens de trésorerie les produits de la vente des forêts, et elle leur fit donner pour gage un crédit ouvert au grand-livre. Son titre IV autorisait à délivrer aux créanciers de l'arriéré antérieur à 1816 des reconnaissances de liquidation portant un intérêt annuel de 5 0/0, qui furent rendues négociables par la loi du 25 mars 1817, et déclarées remboursables par cinquième, d'année en année, à partir de 1821. Ces effets à terme, dont les échéances avaient été calculées de manière à ne pas grever le Trésor par des charges trop promptes et trop considérables, permettaient d'appeler les fonds des capitalistes au secours du gouvernement, de le soulager ainsi pendant un assez long intervalle de temps d'une partie importante des nécessités publiques, et d'atermoyer ses remboursements successifs jusqu'aux époques où le cours des rentes deviendrait assez favorable pour assurer le succès de ses négociations graduelles. La loi du 8 mars 1821 prolongea encore les délais obtenus par ces premières dispositions, en créant 68 millions d'annuités applicables au payement des reconnaissances de liquidation et remboursables à raison de 10 millions chaque année, depuis 1821 jusqu'à 1826. Ces trois sortes de valeurs émises dans une juste mesure et ponctuellement acquittées à leurs échéances, se sont élevées à près de 500 millions; la faveur avec laquelle elles ont été reçues les a presque constamment maintenues au pair; elles ont procuré un payement intégral aux créanciers de l'État et un placement commode aux particuliers qui cherchaient un emploi sûr et avantageux de leurs fonds disponibles. Enfin les lois de finances ont autorisé des émissions de bons royaux toujours proportionnées aux exigences des temps et aux calculs d'une sage prévoyance. Ces derniers effets que l'on recherche aujourd'hui avec empressement malgré leur faible intérêt de 3 0/0, ont remplacé avec avantage ceux qui les ont précédés, et remplissent à la fois toutes les convenances du Trésor et des capitalistes.

C'est à l'aide de ces précautions et de ces mesures préparatoires que l'administration est parvenue à appeler à elle les capitaux français et étrangers, et à les accoutumer à des placements sur l'État d'abord temporaires et bientôt définitifs. Cette utile intervention de la dette flottante lui a donné les moyens de réaliser les rentes en temps opportun, et de saisir, pour les divers emprunts, toutes les occasions où l'élévation du cours permettrait de traiter à des conditions plus avantageuses.

A partir seulement de 1816 s'est ouverte pour nous une nouvelle ère de crédit public; la loi du 28 avril a voulu instituer, à son point de départ, une caisse d'amortissement dotée avec les épargnes d'une administration prévoyante quoique épuisée; mais elle ne put élever sa dotation qu'à 20 millions, et ce n'est que par un nouvel effort de notre courageuse persévérance que cette somme fut portée à 40 millions le 25 mars de l'année suivante. C'est sous l'influence et la protection de cet établissement, jusqu'alors inconnu pour nous, que nous n'avons pas craint d'entrer dans le système des emprunts.

La première négociation de rentes qui ait été entreprise par le gouvernement, fut traitée directement en 1816 sur la place de Paris par l'agent de change du Trésor, à des cours variés, avec les acheteurs habituels de la Bourse, et au taux moyen de 58 francs 35 centimes $^{35}/_{1000}$ pour une rente de 5,395,500 francs. Un solde de 604,500 francs a été remis aux étrangers au cours moyen de 56 francs 17 centimes $^{46}/_{1000}$.

Cette double opération, qui a eu pour objet de réaliser les 6 millions attribués, par la loi du 28 avril 1816, aux besoins extraordinaires du budget de cet exercice, a produit 69,762,902 fr. 26 centimes, ci.............	69,762,902 26
Une seconde vente de 30 millions accordés, par la loi du 27 mars 1817, aux charges d'une même nature, a eu lieu en 1817 et 1818, de gré à gré, en plusieurs coupures, avec des banquiers français et étrangers, à des taux différents, et pour le prix moyen de 57 francs 51 centimes, produisant un capital de.......	345,064,814 60
A reporter.......	414,827,716 86

Report..	414,827,716 86
Une troisième somme de 14,925,500 francs, comprise dans le crédit de 16,000,000 francs, ouvert par les lois des 6 et 15 mai 1816, a été répartie le 9 mai 1818 au cours de 66 fr. 50 centimes entre un grand nombre de souscripteurs, et a procuré une ressource de.....	197,909,400 44
Une quatrième négociation de 12,313,433 fr., affectés aux charges de guerre par la loi du 6 mai 1818, a été conclue le 9 octobre au prix de 67 p. 100 avec MM. Hope et Baring, pour	165,000,000 00
Une cinquième vente de 401,942 francs, prélevés sur les deux millions affectés le 15 mai 1818 à l'arriéré, a été effectuée, pour le remboursement des créances algériennes reconnues par la loi du 24 juillet 1820, au moyen d'une livraison partielle, faite pendant le mois de juin 1821 à divers, sur la place et au cours de 87 francs 7 centimes; le produit a été de..	7,000,000 00

Ces cinq premières épreuves, dont les résultats ont offert des avantages progressifs, présentaient néanmoins des difficultés d'exécution qui embarrassaient à la fois l'habileté et la droiture de l'administration. Ces traités particuliers passés entre elle et certains capitalistes, mettaient trop d'incertitude dans sa marche, et ne lui offraient aucune des garanties qu'elle aime à trouver dans le contrôle et l'assentiment de tous. Aussi, dès que ses premiers pas dans cette carrière ont été affermis par cinq années d'expérience, s'est-elle empressée d'adopter une forme plus hardie et plus franche, dont elle n'avait plus à redouter les dan-

A reporter......	784,737,117 30

Report..	784,737,117 30
gers, parce qu'elle en avait, en quelque sorte, préparé toutes les chances par la prudence et par le succès de ses opérations antérieures. Un emprunt, avec publicité et concurrence, fut ouvert le 8 juillet 1821, et adjugé, sur soumissions cachetées, aux maisons françaises Hottinger, Baguenault et Delessert, au prix de 85 fr. 55 centimes pour un capital de...........	214,118,304 51
représentant 9,585,220 francs de rentes créées par les lois des 6 et 15 mai 1818, pour les besoins de la guerre et de l'arriéré, et 2,929,000 francs, achetés sur la place pour utiliser les réserves momentanées des fonds du Trésor.	
Un second emprunt a été négocié dans les mêmes formes, et adjugé le 10 juillet 1823 à la maison Rothschild de Paris, au taux de 89 fr. 55 centimes pour un capital de.............	413,980,981 56
représentant 23,114,516 francs de rentes accordées aux dépenses de l'arriéré par les lois des 8 mars 1821, 1er mai et 17 août 1822.	
Total..................	1,412,836,403 37

Il résulte des faits que je viens de rappeler, que, dans l'espace de huit années, 99,269,611 francs de rentes 5 0/0 ont été vendus au prix moyen de 71 francs 16 centimes $^{15}/_{1000}$ et ont procuré une recette en numéraire de 1,412,836,403 francs 37 centimes.

Il convient toutefois de réduire cette somme importante de 50,115,190 francs, qui sont le résultat de la vente des 2,929,000 francs de rentes achetées en 1818 avec les encaisses du Trésor; et nous reconnaîtrons en définitive qu'une ressource de 1,362,721,213 francs a été obtenue de la confiance du pays pour l'extinction de ses charges extraordinaires.

Le cours des effets publics a été ramené par une gradation rapide et constante du taux de 50 francs à celui de 89 francs 55 centimes dans l'intervalle des neuf années qui se sont écoulées de 1814 à 1823. On est frappé de toutes les conséquences de cette amélioration pour le développement de nos forces industrielles et commerciales, pour l'accroissement de la valeur des immeubles et pour la puissance du gouvernement.

L'action continue de la caisse d'amortissement, dont les rachats journaliers augmentaient la force progressive par une capitalisation d'arrérages toujours réunie à sa dotation première, prêtait un appui plus actif et plus secourable à l'élévation de nos fonds publics. Les acquisitions qu'elle avait faites, soit avec les fonds du Trésor, soit avec le produit de la vente des bois mis à sa disposition par la loi du 25 mars 1817, représentaient une dépense de 605,733,453 fr. qui avait procuré 37,603,104 francs de rentes au cours moyen de 80 francs 24 centimes 1/10 en 5 0/0, et de 74 francs 94 centimes 4/10 en 3 0/0, et avait presque doublé le montant du crédit qui lui était affecté.

Les progrès de la richesse publique créaient chaque jour des capitaux et des produits plus abondants qui dépassaient les besoins intérieurs et extérieurs de l'industrie agricole et manufacturière, et qui venaient apporter leurs excédants aux marchés de nos fonds publics, en même temps que les étrangers y versaient aussi des tributs plus considérables.

Nos anciennes dettes et nos subsides de guerre étaient presque entièrement acquittés avec des valeurs de création récente qui avaient rétabli un grand nombre de fortunes liées à celle de l'État, qui ajoutaient à l'aisance générale et multipliaient incessamment les ressources applicables à de nouveaux emplois. La préférence donnée par les capitalistes aux effets du gouvernement s'établissait plus généralement chaque jour par suite de l'exactitude qu'il avait mise à remplir ses nombreux engagements, et d'après les avantages particuliers à cette nature de propriété, toujours disponible, facile à réaliser, exempte de toute charge et susceptible d'augmentation. Cette heureuse opinion, qui s'était formée d'abord dans la capitale, avait été bientôt répandue dans tous les départements à la faveur de l'institution des petits grands-livres, établis par la loi du 14 avril 1829 auprès de chaque recette générale ; et cette nouvelle concurrence des provinces offrait encore un débouché naturel à l'écoulement de nos rentes.

Enfin la sécurité qu'inspirait la paix générale, l'affermissement de nos institutions et l'ordre invariable de nos finances portèrent le cours des effets publics au-dessus du pair dans l'année qui a suivi le dernier emprunt, et élevèrent l'accroissement de nos revenus indirects à plus de 200 millions.

C'est alors que, délivrés de toutes les inquiétudes et de toutes les souffrances que la Restauration était appelée à guérir, nous pouvions demander encore à l'avenir de nouvelles réparations et de nouvelles espérances.

Depuis la fin de nos troubles civils, une grande spoliation pesait sur la conscience publique et dépréciait la valeur d'une partie importante des propriétés immobilières au préjudice de leurs derniers possesseurs. La prospérité de l'État ne permettait plus d'oublier les pertes des anciens propriétaires, et de fermer les yeux sur la dépréciation qu'éprouvaient encore tous les biens de cette origine. Ces dommages ont été réparés par la loi du 27 avril 1825, qui a affecté un crédit de 30 millions, en rentes 3 0/0 et au capital d'un milliard, pour l'indemnité due aux Français dont les biens-fonds avaient été confisqués et aliénés en exécution des lois sur les émigrés, les déportés et les condamnés révolutionnairement. La situation brillante de nos 5 0/0 avait conduit à créer des rentes à un intérêt moins élevé avec un accroissement de capital qui offrait une latitude favorable à l'amélioration de nos fonds publics et à la diminution future des arrérages annuels de la dette inscrite.

En même temps que cet acte réparateur signalait le retour de notre repos, de notre aisance et de notre crédit, on éprouvait le besoin d'accomplir les vœux qui commençaient à se faire entendre sur une prochaine réduction de l'intérêt des 5 0/0.

Le cours de ces derniers effets se maintenait au-dessus du pair; l'abondance des ressources du Trésor, l'affluence des capitaux de la France et de l'Europe permettaient de présager une hausse considérable et rapide. L'action de la caisse d'amortissement allait être nécessairement interrompue; l'essor de nos rentes se trouvait arrêté au milieu même des circonstances les plus favorables au développement du crédit public; les transactions habituelles de la Trésorerie, celles du commerce et des particuliers annonçaient une baisse progressive de l'intérêt qui devait avertir la sollicitude de l'administration. Toutes ces causes réunies conduisirent à préparer une loi sur la conversion des 5 0/0 en rentes 3 0/0 au cours de 75. Cette opération, proposée une première fois pendant la session de 1824, n'obtint pas un assentiment unanime ; mais elle fut reproduite et adoptée, l'année suivante, avec cette modification importante, que la conversion en 4 $^1/_2$ au pair ou en 3 0/0 à 75 était purement facultative, et n'imposait pas aux dissidents la condition forcée du remboursement du capital de leurs inscriptions.

La loi du 1er mai 1825, qui a autorisé ces dispositions, a produit les résultats ci-après :

31,723,956 francs de rentes 5 0/0 ont été convertis en 3 0/0 jusqu'à concurrence de 30,574,116 francs, et en 4 $^1/_2$ pour le surplus de 1,149,840 francs. Le dernier fonds a été garanti contre tout remboursement pendant le cours de dix années à partir du 22 septembre 1825. Cette réduction d'intérêt a fourni l'occasion d'accorder un dégrèvement de 6 millions sur les contributions directes. En outre, l'article 3 de cette loi a fait cesser l'accumulation des rachats de la caisse d'amortissement dont la dotation primitive, déjà accrue de 37 millions, dépassait alors évidemment les besoins de nos différents fonds et excédait même les limites ordinaires d'une affectation bien proportionnée à l'importance de la dette ; à compter du 22 juin 1825, les rentes rachetées ont été immédiatement annulées ; le revenu de cette caisse, devenu stationnaire, a été arrêté à la somme de 77,503,204 francs.

Un très-petit nombre de rentiers se sont déterminés en faveur du 4$^1/_2$, qui ne pouvait offrir qu'un abri temporaire contre un remboursement prochain et inévitable, et qui ne présentait d'ailleurs aucune chance de bénéfices. Mais le nouveau fonds de 3 0/0 avait des motifs déterminants pour les capitalistes auxquels il promettait une prime de

33 1/2 0/0 en compensation de la perte du cinquième de leurs arrérages. Cette condition offrait des avantages propres à satisfaire les convenances des spéculateurs, et procurait un utile ressort à l'élévation de notre crédit.

Néanmoins une crise commerciale, qui s'étendit alors sur tous les marchés de l'Europe, vint troubler la situation de la place de Paris, suspendit les effets naturels de cette nouvelle combinaison, et en faussa subitement les calculs. Cette perturbation momentanée des fonds de toutes les dettes publiques se fit ressentir moins vivement en France que chez les autres peuples, et la confiance générale ramena, l'année suivante, les nouveaux effets en 3 0/0 à un cours plus en rapport avec celui de leur émission. Les 5 0/0 retrouvèrent également leur ancienne faveur, et dans l'espace de dix-huit mois environ le premier fonds remonta de 66 francs à 73, et le second de 90 francs à 104.

Le nouveau 3 0/0, qui avait reçu, à son origine, toute la portion flottante des ressources de la place, avait mis une masse de 24,459,035 francs dans les portefeuilles d'un petit nombre de propriétaires qui cherchaient plutôt à réaliser des différences avantageuses sur les cours variés de leur capital, qu'à en obtenir des intérêts annuels. Le 4 1/2, qui ne s'élevait pas à plus de 1,034,764 francs, avait une existence presque ignorée des spéculateurs, et maintenait la sécurité de ceux qui l'avaient choisi pour échapper aux chances de l'avenir. Enfin, le 5 0/0 se trouvait réduit à 126,786,971 francs, qui n'étaient point sortis des mains des rentiers habitués à ne chercher qu'un placement solide avec le revenu le plus élevé.

Les oscillations de nos effets publics, depuis la création

des 3 0/0, n'ont pas fait descendre les autres rentes à des cours assez défavorables pour appeler souvent les secours de l'amortissement, et ils ont été à peu près exclusivement réservés au soutien et à l'élévation de cette nouvelle partie de la dette fondée, qui était bien plus exposée aux vicissitudes de la place et toujours éloignée du pair que les 5 0/0 et les 4 $^{1}/_{2}$ avaient presque constamment dépassé. Il avait paru d'ailleurs nécessaire d'opposer toute la puissance des rachats journaliers de la caisse d'amortissement à l'émission successive des rentes accordées en vertu de la loi du 27 avril 1825 aux propriétaires dépossédés, et d'atténuer ainsi l'influence que ces créations continuelles pouvaient exercer sur les cours, en les retirant, en partie, au fur et à mesure de leur délivrance. Ces nouvelles remises d'inscriptions, qui ont été faites, par cinquième, d'année en année, pour le montant des liquidations opérées en faveur des titulaires, se sont élevées à 21,887,751 francs, tandis que les rachats de la caisse d'amortissement en faisaient annuler pour 14,665,078 francs, au cours moyen de 71 francs 64 centimes représentant un capital d'achat de 350,224,162 francs, et laissaient encore sur le marché un excédant de 7,222,673 francs. Il est juste aussi de remarquer que le rachat du 3 0/0 a certainement agi d'une manière proportionnelle sur le cours du 4 $^{1}/_{2}$ et du 5 0/0, parce qu'il existe, à côté de l'action de l'amortissement, cet autre moteur très-intelligent et très-actif de l'intérêt particulier, qui est toujours prêt à vendre le fonds le plus élevé pour le remplacer par le plus bas, et qui établit un équilibre constant entre tous les effets publics.

Après avoir parcouru ces diverses phases, nos trois

natures de rentes, chaque jour mieux classées, sont parvenues aux cours de 110, de 107 et de 85.

Pendant la même période, le crédit du Trésor avai tété sagement ménagé : toutes les valeurs créées par les exigences passagères des temps difficiles avaient entièrement disparu ; la dette flottante n'avait plus à couvrir que le déficit antérieur au 1er avril 1814, les avances faites à l'Espagne de 1823 à 1829, et l'excédant ordinaire des payements qui dépassent les recettes courantes, depuis que les créances de chaque exercice doivent être soldées intégralement avant l'expiration de deux années. Ces trois causes réunies n'élevaient pas l'insuffisance habituelle des ressources du service à plus de 200,000,000, et elle se trouvait naturellement balancée par les placements des communes, les fonds particuliers des receveurs généraux des finances, les versements des correspondants du Trésor, enfin par une émission de bons royaux qui n'atteignait que rarement la somme de 100 millions, et qui restait souvent fort au-dessous de cette limite déjà trop restreinte pour les convenances et pour les habitudes des capitalistes.

C'est dans cette heureuse situation que se trouvait placée l'administration des finances lorsqu'elle a été conduite à négocier le crédit de 4 millions de rentes mis à sa disposition avec un amortissement de 800,000 francs ajouté à la dotation générale, pour l'acquittement des dépenses extraordinaires de 1828 et de 1829.

Les progrès toujours plus rapides de la hausse de nos fonds publics éclairaient l'opinion générale sur la nécessité d'une prochaine réduction de l'intérêt. Les esprits, plus familiarisés avec les combinaisons du crédit par les discussions lumineuses qui avaient précédé et suivi la première conversion, s'étaient éclairés sur toutes les questions que son système et ses résultats avaient fait élever et résoudre tour à tour. La mesure d'un remboursement au pair, ou de la diminution des arrérages, ne trouvait presque plus de contradicteurs, et le droit de l'État de se libérer envers les porteurs de ses rentes était devenu hors de toute contestation, comme dérivant des premiers principes de notre Code civil et des règles écrites depuis longtemps dans le droit commun de tous les peuples pour fixer les relations du débiteur et du créancier. C'était principalement cette pensée d'une conversion prochaine qui devait déterminer le choix du gouvernement pour un fonds propre à lui faire connaître à l'avance le véritable prix des effets publics, et le taux du nouvel intérêt qu'il serait juste d'attribuer bientôt à ce genre de valeurs. Cette dernière épreuve avait surtout pour but de lui donner les moyens de mieux calculer les conditions qu'il serait convenable de proposer plus tard aux anciens rentiers.

Le cours des 5 0/0 ne pouvait plus fournir aucune donnée sur ce point délicat depuis le jour où il avait été soumis à l'influence d'une menace continuelle de remboursement; le 4 ½ n'avait pas assez de consistance pour être une base exacte d'appréciation, et le 3 0/0 s'éloignait trop de la situation naturelle où il eût été placé sans le secours d'un amortissement disproportionné à son importance, et sans l'effort du jeu des spéculateurs qui s'était concentré sur cet unique but de toutes les chances de la bourse, pour qu'il fût prudent d'interroger son cours, et de le considérer comme une mesure exacte de notre crédit public.

L'abondance qui régnait dans le Trésor, l'état calme et prospère de la France, le développement naturel de sa richesse promettaient une élévation graduelle et assurée de toutes les valeurs émises par le gouvernement, et commandaient à l'administration d'éviter toute combinaison hasardeuse qui aurait pu ajouter aux charges de l'avenir des sacrifices que ne réclamait pas la situation présente. Il était nécessaire désormais de demander aux prêteurs une somme intégrale pour un intérêt modique, et de n'imposer aucune perte à l'État, par l'abandon des bénéfices éventuels sur le capital que l'amortissement réaliserait un jour aux dépens des contribuables. Les mouvements de notre dette avaient précédemment reçu toute la latitude qui leur manquait par une première opération qui a suffisamment élargi la voie du crédit, et nous devions y marcher aujourd'hui d'un pas sûr et prudent. Toutes ces considérations nous ont déterminé à ouvrir un emprunt de 4 0/0 dont le résultat a dépassé nos espérances, et qui a été adjugé à la maison Rothschild et compagnie au prix de 102 francs 7 centimes et demi pour un capital de 80 millions, représentant 3 millions 134,950 francs de rentes 4 0/0.

Quoique cette dernière expérience n'ait pas levé tous les doutes sur le meilleur mode de conversion, elle a du moins offert une preuve de plus de la nécessité de s'occuper de cette grande mesure. Mais s'il était du devoir de l'administration des finances de chercher, dans un nouvel emprunt, à tirer tout le parti possible des chances favorables que présentait aux prêteurs la situation présente et future de notre crédit; s'il était indispensable d'exciter à cette occasion une concurrence utile entre les grands capitalistes dont les connaissances commerciales et les relations étendues offrent non-seulement à notre dette l'appui de leurs habiles combinaisons, mais encore les ressources de toutes les places de l'Europe et l'influence de leurs concours, ce serait une grave erreur, une faute dangereuse que de vouloir se placer dans la même situation vis-à-vis des rentiers inscrits, pour les contraindre à accepter des conditions analogues.

La justice du gouvernement ne lui permet pas d'oublier les tributs qu'il a reçus dans les temps difficiles ; il doit se rappeler, aux jours de la prospérité, les secours qui ont été apportés par cette foule de capitalistes qui ont soutenu la marche des services, et qui seront toujours le principal support de cette masse de rentes classées dans toutes les familles de la capitale et des départements. C'est avec une des parties les plus intéressantes de la population de la France, avec celle qui n'a jamais douté de sa fortune, que l'État se trouve appelé à stipuler un nouveau contrat dont l'équité doit régler les bases et dont les conditions modérées formeront à l'avenir un nouveau lien de confiance qui rattachera constamment les intérêts des créanciers à ceux de leur ancien débiteur. Cette dernière considération, la plus importante de toutes pour la prospérité de notre crédit, doit déterminer le choix d'une combinaison qui sera d'autant plus avantageuse pour les contribuables qu'elle sera plus équitable envers ceux qui ont dégrevé la propriété de tant de charges extraordinaires, et qui ont si puissamment contribué à en élever la valeur. L'administration doit éviter avec sollicitude toute secousse violente qui viendrait troubler un grand nombre d'existences au milieu de l'aisance générale. Elle ne saurait sans imprudence diminuer tout à coup, dans une proportion exagérée, les moyens de consommation qu'il est aujourd'hui plus nécessaire, pour l'agriculture et l'industrie, de développer que de restreindre. C'est donc pour ainsi dire un véritable pacte de famille que l'administration doit préparer entre tous les propriétaires d'immeubles et de capitaux mobiliers. Je mettrai tous mes soins à accomplir cette tâche difficile de manière à ce que la main paternelle de Votre Majesté puisse tenir une égale balance entre de si chers intérêts.

Cette mesure inévitable de conversion de nos rentes 5 0/0 sera une heureuse occasion de renouveler tous les titres, donnera le moyen de reconnaître les véritables propriétaires d'inscriptions dont les titulaires sont décédés, et fera restituer aux héritiers les arrérages qui leur sont enlevés frauduleusement par des tiers-porteurs qui ne pourront pas justifier de leurs droits.

Il sera nécessaire aussi de déterminer le nouveau système d'amortissement qui devra remplacer le régime temporaire établi par la loi du 1er mai 1825 jusqu'au 22 juin 1830.

L'utilité d'un fonds d'amortissement ne saurait être constatée comme moyen de crédit, ni comme moyen de libération ou de réduction des dettes publiques. Les secours du crédit sont trop nécessaires dans tous les temps, pour qu'il ne soit pas indispensable d'en conserver l'usage et d'en prévenir l'abus à l'aide d'une épargne prévoyante constamment affectée à en soutenir le poids et à en arrêter la croissance excessive. Une libération complète n'est ni désirable ni possible ; elle serait même une fausse combinaison dans un bon système de finances, comme devant entraîner l'émigration d'une grande partie des capitaux ; mais renoncer volontairement à tout moyen de soutenir la valeur des effets publics et de réduire la dette par le rachat ou par le remboursement, ce serait préparer pour l'avenir de graves embarras, parce qu'il n'est pas toujours possible de s'arrêter dans la voie des emprunts.

Des considérations de haute politique viendraient encore à l'appui de ces premiers motifs. La force relative des nations modernes se compose surtout des efforts qu'elles peuvent développer dans le moindre temps possible, et la supériorité sera plus facilement acquise à celle qui pourra appeler avec le plus de succès la ressource des emprunts au soutien de sa puissance.

Il paraîtra donc convenable de consacrer l'existence d'un fonds d'amortissement, et d'examiner les questions qui vont s'élever à l'époque où sa dotation aura cessé d'appartenir exclusivement à celui de nos fonds publics qui n'a pas encore atteint le pair : en effet, c'est alors qu'il faudra décider si les rachats de la caisse d'amortissement devront reprendre leur force d'accumulation avec la dotation actuelle; s'il pourront être faits au-dessus du pair nonobstant l'article 3 de la loi du 1er mai 1825; dans quelle proportion sera réglée une nouvelle répartition des ressources de cette caisse entre les divers effets publics; quelle destination devront recevoir les fonds affectés aux rentes qui se maintiendraient au-dessus du pair.

La première question ne peut être résolue qu'affirmativement. Ce serait énerver l'action de ce moyen ingénieux d'élever le crédit de l'État, ce serait manquer son but et aggraver la condition des prêteurs, que d'arrêter l'effet de l'amortissement par des réserves imprudentes sur l'accroissement naturel de son capital. La seconde ne paraît pas présenter plus d'incertitude : puisque le Trésor a le droit de se libérer au pair, tout achat au-dessus de ce taux légal, et stipulé d'avance avec son créancier, serait une véritable profusion des deniers publics. La troisième nous paraît devoir être jugée de manière à garantir à chaque nature d'effets une dotation proportionnée à la quotité de son capital, et qui puisse opérer le remboursement de chacune d'elles dans un égal nombre d'années. Enfin, nous pensons qu'il ne serait pas sage de réserver indéfiniment, sans mesure et sans nécessité, au soutien de nos rentes, les fonds que leur élévation même aurait rendus tout à fait disponibles, et qui pourraient être appliqués à des destinations plus profitables pour les intérêts généraux du pays.

Quelle que soit au surplus la combinaison à laquelle il semblera préférable de s'arrêter pour la conversion des 5 0/0 et pour la distribution des ressources de l'amortissement, le Trésor doit en recueillir des épargnes très-abondantes et qui peuvent ajouter 30 ou 40 millions à ses ressources annuelles. Cet article important de nos économies probables trouvera naturellement sa place dans le tableau de la situation générale des finances que je tracerai à la suite de l'analyse de la dette inscrite.

J'ai cru devoir exposer les principes qui ont dirigé l'administration dans l'examen des mesures que la situation de notre crédit permettrait de présenter à l'approbation de Votre Majesté et aux délibérations des Chambres. J'ai rassemblé dans le même but tous les documents qui m'ont paru les plus propres à faciliter la solution de ces questions difficiles ; j'ai appelé les avis des hommes les plus instruits dans cette matière, afin de bien préparer la discussion qui doit s'ouvrir sur les divers intérêts auxquels la justice du gouvernement doit la même protection.

Je termine l'examen de cette partie de la dette inscrite en rappelant tous les fonds dont elle se compose au commencement de 1830, et je joins au présent rapport deux tableaux, nos 31 et 32, qui présentent le détail des lois de leurs créations, les affectations qui leur ont été données, et l'aperçu des classes de capitalistes qui en sont devenues propriétaires. La dette fondée subsistante au mois de janvier dernier s'élevait avec l'amortissement à 249,496,459 fr., savoir :

1° Rentes 5 pour 100 appartenant à divers.......	126,786,971
Dito............ à la caisse d'amortissement..	37,070,107
2° *Dito* 3 pour 100 à divers	39,377,047
Dito.......... à la caisse d'amortissement....	433,097
3° Rentes 4 $^1/_2$ pour 100........................	1,029,237
4° Rentes 4 pour 100 négociées le 12 janvier 1830..................................	3,134,950
5° Dotation annuelle de l'amortissement..........	40,000,000
Dito......... des 4 pour 100..............	1,665,050
Total général....................	249,496,459

DETTE VIAGÈRE.

L'emprunt viager, dont les conditions reposent sur les chances incertaines et variables de la vie humaine, présente des combinaisons aléatoires qui sont mieux saisies par la sagacité de l'intérêt particulier que par la prévoyance de l'administration.

C'est un contrat très-préjudiciable au débiteur, qui lui impose un supplément d'intérêts dont le produit total aurait amorti sa dette dans un délai presque toujours moins prolongé que l'existence moyenne des têtes sur lesquelles s'étend la durée des rentes viagères. D'ailleurs, cette nature d'engagement ne crée point une valeur disponible et négociable ; elle est immobilisée sur certains individus, et se place en dehors du mouvement des transactions habituelles du commerce et de l'industrie, sans jamais concourir au développement de la circulation et de la richesse publique; elle favorise les calculs de l'égoïsme en lui procurant des jouissances qui excèdent le fruit habituel du travail, et qui consomment un capital enlevé aux familles et à la reproduction. La pénurie des temps et le manque de connaissances positives sur les matières d'économie politique avaient autrefois fait grever l'État par des constitutions de rentes viagères qui embrassaient un intervalle de quatre-vingt-dix années, de 1702 à 1791, et s'élevaient ensemble à 100,617,913 francs; cette somme était répartie, suivant une classification dressée en 1793, de la manière suivante :

Sur une tête	70,849,137
Sur deux têtes	27,028,129
Sur trois têtes	1,945,108
Sur quatre têtes	795,539
Somme égale	100,617,913

Elle fut augmentée de 7,500,000 francs par la liquidation des dettes des émigrés et portée à 108,117,913 francs.

La théorie mieux connue des rentes viagères démontra plus tard à l'administration toute l'étendue des pertes qu'elle avait préparées par l'adoption de ce mode d'emprunt. Une nouvelle faute en rendit les conséquences plus graves encore ; le gouvernement invita les porteurs de ces titres à les échanger contre des rentes perpétuelles, et leur offrit ainsi une nouvelle occasion de profiter de toutes les données relatives à leur existence, qu'il leur était facile de calculer avec certitude au préjudice de l'État. (*Lois des 23 floréal et 8 messidor an II.*)

La conversion, d'abord obligatoire et ensuite faculative, fut réalisée jusqu'à concurrence de 23 millions, et ramena la dette viagère à 83,317,903 francs. Cette première opération, qui était une véritable atteinte portée à la foi publique et une violation des anciens contrats, conduisit bientôt à des mesures plus arbitraires, telles que la réduction des rentes primitives au tiers, et l'annulation de toutes les inscriptions appartenant à des propriétaires frappés par les lois de confiscation ;

Enfin les échanges faits par les parties contre des domaines nationaux, et les extinctions naturelles, avaient réduit le montant de cette partie de nos charges, au 1er avril 1814, à....................................	14,346,367
Les conventions diplomatiques de 1815 en ont fait rayer pour.................................... dont la valeur a été intégralement remboursée aux diverses puissances étrangères	968,643
Il ne restait plus, après cette déduction, que....	13,377,724
Les extinctions survenues depuis cette époque jusqu'au 1er janvier 1830, sont de....................	6,105,810
Et ces rentes ne figurent plus aujourd'hui dans nos dépenses que pour........................	7,271,914

Le viager a participé aux avantages d'ordre et de célérité obtenus dans toutes les autres parties de la dette, pour l'exécution des mutations et des payements d'arrérages. C'est une charge temporaire qui est destinée à s'éteindre dans une période que l'on peut mesurer d'avance. Le tableau ci-joint, n° 33, donnera les moyens d'évaluer les progrès de sa décroissance et le terme de sa durée ; il doit en résulter une libération complète en l'année 1880.

PENSIONS.

La justice et la dignité du gouvernement lui commandent de veiller sur le sort de ceux qui lui ont consacré leurs services, et d'étendre sur eux les effets de sa sollicitude, lorsque l'âge et les infirmités sont venus arrêter le cours de leurs travaux. Celui qui s'est dévoué à une carrière publique, quels que soient les avantages que son mérite ait pu lui faire obtenir, a dû renoncer au soin de sa propre fortune pour se livrer exclusivement à l'accomplissement d'un devoir qui intéresse la société tout entière, et l'administration sera toujours pour lui, comme pour sa famille, une sorte de providence qui lui donnera sécurité sur ses besoins présents et à venir ; elle ne saurait interrompre les secours de son appui sans décourager le zèle de ses nombreux agents, et le lien de reconnaissance qui les unit ne doit jamais être brisé par elle. Tels sont les véritables principes dont il importe de maintenir l'application envers tous ceux qui concourent à l'exécution des services publics.

Les pensions imposent au Trésor une dette qui l'engage aussi étroitement que celles dont il a reçu les fonds de la confiance publique, et qui exerce la même influence sur le bien-être de la France, puisqu'elle est le prix des services rendus et la récompense promise aux nouveaux efforts du travail et du dévouement. C'est par sa fidélité à remplir ses engagements que l'administration peut espérer d'en conserver et d'en développer les heureuses conséquences pour l'intérêt général.

Mais si l'équité, d'accord avec la prévoyance du gouvernement, conseille de donner ces rémunérations à ceux qui ont acquis des droits réels à l'estime et à la bienveillance du pays, elles prescrivent aussi très-impérieusement d'écarter l'arbitraire et la faveur de la distribution de ces distinctions honorables. Toute déviation des règles de la justice ferait une véritable profusion de la dépense la plus nécessaire et la plus utile. Dans cette partie surtout, l'abus est trop souvent prêt à se substituer à l'usage, et à détruire les bienfaits de ce régime en dépassant le but qu'il doit atteindre. L'absence de règlements positifs sur cette matière a longtemps permis de détourner de leur véritable destination une partie de ces allocations d'une politique généreuse, et d'ouvrir un accès trop facile à des prétentions exagérées.

Une loi du 22 août 1790 fut la première qui arrêta les suites de ce désordre, en déterminant la nature et la durée des services, ainsi que la part qui devait leur être faite par une justice plus éclairée. Mais la réforme que ces dispositions devaient produire fut entachée par des mesures arbitraires et rétroactives, qui violaient la foi publique en soumettant, à peine de déchéance, toutes les pensions déjà concédées à l'épreuve d'une révision générale. Ce déplorable système d'économie, qui grève encore plus l'avenir qu'il ne soulage le présent, fit liquider cette dette, au

1er janvier 1792, à 91,291,000 francs, qui se composaient de 12 millions applicables à tous les services, de 72 millions inscrits en remplacement des biens du clergé réunis au domaine public, et de 7 millions de secours temporaires, qui ne devaient pas se renouveler. Au mépris de tous les droits, l'anarchie a fait réduire ces pensions des deux tiers, sans aucun dédommagement, et frapper d'annulation toutes les inscriptions dont les titulaires étaient dépossédés par les lois de cette époque. Ces dernières spoliations ont fait descendre les pensions ecclésiastiques à 26,000,000 fr., et les pensions civiles à 3,300,000 fr. : quant aux pensions militaires, elles ont subi les mêmes vicissitudes pour une grande partie des anciens titulaires, et elles ont reçu bientôt des accroissements considérables par suite de la longue durée des guerres entreprises.

A l'époque du 1er avril 1814, les pensions inscrites au Trésor royal s'élevaient à 79,577,477 francs, dont 26,229,329 francs ont été rejetés à la charge des puissances étrangères, comme appartenant aux sujets des provinces qui leur étaient rendues; elles ont été ainsi réduites à 53,348,548 francs, et se partageaient en trois divisions, dans les proportions suivantes :

Pensions civiles	2,208,325
Idem ecclésiastiques	15,304,575
Idem militaires	35,835,648
Total	53,348,548

PENSIONS CIVILES.

Les pensions civiles ont reçu un accroissement inévitable à mesure que le gouvernement a repris la direction immédiate de tous les services publics qui étaient autrefois délégués à des mains étrangères, et qu'il a étendu la sphère de son action au delà des frontières de l'ancien territoire de la France. L'augmentation successive de cet article de dépense conduisit à chercher les moyens d'en exonérer le Trésor par la création des caisses de retraite, institution séduisante pour les parties intéressées, puisqu'elle offrait les moyens de dégrever l'État d'une de ses charges, et d'améliorer le sort des employés, en augmentant le tarif de leurs récompenses et en assurant un droit de reversibilité à leurs veuves et à leurs enfants. La perspective de ces nombreux avantages fit adopter avec empressement tous les plans présentés, et l'autorité sanctionna, sans examen des moyens d'exécution, comme sans garantie des engagements pris, les projets de création des différentes caisses établies par les préposés des administrations publiques.

Ce système eut pour base une retenue proportionnelle sur les traitements destinée à former le fonds commun qui devait subvenir aux pensions des employés et de leurs familles. Chaque règlement particulier fixait le taux du prélèvement que devaient suppporter les émoluments annuels, et les conditions à remplir pour avoir le droit de participer au bénéfice de cette épargne. Le vice principal de ces règlements spéciaux était de n'avoir fondé aucun capital pour satisfaire aux exigences qui se sont manifestées au moment même de leur adoption ; de n'avoir établi aucun calcul pour connaître à l'avance les droits acquis et prêts à échoir, et de ne s'être ménagé aucune ressource pour y satisfaire ; d'avoir fixé la quotité de retenues dans une proportion ordinairement très-inférieure aux besoins présents et à venir ; enfin de ne pas être renfermé dans des limites assez étroites pour l'admission des titres et pour la fixation des pensions.

Néanmoins ces établissements, qui portaient en eux-mêmes le germe de leur ruine future, ont soulagé réellement le Trésor d'une dépense considérable, et ont attribué à un très-petit nombre de fonctionnaires l'allocation de pensions civiles sur les fonds de l'État. Depuis le 1er avril 1814, le mouvement des inscriptions nouvelles et des extinctions successives les a ramenées, au 1er janvier 1830, à 1,825,604 francs, quoique la loi du 25 mars 1817 ait cru devoir leur ouvrir un crédit permanent de 3 millions.

Mais l'insuffisance toujours croissante des fonds affectés au service des pensions sur les fonds de retenues a conduit à leur accorder, le 15 mai 1818, une première subvention de 2,652,000 francs, réductible d'un vingtième par année à partir de 1819. De nouveaux secours, nécessités par des réformes pour cause d'économies, ont porté la dépense du budget de 1830, relative à ce service spécial, à plus de 3 millions. Il ne m'appartient pas de faire connaître à Votre Majesté la situation complète des ressources et des besoins de toutes les caisses ressortissant aux divers ministères ; mais je lui demande la permission de lui présenter ici quelques développements sur la position particulière de celle qui se rattache à mon département.

La prévoyance de mes prédécesseurs s'était déjà fixée sur le régime spécial de cette caisse, et y avait introduit de notables améliorations : la plus remarquable est celle qui a réuni les dispositions des actes antérieurs dans un seul règlement, et qui a fait cesser les inégalités toujours plus choquantes dans une même administration. L'ordonnance royale du 12 janvier 1825 a eu pour conséquence de rétablir l'uniformité dans le règlement des droits et des récompenses qui leur sont réservés; elle a ramené l'unité de système dans le partage des ressources et le contrôle des charges; elle a permis de mieux connaître l'ensemble de cet important service; enfin, elle a accru ses produits et diminué ses dépenses, en élevant à 5 0/0 la retenue commune à tous et en rendant les conditions d'admission plus sévères.

Quelle qu'ait été l'influence de ces utiles modifications, qui ont diminué le nombre des employés admissibles à la retraite, qui ont réduit les fixations précédentes et fait recevoir des tributs plus abondants du personnel en activité de service, la caisse des retraites a été amenée à une situation si difficile, que mon prédécesseur a cru devoir la faire examiner par des administrateurs choisis dans toutes les branches du ministère des finances. Cette commission a fait une vérification approfondie des causes et des résultats de cette insuffisance de recettes, qui lui a fait reconnaître que les revenus devaient bientôt descendre au-dessous de 6 millions, tandis que les charges s'élevaient à près de 7 millions, et qu'il s'était formé un déficit annuel susceptible de s'accroître progressivement, par suite de la nécessité où se trouve cette caisse d'aliéner, pour ses dépenses de chaque année, une partie des rentes qu'elle a acquises dans un temps plus prospère, ainsi que par l'effet de l'extinction graduelle du fonds de subvention qu'elle reçoit du Trésor, et qui décroît d'un vingtième par exercice, en exécution de la loi du 15 mai 1818.

La même investigation a conduit à s'assurer que la pénurie de cet établissement devait être attribuée : 1° à l'imprévoyance des premiers règlements ; 2° aux circonstances extraordinaires qui ont ramené en France un grand nombre d'employés privés de leurs fonctions par suite de la réduction du territoire, et auxquels des pensions ont été accordées hors des proportions habituelles ; 3° aux changements et réformes opérésdans les diverses administrations dépendant du ministère des finances, et qui ont mis dans la nécessité de hâter le moment de la retraite pour les uns, et d'accroître pour les autres la quotité des indemnités par des mesures exceptionnelles ; 4° et enfin, à la rémunération, sur les fonds de retraite des finances, de services civils et militaires qui n'avaient apporté aucun tribut à cette caisse spéciale, et qui devaient retomber à la charge de l'État.

Il est donc demeuré évident que la position fâcheuse dans laquelle se trouve aujourd'hui cet établissement est le résultat des bases incomplètes sur lesquelles le gouvernement l'a fondé et des charges extraordinaires que l'administration lui a imposées pour des services dont le payement étranger au but de son institution, devait être fait avec les fonds généraux du Trésor. Cependant la commission s'est demandé s'il ne serait pas convenable d'élever la retenue exercée sur les traitements ; mais le calcul lui a démontré qu'un prélèvement de 5 p. 100, augmenté chaque année des intérêts composés et du produit des extinctions, formait, au bout de trente ans, un capital suffisant pour produire en faveur de chaque employé une rente viagère à peu près égale au montant de la pension qui lui est promise par les règlements.

Elle a donc reconnu que cette retenue avait atteint son

maximum et que, si elle était portée à un taux plus élevé, elle agirait comme réduction de traitement, exercerait une influence défavorable sur le service, et pourrait être plus préjudiciable qu'avantageuse pour l'État.

Elle a ensuite examiné si l'on ne pouvait pas imposer aux pensionnaires de nouveaux sacrifices : on a fait observer que cette mesure porterait atteinte à des droits acquis et consacrés par des dispositions déjà très-sévères; que les engagements pris ne pourraient être modifiés ni détruits sans violer les règles de la justice; que toute nouvelle diminution dans ces récompenses frapperait le plus grand nombre des employés, déjà réduits à des secours qui ne s'élèvent pas à plus de 300 francs, terme moyen, et qu'elle jetterait l'inquiétude et le découragement parmi les préposés du service actif, qui placent dans la stabilité des pensions toute l'espérance de leur avenir.

Enfin elle a fait remarquer que les agents de l'administration, qui n'ont pas cessé de contribuer par des retenues aux revenus de la caisse des retraites, et qui, par leurs utiles travaux, acquièrent chaque jour de nouveaux titres à la pension, doivent être d'autant moins victimes de la détresse de cette caisse que le déficit n'est pas leur ouvrage ; qu'ils ont dû se soumettre aux événements et aux mesures qui l'ont produit, et placer tous leurs droits sous la garantie et sous la juste protection de l'autorité supérieure. Pourraient-ils craindre, en effet, qu'on leur opposât cette détresse elle-même pour leur refuser des secours devenus indispensables, et qui ne seraient que la restitution de leurs sacrifices annuels, lorsque le gouvernement récompense tous les autres services par des allocations sur les fonds généraux !

Votre Majesté jugera de la modicité des secours accordés aux employés de mon département par le résumé que je mets sous ses yeux pour lui faire connaître le nombre et la moyenne des pensions existantes au 1er janvier 1830.

Pensions.							Moyenne.
4,178	de	1 fr.	à	299 fr.	pour	811,546 fr.	194
2,623	de	300	à	499	pour	1,034,264	394
1,972	de	500	à	999	pour	1,372,616	696
1,146	de	1,000	à	1,999	pour	1,624,450	1,418
354	de	2,000	à	2,999	pour	832,554	2,352
236	de	3,000	à	5,999	pour	920,912	3,743
40	de	6,000	et au-dessus			264,291	6,607
10,549	montant à					6,860,633	650

Il suffit d'exposer ces résultats pour démontrer combien les pensionnaires de l'administration des finances sont dignes de bienveillance et d'intérêt. Il est permis de comparer le sort de cette classe laborieuse de serviteurs avec celui que les règlements d'un pays voisin assurent à des travaux analogues.

En Angleterre, les traitements depuis 2,500 francs jusqu'à 5,000 fr. sont assujettis à une retenue de 2 $^1/_2$ p. 100, ceux de 5,000 fr. et au-dessus à une retenue de 5 p. 100.

Les traitements jusqu'à 2,500 francs ne sont soumis à aucune retenue, et les employés jouissent d'une retraite qui est tout entière à la charge de l'État.

Le taux des retraites qui sont accordées sur le montant net du traitement après déduction de la retenue est fixé ainsi qu'il suit :

De 10 à 15 ans $^4/_{12}$.
De 15 à 20 ans $^5/_{12}$.
De 20 à 25 ans $^6/_{12}$.

De 25 à 30 ans $^{7}/_{12}$.
De 30 à 35 ans $^{8}/_{12}$.
De 35 à 40 ans $^{9}/_{12}$.
De 40 à 45 ans $^{10}/_{12}$.
De 45 à 50 ans $^{11}/_{12}$.

Après cinquante années de service, la totalité du traitement net.

Les retraites sont payées moitié sur les fonds votés par les Chambres pour le département dans lequel l'employé servait, et l'autre moitié sur les fonds de retraites.

En cas de mort d'un employé en fonctions, la somme entière qui lui a été retenue est considérée comme sa propriété ; elle est restituée *sans intérêts* à ses héritiers.

Je n'ajouterai aucune réflexion sur les différences que présentent les deux pays ; je ne réclame pas les mêmes avantages pour mes collaborateurs ; mais je crois devoir m'appuyer sur l'exemple d'un gouvernement instruit par son propre intérêt à fixer le prix qu'on doit attacher aux services publics, pour réclamer avec plus d'instances les secours qu'une justice rigoureuse ne peut refuser aux employés français.

Il suffirait, pour préserver la caisse des retraites du ministère des finances d'une ruine inévitable, de mettre à sa disposition le tiers du produit des amendes de l'enregistrement et des forêts. Ce moyen de combler le déficit progressif qui la menace chaque jour davantage porterait les agents de ces deux administrations à surveiller avec plus d'activité les nombreux délits commis dans les bois de l'État, comme à se rendre moins faciles dans les remises d'amendes, aujourd'hui trop considérables et trop multipliées : ce serait un nouvel encouragement pour la recherche des droits dus au Trésor et pour la poursuite de leur rentrée. On parviendrait ainsi à suppléer à l'insuffisance des fonds de retraites en obtenant du gouvernement des subsides qui, prélevés sur l'évaluation même des revenus et sur l'accroissement qu'ils recevraient du zèle des préposés, n'aggraveraient pas les charges de l'État.

L'assistance que cette mesure prêterait aux agents de mon ministère est sollicitée dès à présent par dix mille pensionnaires, qui la plupart n'ont pas d'autre moyen d'existence, et, pour l'avenir, par cinquante mille familles d'employés dont le travail concourt à protéger la richesse publique et à maintenir l'abondance du Trésor, par l'activité dans les perceptions, l'ordre et l'économie dans les dépenses. Il est du devoir de l'administration d'apprécier et de prévenir les conséquences de leur découragement.

Une semblable situation commande de prompts secours. Le Gouvernement doit se préparer à soumettre à une révision générale et à présenter, dans toute leur étendue, les charges et les revenus des établissements de fonds de retraites, afin d'obtenir les subsides que la justice et l'intérêt général réclament à la fois en faveur des employés de tous les services.

Le ministère des finances, dont la caisse des retraites est la plus importante et exige les subsides les plus considérables, a déjà réuni, pour ce qui le concerne, tous les éléments du travail d'ensemble qui doit être soumis à l'approbation du roi.

PENSIONS ÉCCLÉSIASTIQUES.

Les pensions ecclésiastiques ont été inscrites pour indemnités des pertes d'état et de possession de biens; elles ne sont plus désormais susceptibles d'accroissement, et on a reconnu qu'il aurait été sans objet de les renfermer dans la limite d'un crédit spécial au moment où la liquidation en est épuisée.

Elles s'élevaient, au 1er avril 1814, à plus de 15 millions, et les extinctions survenues, depuis cette époque jusqu'au 1er janvier 1830, les ont réduites à 5,986,452 fr. La loi du 4 juillet 1820 a prescrit d'ajouter les produits successifs des extinctions nouvelles au crédit ouvert dans chaque exercice pour les dépenses du clergé, et a disposé à l'avance de toutes les économies qu'elles devaient produire. Des calculs fondés sur l'expérience des dernières années et sur l'âge moyen des titulaires permettent de fixer au 1er janvier 1850 l'annulation totale de cette dette.

PENSIONS MILITAIRES.

Les longues guerres qui furent la suite des événements politiques ont grevé le Trésor des droits acquis par des armées nombreuses; la population tout entière a pris part à cette conflagration générale qui a si longtemps agité l'Europe, et des concessions multipliées sont venues s'inscrire sur le grand-livre ouvert aux secours et aux récompenses qui étaient dus à ces glorieux services.

Ces pensions, qui s'élevaient au 1er avril 1814 à.	35,835,648
ont été accrues jusqu'au premier janvier 1830 de...	35,273,846
Ensemble....................	71,109,494
Et diminuées par des extinctions survenues dans le même intervalle de temps, de..................	23,466,355
Ce qui les a portées aujourd'hui à..............	47,643,139

Un accroissement aussi considérable est dû tout entier aux circonstances extraordinaires qui ont précédé la Restauration : dans les trois premières années qui l'ont suivie, une liquidation de 17 millions fit reconnaître la nécessité de régler les bases et d'arrêter les progrès de cette nature de dépense par des dispositions précises et législativement consacrées.

La loi du 25 mars 1817 centralisa sur le livre général des pensions toutes celles qui étaient précédemment confondues avec les services compris dans les crédits du ministère de la guerre, et les fit inscrire pour une somme de 51,762,317 francs sur les registres tenus au Trésor, à l'exception toutefois des soldes de retraites temporaires. La même loi décida que, jusqu'à ce que ces pensions fussent réduites à 20 millions, il n'en serait accordé de nouvelles que pour la moitié des extinctions annuelles.

Ces limites, d'abord respectées en 1817 et 1818, furent ensuite reconnues trop étroites pour satisfaire aux droits acquis, et des crédits supplémentaires s'ouvrirent, chaque année, en vertu de lois spéciales, en proportion des besoins réels. Le tableau inséré *pages* 364 *et* 365 du compte général de l'administration des finances, pour l'année 1829, rappelle ces autorisations successives, et les compare aux inscriptions nouvelles qui sont restées au-dessous de la latitude qu'elles avaient accordée. Je joins également à ce rapport un tableau n° 36, qui permettra d'évaluer les résultats successifs et la durée probable de la décroissance des pensions militaires, pour parvenir au maximum de 20 millions qui leur a été fixé par la loi du 25 mars 1817.

La dépense de 47 millions, payée par le Trésor à titre

de pensions militaires, ne représente qu'une partie des besoins de cet important service, et il faudrait y ajouter encore, pour le considérer dans son ensemble, une somme de plus de 24 millions accordée pour les soldes de non-activité, les traitements de réforme, les secours à d'anciens militaires aux armées royales de l'Ouest et aux anciens réfugiés, la dotation de l'ordre de Saint-Louis, celle de la Légion d'honneur et des Invalides.

Enfin il conviendrait également d'y rattacher les pensions liquidées, conformément à la loi du 26 juillet 1821, en faveur des donataires français dépossédés de leurs dotations en pays étrangers, et dont les titres sont transmissibles aux veuves et aux enfants des premiers titulaires. Cette dette, qui n'est plus susceptible de s'accroître, et dont la diminution sera longtemps arrêtée par le droit de reversibilité accordé aux familles des donataires, s'élève, au 1er janvier 1830, à 1,529,001 francs.

En définitive, les pensions militaires grèvent l'État d'une charge qui se monte en totalité à près de 74 millions.

La dette inscrite sur les livres du Trésor royal à l'époque du 1er janvier 1830 s'élève :

Pour les pensions civiles, à....................	1,825,604
ecclésiastiques, à............	5,986,452
de militaires, à..............	47,643,139
de donataires, à.............	1,529,001
Total.................	56,984,196

CAUTIONNEMENTS EN NUMÉRAIRE.

Les cautionnements demandés par le gouvernement

pour servir de garantie à l'exercice de certaines fonctions sujettes à une responsabilité pécuniaire, sont de véritables emprunts faits aux titulaires de ces emplois pour les besoins de l'État, qui constituent le Trésor débiteur, en capital et en intérêts, des fonds qu'il a reçus à titre de dépôt, et qu'il a employés aux dépenses générales.

Dans tous les temps il a été fait usage de cette ressource spéciale, qui a été considérée comme un gage nécessaire à la sécurité de l'administration, et comme un moyen de service applicable aux nécessités publiques.

Les lois de 1792 et de 1793 ont opéré le remboursement des charges existantes à cette époque avec des valeurs dépréciées qui étaient devenues le seul moyen de libération de ce régime de désordre et de mauvaise foi. La plupart des places furent abandonnées à des hommes dont on n'exigeait aucune sûreté : les comptables de deniers publics étaient les seuls qui fussent assujettis à la formalité illusoire d'une hypothèque immobilière, toujours litigieuse et difficile à réaliser en cas de malversation.

Le gouvernement commença en l'année 1800 à sentir la convenance et le besoin de demander des garanties plus certaines aux divers agents de l'administration, et d'en obtenir en même temps des subsides réclamés par ses dépenses. Le tableau ci-joint (n° 37) présente la nomenclature des actes successifs qui ont créé ces cautionnements et le résumé des ressources qu'ils ont procurées chaque année à l'État, antérieurement au 1er avril 1814.

Les capitaux versés à cette époque sont développés dans l'état n° 38 par classe de titulaires, avec la distinction de ceux qui appartenaient à des sujets français ou étrangers.

Ces fonds ont été reçus par la caisse d'amortissement pour............	75,971,762 84
Et par les caisses du Trésor, pour..........	120,962,085 89
Ensemble.............	196,933,848 73

La première somme a été employée par cette caisse à l'acquisition des 3 millions de rentes vendues en 1815, et appliquée aux besoins extraordinaires de cette année, et la seconde a été successivement affectée aux dépenses de chaque exercice. La totalité de ces dépôts se trouvait donc consommée par les budgets antérieurs.

Les inscriptions appartenant à des titulaires étrangers, et qui s'élevaient à...............	44,568,123 24
ont été remboursées, en vertu des conventions diplomatiques, par les crédits ouverts aux charges de guerre de 1815 et 1816 jusqu'à concurrence de..................................	29,003,502 44
La France n'est plus débitrice pour cette partie que de.........................	15,564,620 80
Et sa dette sur les cautionnements antérieurs au 1er avril 1814 s'est trouvée ainsi réduite à..............................	167,930,346 29
Néanmoins les Français titulaires d'emplois à l'étranger ont été remboursés depuis en numéraire de..........................	14,787,585 14
sur un crédit spécial ouvert au budget de l'exercice 1816 pour 12 millions, et réduit par la loi du 27 juin 1819 à.......................	8,404,800 »
Ce qui a créé un véritable déficit de........	6,382,785 14

Le Trésor est resté chargé, pour le montant

des dépôts qui ont précédé la Restauration, de....................................	153,727,677 31
Les suppléments de cautionnements exigés par la loi du 28 avril 1816 pour subvenir aux dépenses extraordinaires des budgets y ont ajouté encore..............................	65,132,000 00
Mais il faut y rattacher aussi les sommes que le mouvement habituel des entrées et des sorties de fonds, par suite de vacances et de remplacements d'emplois, laissent ordinairement à la disposition du Trésor, et dont la ressource transitoire est une conséquence naturelle du délai indispensable à l'accomplissement des formalités qui précèdent le remboursement des cautionnements des titulaires hors de fonctions, et de l'empressement que mettent leurs successeurs à fournir le même gage au Trésor, qui en est ainsi deux fois dépositaire; ci...............	7,624,295 75
Total général au 1er janvier 1830.........	226,483,973 06

Ce genre d'emprunt, qui a le caractère d'une dette flottante, n'impose à l'État aucune charge nouvelle pour le remboursement de son capital, parce qu'il se renouvelle sans cesse avec ses propres ressources; mais il le grève des intérêts liquidés annuellement, à raison de 4 0/0, sur les fonds déposés par les titulaires : le budget de chaque exercice comprend un crédit de 9 millions, destinés à satisfaire au payement de ces arrérages.

Le cours soutenu de nos effets publics doit permettre bientôt de réaliser dans cette partie du service une amélioration qui en simplifierait le mécanisme, sans porter aucune atteinte aux droits des propriétaires des inscriptions de cautionnements. Elle consisterait à convertir ces titres spéciaux en rentes constituées sur le grand-livre des 4 0/0, et à supprimer ainsi tous les virements matériels de caisse et les écritures multipliées auxquelles donnent lieu les versements et les restitutions en numéraire de ces capitaux mobiles, pour les faire rentrer dans le mouvement simple et rapide des mutations et transferts de la dette définitivement inscrite.

RÉSUMÉ DES RÉSULTATS DE LA DETTE PUBLIQUE.

Les développements que je viens de tracer pour faire connaître à Votre Majesté l'origine et l'étendue de nos dettes inscrites lui ont exposé en même temps les ressources déjà obtenues et celles que l'on peut attendre encore de notre crédit public. Je dois me borner maintenant à en résumer la situation présente et à rappeler les nouvelles épargnes qu'elles nous offrent pour l'avenir.

Les 5 pour 100 inscrits au 1er janvier 1830 au nom de 151,427 parties s'élèvent à..................		126,786,971
représentant au pair un capital de..	2,535,739,420	
Les 4 1/2 inscrits à la même époque au nom de 533 parties sont de..............		1,029,237
représentant au pair un capital de..	22,871,933	
Les 4 pour 100 inscrits en vertu du dernier emprunt sont de.....................		3,134,950
représentant au pair un capital de..	78,373,750	
Les 3 pour 100 inscrits au 1er janvier 1830, au nom de 43,610 parties, sont de..................................		39,377,047
représentant au pair un capital de..	1,312,568,234	
A reporter........	3,949,553,337	170,328,205

Report....	3,949,553,337	170,328,205
Le capital inscrit au 1er janvier 1830 est donc au pair de.........	3,949,553,337	
et les arrérages annuels sont de.................		170,328,205
Il convient d'ajouter à ces deux sommes les rentes rachetées par la caisse d'amortissement, qui se composent en capital et intérêts comme il suit :		
37,070,107 de rentes 5 pour 100 au capital de......... 741,402,140		
433,097 de rentes 3 pour 100 au capital de 14,436,566		
Ensemble............	755,838,706	37,503,204
Total général.......	4,705,392,043	207,831,409

Les fonds affectés annuellement à la dotation de la caisse d'amortissement ont été portés à 41,665,050

et la totalité de ses ressources est ainsi parvenue aujourd'hui à 79,168,844 fr.

La dette viagère constituée au nom de 36,785 parties n'est plus que de........................ 7,271,914

Les pensions inscrites sur les livres du Trésor au nom de 167,173 parties s'élèvent au 1er janvier 1830, SAVOIR :

Pensions civiles.................	1,825,604	56,984,246
Id. ecclésiastiques	5,986,452	
Id. militaires	47,643,189	
Id. de donataires	1,529,001	

Enfin, les capitaux de cautionnements montant à 226,483,973 fr. 6 cent., exigent chaque année des intérêts pour la somme de 9,000,000

Les charges annuelles de la dette inscrite s'élèvent donc ensemble, au 1er janvier 1830, à....... 322,752,619

Mais cette dette, qui occupe la place la plus importante parmi nos dépenses générales, est susceptible de décroître progressivement, par suite de la réduction naturelle de l'intérêt et par l'effet des extinctions successives que le temps doit amener dans nos engagements temporaires. Nous avons annoncé qu'il était permis de présager une réduction prochaine des charges de la dette fondée, qui pourra s'élever à près de 40 millions, soit qu'elle s'applique au taux des intérêts, soit qu'elle provienne des fonds disponibles de l'amortissement. Nous avons fait prévoir aussi, par des calculs positifs, que cinquante ans suffiraient pour éteindre les 7 millions de la dette viagère, et trente ans pour nous rendre 27 millions sur le crédit des pensions militaires. Cette économie graduelle de 34 millions nous promet chaque année un tribut de près de 2 millions jusqu'à ce qu'elle soit entièrement réalisée. L'avenir pourra donc s'enrichir par les épargnes du présent d'une réserve accumulée de près de 80 millions.

QUATRIÈME PARTIE

SITUATION GÉNÉRALE DES FINANCES.

Je dois terminer cet exposé des nombreux services qui se rattachent à l'administration qui m'est confiée, en présentant à Votre Majesté l'analyse de tous les résultats qui composent la situation générale des finances.

Je commencerai par expliquer les divers articles de l'actif et du passif du Trésor; je ferai connaître ensuite les charges qui restent à acquitter sur l'arriéré et sur les exercices clos, et j'y réunirai les résultats probables des deux budgets en cours d'exécution, ainsi que les évaluations relatives à 1831, afin de rappeler ainsi l'ensemble des besoins actuels et futurs de la France et de les comparer à toutes nos ressources présentes et à venir.

SITUATION DU TRÉSOR.

Le régime antérieur à 1814 a fait peser sur le Trésor, comme sur toutes les autres branches de l'administration, des avances pour lesquelles aucun fonds n'avait été réservé par le dernier gouvernement : la nécessité de pourvoir aux circonstances les plus impérieuses a forcé cette banque de l'État à payer, avec ses moyens ordinaires de crédit, une somme de 100,363,153 fr. 2 c. au delà de ses recettes sur les contributions publiques. Un compte général des recouvrements et des payements effectués sur les budgets antérieurs à la Restauration, par le Trésor et la caisse d'amortissement, qui n'en était réellement que le comptoir, a démontré l'exactitude de cet excédant de dépense aux diverses commissions, composées de membres des Chambres, de la cour des comptes et du conseil d'État, qui en ont vérifié plusieurs fois tous les détails. Ce déficit, qui résultait évidemment des faits exécutés par les comptables sur ces anciens exercices, se trouvait en même temps contrôlé par la situation matérielle des caisses du Trésor à la même époque, puisque leurs valeurs actives ne s'élevaient qu'à 43,437,237 fr. 54 c., tandis que leurs engagements et leurs dettes étaient de 143,779,390 fr. 56 c. Cette double démonstration ne peut donc plus laisser d'incertitude, aujourd'hui surtout que les différents termes de cette importante liquidation ont été successivement confirmés par les événements eux-mêmes, qui ont fait rembourser à leur échéance toutes les créances passives de cette époque, et réaliser aussi les fonds des créances actives, à l'exception d'une somme de 1,264,000 fr., qui est d'ailleurs garantie par des gages certains.

Aucune partie de nos anciennes charges n'a donc été liquidée d'une manière plus approfondie et plus complète, et l'on doit considérer aujourd'hui ce déficit comme définitivement arrêté à la somme de 67,305,366 fr. 56 c., à laquelle l'ont réduit l'application d'une somme de 10,047,786 fr. 46. provenant de la vente des biens des communes et un remboursement de 23 millions opéré en exécution de la loi du 25 mars 1817, par un crédit spécial ouvert sur les fonds généraux du budget de cet exercice. Une seconde avance a laissé le Trésor à découvert de

6,382,785 fr. 14 c. sur le service des cautionnements pour les remboursements faits aux Français titulaires d'emplois dans les départements séparés du territoire. Ces deux articles de dépenses, qui appartiennent au service antérieur à 1814, ont occasionné un vide de 73,687,151 fr. 70 c. qui est facilement couvert avec les ressources sans cesse renouvelées que procurent les emprunts de la dette flottante du Trésor.

Les nouvelles avances qu'a supportées cette administration depuis la Restauration sont toutes garanties par des gages dont le recouvrement est plus ou moins éloigné, et qui ne lui imposent que des charges temporaires dont le poids n'est pas trop pesant pour elle. Les unes se composent de reliquats d'anciennes créances, montant à 1,274,000 fr., et de soldes actifs de plusieurs comptes courants pour 1,385,000 fr. Les autres sont relatives à l'occupation de l'Espagne, qui s'est engagée à les rembourser par le traité du 30 décembre 1828 (89,216,000 fr.), et aux dépenses extraordinaires de 1828 à couvrir par le produit de 4 millions de rentes accordés en vertu de la loi du 19 juin de la même année (50,513,000 fr.). Enfin, par une conséquence naturelle de la marche régulière et rapide des dépenses, nonobstant l'exactitude et l'abondance des perceptions, le Trésor n'a plus d'excédants de recettes suffisants pour former la réserve de fonds nécessaire au service journalier de ses caisses, et il ne peut plus assurer l'acquittement ponctuel de tous les créanciers de l'État sans recourir aux ressources de son crédit. Cette position toute récente lui impose une avance momentanée sur les produits des impôts, qui était, au 1er janvier 1830, de 54,112,000 francs. Toutes ces causes réunies ont élevé sa dette flottante, à la même époque, à 270,187,000 fr.

Cette précieuse ressource, qui s'obtient à des conditions modérées, ne satisfait pas moins aux convenances des prêteurs qu'à celles de l'administration. Elle représente en effet :

1° Les recettes disponibles que les communes s'empressent de faire fructifier et de mettre à l'abri des chances de pertes en les plaçant au Trésor, ci..	65,874,000
2° Les fonds que divers services publics ne réclament pas encore, et dont les administrations spéciales ou les tiers intéressés lui confient la garde et la conservation..............................	28,325,000
3° Ceux dont les receveurs généraux et autres comptables se sont mis en avance pour assurer, de leurs deniers personnels, les services qui leur sont confiés et pour offrir un gage de plus à la sécurité de l'administration...........................	32,437,000
4° Enfin les tributs apportés par la confiance des porteurs des engagements à terme du Trésor, et qui ont élevé ses effets à payer à..................	143,551,000
Total.....................	270,187,000

Ces moyens de crédit, qui facilitent les mouvements du mécanisme de la Trésorerie, et qui fortifient son action, sont renfermés aujourd'hui dans la limite rigoureuse des besoins du moment, et seraient susceptibles de recevoir à l'avenir une extension bien plus grande sans que leur puissance en fût affaiblie et sans altérer aucun de leurs avantages.

La situation du Trésor est donc désormais à l'abri de

toute incertitude et de tout embarras, malgré les charges qui lui ont été léguées par le gouvernement précédent, et par les avances temporaires du service nouveau.

ARRIÉRÉ DES MINISTÈRES.

L'arriéré des ministères ordonnateurs a fait également retomber sur le Trésor les frais d'une longue guerre et les dettes d'une administration dont les dépenses n'avaient point été soumises aux calculs de la prévoyance ni aux règles de la justice. Ces besoins extraordinaires remontaient jusqu'à l'origine, déjà très-reculée, du système qui les avait produits, et tenaient encore en suspens les droits trop longtemps méconnus de ceux qui avaient consacré leur travail ou leur fortune au service de l'État. L'insuffisance de l'ancienne comptabilité de chaque ministère a rendu cette liquidation très-lente et très-incertaine ; les recherches les plus laborieuses ont fait varier ses résultats depuis plus de quinze années entre 600 et 800 millions. Nous arrivons enfin au terme de ces incertitudes et de ces sacrifices, et les comptes de 1829 rendus par tous les Ministres présentent la situation définitive de cette partie de leurs charges. Déjà le gouvernement, jaloux d'accomplir sa libération, a fait de fréquents appels aux créanciers de l'arriéré : tous les titres produits ont été soumis à une liquidation définitive qui présente un reste à payer de 2,751,000 francs.

Ces derniers efforts de zèle auraient permis d'atteindre entièrement le but que l'on poursuit avec une si scrupuleuse persévérance depuis 1814, de ne laisser aucune réclamation indéfiniment ouverte contre le Trésor, s'il avait été possible de vaincre la négligence des parties en retard pour la présentation de leurs pièces justificatives : mais les avis et les instances réitérés des liquidateurs ont encore été sans effet sur un très-petit nombre d'entre elles, et l'intérêt général ne permet plus aujourd'hui d'hésiter à solliciter une nouvelle disposition de déchéance plus précise que celles qui ont été précédemment rendues pour dégager la situation des finances de ces dernières traces de désordre. Tout nouvel ajournement de cette mesure serait une véritable entrave à la marche libre et régulière du gouvernement, qui porterait plus d'atteinte à son crédit qu'elle n'offrirait d'avantage à des intérêts abandonnés par des tiers. Telles sont les considérations qui m'ont déterminé à préparer un article spécial de loi pour faire autoriser cette clôture définitive de l'arriéré.

Ces faibles restes de créances viendront s'imputer successivement sur les crédits ouverts aux dépenses courantes des ministères, sans y ajouter des suppléments assez considérables pour troubler l'équilibre des budgets, si toutefois ils n'y étaient pas compensés par de nouvelles économies.

DÉPENSES RESTANT A PAYER SUR LES EXERCICES CLOS.

L'ordonnance du 14 septembre 1822, qui a posé les principes de la comptabilité des dépenses publiques, a eu principalement pour objet, en prescrivant une description complète de tous les droits acquis aux créanciers de l'État, au fur et à mesure de l'exécution des services, et en fixant le 31 décembre de la seconde année pour limite précise de la durée et de la libération entière de chaque exercice, de fermer à l'avenir tout accès aux embarras et aux charges d'un nouvel arriéré. Néanmoins il était difficile de soumettre au joug de cette règle sévère les habitudes des nombreux agents de tous les services; ce nouveau système les plaçait sous une surveillance plus immédiate et sous la nécessité plus pressante d'accomplir et de justifier les dépenses autorisées par des crédits toujours prêts à se fermer devant la négligence ou le défaut de régularité. Ce régime, qui s'est exécuté depuis plusieurs années, a déjà produit d'inappréciables avantages pour l'ordre, pour l'économie et pour le crédit du gouvernement. Les mesures que Votre Majesté vient de prescrire par son ordonnance royale du 23 décembre 1829, pour remettre constamment sous les yeux des administrateurs et de la législature les créances restant à payer sur les exercices clos, offrent les moyens de reconnaître le soin et les succès avec lesquels cette méthode récente a été appliquée dans les différents ministères. Les tableaux joints au compte de 1829 font ressortir d'une manière frappante la célérité et l'exactitude qui ont été apportées par toutes les branches de l'administration royale, pendant une période de quinze années, dans l'exécution et le payement de tous les services publics, puisque, sur une somme de près de 15 milliards, qui leur a été consacrée depuis 1814 jusqu'en 1829, il ne reste plus que 1,300,000 francs de liquidations non soldées au 1er janvier 1830.

Aucune précaution ne doit plus être négligée désormais pour conserver les bienfaits de ces règles salutaires; mais la seule diligence des ordonnateurs ne nous empêcherait pas d'en perdre un jour les heureuses conséquences, si la fortune publique, comme celle des particuliers, n'était pas protégée contre l'indifférence ou les lenteurs des créanciers; si les engagements pris par l'État n'avaient pas un terme fatal qui le dégageât légalement, comme un débiteur ordinaire, vis-à-vis des tiers contractants. C'est donc en invoquant pour le Trésor les principes du droit commun que je réclame l'adoption d'une époque légale où sa libération ne pourra plus être retardée par le caprice ou l'insouciance, et qui lui permettra de fermer définitivement ses comptes, au lieu de les tenir toujours ouverts à des prétentions trop tardives. Le crédit public est aussi fortement intéressé à cette mesure que le crédit privé lui-même, parce qu'ils ne peuvent s'établir l'un et l'autre avec quelque durée que sur des données positives et exemptes de toute incertitude. On peut proposer avec confiance cette dernière amélioration de nos formes de comptabilité au moment où l'expérience nous a si complétement rassurés sur la proportion dans laquelle son application sera renfermée, et lorsque les quinze exercices qui viennent de s'écouler n'ont pas à reporter plus de 1,300,000 francs sur les budgets qui les suivent. D'ailleurs cette utile disposition est déjà prescrite par les lois, et est depuis longtemps appliquée à la partie de nos dépenses qui commanderait le plus de ménagements, si ces ménagements eux-mêmes ne devenaient pas abusifs par une extension exagérée des principes qui les justifient; ainsi les arrérages de la dette inscrite sont soumis à la prescription quinquennale.

Maintenant que Votre Majesté a pu apprécier le peu d'importance des dettes antérieures qui doivent grever encore les budgets à venir, et qui se répartiront d'une manière presque insensible sur les diverses années où les créanciers se présenteront aux caisses du Trésor, je dois appeler son attention sur la marche et les résultats des services nouveaux.

RÈGLEMENT DU BUDGET DE 1828.

Le budget de 1828 est arrivé à son terme : ses recettes et ses dépenses vont être fixées pendant le cours de la session prochaine, et présenteront en définitive un excédant de recettes de 4,768,000 fr.

Les produits indirects de cet exercice ont éprouvé un accroissement considérable qui a dépassé de 17 millions les évaluations de la loi de finances. Les causes de ce nouveau résultat du progrès de la richesse publique sont expliquées avec détail par les documents annexés au projet de règlement qui sera soumis aux délibérations des Chambres.

Les dépenses ont été assez exactement renfermées dans leurs limites primitives : en effet, les annulations et les compléments de crédit ne dégagent qu'une faible différence de 3 millions, qui est également justifiée, avec les développements nécessaires, dans les pièces produites à l'appui des comptes des Ministres. Les besoins extraordinaires relatifs à l'expédition de la Morée, à l'accroissement de l'effectif de l'armée, au blocus d'Alger et à la station du Brésil, ont ajouté à cet exercice une dépense supplémentaire de 50,512,000 francs qui a été couverte par un prélèvement sur le fonds de 4 millions de rentes affecté par la loi du 19 juin 1828 à cette destination spéciale.

SITUATION PROVISOIRE DE L'EXERCICE 1829.

L'exercice 1829 va recevoir de celui qui le précède une

subvention de 4,768,000 francs. Ses recettes ont aussi excédé les prévisions législatives de 4,165,000 fr., quoiqu'elles aient été inférieures de 8,500,000 fr. à celles de l'année précédente, et que la rigueur de la saison dernière ne leur ait pas permis de se maintenir au degré d'élévation qu'elles avaient atteint en 1828. Les augmentations et les diminutions de chaque impôt sont discutées dans les explications qui accompagnent la situation provisoire de ce budget.

Quoique les dépenses de 1829 ne puissent être entièrement soldées qu'à la fin de 1830, les services en sont déjà accomplis, et leur exécution est assez bien constatée pour permettre d'en présenter les résultats. Plusieurs compléments de crédits seront nécessaires pour les primes de douanes et de la pêche maritime, pour les fourrages, les vivres, le chauffage, etc.; mais ces excédants seront en même temps compensés par des annulations probables qui réduiront le supplément définitif à 5,880,000 fr.

Cette opération ramènera le montant des crédits ordinaires à la somme de	1,026,617,152
Celui des recettes sera de	1,030,782,656
Et il restera disponible une ressource de	4,165,504

pour l'exercice 1830.

L'administration n'aura donc à solliciter aucune nouvelle ressource pour les deux budgets, dont il est déjà possible de déterminer l'événement, et leur solde final apportera une nouvelle recette de 4,165,504 fr. aux besoins de celui qui vient de s'ouvrir.

BUDGET DE L'EXERCICE 1830.

L'année 1830 est à peine commencée; ses produits et

ses dépenses ont été arrêtés par la loi du 2 août 1829, qui a fait prévoir un excédant de recettes de 6,947,000 fr.

Je n'ai pas encore obtenu des données suffisantes pour être en mesure d'entretenir Votre Majesté des circonstances qui pourraient influer sur les résultats de cet exercice.

Néanmoins, il sera difficile de réaliser cette année des recettes aussi abondantes que celles de 1828, qui ont été la base des évaluations de 1830, et qui avaient dépassé toutes les rentrées précédentes.

Je dois continuer l'exposé de notre situation financière en présentant le résumé des propositions faites pour le budget de 1831.

BUDGET DE L'EXERCICE 1831.

C'est toujours par nos engagements antérieurs que doit s'ouvrir la nomenclature de nos charges, et nous aurons encore à supporter, en 1831, pour l'accomplissement de ces anciennes obligations,

Une dépense de				326,033,934
		SAVOIR :		
En rentes	5 p. 100	163,857,078	206,431,409	
	4 ½	1,029,237		
	4	3,134,950		
	3	38,410,144		
En viager			6,450,000	
En intérêts de cautionnements			9,000,000	
Idem de la dette flottante du Trésor.			6,000,000	
		A reporter	227,881,409	326,033,934

Report.....	227,881,409	326,033,934
En pensions civiles, ecclésiastiques et militaires........................	56,487,475	
Total..............	284,368,884	
En amortissement de la dette fondée	41,665,050	
Somme égale..............	326,033,934	
Les dotations consacrées à la liste civile, aux Chambres et à la Légion d'honneur, s'élèvent à....		36,664,000
La dignité de la religion et les besoins du clergé réclament..		36,825,000
Les cours et les tribunaux, chargés par la délégation royale de maintenir partout le règne des lois et de la justice, demandent une allocation de......		16,578,175
Les besoins créés par les intérêts locaux des départements et des communes exigent............		74,371,000

SAVOIR :

Dépense fixes et variables des départements............	48,351,431	56,171,000
Dito du cadastre.....	6,000,000	
Dito de secours pour grêle, incendies, etc....	1,819,569	
Dépenses ordinaires et extraordinaires des communes..............		18,200,000
Somme égale........		74,371,000

Il sera nécessaire d'affecter aux ponts et chaussées	41,000,000
Et aux travaux publics........................	3,470,000

afin d'entretenir autant que possible l'aisance générale par le développement du travail et des moyens de communication.

La portion des dépenses de la guerre et de la marine, qui est relative à la solde et à l'entretien de l'effectif des troupes de terre et de mer, sera de...	190,196,200
A reporter......	725,138,309

		Report....	725,138,309
Savoir : Guerre......	162,880,000	190,196,200	
Marine......	27,316,200		

Les relations diplomatiques de la France avec les puissances étrangères réclament................ 5,075,000

Les frais de régie et de perception qui grèvent encore les impôts, malgré des réductions successives, sont de.............................. 57,421,910

La défense de nos lignes de douanes sollicite en faveur du commerce et de l'industrie un crédit de 23,835,998

L'exploitation du tabac et la vente des poudres occasionnent une dépense de.................. 25,483,000

Le transport des dépêches coûte.............. 10,693,342

Les non-valeurs et les restitutions réduisent les produits réels des contributions de............. 23,551,883

Les frais de trésorerie sont de................. 5,600,000

Enfin, nous avons réservé pour le matériel des nombreux services publics, pour les constructions civiles et militaires et pour toutes les dépenses de l'administration générale du royaume, une somme de................ .... 106,386,155 qui se répartit entre les ministères dans la proportion de leurs besoins.

L'ensemble de nos charges de toute nature sera donc encore de (1)........................... 983,185,597

(1) La différence qui existe entre ce résultat et celui du budget de 1830, a pour motif les dépenses suivantes provenant, pour la plupart, de lois précédemment rendues, d'améliorations sollicitées par divers intérêts publics, ou de mesures d'ordre qui n'apportent aucune nouvelle charge à l'État,

Savoir :

Second trimestre du crédit en rente de 4,800,000 fr., dont les fonds n'avaient été faits que pour six mois au budget de 1830 (loi du 19 juin 1820), 2,400,000 fr.;

Dépenses du service rural des postes, non comprises au budget de 1830, et que doit couvrir l'augmentation prévue dans les produits (loi du 3 juin 1829), 2,988,000 fr.;

Si cette rapide analyse de nos dépenses a permis à Votre Majesté de saisir le principal objet de chacune d'elles, leur utilité lui en sera mieux démontrée par les justifications spéciales et les explications étendues que chaque Ministre a fait annexer à ses propositions pour développer le système particulier de l'administration qui lui est confiée. J'ai fait tous mes efforts pour remplir cette partie importante de la tâche qui m'est imposée de manière à ne laisser aucun doute sur la nécessité des allocations que je réclame en faveur d'une administration dans laquelle j'ai voulu faire pénétrer tous les regards, afin d'en mieux démontrer les véritables exigences.

Les Ministres ont obervé avec soin le régime de spécialité qui ouvre des crédits particuliers à chaque branche de leur service. Le vote des Chambres, qui doit d'ailleurs s'éclairer par de nombreux détails fournis à l'appui des différentes parties de l'administration, pourra ainsi se renfermer dans les sections spéciales proposées à la sanction de la loi, et ne point s'appliquer aux chapitres et aux articles dont elles se composent, de manière à embarrasser la marche des délibérations, à en retarder les

Intérêts, primes et amortissement dus pour les canaux (lois spéciales de 1821, 1822, 1825 et 1829), 1,150,000 fr.;

Complément nécessaire pour les encouragements accordés par les lois et règlements à la pêche de la morue et de la baleine, 600,000 fr.;

Réunion, *pour ordre*, au budget de l'État d'une portion de la dépense des écoles militaires qui se compense avec la recette des pensions payées par les familles, 400,000 fr.;

Remplacement à l'hôtel des Invalides de la guerre du produit de la retenue sur les pensions civiles et militaires dont la suppression doit être proposée, 1,500,000 fr.;

Suppléments en faveur des cours et tribunaux, de l'instruction primaire, des paroisses et succursales, des consulats, etc., compensés généralement par les réductions obtenues sur d'autres services. (*Mémoire.*)

résultats et à affaiblir la responsabilité de chaque ordonnateur en lui imposant des limites trop étroites.

Les recouvrements qui ont été réalisés pendant le dernier exercice doivent servir de base aux évaluations des produits de 1831 :

Leur montant s'est élevé à 970,213,158 fr. (sauf quelques modifications de détail)................		970,213,158
Nous y ajouterons :		
Les nouvelles rentrées opérées sur les biens de l'ancien Sénat...........	3,000,000	7,000,000
Sur les domaines engagés.........	4,000,000	
Le produit probable du service rural des postes......................	2,078,000	2,988,000
Et celui de la subvention des communes.........................	910,000	
Les bénéfices réalisés par la caisse des dépôts et consignations..............................		6,000,000
Et nous obtiendrons ainsi une recette de.......		986,201,158
Dont le total, comparé à la masse des crédits...		983,185,597
Fait ressortir un excédant disponible de........		3,015,561

CONCLUSION.

Telle est, Sire, la véritable situation des charges et des ressources de la France ; toutes ses dettes sur les anciens exercices sont ou soldées ou couvertes par des moyens suffisants, et ses budgets courants et futurs offrent dès à présent des fonds libres et de grandes espérances d'amélioration.

Le régime d'ordre et d'économie qui s'est établi dans les diverses parties du service a déjà produit de nombreuses épargnes qui ont allégé le poids de nos sacrifices ; j'ai la satisfaction d'avoir pu montrer à Votre Majesté que l'administration des finances était entrée franchement dans cette carrière, et qu'elle y avait déjà recueilli plus de 30 millions par des perfectionnements successifs dans les différentes branches de son travail. J'espère aussi avoir démontré, par les développements que je viens de présenter sur le système de nos contributions publiques, qu'il sera possible incessamment d'en améliorer les tarifs, et d'en obtenir des tributs non moins abondants et plus faciles à supporter. L'espérance d'un nouvel accroissement de revenus ne se change-t-elle pas en certitude, lorsqu'on suit les progrès de cette augmentation rapide et soutenue qui a élevé nos impôts indirects de 212 millions pendant les quinze années de prospérité qui sont dues au retour de la paix et à la paternelle sollicitude de nos rois? Que ne devons-nous pas à attendre de l'activité industrieuse d'une population dont les efforts sont tous dirigés vers l'intérêt général !

Nous pouvons retrancher aussi de nos dépenses les utiles économies que l'ordre et la simplification du système administratif nous permettraient de réaliser avec une sage lenteur et sans nuire à la bonne exécution des services. Nous verrons s'affaiblir chaque année les charges temporaires que nous imposent encore la dette viagère, les pensions, les secours, les demi-soldes des militaires. Une épargne de 40 millions nous est assurée par l'extinction graduelle de ces divers articles. Nous n'obtiendrons pas moins de la conversion de nos rentes 5 p. 100 et des fonds que l'élévation des cours rendrait disponibles sur l'amortissement de notre dette fondée. Nous avons enfin surmonté les circonstances les plus difficiles ; nous sommes entièrement quittes de toutes les obligations qu'elles avaient fait contracter à la France, et nous sommes appelés à recevoir aujourd'hui le prix de tant d'efforts et de persévérance.

Pour seconder les heureuses conséquences des principes de justice et des règles d'administration que nous avons suivies jusqu'à ce jour, Votre Majesté a reconnu qu'il restait encore à entreprendre des travaux importants, et propres à donner un nouvel essor aux forces productives de l'agriculture, du commerce et de l'industrie. La prospérité d'un grand peuple dépend presque toujours des moyens qui lui sont offerts pour agrandir le cercle de ses relations, pour multiplier les produits de son travail et pour exciter à des consommations plus développées. Déjà cet esprit actif qui anime en France toutes les classes de la société est parvenu à créer de nouvelles sources à la richesse publique, et commence à répandre les bienfaits d'une aisance générale dans toutes les familles. Cette précieuse tendance doit être constamment soutenue et encouragée par la prévoyance du gouvernement, et il est de son devoir d'ouvrir et d'aplanir les voies aux continuelles entreprises qui contribuent à l'amélioration de toutes les conditions sociales. Il est prudent sans doute d'éviter les dépenses abusives; mais il n'est pas moins sage de remplacer de stériles épargnes par des emplois qui doivent augmenter les ressources du Trésor et celles des particuliers.

Je ne crois donc pas que l'intérêt bien entendu des contribuables conseille de réserver exclusivement à des dégrèvements d'impôts les importants résultats de la réduction et de l'extinction de nos dettes anciennes, surtout après l'allégement de 92 millions qui a déjà été accordé à la propriété, et je pense qu'il sera plus utile de les consacrer à la dotation, jusqu'à présent trop insuffisante, de plusieurs services qui ont pour but d'enrichir et d'honorer la France. C'est ainsi qu'on satisferait au besoin chaque jour plus pressant de compléter les établissements civils et hydrauliques de la marine, de fournir à la défense de nos frontières tous les fonds nécessaires pour garantir la sécurité et l'indépendance du pays; c'est ainsi qu'on pourrait appliquer à l'achèvement de nos routes et de nos canaux les subsides indispensables pour établir entre toutes les parties de la France des communications faciles qui favoriseraient le travail, ouvriraient de nouveaux débouchés à ses produits, et réaliseraient pour l'avenir toutes les espérances de la Restauration. Ces fertiles emplois des épargnes dues au crédit de l'État élèveraient nos revenus dans une proportion incalculable, et nous procureraient un ample dédommagement des sacrifices temporaires qu'ils nous auraient demandés.

Le tableau que je viens de mettre sous les yeux de Votre Majesté, pour lui exposer dans toutes ses parties la situation des finances de l'État, ne présente que des résultats satisfaisants sur le passé, et plus favorables encore pour l'avenir. Jamais aucun peuple n'a recueilli des avantages plus précieux et plus prompts que ceux dont la France a commencé à jouir depuis le retour de ses souverains légitimes ; jamais aucune nation n'a été appelée à de plus belles destinées que celles que prépare encore la sollicitude royale à la reconnaissance publique. Tous les efforts se réuniront désormais à ceux du souverain pour conserver les bienfaits d'un gouvernement qui a fondé la prospérité de la France, et qui doit satisfaire chaque jour davantage à ses nouveaux besoins et à ses plus chères espérances.

Je suis, avec le plus profond respect, Sire, de Votre Majesté, le très-humble, très-obéissant et très-dévoué serviteur et sujet.

Le Ministre secrétaire d'Etat des finances,

COMTE DE CHABROL.

Paris, le 18 mars 1830.

PIECES A L'APPUI DU RAPPORT AU ROI

SUR L'ADMINISTRATION DES FINANCES.

TABLEAUX ET DOCUMENTS STATISTIQUES

SUR LES

DIVERSES PARTIES DE L'ADMINISTRATION DES FINANCES

OBJETS DES TABLEAUX.

1. — État des frais de poursuite payés par les receveurs des finances, pendant l'année 1828, pour le recouvrement des contributions directes.
2. — Tableau indiquant les modifications que la répartition générale de la contribution foncière entre les quatre-vingt-six départements a éprouvées depuis 1791 jusqu'à 1830.
3. — Tableau des départements où le travail de la sous-répartition de la contribution foncière est achevé ou en cours d'exécution, avec l'indication des départements où l'opération a été appliquée à la fixation des contingents des arrondissements et des communes et où elle a été ajournée.
4. — État du nombre de cotes foncières portées aux rôles de 1826.
5. — Tableau des villes où le remplacement de la contribution personnelle et mobilière est opéré par une perception sur les consommations.
6. — Résultats généraux concernant la contribution personnelle et mobilière.
7. — État du nombre de portes et fenêtres imposables et du montant de la contribution établie sur toutes les ouvertures.
8. — *Idem* dans les communes au-dessous de 5,000 habitants, et du montant de la contribution établie sur toutes ces ouvertures.

9. — État du nombre de portes fenêtres dans les villes au-dessus de 5,000 habitants, et du montant de la contribution établie sur toutes les ouvertures.
10. — État du montant des rôles de la contribution des patentes.
11. — Tableau des dégrèvements accordés sur les contributions directes depuis le 1er avril 1814.

Tableaux présentant la progression des revenus publics de la France, depuis le 1er janvier 1816 jusqu'au 31 décembre 1828, savoir :

12. — Contributions directes.
13. — Enregistrement, timbre, domaines.
14. — Forêts.
15. — Douanes et sels.
16. — Boissons.
17. — Postes.
18. — Loterie.
19. — Résumé, en valeurs, du commerce de la France avec ses colonies et les puissances étrangères, pendant l'année 1828.
20. — Tableau des marchandises exportées avec jouissance de la prime, pendant l'année 1828.
21. — Relevé du droit de consommation perçu sur les sels, à partir de l'année 1817, présentant l'indication en quintaux métriques des quantités de sels représentatives du droit et de la consommation moyenne par individu.
22. — Tableau comparatif de l'étendue et des produits de la culture des vignes, de 1786 à 1788, et de 1826 à 1828.
23. — *Idem* de l'exportation des vins et des eaux-de-vie de France à l'étranger, de 1787 à 1789, et de 1815 à 1829.
24. — Tableau, par exercice, des recettes en mises à la loterie, de la dépense en lots, des dépenses administratives, du produit net revenant au Trésor, et du résultat proportionnel tiré au marc le franc pour chaque année, depuis 1797 (an VI) jusques et compris 1828.
25. — État des matières versées aux changes des monnaies, depuis le 1er avril 1803 jusqu'au 31 décembre 1829, et des fabrications en espèces décimales.

26. — État des fabrications d'espèces de cuivre, depuis 1786 jusqu'à 1810.

27. — État des recettes faites sur le produit des salines et mines de sel de l'Est.

28. — État comparatif des produits et des frais de régie, de perception et d'exploitation des revenus de la France en 1828.

29. — Tableau des revenus du Trésor en 1789, extrait du compte rendu par M. *Necker*, le 1er mai 1789, et des frais de perception et d'administration établis dans l'état arrêté le 22 juin 1791 par le comité des contributions publiques de l'Assemblée constituante.

30. — État des produits et frais de perception des revenus publics de la Grande-Bretagne pendant l'année 1828.

31. — Situation, au 1er janvier 1830, des crédits ouverts pour l'inscription des rentes 5 0/0.

32. — État indiquant par aperçu le classement par catégorie des propriétaires des rentes 5 et 3 0/0 subsistantes au 1er janvier 1830.

33. — Tableau présentant la décroissance de la dette viagère, à compter du 1er janvier 1830 jusqu'à l'époque de son extinction.

34. — Tableau présentant le relevé des recettes et des dépenses de la caisse générale des pensions de retraite du département des finances, du 1er janvier 1825, époque de sa constitution, au 31 décembre 1829.

35. — Tableau du décroissement probable des anciennes pensions ecclésiastiques inscrites au Trésor au 1er janvier 1830

36. — *Idem* des pensions militaires, jusqu'à l'époque où elles seront réduites au *maximum* de 20 millions fixé par la loi du 25 mars 1817.

37. — Nomenclature des lois, arrêtés, décrets et décisions qui ont soumis les diverses fonctions publiques à la condition d'un cautionnement en numéraire.

38. — Tableau des capitaux de cautionnement inscrits au 1er avril 1814 et au 1er janvier 1830.

ÉTAT N° 1. — État des frais de poursuites payés par les receveurs des finances, pendant l'année 1828, pour le recouvrement des contributions directes.

DÉPARTEMENTS.	MONTANT DES FRAIS PAR NATURE DE POURSUITES.												TOTAL.		MONTANT DES RÔLES.	PROPORTION DES FRAIS.	
	GARNISONS collectives.		GARNISONS individuelles.		COMMANDEMENTS.		SAISIES et frais de garde.		VENTES.		ACTES conservatoires.						
	fr.	c.	fr.	c.	fr.	c.	fr.	c.	fr.	c.	fr.	c.	fr.	c.	fr.	p. 1,000	
Ain	4,337	10	169	75	2,735	17	574	20	138	06	»		7,954	28	2,468,048	3 fr.	22 c.
Aisne	2,886	30	208	»	1,257	60	585	45	122	07	9	60	5,069	02	3,729,440	»	88
Allier	3,722	16	10	»	2,728	85	594	35	133	38	19	85	7,208	59	2,418,673	2	94
Alpes (Basses-)	1,952	85	124	50	1,496	90	128	65	»		»		3,702	90	1,161,352	3	18
Alpes (Hautes-)	1,416	14	28	50	1,122	25	487	85	18	60	»		3,103	34	915,767	3	40
Ardèche	3,290	10	316	50	1,340	15	268	10	102	96	2	70	5,320	51	1,831,734	2	90
Ardennes	963	12	8	»	438	30	78	35	»		15	65	1,503	42	2,648,659	»	57
Ariége	4,178	80	»		3,980	90	617	90	1,101	80	9	10	9,888	50	1,296,111	6	35
Aube	2,957	20	12	»	1,894	20	380	90	82	75	11	»	5,338	05	2,922,668	1	82
Aude	6,896	30	93	»	4,115	90	1,855	02	322	85	24	80	13,307	87	3,392,667	3	92
Aveyron	10,080	13	»		6,367	»	2,231	90	414	57	48	35	19,141	05	2,812,706	5	02
Bouches-du-Rhône	8,076	»	198	10	8,492	25	3,500	45	159	79	300	»	20,726	59	4,418,481	4	69
Calvados	7,239	75	182	»	5,979	69	3,019	47	747	19	318	39	17,486	49	7,302,816	2	39
Cantal	2,897	15	132	»	1,343	»	742	40	515	79	25	10	5,655	44	2,101,586	2	69
Charente	5,338	10	1,582	50	2,510	43	1,063	52	257	40	44	80	10,796	75	3,491,011	3	09
Charente-Inférieure	7,808	26	542	»	5,426	65	2,368	45	292	57	84	55	16,522	48	4,839,997	3	41
Cher	2,399	85	66	»	2,025	67	638	90	78	35	38	35	5,247	12	1,994,088	2	58
Corrèze	2,835	»	23	»	2,494	60	2,634	25	1,196	89	13	20	9,196	94	1,729,112	5	31
Corse	1,234	73	2,714	»	176	35	92	10	5	05	2	20	4,224	43	494,100	8	55
Côte-d'Or	4,737	45	529	25	2,355	»	269	95	183	84	28	20	8,103	69	4,913,872	1	65
Côtes-du-Nord	4,100	54	119	65	1,144	26	165	70	53	87	»		5,584	02	3,184,814	1	75
Creuse	1,995	»	12	»	1,242	05	333	50	42	61	7	15	3,632	31	1,408,729	2	59
Dordogne	8,327	75	693	75	6,222	56	4,519	70	657	46	642	35	21,063	57	4,015,231	5	24
Doubs	1,548	49	»		1,923	01	421	35	46	53	29	35	3,968	73	2,414,701	1	64

Drôme	6,094	57	3	»	6,421	90	808	95	64	88	97	15	13,490	45	2,401,791	5	62
Eure	5,358	76	239	25	6,008	91	2,410	06	653	98	68	31	14,739	30	3,897,103	2	49
Eure-et-Loir	5,223	93	72	»	3,232	»	1,188	20	115	98	43	10	9,875	21	4,315,273	2	24
Finistère	2,981	94	117	50	1,147	50	284	65	11	50	7	50	4,850	59	3,033,280	1	60
Gard	6,547	31	490	50	2,385	58	370	50	32	65	126	20	9,952	77	3,648,746	2	72
Garonne (Haute-)	10,442	»	27	»	6,980	35	2,017	»	453	67	110	45	20,030	47	4,632,302	4	32
Gers	4,639	51	28	»	6,156	25	2,202	14	351	12	30	20	13,127	22	3,090,706	4	33
Gironde	12,673	21	141	»	14,896	04	7,590	20	1,885	04	661	29	37,846	81	7,105,770	5	32
Hérault	6,457	60	232	50	3,738	15	782	70	86	83	70	90	11,068	68	4,321,147	2	44
Ille-et-Vilaine	5,161	89	2	»	1,826	42	302	45	13	70	6	80	7,012	87	3,743,641	1	87
Indre	4,706	90	361	75	3,199	15	987	65	178	96	91	05	9,525	46	2,058,478	4	62
Indre-et-Loire	1,645	50	14	»	1,454	49	824	80	199	91	83	40	4,222	10	3,157,067	1	34
Isère	9,932	15	286	»	6,208	08	1,025	15	152	27	110	10	18,613	75	4,386,094	4	05
Jura	1,817	35	12	»	1,125	50	81	15	78	92	27	55	3,142	47	2,367,074	1	22
Landes	2,585	20	»		2,412	95	666	35	235	05	61	15	5,960	70	1,462,360	4	07
Loir-et-Cher	4,591	36	354	85	2,144	05	313	40	38	92	25	80	7,468	38	2,595,472	2	87
Loire	5,680	94	»		3,297	35	1,475	31	216	35	33	95	10,733	00	3,001,768	3	57
Loire (Haute-)	4,363	65	72	50	2,601	48	1,336	41	148	05	2	40	8,514	49	1,969,389	4	27
Loire-Inférieure	5,305	54	216	»	1,052	30	201	85	139	49	37	31	6,952	49	3,715,846	1	87
Loiret	4,307	38	401	50	2,941	65	553	80	51	96	115	50	9,371	74	4,126,715	1	93
Lot	4,790	19	369	50	4,435	27	2,467	86	266	48	57	40	11,748	20	2,528,174	4	64
Lot-et-Garonne	6,332	02	456	»	6,854	40	3,406	58	573	61	111	66	17,353	27	3,927,520	4	44
Lozère	3,306	»	49	50	2,908	45	1,015	55	22	95	25	35	7,278	30	1,093,207	6	66
Maine-et-Loire	6,222	28	918	45	1,862	43	116	25	»		6	65	8,527	61	4,819,967	1	77
Manche	11,072	39	51	»	5,760	12	2,093	46	941	27	119	01	20,910	25	6,275,909	3	53
Marne	2,460	70	20	»	2,547	24	612	66	57	73	13	85	5,695	18	4,253,520	1	34
Marne (Haute-)	698	71	118	75	553	46	121	30	»		2	40	1,430	42	2,721,472	»	52
Mayenne	1,932	»	238	»	651	70	132	05	33	81	5	10	2,817	16	2,914,895	»	97
Meurthe	1,608	15	76	»	1,425	78	60	80	56	51	2	70	3,240	91	3,400,971	»	95
Meuse	878	49	313	50	1,266	80	264	20	79	58	12	80	2,504	87	2,917,132	»	85
Morbihan	4,349	52	86	»	740	42	126	33	34	99	»		5,517	76	2,850,941	1	94
Moselle	2,375	23	2	»	1,778	55	206	66	8	75	»		4,380	19	3,335,897	1	30
Nièvre	3,629	45	6	75	3,456	58	766	32	316	54	105	95	8,308	84	2,570,031	3	24
Nord	6,657	73	44,364	35	3,563	90	1,526	54	182	77	56	10	56,351	39	9,140,647	1	35
Oise	3,426	40	6	»	1,781	30	568	40	281	03	102	05	6,171	18	5,527,155	1	11
Orne	3,069	22	31	»	3,013	05	825	10	123	29	104	30	7,189	96	4,145,023	1	61
Pas-de-Calais	3,566	18	75	»	1,843	80	485	60	144	45	39	35	6,156	38	6,212,881	1	»
Puy-de-Dôme	9,598	43	»		12,243	60	5,175	10	1,039	60	70	60	28,220	33	4,536,038	6	02

DÉPARTEMENTS.	MONTANT DES FRAIS PAR NATURE DE POURSUITES.												TOTAL.		MONTANT DES RÔLES.	PROPORTION DES FRAIS.
	GARNISONS collectives.		GARNISONS individuelles.		COMMANDEMENTS.		SAISIES et frais de garde.		VENTES.		ACTES conservatoires.					
	fr.	c.	fr.	c.	fr.	c.	fr.	c.	fr.	c.	fr.	c.	fr.	c.	fr.	p. 1,000.
Pyrénées (Basses-)	4,527	58	320	»	3 692	93	1,772	60	320	79	15	40	10,224	30	1,995,051	5 fr. 12 c.
Pyrénées (Hautes-)	3,290	76	325	»	3,105	85	804	63	161	26	30	10	7,455	60	1,124,304	6 63
Pyrénées-Orientales	4,211	89	3	»	2,897	85	419	45	37	52	7	20	8,026	91	1,299,552	6 18
Rhin (Bas-)	7,124	73	54	25	4,995	48	1,063	83	185	07	3	90	13,568	21	4,075,167	3 32
Rhin (Haut-)	5,904	46	59	50	4,500	45	1,964	26	70	30	»		12,952	97	3,210,991	4 03
Rhône	3,719	58	87	»	3,769	60	1,501	75	513	34	484	46	10,177	73	5,506,822	1 84
Saône (Haute-)	923	84	»		716	46	168	60	47	20	3	70	1,861	70	2,766,355	» 67
Saône-et-Loire	6,045	»	296	50	6,441	15	1,546	90	362	59	25	25	14,439	39	5,187,781	2 78
Sarthe	4,006	65	11	»	998	64	63	60	12	75	6	»	5,508	64	4,268,597	1 29
Seine	3,015	»	34	»	15,390	85	9,839	53	5,604	15	2,932	70	36,816	30	24,737,879	1 50
Seine-Inférieure	6,820	86	405	»	12,480	95	5,673	59	484	76	156	50	26,018	07	10,472,909	2 48
Seine-et-Marne	3,804	25	12	»	1,966	44	682	40	181	44	97	05	7,101	08	5,554,612	1 27
Seine-et-Oise	13,827	37	55	»	4,204	43	1,221	80	119	48	262	35	20,091	43	7,526,480	2 66
Sèvres (Deux-)	1,822	25	166	»	1,550	02	202	23	13	05	»		3,637	05	2,786,828	1 30
Somme	6,835	71	93	»	2,829	51	272	50	29	40	19	»	10,904	57	6,236,957	1 74
Tarn	6,180	85	95	»	2,634	65	458	90	146	79	5	05	9,479	64	3,137,641	3 02
Tarn-et-Garonne	8,486	81	63	»	4,983	85	2,539	»	67	35	42	»	16,139	01	2,977,473	5 45
Var	4,464	»	453	»	2,019	85	640	30	»		19	40	7,262	30	2,874,169	2 52
Vaucluse	3,789	75	195	20	1,866	45	300	70	31	68	8	85	6,255	43	1,853,160	3 38
Vendée	3,095	»	513	50	1,444	44	280	95	»		63	10	4,959	49	2,829,253	1 75
Vienne	4,727	42	189	»	3,696	70	366	»	»		12	85	9,146	47	2,322,848	3 92
Vienne (Haute-)	2,101	»	31	90	1,050	83	506	20	61	27	11	90	3,817	20	1,898,995	2 01
Vosges	1,526	94	18	59	1,089	40	49	75	21	23	2	55	2,691	87	2,278,703	1 18
Yonne	7,502	90	421	»	5,195	65	579	90	36	70	63	30	13,388	20	3,631,046	3 68
TOTAUX	406,112	62	61,922	»	208,276	25	106,289	14	23,458	09	8,625	68	838,046	30	325,678,930	2 fr. 78 c. (Taux moyen.)

Nota. On n'a connu d'une manière exacte le montant des frais de poursuites de l'impôt direct que depuis l'année 1822, à partir de laquelle les receveurs des finances ont dû les comprendre dans leurs écritures et en justifier sur pièces à la cour des comptes. On en présente ci-après un relevé sommaire, où l'on remarque que, depuis cette époque, la quotité et la progression des frais ont suivi constamment une proportion décroissante,

SAVOIR :

ANNÉES.	MONTANT DES FRAIS de toute nature.	MONTANT des RECOUVREMENTS.	PROPORTIONS des FRAIS.
1822	1,380,000	344,026,017	4 f. 01 c. p. 1,000
1823	1,330,000	343,288,131	3 87
1824	1,391,000	344,300,814	4 04
1825	1,075,000	346,658,419	3 10
1826	1,029,112	341,187,717	3 01
1827	961,475	323,292,481	2 97
1828	858,046	325,678,930	2 18

La situation actuelle, comparée aux résultats qui ont été publiés dans les anciens comptes des finances, sur les frais de poursuite des années 1813 et antérieures, offre une diminution d'autant plus remarquable, qu'une forte partie des frais réels était ignorée des autorités locales et des comptables supérieurs sous le régime antérieur à 1814.

ÉTAT N° II. — Tableau indiquant les modifications que la répartition générale de la contribution foncière entre les 86 départements a éprouvées depuis 1791 jusqu'a 1830.

ANNÉES.	CONTINGENTS.	OBSERVATIONS.
1791	240,000,000	
1792	240,000,000	
1793	240,000,000	
1794	240,000,000	
1795 1796	»	Pendant ces deux années, la contribution foncière, payée partie en denrées, partie en assignats, partie en mandats, n'a produit que de faibles résultats.
1797	218,058,900	Les 86 départements que contient la France dans sa consistance actuelle avaient, en 1791, un contingent en principal de.................. 240,000,000 que la réunion du comtat Venaissin avait augmenté de................ 959,740 240,959,740 Réduit à.............. 218,058,900 Le dégrèvement est de.. 22,900,840 Tous les départements indistinctement y ont participé, mais dans des proportions inégales, graduées en raison des surchargés supposées.
1798	207,155,955	Réduction de 10,902,945 fr. formant le 20e de la contribution accordée à tous les départements indistinctement.
1799	189,496,300	Réduction de 17,659,555. Une partie de la diminution fut affectée aux départements dans lesquels il existait des biens nationaux non productifs imposables jusqu'alors et déclarés non imposables. Le surplus, comme en 1797, fut réparti entre tous les départements dans des proportions inégales graduées en raison des surcharges présumées.
1800	189,747,300	Augmentation de 251,000 fr. resultant de la réunion à la France de la principauté de Montbéliard et autres territoires adjacents.
1801	184,894,000	Réduction de 4,853,300 fr. accordée à tous les départements indistinctement, et dans des proportions inégales.
1802	183,304,000	Réduction de 1,590,000 fr. formant une partie de la contribution légale, à laquelle les bois du gouvernement auraient dû être assujettis, et dont ils furent dès lors affranchis.
1803	183,304,000	Réduction de 8,444,000 fr. accordée à tous les départements, mais dans des proportions inégales.
1804	174,870,000	Réduction de 2,765,000 fr. accordée à 25 départements reconnus surchargés.
1805	172,105,000	La répartition de la contribution foncière n'éprouva aucun changement.
De 1805 à 1817	»	L'augmentation de 598,394 fr. provient de l'imposition des bois restitués ou vendus.
1818	172,703,304	Le dégrèvement de 4,590,098 fr. est accordé, dans des proportions inégales, à 35 départements reconnus surchargés.
1819 1820 1821	168,167,682 » 161,442,693	Le contingent général n'éprouve aucune variation. Le dégrèvement de 6,764,561 fr. est réparti, dans des proportions inégales, entre 52 départements reconnus surchargés.
1822	154,681,351	Les 52 départements désignés en 1821 participent seuls, et dans les mêmes proportions, au dégrèvement de 6,761,561 fr.
De 1823 à 1830	»	Le contingent général n'a varié que par l'effet des pertes ou des accroissements de matière imposable.

RÉSUMÉ.

En 1791, le contingent général fut fixé à..................		240,000,000
Il a été augmenté :		
1° Pour la réunion du comtat Venaissin, de..	959,940	1,210,940
2° Pour la réunion de la principauté de Montbéliard, de........................	251,000	
TOTAL..................		241,210,940
Il est fixé pour 1830 à..................		154,787,387
La diminution s'élève en principal à.........		86,423,553
Mais les contribuables n'ont pas entièrement profité de cette diminution. On doit retrancher :		
1° La somme de 2,000,000 fr., distribuée en 1799 aux départements, en raison des biens nationaux improductifs qu'ils perdaient le droit d'imposer, à....	2,000,000	3,590,000
2° Celle de 1,590,000 francs, accordée en 1802 pour les couvrir en partie de l'imposition des bois, etc., etc., déclarés non imposables.	1,590,000	
RESTE en dégrèvement...........		82,833,553

ÉTAT N° III. — TABLEAU DES DÉPARTEMENTS OU LE TRAVAIL DE LA SOUS-RÉPARTITION DE LA CONTRIBUTION FONCIÈRE EST ACHEVÉ OU EN COURS D'EXÉCUTION, AVEC L'INDICATION DES DÉPARTEMENTS OU L'OPÉRATION A ÉTÉ APPLIQUÉE A LA FIXATION DES CONTINGENTS DES ARRONDISSEMENTS ET DES COMMUNES, OU AJOURNÉE.

DÉPARTEMENTS ou la répartition a été rectifiée à l'aide des renseignements fournis par les agents des contributions directes.		DÉPARTEMENTS où la rectification des contingents a été ajournée.	DÉPARTEMENTS où le travail de la sous-répartition est en cours d'exécution.
Aisne.	Landes.	Doubs.	Ain.
Allier.	Loire (Haute-).	Garonne (Haute-).	Ardennes.
Alpes (Basses-).	Loire-Inférieure.	Indre.	Calvados.
Alpes (Hautes-).	Lozère.	Meurthe.	Cantal.
Ardèche.	Maine-et-Loire.	Moselle.	Cher.
Ariège.	Manche.	Orne.	Drôme.
Aube.	Mayenne.	Pyrénées-Orientales.	Ille-et-Vilaine.
Aude.	Meuse.	Rhin (Bas-).	Isère.
Aveyron.	Morbihan.	Rhin (Haut-).	Loir-et-Cher.
Bouches-du-Rhône.	Puy-de-Dôme.	Seine-Inférieure.	Loire.
Charente.	Pyrénées (Basses-).		Loiret.
Charente-Inférieure	Pyrénées (Hautes-).		Lot.
Corrèze.	Rhône.	10 départements.	Lot-et-Garonne.
Côte-d'Or.	Saône (Haute-).		Marne.
Côtes-du-Nord.	Saône-et-Loire.		Marne (Haute-).
Creuse.	Sarthe.		Nièvre.
Dordogne.	Seine.		Nord.
Eure.	Sèvres (Deux-).		Oise.
Eure-et-Loir.	Tarn.		Pas-de-Calais.
Finistère.	Var.		Seine-et-Marne.
Gard.	Vaucluse.		Seine-et-Oise.
Gers.	Vendée.		Somme.
Gironde.	Vienne.		Tarn-et-Garonne.
Hérault.	Vienne (Haute-).		
Indre-et-Loire.	Vosges.		23 départements.
Jura.	Yonne.		
52 départements.		NOTA. L'opération n'a pu être exécutée dans la Corse par défaut d'éléments.	

ÉTAT N° IV. — ÉTAT DU NOMBRE DE COTES FONCIÈRES PORTÉES AUX RÔLES DE 1826 (1).

DÉPARTEMENTS.	NOMBRE DES COTES								
	DE 20 francs et au-dessous.	DE 21 à 30	DE 31 à 50	DE 51 à 100	DE 101 à 300	DE 301 à 500	DE 501 fr. à 1,000 fr.	DE 1,000 fr. et au-dessus	TOTAL.
	fr.	fr.	fr.	fr.	fr.	fr.	fr.	fr.	fr.
Ain	114,483	6,437	5,810	4,442	2,805	403	210	84	134,674
Aisne	169,096	12,100	10,558	7,869	4,859	823	643	322	206,279
Allier	42,475	3,385	3,405	3,265	3,299	725	422	153	57,129
Alpes (Basses-)	38,180	4,397	3,963	2,737	1,202	172	55	12	50,718
Alpes (Hautes-)	26,964	4,164	4,129	2,694	910	62	28	9	38,963
Ardèche	64,662	6,244	6,178	4,737	1,775	115	28	10	83,749
Ardennes	98,710	5,861	5,281	4,298	2,439	338	180	91	117,198
Ariége	62,441	4,018	3,375	2,218	1,093	142	67	14	73,368
Aube	145,495	7,248	6,612	4,462	2,019	343	230	118	166,517
Aude	57,314	6,307	5,928	5,024	3,363	794	480	253	79,463
Aveyron	87,802	8,080	8,017	6,703	3,476	342	421	14	114,855
Bouch.-du-Rhôn	56,245	7,077	7,090	6,436	3,720	320	246	114	81,248
Calvados	116,273	11,554	12,108	10,897	8,227	1,514	998	530	162,101
Cantal	36,098	4,484	5,397	5,555	3,576	414	163	12	55,699
Charente	125,906	8,771	8,580	7,257	3,795	571	213	38	155,131
Charente-Infér.	178,285	13,001	12,412	9,264	5,044	696	302	53	219,057
Cher	63,164	3,307	2,920	2,421	2,142	421	301	118	74,794
Corrèze	40,318	4,996	5,603	4,608	2,029	208	72	6	57,900
Corse	53,085	1,176	650	376	155	5	3	»	55,450
Côte-d'Or	117,221	9,036	8,424	7,415	5,254	980	583	293	149,206
Côtes-du-Nord	106,149	9,956	10,098	7,733	3,610	336	143	20	138,045
Creuse	48,054	5,195	4,311	2,725	1,586	150	69	6	62,096
Dordogne	107,240	10,134	10,394	8,050	5,521	820	444	185	143,397
Doubs	70,242	6,156	6,181	5,258	2,791	371	135	40	91,174
Drôme	65,119	6,678	6,870	5,387	2,976	335	160	53	87,578
Eure	140,623	11,456	10,693	8,555	5,956	1,137	758	445	179,633
Eure-et-Loir	113,907	8,539	7,801	6,035	3,999	886	623	212	142,002
Finistère	46,340	6,760	8,782	8,512	3,523	337	122	24	74,435
Gard	78,652	7,719	7,711	6,227	3,749	614	363	153	105,188
Garonne (Haute-)	92,757	8,725	8,027	7,134	5,267	1,030	620	220	123,800
Gers	73,387	6,777	6,984	5,998	4,083	644	360	87	98,320
Gironde	122,209	11,186	10,646	10,498	8,265	1,151	620	154	164,729
Hérault	71,569	7,812	8,093	7,199	5,089	923	573	265	101,514
Ille-et-Vilaine	96,049	9,550	9,426	7,570	4,314	579	225	61	127,774
Indre	62,793	3,456	3,281	2,642	2,160	419	264	109	75,124
Indre-et-Loire	84,230	6,539	6,284	5,423	3,908	532	283	119	107,318
Isère	133,384	11,857	11,407	8,879	5,194	790	407	118	172,036
Jura	95,446	7,179	6,645	5,003	2,728	334	181	45	117,561

(1) Les documents offerts dans le présent état ont été obtenus au moyen d'un dépouillement qui a été fait sur les rôles de 1826, et qui n'avait pas été préparé pour les années suivantes, pendant lesquelles le dégrèvement accordé sur les contributions de 1827 a diminué l'importance des cotes individuelles et apporté quelques changements à la classification de 1826.

DÉPARTEMENTS.	NOMBRE DES COTES								
	DE 20 francs et au-dessous.	DE 21 à 30	DE 31 à 50	DE 51 à 100	DE 101 à 300	DE 301 à 500	DE 501 fr. à 1,000 fr.	DE 1,000 fr. et au-dessus	TOTAL.
	fr.	fr.	fr.	fr.	fr.	fr.	fr.	fr.	fr.
Landes.........	25,842	3,562	3,960	3,512	2,080	289	129	39	39,413
Loir-et-Cher....	72,159	5,248	4,788	3,985	2,904	512	306	125	90,025
Loire..........	59,661	5,670	6,071	5,087	3,842	550	262	92	81,821
Loire (Haute)...	66,805	5,697	5,910	4,806	2,676	246	61	5	86,206
Loire-Inferieure	93,975	6,517	5,883	4,701	3,602	619	319	87	115,701
Loiret.	83,278	8,784	8,162	6,106	3,772	714	438	188	111,442
Lot............	83,530	7,926	7,638	5,816	2,833	279	98	16	108,136
Lot-et-Garonne.	87,215	8,133	8,049	7,581	5,757	917	384	106	118,142
Lozère.........	30,580	2,789	2,996	2,770	1,706	174	70	5	41,105
Maine-et-Loire .	99,357	8,620	8,413	7,491	6,058	1,125	681	321	132,066
Manche.........	132,073	16,531	15,280	12,385	7,653	1,037	586	221	185,786
Marne.	136,154	12,232	9,940	7,125	3,523	455	239	114	169,782
Marne (Haute-).	96,035	7,145	6,291	4,768	2,439	316	224	129	117,367
Mayenne........	56,049	7,968	8,999	7,946	5,208	172	31	13	86,386
Meurthe........	135,119	7,970	6,964	5,869	3,388	533	232	102	160,197
Meuse.	126,025	8,461	7,568	5,290	2,721	372	227	82	150,746
Morbihan.	64,083	7,037	9,122	8,787	3,200	411	117	29	93,475
Moselle.	118,296	8,026	7,313	5,887	3,342	545	303	93	143,805
Nièvre.........	63,219	4,355	3,670	2,705	2,155	537	422	217	77,350
Nord...........	154,702	18,221	18,843	16,400	10,067	1,646	834	209	221,552
Oise...........	173,888	11,372	10,830	7,073	4,303	783	614	457	210,220
Orne...........	112,029	8,637	8,496	7,070	4,859	843	525	243	142,802
Pas-de-Calais...	179,247	14,334	13,978	10,871	6,236	980	532	152	220,330
Puy de-Dôme...	157,342	13,799	12,231	8,892	4,625	742	394	106	198,131
Pyrénées (Bass-)	72,021	6,505	6,570	4,630	1,600	116	41	11	91,494
Pyrénées (Htes-)	60,882	4,307	3,823	2,396	867	69	15	9	72,308
Pyrénées-Orien.	37,772	3,088	2,890	2,105	1,648	291	125	28	48,247
Rhin (Bas-)....	184,675	10,058	9,821	7,008	3,453	387	159	74	215,635
Rhin (Haut-)...	138,229	7,663	5,898	4,116	2,098	293	113	85	159,395
Rhône..........	55,739	6,287	6,974	6,594	5,286	931	708	242	82,761
Saône (Haute-).	97,762	7,593	7,334	5,606	2,780	397	223	96	121,800
Saône-et-Loire .	111,063	9,047	9,454	8,754	7,109	805	675	287	147,194
Sarthe.........	88,201	9,003	9,428	8,076	6,055	712	342	117	121,934
Seine..........	26,048	2,882	3,856	5,992	11,009	4,742	4,002	1,896	61,527
Seine-Inférieure	72,302	12,295	14,661	13,904	10,836	2,037	1,501	636	128,232
Seine-et-Marne.	130,801	9,638	8,550	5,799	3,782	954	855	609	160,788
Seine-et-Oise...	183,190	12,891	11,819	8,860	5,530	1,041	921	661	224,913
Sèvres (Deux-) .	105,069	5,357	4,823	4,286	4,015	625	298	83	124,556
Somme.	199,887	13,072	12,348	9,946	6,142	909	589	300	243,193
Tarn...........	63,418	5,789	5,949	6,025	4,927	698	386	90	87,282
Tarn-et-Garonn.	59,151	6,213	6,273	5,931	4,335	644	339	100	82,986
Var............	72.119	8,745	7,801	5,710	337	2,872	177	33	97,794
Vaucluse.......	59,821	5,695	4,756	3,167	1,792	282	128	27	75,668
Vendée.........	92,173	4,740	4,351	4,524	4,126	768	429	111	111,022
Vienne.........	93,421	4,874	4,481	4,336	3,331	470	235	44	111,192
Vienne (Haute-).	38,285	3,930	3,813	3,204	2,158	379	199	35	52,303
Vosges.........	116,111	7,721	6,938	879	1,826	186	407	41	137,809
Yonne.........	157,124	9,311	8,435	5,359	2,829	412	269	151	183,920
	8,024,987	666,237	642,345	527,991	335,505	56,603	32,570	13,447	10,299,693

ÉTAT N° V. — TABLEAU DES VILLES OU LE REMPLACEMENT DE LA CONTRIBUTI PERSONNELLE ET MOBILIÈRE EST OPÉRÉ PAR UNE PERCEPTION SUR LES CONSOMMATIONS.

DÉPARTEMENTS.	VILLES.	DATE DES LOIS, ARRÊTÉS DU GOUVERNEMENT et ordonnances qui ont autorisé le remplacement.	CONTINGENT de 1828.	SOMMES PAYÉES	
				par l'octroi.	par le rôl
		PREMIÈRE CATÉGORIE.			
		Villes où la totalité de la contribution est payée par l'octroi.			
Ardennes....	Sedan......	Ordonnance royale du 24 mars 1810...........	28,272 98	28,272 98	»
Charente-Infér.	Rochefort...	*Id.* du 20 octobre 1824...	25,366 26	25,366 26	»
Manche......	Cherbourg..	Décret du 4 janvier 1808..	33,290 54	33,290 54	»
	Coutances...	Ord. roy. du 24 juin 1818.	19,333 66	19,333 66	»
	Granville...	*Id.* du 24 mars 1819......	11,014 79	11,014 79	»
Rhône........	La Croix-R..	*Id.* du 25 mai 1828.......	18,725 96	18,725 96	»
		TOTAUX.......	136,004 19	136,004 19	»
		DEUXIÈME CATÉGORIE.			
		Villes où la portion non prélevée est répartie au centime le franc des valeurs locatives.			
Gironde.......	Bordeaux...	Décr. du 12 nov. 1806....	420,516 72	300,000 »	120,516 7
Loiret........	Orléans.....	*Id.* du 6 janvier 1807.....	137,440 90	79,000 »	58,440 9
Morbihan.....	Vannes.....	Ord. roy. du 12 août 1818.	23,937 87	11,000 »	12,937 8
Rhône........	Lyon.......	Loi du 13 pluv. an XIII.	458,183 72	320,000 »	138,183 7
Seine-Infér...	Rouen......	Décret du 27 sept. 1807...	474,307 21	310,000 »	164,307 2
		TOTAUX......	1,514,386 42	1,020,000 »	494,386 4
		TROISIÈME CATÉGORIE.			
		Villes où la portion non prélevée est perçue au moyen d'un tarif modifié selon la solde à recouvrer			
Aube.........	Troyes......	Décret du 4 janvier 1801..	68,110 99	40,731 06	27,379 9
Bouches-du-R.	Marseille...	Loi du 27 pluviôse an XII.	469,349 57	401,000 »	68,349 5
Maine-et-Loire	Angers......	Décret du 4 janvier 1808..	76,100 06	55,871 63	20,228 4
Mayenne.....	Laval.......	*Idem*.................	43,437 49	32,000 »	11,437 4
Morbihan.....	Lorient.....	Ord. roy. du 20 mai 1818..	38,401 83	33,193 84	5,207 9
	Hennebon...	*Idem* du 29 juillet.	6,421 97	6,000 »	421 9
Rhin (Bas-)...	Strasbourg..	Décret du 10 mars 1807...	108,162 24	85,000 »	23,162 2
Seine-Infér...	Darnetal....	Ord. roy. du 17 déc. 1818.	16,187 03	10,142 77	6,044 2
	Dieppe......	Décret du 4 janvier 1808..	42,087 89	31,000 »	11,087 8
Seine-et-Oise..	Versailles...	*Id.* du 6 janvier 1807.....	90,116 35	75,000 »	15,116 3
Var..........	Toulon......	Ord. roy. du 3 déc. 1823..	54,111 79	38,795 61	15,316 1
		TOTAUX......	1,012,487 21	808,734 91	203,752 3
		QUATRIÈME CATÉGORIE.			
		Villes où les sommes payées par l'octroi sont perçues au moyen d'un tarif gradué.			
Loire-Infér...	Nantes......	Décret du 10 mars 1807...	205,034 60	185 547 69	19,486 9
Manche.......	Valognes....	Ord. roy. du 30 oct. 1822..	15,831 21	10,558 38	5,272 8
Seine........	Paris.......	Loi du 26 germ. an XI....	5,757,909 24	3,770,361 24	1,987,548
		TOTAUX......	5,978,775 05	3,966,467 31	2,012,307 7

RÉCAPITULATION PAR CATÉGORIE.

	CONTINGENT de 1828.	SOMMES PAYÉES	
		par l'octroi.	par le rôle.
		fr. c.	fr. c.
Première catégorie..............	136,004 19	136,004 19	»
Deuxième catégorie..............	1,514,386 42	1,020,000 »	494,386 42
Troisième catégorie..............	1,012,487 21	808,734 91	203,752 30
Quatrième catégorie..............	5,978,775 05	3,966,467 31	2,012,307 74
TOTAUX GÉNÉRAUX....	8,641,652 87	5,931,206 41	2,710,446 46

ÉTAT N° VI. — Résultats généraux concernant la contribution personnelle et mobilière.

NOMS		NOMBRE		CONTINGENTS				NOMBRE DE TAXES		RAPPORT de la population		TAUX DE L'IMPÔT par contribuable		TAUX du contingent total par habitant.
des anciennes provinces.	des départements qui en ont été tirés.	d'habitants.	de maisons.	en taxes personnelles.	en taxes mobilières.	en droits d'octroi.	TOTAL.	personnelles.	mobilières.	aux taxes personnelles.	aux taxes mobilières.	pour la taxe personnelle.	pour la taxe mobilière.	
												fr. c.	fr. c.	fr. c.
Bretagne…	Côtes-du-Nord	581,684	114,839	183,093	177,452	»	360,455	59,749	41,972	1/9 73	1/13 85	3 66	4 22	» 61
	Finistère…..	502,851	82,257	136,960	389,302	»	526,262	55,779	43,054	1/9 01	1/11 43	2 45	8 85	1 04
	Ille-et-Vilaine	553,453	120,371	196,322	299,352	»	496,274	74,535	53,202	1/7 42	1/10 40	2 63	5 63	» 89
	Loire-Inférre.	457,090	92,692	235,084	266,776	185,548	688,308	61,489	41,055	1/7 43	1/11 13	3 83	6 49	1 50
	Morbihan ….	427,453	81,453	132,551	223,765	50,494	406,510	55,496	41,111	1/7 70	1/10 39	2 38	5 44	» 94
Normandie.	Calvados…..	500,956	123,077	328,456	661,943	»	930,399	84,559	61,491	1/5 93	1/7 76	3 88	9 33	1 85
	Eure ……..	421,665	106,847	244,959	326,972	»	571,941	83,972	65,777	1/5 02	1/6 40	2 91	4 91	1 35
	Manche…..	611,206	146,354	195,780	423,782	74,197	693,768	87,264	71,307	1/7 »	1/8 57	2 24	5 94	1 13
	Orne …….	434,379	108,492	172,283	298,175	»	470,458	73,752	68,445	1/5 88	1/6 34	2 33	4 35	1 08
	Seine-Inférre.	688,295	147,364	430,072	834,966	351,143	1,616,181	94,759	83,164	1/7 26	1/8 27	4 53	10 04	2 46
	Indre-et-Loire	290,160	74,419	179,114	173,927	»	353,041	58,213	52,244	1/4 98	1/5 53	3 08	3 32	» 90
Anjou …..	Mayenne…..	354,138	71,730	132,505	198,900	32,000	363,405	44,700	41,661	1/7 92	1/8 50	2 97	4 77	1 02
Maine …..	Maine-et-Loire	458,674	102,054	208,357	238,349	55,872	502,578	69,535	51,746	1/6 50	1/8 86	3 »	4 60	1 09
Touraine…	Sarthe…….	446,519	96,833	201,388	260,441	»	461,829	67,356	58,903	1/6 92	1/7 58	2 99	4 42	1 03
Poitou…..	Sèvres (Deux-)	288,260	62,337	140,859	152,088	»	293,817	45,459	42,469	1/6 34	1/6 78	3 10	3 60	1 02
	Vendée…….	322,826	68,147	98,958	189,493	»	288,451	49,470	40,112	1/6 50	1/8 01	2 »	4 72	» 89
	Vienne ……	267,670	66,453	100,549	88,005	»	188,554	48,118	47,575	1/5 56	1/5 62	2 10	1 85	» 70
Blaisois….	Eure-et-Loir .	278,215	68,103	153,900	346,514	»	500,414	50,939	56,939	1/4 88	1/4 88	2 70	6 08	1 87
Orléanais..	Loir-et-Cher .	230,666	53,838	125,153	188,991	»	314,144	46,547	41,050	1/4 99	1/5 61	2 69	4 60	1 36
	Loiret…….	304,228	60,172	254,610	237,841	79,000	571,451	56,951	47,978	1/5 34	1/6 34	4 43	4 95	1 87
Berry……	Cher………	218,589	45,509	112,101	87,819	»	199,920	41,474	31,741	1/5 99	1/7 83	2 70	2 76	» 80
	Indre………	237,628	48,727	110,857	114,631	»	225,488	40,838	31,240	1/5 81	1/7 60	2 71	3 66	» 94
Bourbonnais	Allier………	285,302	53,989	114,308	120,605	»	234,913	44,034	38,071	1/6 48	1/7 49	3 01	3 16	» 82
Nivernais..	Nièvre…….	271,777	56,362	142,962	140,337	»	283,299	53,652	43,399	1/5 06	1/8 26	2 67	3 23	1 04

NOMS		NOMBRE		CONTINGENTS				NOMBRE DE TAXES		RAPPORT de la population		TAUX DE L'IMPÔT par contribuable		TAUX du contingent total par habitant.
des anciennes provinces.	des départements qui en ont été tirés.	d'habitants.	de maisons.	en taxes personnelles.	en taxes mobilières.	en droits d'octroi.	TOTAL.	personnelles.	mobilières.	aux taxes personnelles.	aux taxes mobilières.	pour la taxe personnelle.	pour la taxe mobilière.	
												fr. c.	fr. c.	fr. c.
Forez......	Loire........	375,714	65,455	135,954	333,035	»	468,989	50,758	43,875	1/7 40	1/8 56	2 68	7 59	1 25
Lyonnais...	Rhône.......	416,575	60,072	317,802	184,629	338,726	841,157	55,671	39,233	1/7 48	1/1061	5 71	4 70	2 01
Alsace.....	Rhin (Bas-)..	535,467	82,086	319,220	99,567	85,000	503,787	82,499	64,938	1/6 49	1/8 24	3 87	1 53	» 94
	Rhin (Haut-).	408,741	64,447	145,901	167,930	»	313,831	72,899	69,725	1/5 60	1/5 86	2 »	2 40	» 76
	Alpes (Bass.).	153,063	35,075	82,327	12,449	»	94,776	30,261	19,551	1/5 05	1/7 33	2 74	» 63	» 61
Comtat	B.-du-Rhône.	326,503	61,711	144,967	305,832	401,000	851,799	47,425	45,256	1/6 88	1/7 21	2 98	6 75	2 61
Provence...	Var..........	311,095	63,130	165,749	113,542	38,796	318,087	51,760	36,512	1/6 01	1/8 52	3 18	3 10	1 02
	Vaucluse.....	233,048	50,176	129,046	53,911	»	182,957	37,019	28,866	1/6 29	1/8 07	3 49	1 86	» 78
	Ain..........	344,628	70,145	119,396	100,084	»	219,480	55,542	43,775	1/6 15	1/7 34	2 15	2 28	» 64
Bourgogne.	Côte-d'Or....	370,943	78,298	247,533	273,212	»	520,745	81,407	71,452	1/4 55	1/5 19	3 04	3 82	1 40
Bresse.....	Saône-et-Loire	515,776	102,968	208,623	271,128	»	479,751	88,395	76,947	1/5 83	1/6 57	2 36	3 52	» 93
	Yonne.......	342,116	80,289	256,668	143,789	»	400,457	74,613	71,967	1/4 58	1/4 75	3 44	1 99	1 17
	Alpes (Haut.-)	125,329	26,758	50,831	10,621	»	61,452	22,478	18,444	1/5 57	1/6 79	2 26	» 57	» 49
Dauphiné..	Drôme.......	285,791	64,675	98,602	125,517	»	224,119	52,085	44,836	1/5 48	1/6 37	1 89	2 79	» 71
	Isère	525,984	104,175	194,729	212,782	»	407,511	88,513	78,531	1/5 94	1/6 69	2 20	2 70	» 77
	Doubs	254,314	46,130	170,592	113,506	»	284,098	51,291	40,785	1/4 95	1/6 23	3 32	2 78	1 11
Fr.-Comté..	Jura.........	310,282	57,604	138,120	111,814	»	249,934	53,685	48,878	1/5 96	1/6 34	2 57	2 28	» 80
	Saône (Haute-)	327,641	64,491	165,634	39,975	»	205,609	74,698	46,030	1/4 38	1/7 11	2 21	» 86	» 62
	Ardennes	281,624	57,983	186,602	89,326	28,273	304,201	61,688	52,080	1/4 50	1/5 40	3 02	1 59	1 08
Champagne.	Aube	241,762	54,572	187,060	143,300	40,731	371,091	51,665	34,104	1/4 67	1/7 08	3 62	4 20	1 53
	Marne	325,045	72,690	261,402	287,246	»	548,648	76,883	67,150	1/4 22	1/4 84	3 40	4 27	1 68
	Marne (Haute-)	244,823	57,305	150,897	146,043	»	296,940	60,359	54,618	1/4 05	1/4 44	2 49	2 67	1 22
	Meurthe......	403,038	71,662	213,098	126,904	»	340,002	79,096	75,512	1/5 10	1/5 33	2 69	1 68	» 84
Lorraine...	Meuse........	306,339	65,966	194,937	81,444	»	276,381	72,346	66,243	1/4 23	1/4 62	2 69	1 23	» 90
	Moselle......	409,155	66,949	191,332	153,350	»	344,682	73,702	62,034	1/5 55	1/6 59	2 59	2 47	» 85
	Vosges.......	379,839	68,321	163,099	39,511	»	202,520	71,078	60,711	1/5 34	1/6 25	2 29	» 65	» 53
Artois.....	Nord.........	962,648	172,126	319,953	803,006	»	1,122,959	110,792	92,423	1/8 77	1/1041	2 88	8 68	1 16
Flandre....	Pas-de-Calais.	642,969	125,350	190,468	463,159	»	653,627	84,423	68,645	1/7 61	1/9 36	2 25	6 74	1 01

	Aisne	489,560	115,247	259,700	329,485	»	588,885	104,626	95,416	1/4 67	1/5 13	2 48	3 45	1 20
	Oise	385,124	100,913	293,715	322,716	»	616,431	87,676	77,244	1/4 39	1/4 98	3 34	4 17	1 60
Ile-de-Franc.	Seine	1,013,373	44,533	2,028,725	182,403	3,770,362	5,981,190	109,104	18,517	1/9 28	1/54 71	8 59	9 83	5 90
Picardie	Seine-et-M.	318,209	78,635	279,046	397,964	»	677,010	68,090	53,557	1/4 67	1/5 94	4 09	7 43	2 12
	Seine-et-Oise.	440,871	98,039	471,593	423,025	75,000	970,218	94,394	84,899	1/4 67	1/5 19	4 99	4 98	2 20
	Somme	526,282	123,450	205,825	504,044	»	709,869	83,743	82,069	1/6 28	1/5 42	2 45	5 78	1 34
Limousin	Corrèze	284,882	48,143	101,330	69,132	»	170,462	36,362	26,564	1/7 83	1/10 72	2 78	2 60	» 59
Marche	Creuse	252,032	46,759	98,124	50,657	»	148,781	39,309	26,162	1/6 45	1/9 66	2 49	1 93	» 58
	Vienne (H.)	276,351	54,548	110,028	101,695	»	211,723	36,944	29,863	1/7 48	1/9 25	2 99	3 40	» 76
	Cantal	262,013	45,443	115,984	115,653	»	231,637	32,816	23,708	1/7 98	1/11 04	3 53	4 87	» 88
Auvergne	Loire (H.)	285,673	57,185	89,080	90,842	»	179,922	38,750	25,713	1/7 37	1/11 11	2 29	3 53	» 62
	Puy-de-Dôme.	566,573	117,367	214,715	326,825	»	541,540	92,644	71,858	1/6 12	1/7 88	2 31	4 54	» 95
	Landes	265,309	43,754	109,271	39,482	»	148,753	37,012	33,744	1/7 16	1/7 86	2 95	1 16	» 56
Bordelais	Lot-et-Gar.	336,886	83,990	225,378	220,543	»	445,921	57,715	45,636	1/5 83	1/7 38	3 90	4 83	1 32
Agenais	Gers	307,601	69,143	172,524	146,344	»	318,865	51,703	49,916	1/5 94	1/6 16	3 33	2 93	1 03
	Gironde	538,151	127,090	288,014	448,292	300,000	1,036,303	90,410	90,364	1/5 96	1/5 95	3 18	4 95	1 92
	Aveyron	350,014	72,135	165,777	167,571	»	333,348	46,737	34,743	1/7 46	1/10 07	3 54	4 82	» 85
Béarn	Ariège	247,932	47,941	88,915	73,303	»	162,218	33,664	33,621	1/7 36	1/7 37	2 64	2 21	» 65
Quercy	Lot	280,515	66,780	89,459	211,619	»	301,078	49,197	40,790	1/5 70	1/6 87	1 81	5 18	1 06
Rouergue	Pyrénées (B.).	412,469	72,877	141,045	102,001	»	243,046	56,229	41,874	1/7 33	1/9 85	2 50	2 43	» 58
	Pyrénées (H.).	222,059	39,914	76,561	18,282	»	94,843	31,090	13,962	1/7 14	1/15 90	2 46	1 30	» 42
	Pyrénées-Or.	151,372	29,842	48,097	44,000	»	92,097	19,837	16,995	1/7 78	1/8 90	2 42	2 58	» 60
	Ardèche	328,419	60,335	118,465	37,299	»	155,764	44,478	24,561	1/7 38	1/13 37	2 66	1 51	» 47
	Aude	265,991	52,884	195,826	179,211	»	375,037	46,281	35,835	1/5 74	1/7 70	4 23	5 »	1 40
	Gard	347,550	65,324	110,110	311,252	»	421,662	60,702	49,029	1/5 74	1/7 08	1 81	6 35	1 21
Languedoc	Garonne (H.).	407,016	79,335	244,266	283,739	»	528,005	68,743	68,390	1/5 92	1/5 95	3 55	4 14	1 29
	Hérault	339,560	55,678	200,468	378,285	»	578,753	58,785	49,661	1/5 77	1/6 83	3 41	7 61	1 70
	Lozère	138,778	30,105	53,764	24,353	»	78,117	20,348	12,463	1/6 79	1/11 13	2 68	1 95	» 56
	Tarn	327,655	64,095	130,678	199,396	»	330,074	43,794	34,451	1/7 48	1/9 51	2 98	5 78	1 07
	Tarn-et-G.	241,586	48,438	99,532	181,976	»	281,508	40,112	31,595	1/6 02	1/7 64	2 25	5 76	1 16
Angoumois	Charente	353,653	88,026	141,095	242,143	»	383,238	61,452	46,300	1/5 42	1/7 63	2 29	5 22	1 08
Périgord.	Char.-Infér.	424,147	121,109	296,265	271,607	25,366	593,238	84,672	84,672	1/5 »	1/5 »	3 38	3 20	1 30
Saintonge	Dordogne	464,074	103,824	195,344	198,035	»	393,379	72,196	70,126	1/6 42	1/6 61	2 70	2 82	» 84
	Corse	185,079	36,447	86,221	14,494	»	100,415	31,490	7,605	1/5 87	1/24 46	2 73	1 87	» 54
	TOTAUX	31,858,394	6,432,455	17,027,399	18,096,203	5,931,208	41,054,810	5,198,683	4,251,630	1/6 12	1/7 48	3 27	4 25	1 28

ÉTAT N° VII. — ÉTAT DU NOMBRE DES PORTES ET FENÊTRES IMPOSABLES, ET DU MONTANT DE LA CONTRIBUTION ÉTABLIE SUR TOUTES LES OUVERTURES.

NOMS des ANCIENNES PROVINCES	NOMS des DÉPARTEMENTS qui en ont été tirés.	POPULATION.	NOMBRE DE PORTES et fenêtres imposables.	NOMBRE de MAISONS.	NOMBRE d'habitants par MAISON.	NOMBRE D'OUVERTURES par maison.	NOMBRE D'OUVERTURES par habitant.	CONTINGENT en PRINCIPAL.	CONTRIBUTION EN PRINCIPAL par maison.	CONTRIBUTION EN PRINCIPAL par habitant.
									fr. c.	fr. c.
Bretagne	Côtes-du-Nord	581,634	301,007	114,839	5	3	» 52	85,000	» 74	» 14
	Finistère	502,851	352,277	2,257	6	4	» 70	126,800	1 54	» 25
	Ille-et-Vilaine	553,453	238,801	120,371	4	2	» 43	123,400	1 02	» 22
	Loire-Inférieure	457,090	241,599	92,692	5	3	» 53	141,700	1 52	» 31
	Morbihan	427,453	185,823	81,153	5	2	» 43	88,800	1 09	» 20
Normandie	Calvados	500,956	456,147	123,077	4	4	» 91	234,856	1 90	» 46
	Eure	421,665	553,688	106,847	4	5	1 31	267,093	2 50	» 63
	Manche	611,206	348,735	146,354	4	2	» 57	155,739	1 06	» 25
	Orne	434,379	307,641	108,492	4	3	» 71	123,595	1 14	» 28
	Seine-Inférieure	688,295	925,225	147,364	5	6	1 34	538,300	3 65	» 78
Anjou, Maine, Touraine	Indre-et-Loire	290,160	240,874	74,419	4	3	» 83	118,807	1 59	» 40
	Mayenne	354,138	135,790	71,730	5	2	» 38	61,229	» 85	» 17
	Maine-et-Loire	458,674	284,497	102,054	4	3	» 62	129,201	1 26	» 28
	Sarthe	416,519	366,733	96,833	5	4	» 82	108,783	1 12	» 24
Poitou	Sèvres (Deux-)	288,260	139,599	62,337	5	2	» 48	68,799	1 10	» 23
	Vendée	322,826	115,702	68,147	5	2	» 36	49,100	» 72	» 15
	Vienne	267,670	165,493	66,453	4	2	» 98	96,300	1 45	» 36
Blaisois, Orléanais	Eure-et-Loir	278,215	247,622	68,493	4	4	» 89	135,100	1 97	» 48
	Loir-et-Cher	230,666	164,818	53,838	4	3	» 71	85,200	1 58	» 36
	Loiret	304,228	278,385	60,172	5	5	» 91	197,300	3 28	» 65
Berry	Cher	248,589	138,776	45,509	5	3	» 56	68,900	1 51	» 27
	Indre	237,628	120,443	48,727	5	2	» 51	50,394	1 03	» 21
Bourbonnais	Allier	285,302	160,881	53,989	5	3	» 56	61,300	1 13	» 21
Nivernais	Nièvre	271,777	207,324	56,362	5	4	» 76	60,900	1 06	» 22

Forez, Lyonnais	Loire	375,714	179,190	65,455	6	3	» 48	81,900	1 25	» 21
	Rhône	416,575	486,505	60,072	7	8	1 09	301,900	5 02	» 72
Alsace	Rhin (Bas-)	535,467	705,102	82,086	7	9	1 32	274,198	3 34	» 51
	Rhin (Haut-)	408,741	495,771	64,447	6	8	1 21	156,137	2 42	» 38
Comtat, Provence	Alpes (Basses-)	153,063	91,374	35,075	4	3	» 60	40,824	1 16	» 26
	Bouches-du-Rhône	326,302	407,509	61,714	5	7	1 25	420,907	6 96	1 31
	Var	311,095	282,756	63,130	5	4	» 81	137,200	2 17	» 44
	Vaucluse	233,048	260,856	50,176	5	5	1 12	79,067	1 57	» 33
Bourgogne, Bresse	Ain	341,628	214,475	70,145	5	3	» 63	88,678	1 26	» 25
	Côte-d'Or	370,943	356,814	79,298	5	5	» 96	163,000	2 08	» 43
	Saône-et-Loire	515,776	303,690	102,908	5	3	» 55	118,300	1 14	» 22
	Yonne	342,116	280,817	80,289	4	3	» 82	134,900	1 68	» 39
Dauphiné	Alpes (Hautes-)	125,329	121,110	26,758	5	5	» 97	25,576	» 96	» 20
	Drôme	285,791	258,834	64,675	6	4	» 91	66,200	1 23	» 23
	Isère	525,984	335,178	104,475	4	3	» 64	140,200	1 34	» 26
Franche-Comté	Doubs	254,314	287,213	46,130	5	6	1 13	133,553	2 89	» 52
	Jura	310,282	274,152	57,604	5	5	» 88	110,800	1 92	» 35
	Saône (Haute-)	327,641	262,750	64,491	5	4	» 80	122,100	1 89	» 37
Champagne	Ardennes	281,624	261,970	57,983	5	4	» 93	101,277	1 75	» 35
	Aube	241,762	235,006	54,592	4	4	» 97	114,600	2 10	» 47
	Marne	325,045	470,614	72,600	4	6	1 45	228,600	3 14	» 70
	Marne (Haute-)	244,823	231,807	57,305	4	4	» 95	106,300	1 81	» 43
Lorraine	Meurthe	403,038	387,670	71,652	6	5	» 96	158,400	2 21	» 39
	Meuse	306,339	309,107	65,966	5	5	1 01	118,981	1 80	» 38
	Moselle	409,155	466,090	66,949	6	7	1 14	165,523	2 47	» 40
	Vosges	379,839	258,799	68,321	6	4	» 68	122,300	1 79	» 32
Artois, Flandre	Nord	962,648	870,322	172,126	6	5	» 90	419,487	2 43	» 43
	Pas-de-Calais	642,969	667,936	125,350	5	5	1 04	277,800	2 21	» 43
	Aisne	489,560	737,402	115,247	4	6	1 51	220,200	1 91	» 44
	Oise	385,124	558,010	109,913	4	6	1 45	231,293	2 32	» 60
Ile-de-France	Seine	1,013,373	1,371,473	44,533	23	30	1 35	1,279,900	28 74	1 26
Picardie	Seine-et-Marne	318,209	317,787	78,635	4	4	1 09	162,107	2 06	» 50
	Seine-et-Oise	440,871	663,024	98,039	4	7	1 50	345,530	3 52	» 78
	Somme	526,282	748,165	123,450	4	6	1 42	302,490	2 45	» 57
Limousin, Marche	Corrèze	284,882	187,006	48,143	6	4	» 65	53,510	1 15	» 19
	Creuze	252,932	131,609	46,750	5	3	» 52	37,800	» 80	» 14
	Vienne (Haute-)	276,351	187,736	54,548	5	3	» 67	63,189	1 15	» 22

NOMS des ANCIENNES PROVINCES	NOMS des DÉPARTEMENTS qui en ont été tirés.	POPULATION.	NOMBRE DE PORTES et fenêtres imposables.	NOMBRE de MAISONS.	NOMBRE d'habitants par MAISON.	NOMBRE D'OUVERTURES par maison.	NOMBRE D'OUVERTURES par habitant.	CONTINGENT en PRINCIPAL.	CONTRIBUTION EN PRINCIPAL par maison.	CONTRIBUTION EN PRINCIPAL par habitant.
									fr. c.	fr. c.
Auvergne..........	Cantal............	262,013	140,773	45,443	6	3	» 54	40,601	» 89	» 15
	Loire (Haute-). ...	285,673	146,249	57,185	5	3	» 51	57,400	1 »	» 20
	Puy-de-Dôme.......	566,573	299,744	117,367	5	3	» 53	77,300	» 65	» 13
Bordelais, Agenais..	Landes	265,309	191,045	43,754	6	4	» 72	65,500	1 52	» 24
	Lot-et-Garonne.....	336,886	245,818	83,990	4	3	» 73	92,349	1 10	» 27
	Gers..............	307,601	279,193	69,143	4	4	» 90	96,179	1 39	» 31
	Gironde...........	538,151	528,631	127,090	4	4	» 98	419,400	3 30	» 77
Bearn, Quercy, Rouergue.	Aveyron	350,014	201,379	72,135	5	3	» 57	190,770	1 39	» 28
	Ariège............	247,932	189,677	47,041	5	4	» 77	51,600	1 06	» 20
	Lot...............	280,515	160,782	66,789	4	2	» 57	68,848	1 03	» 24
	Pyrénées (Hautes-).	222,059	119,644	39,914	6	3	» 53	48,600	1 21	» 21
	Pyrénées (Basses-).	412,469	379,420	72,877	6	5	» 92	140,500	1 92	» 34
	Pyrénées-Orientales.	151,372	76,047	29,842	5	2	» 50	36,800	1 23	» 24
Languedoc.........	Ardèche	328,419	132,276	60,335	5	2	» 40	59,500	» 98	» 18
	Aude	265,991	213,596	52,884	5	4	» 80	93,800	1 77	» 35
	Gard..............	347,550	317,524	65,324	5	5	» 91	143,926	2 20	» 41
	Garonne (Haute-)..	407,016	346,588	79,335	5	4	» 85	194,998	2 47	» 47
	Hérault...........	339,560	280,145	55,678	6	5	» 82	153,600	2 75	» 45
	Lozère............	138,778	73,308	30,105	5	2	» 53	30,100	1 »	» 21
	Tarn	327,655	203,123	64,095	5	3	» 62	99,500	1 55	» 30
	Tarn-et-Garonne....	241,586	122,082	48,438	5	3	» 50	69,283	1 43	» 28
Angoumois, Périgord, Saintonge.........	Charente...........	353,653	291,106	88,026	4	3	» 82	110,600	1 25	» 31
	Charente-Inférieure.	424,147	347,529	121,109	4	3	» 82	163,900	1 35	» 38
	Dordogne	467,074	235,241	103,824	4	2	» 50	95,373	» 91	» 20
	Corse.............	185,079	57,300	36,447	5	2	» 31	6,000	» 16	» 03
	TOTAUX...	31,858,394	26,892,316	6,132,655	5	4	» 85	12,812,535	1 99	» 40

ÉTAT N° VIII. — État du nombre des portes et fenêtres imposables dans les communes au-dessous de 5,000 habitants, et du montant de la contribution établie sur toutes ces ouvertures.

NOMS des anciennes provinces	NOMS des départements qui en ont été tirés.	POPULATION.	NOMBRE de portes et fenêtres imposables.	NOMBRE de maisons.	NOMBRE d'habitants par maison.	NOMBRE d'ouvertures par maison.	NOMBRE d'ouvertures par habitant.	CONTINGENT en principal.	CONTRIBUTION en principal par maison.	CONTRIBUTION en principal par habitant.
									fr. c.	fr. c.
Bretagne	Côtes-du-Nord	524,498	252,318	107,317	5	2	» 48	68,362	» 63	» 12
	Finistère	420,256	270,951	72,880	6	4	» 64	86,954	1 19	» 20
	Ille-et-Vilaine	474,109	170,400	108,637	4	2	» 36	74,550	» 68	» 15
	Loire-Inférieure	349,768	158,632	78,574	4	2	» 45	62,753	» 79	» 17
	Morbihan	304,325	137,990	72,329	5	2	» 38	62,197	» 86	» 17
Normandie	Calvados	408,761	322,723	109,134	4	3	» 79	155,807	1 43	» 38
	Eure	385,482	492,179	99,222	4	5	1 27	235,097	2 37	» 60
	Manche	555,461	276,347	137,474	4	2	» 49	123,098	» 89	» 22
	Orne	398,030	257,406	100,908	4	3	» 64	94,047	» 93	» 23
	Seine-Inférieure	512,717	621,166	118,713	4	5	1 21	255,681	2 16	» 50
Anjou, Maine, Touraine	Indre-et-Loire	257,122	192,851	67,809	4	3	» 74	84,127	1 24	» 32
	Mayenne	317,425	102,010	65,821	5	2	» 32	44,811	» 68	» 14
	Maine-et-Loire	405,230	217,931	91,893	4	2	» 54	86,375	» 94	» 21
	Sarthe	415,784	320,873	90,666	4	3	» 79	83,479	» 92	» 20
Poitou	Sèvres (Deux-)	272,461	114,450	58,089	5	2	» 41	54,380	» 92	» 19
	Vendée	315,335	106,565	66,623	5	2	» 33	45,540	» 68	» 14
	Vienne	231,823	116,847	59,273	4	2	» 50	66,044	1 11	» 28
Blaisois, Orléanais	Eure-et-Loir	245,155	197,319	62,087	4	3	» 80	99,836	1 61	» 40
	Loir-et-Cher	205,704	131,420	47,756	4	3	» 63	60,156	1 26	» 29
	Loiret	246,946	196,008	50,556	5	4	» 79	111,320	2 20	» 45
Berry	Cher	223,166	110,382	40,606	5	3	» 45	49,989	1 23	» 22
	Indre	215,395	93,722	43,760	5	2	» 43	43,694	» 93	» 20
Bourbonnais, Nivernais	Allier	260,415	129,508	49,804	5	3	» 49	45,761	» 92	» 17
	Nièvre	244,575	168,418	51,845	5	3	» 69	44,614	» 86	» 18

NOMS des ANCIENNES PROVINCES	NOMS des DÉPARTEMENTS qui en ont été tirés.	POPULATION.	NOMBRE DE PORTES et fenêtres imposables.	NOMBRE de MAISONS.	NOMBRE d'habitants par MAISON.	NOMBRE D'OUVERTURES par maison.	NOMBRE D'OUVERTURES par habitant.	CONTINGENT en PRINCIPAL.	CONTRIBUTION EN PRINCIPAL par maison.	CONTRIBUTION EN PRINCIPAL par habitant.
									fr. c.	fr. c.
Forez, Lyonnais	Loire	309,855	99,937	50,829	5	2	» 32	50,203	» 81	» 46
	Rhône	237,063	253,551	51,181	5	5	1 07	122,280	2 39	» 51
Alsace	Rhin (Bas-)	455,384	570,186	75,131	6	8	1 21	105,389	2 60	» 42
	Rhin (Haut-)	353,851	423,169	58,755	6	7	1 19	127,030	2 18	» 36
Comtat, Provence	Alpes (Basses-)	147,697	86,361	34,328	4	3	» 58	38,364	1 12	» 26
	Bouches-du-Rhône	120,806	104,101	27,982	4	4	» 86	56,642	2 02	» 46
	Var	223,528	165,329	50,057	4	3	» 73	74,652	1 49	» 33
	Vaucluse	165,133	160,278	38,352	4	4	» 99	38,389	1 »	» 23
Bourgogne, Bresse	Ain	327,920	201,061	68,263	5	3	» 61	81,622	1 19	» 24
	Côte-d'Or	332,309	291,577	73,550	4	4	» 87	124,025	1 68	» 37
	Saône-et-Loire	479,115	248,300	97,775	5	3	» 51	92,151	» 91	» 19
	Yonne	310,659	225,960	74,248	4	3	» 72	104,604	1 41	» 33
Dauphiné	Alpes (Hautes-)	118,314	111,368	25,407	5	4	» 91	22,489	» 88	» 19
	Drôme	258,621	214,342	59,030	4	4	» 83	51,583	» 87	» 19
	Isère	482,997	282,000	99,317	5	3	» 59	110,355	1 11	» 22
Franche-Comté	Doubs	225,519	255,880	43,845	5	5	1 13	101,303	2 33	» 41
	Jura	269,791	221,109	52,726	5	4	» 82	85,939	1 63	» 31
	Saône (Haute-)	309,489	246,468	62,332	5	4	» 76	110,968	1 62	» 35
Champagne	Ardennes	254,440	233,065	55,185	5	4	» 91	85,329	1 54	» 33
	Aube	216,177	189,179	50,779	4	4	» 88	84,766	1 66	» 39
	Marne	265,490	372,298	64,457	4	6	1 40	149,448	2 32	» 56
	Marne (Haute-)	225,550	196,078	53,455	4	4	» 87	87,808	1 64	» 38
Lorraine	Meurthe	346,992	302,143	64,461	5	5	» 87	105,585	1 61	» 30
	Meuse	278,370	261,923	61,729	5	4	» 95	96,922	1 57	» 31
	Moselle	353,058	387,528	63,195	6	6	1 08	118,553	1 88	» 33
	Vosges	348,133	230,323	64,265	5	4	» 66	101,610	1 62	» 30
Artois, Flandre	Nord	705,555	551,816	133,753	5	4	» 79	220,721	1 66	» 31
	Pas-de-Calais	557,102	505,472	111,646	5	5	» 91	250,998	1 84	» 37

Ile-de-France. Picardie	Aisne	457,058	661,257	109,787	4	6	1 23	190,371	1 73	» 41
	Oise	353,624	479,095	94,617	4	5	1 35	191,812	2 63	» 54
	Seine	112,180	247,393	16,906	7	15	2 20	84,552	5 03	» 75
	Seine-et-Marne	290,698	299,332	74,002	4	4	1 02	134,145	1 81	» 46
	Seine-et-Oise	386,832	545,021	91,920	4	6	1 41	264,623	2 82	» 68
	Somme	464,730	625,308	111,161	4	6	1 35	228,619	2 05	» 49
Limousin, Marche	Corrèze	269,192	164,697	45,778	6	4	» 61	47,366	1 03	» 17
	Creuse	252,932	131,609	46,759	5	3	» 52	37,800	» 81	» 14
	Vienne (Haute-)	232,784	130,856	47,915	5	3	» 56	38,207	» 79	» 16
Auvergne	Cantal	245,797	122,708	43,315	5	3	» 49	34,202	» 79	» 13
	Loire (Haute-)	247,899	112,020	51,145	5	2	» 45	40,851	» 79	» 16
	Puy-de-Dôme	493,550	226,852	105,113	5	2	» 45	48,312	» 46	» 09
Bordelais, Agenais	Landes	249,287	173,467	42,112	6	4	» 69	59,166	1 40	» 23
	Lot-et-Garonne	271,191	182,653	67,710	4	3	» 67	62,204	» 92	» 22
	Gers	283,067	246,596	63,851	4	4	» 87	82,024	1 35	» 28
	Gironde	435,659	355,486	100,505	4	3	» 82	169,479	1 55	» 38
Béarn, Quercy, Rouergue	Aveyron	317,758	169,520	67,454	5	3	» 53	83,900	1 24	» 26
	Ariège	233,478	175,311	45,152	5	4	» 75	46,467	1 03	» 19
	Lot	255,806	140,246	61,761	4	2	» 54	55,505	» 89	» 21
	Pyrénées (Hautes-)	206,310	105,646	37,565	5	3	» 51	39,662	1 05	» 19
	Pyrénées (Basses-)	360,835	322,756	67,068	5	5	» 89	111,508	1 66	» 30
	Pyrénées-Orientales	136,015	60,127	27,313	5	2	» 44	25,604	» 93	» 19
Languedoc	Ardèche	320,432	124,394	59,324	5	2	» 38	55,853	» 94	» 17
	Aude	221,347	164,121	46,015	5	3	» 73	61,903	1 36	» 27
	Gard	266,269	234,726	53,886	5	4	» 88	84,295	1 51	» 30
	Garonne (Haute-)	334,890	225,137	66,421	5	3	» 67	86,308	1 29	» 26
	Hérault	227,405	144,292	42,303	5	3	» 63	64,018	1 51	» 28
	Lozère	133,333	66,131	29,115	5	2	» 49	26,863	» 92	» 20
	Tarn	266,801	133,577	53,886	5	3	» 50	64,464	1 19	» 23
	Tarn-et-Garonne	182,960	85,917	36,943	5	2	» 46	41,079	1 13	» 22
Angoumois, Périgord, Saintonge	Charente	338,347	265,417	85,339	4	3	» 78	94,126	1 10	» 29
	Charente-Inférieure	384,099	282,378	112,932	3	3	» 76	117,190	1 04	» 30
	Dordogne	441,501	212,110	99,275	4	2	» 47	83,116	» 84	» 18
	Corse	667,894	37,773	33,579	5	1	» 22	3,655	» 11	» 02
	TOTAUX	26,772,719	20,214,783	5,774,636	5	3 1/2	» 75	7,846,899	1 35	» 29

ÉTAT N° IX. — ÉTAT DU NOMBRE DES PORTES ET FENÊTRES IMPOSABLES DANS LES VILLES AU-DESSUS DE 3,000 HABITANTS, ET DU MONTANT DE LA CONTRIBUTION ÉTABLIE SUR TOUTES CES OUVERTURES.

NOMS des ANCIENNES PROVINCES	NOMS des DÉPARTEMENTS qui en ont été tirés.	POPULATION.	NOMBRE DE PORTES et fenêtres imposables.	NOMBRE de MAISONS.	NOMBRE d'habitants par MAISON.	NOMBRE D'OUVERTURES par maison.	NOMBRE D'OUVERTURES par habitant.	CONTINGENT en PRINCIPAL.	CONTRIBUTION EN PRINCIPAL par maison. fr. c.	CONTRIBUTION EN PRINCIPAL par habitant. fr. c.
Bretagne	Côtes-du-Nord	57,186	48,680	7,522	7	6	» 85	17,238	2 29	» 30
	Finistère	82,595	81,326	9,377	8	9	» 98	39,816	4 25	» 48
	Ille-et-Vilaine	79,344	68,491	11,734	7	6	» 86	48,850	4 16	» 61
	Loire-Inférieure	107,322	82,967	14,118	8	6	» 77	78,947	5 59	» 73
	Morbihan	63,128	47,833	8,824	7	5	» 75	26,603	3 01	» 42
Normandie	Calvados	92,195	133,424	13,913	7	9	1 44	79,048	5 67	» 85
	Eure	36,183	61,509	7,625	5	8	1 70	32,901	4 31	» 90
	Manche	55,745	72,388	8,880	6	8	1 30	32,641	3 07	» 58
	Orne	36,349	50,235	7,584	5	6	1 38	29,518	3 89	» 81
	Seine-Inférieure	175,578	304,039	28,651	6	10	1 73	281,619	9 83	1 60
Anjou, Maine, Touraine	Indre-et-Loire	33,038	48,020	6,610	5	7	1 45	34,680	5 25	1 04
	Mayenne	36,713	33,780	5,909	6	6	» 92	16,388	2 77	» 44
	Maine-et-Loire	53,444	66,563	10,161	5	6	1 24	42,826	4 21	» 80
	Sarthe	30,705	45,860	6,167	5	7	1 49	25,304	4 10	» 82
Poitou	Sèvres (Deux-)	15,799	25,149	3,348	5	7	1 58	14,419	4 30	» 91
	Vendée	7,493	9,137	1,524	5	6	1 21	3,560	2 33	» 47
	Vienne	35,817	48,616	7,180	5	6	1 35	30,256	4 20	» 84
Blaisois, Orléanais	Eure-et-Loir	33,060	50,273	6,406	5	7	1 52	35,264	5 50	1 07
	Loir-et-Cher	24,962	33,398	6,082	4	5	1 33	25,044	4 12	1 »
	Loiret	57,282	82,377	9,616	6	8	1 43	86,580	9 »	1 51
Berry	Cher	25,423	28,394	4,903	5	6	1 11	18,911	3 85	» 74
	Indre	22,233	26,721	4,967	4	5	1 20	6,700	1 35	» 30
Bourbonnais, Nivernais	Allier	24,887	31,273	4,185	6	7	1 26	15,539	3 71	» 62
	Nièvre	27,202	38,903	4,517	6	9	1 43	15,586	3 45	» 57

Forez, Lyonnais	Loire	65,850	79,253	5,626	11	14	1	90	31,697	5	63	»	48
	Rhône	179,512	202,951	8,891	20	22	1	13	179,611	20	20	1	»
Alsace	Rhin (Bas-)	80,083	131,916	6,955	11	19	1	68	78,809	11	33	»	98
	Rhin (Haut-)	54,890	72,602	5,692	10	12	1	32	28,207	4	95	»	51
Comtat, Provence	Alpes (Basses-)	5,366	5,013	747	7	7	»	93	2,450	3	29	»	46
	Bouches-du-Rhône	205,496	303,498	33,720	6	9	1	47	373,263	11	06	1	81
	Var	87,567	87,427	13,073	7	7	1	»	62,518	4	78	»	71
	Vaucluse	67,915	100,578	11,824	6	9	1	48	40,678	3	44	»	59
Bourgogne, Bresse	Ain	15,708	13,414	1,862	7	7	»	97	7,036	3	75	»	51
	Côte-d'Or	38,634	65,237	4,748	8	13	1	69	38,975	8	20	1	»
	Saône-et-Loire	30,661	55,300	5,103	7	10	1	51	25,849	4	97	»	70
	Yonne	31,557	54,857	6,041	5	9	1	75	30,296	5	01	»	96
Dauphiné	Alpes (Hautes-)	7,015	10,072	1,351	5	8	1	43	3,087	2	28	»	44
	Drôme	27,170	44,493	5,645	5	8	1	63	14,617	2	59	»	53
	Isère	42,987	53,178	4,858	8	11	1	23	29,915	6	16	»	69
Franche-Comté	Doubs	28,795	31,363	2,235	12	13	1	09	32,250	14	11	1	11
	Jura	40,401	53,043	4,878	8	11	1	27	24,861	5	09	»	61
	Saône (Haute-)	18,152	16,282	2,159	8	8	»	89	11,132	5	15	»	61
Champagne	Ardennes	27,184	28,905	2,798	10	10	1	06	15,918	5	70	»	58
	Aube	25,585	45,827	3,793	7	12	1	79	20,834	7	86	1	17
	Marne	59,553	98,316	8,233	7	12	1	65	79,152	9	61	1	32
	Marne (Haute-)	19,273	35,720	3,850	5	9	1	85	18,492	4	80	»	95
Lorraine	Meurthe	56,046	85,527	7,201	8	11	1	52	52,815	7	33	»	94
	Meuse	27,969	41,184	4,237	6	10	1	58	22,059	5	20	»	78
	Moselle	31,097	78,562	3,754	13	21	1	53	45,970	12	51	»	91
	Vosges	31,706	28,476	4,036	7	7	»	90	17,690	4	35	»	55
Artois, Flandre	Nord	257,093	308,506	34,373	7	8	1	20	198,766	5	17	»	77
	Pas-de-Calais	85,807	162,464	13,704	6	12	1	89	71,802	5	24	»	83
Ile-de-France, Picardie	Aisne	32,502	76,148	5,460	6	14	2	34	29,829	5	45	»	91
	Oise	31,500	78,315	6,296	5	12	2	48	42,481	6	74	1	34
	Seine	901,193	1,124,080	27,627	32	40	1	24	1,195,348	43	27	1	32
	Seine-et-Marne	27,511	48,485	4,633	6	10	1	76	27,661	5	97	1	»
	Seine-et-Oise	54,039	118,003	6,119	9	19	2	18	81,877	13	21	1	49
	Somme	61,552	122,857	12,289	5	10	1	99	73,781	6	»	1	19
Limousin, Marche	Corrèze	15,690	22,309	2,365	6	9	1	42	8,144	3	41	»	51
	Creuse	»	»	»	»	»	»	»	»	»	»	»	»
	Vienne (Haute-)	43,567	56,880	6,633	6	8	1	30	24,892	3	75	»	57

NOMS des ANCIENNES PROVINCES	NOMS des DÉPARTEMENTS qui en ont été tirés.	POPULATION.	NOMBRE DE PORTES et fenêtres imposables.	NOMBRE de MAISONS.	NOMBRE d'habitants par MAISON.	NOMBRE D'OUVERTURES par maison.	NOMBRE D'OUVERTURES par habitant.	CONTINGENT en PRINCIPAL.	CONTRIBUTION EN PRINCIPAL par maison.	CONTRIBUTION EN PRINCIPAL par habitant.
									fr. c.	fr. c.
Auvergne	Cantal	16,216	48,065	2,128	7	8	1 11	6,399	3 »	» 39
	Loire (Haute-)	37,774	34,229	6,010	6	5	» 90	16,549	2 74	» 43
	Puy-de-Dôme	73,023	72,892	12,254	6	6	» 99	28,988	2 36	» 39
Bordelais, Agenais	Landes	16,022	17,578	1,642	10	10	1 09	6,334	3 85	» 39
	Lot-et-Garonne	65,695	63,165	16,280	4	4	» 96	30,145	1 85	» 45
	Gers	24,534	32,[illegible]97	5,292	4	6	1 32	14,155	2 67	» 57
	Gironde	102,492	172,795	17,583	6	9	1 68	249,921	14 24	2 43
Béarn, Quercy, Rouergue.	Aveyron	32,256	31,859	4,681	7	7	» 98	16,780	3 58	» 52
	Ariége	14,454	13,866	2,789	5	5	» 96	4,533	1 62	» 31
	Lot	24,709	20,536	5,028	5	4	» 83	13,343	2 65	» 54
	Pyrénées (Hautes-)	15,749	13,998	2,349	7	6	» 88	8,938	3 80	» 56
	Pyrénées (Basses-)	51,634	56,664	5,809	9	9	1 09	28,992	4 99	» 56
	Pyrénées-Orientales	15,357	15,920	2,529	6	6	1 03	11,196	4 42	» 72
Languedoc	Ardèche	7,987	7,882	1,011	7	7	» 98	3,647	3 60	» 45
	Aude	44,644	52,475	6,869	6	7	1 17	31,897	4 64	» 71
	Gard	81,281	82,798	11,438	7	7	1 01	62,631	5 47	» 77
	Garonne (Haute-)	75,126	121,451	12,914	6	9	1 61	108,690	8 41	1 44
	Hérault	112,155	135,853	13,375	8	11	1 21	89,552	6 69	» 79
	Lozère	5,445	7,177	990	5	7	1 31	3,237	3 27	» 59
	Tarn	60,854	69,446	10,209	6	6	1 14	35,036	3 43	» 57
	Tarn-et-Garonne	58,626	36,165	11,495	5	3	» 61	27,304	2 37	» 46
Angoumois, Périgord, Saintonge	Charente	15,306	25,689	2,687	6	9	1 67	16,174	6 02	1 01
	Charente-Inférieure	40,048	65,151	8,177	5	8	1 62	46,710	5 81	1 16
	Dordogne	22,573	23,131	4,519	5	5	1 02	11,957	2 62	» 50
	Corse	17,185	19,527	2,868	6	7	1 13	2,345	» 82	» 13
	TOTAUX	5,085,675	6,677,533	657,819	7	10	1 31	4,965,635	7 54	» 97

ÉTAT N° X. — ÉTAT DU MONTANT DES RÔLES DE LA CONTRIBUTION DES PATENTES.

NOMS des anciennes provinces.	NOMS des départements qui en ont été tirés.	NOMBRE D'HABITANTS dans les communes de moins de 5,000.	NOMBRE D'HABITANTS dans les communes de plus de 5,000.	NOMBRE D'HABITANTS dans toutes les communes du département.	NOMBRE DE PATENTABLES dans les communes de moins de 5,000 âmes	NOMBRE DE PATENTABLES dans les communes de plus de 5,000 âmes	NOMBRE DE PATENTABLES dans toutes les communes du département.	PROPORTION DES PATENTABLES à la population pour les communes de moins de 5,000 âmes	PROPORTION pour les communes de plus de 5,000 âmes	PROPORTION pour le département entier.	MONTANT DES RÔLES DES PATENTES pendant les années 1802.	1813.	1829.
	Côtes-du-N..	524,498	57,186	581,684	7,048	2,053	9,101	13/1000	35/1000	15/1000	131,300	102,067	141,630
	Finistère...	420,256	82,595	502,851	6,293	2,620	8,913	14/1000	31/1000	17/1000	202,415	165,907	202,376
Bretagne ...	Ille-et-Vil..	474,109	79,344	553,453	7,283	4,027	11,310	15/1000	50/1000	20/1000	169,583	136,355	197,021
	Loire-Infér..	319,768	107,322	427,090	6,708	4,912	11,620	19/1000	45/1000	25/1000	220,714	181,138	441,910
	Morbihan...	364,225	63,128	427,453	6,060	1,759	7,819	16/1000	27/1000	18/1000	154,036	124,338	136,725
	Calvados....	408,761	92,195	500,956	9,656	5,913	15,569	23/1000	64/1000	31/1000	256,611	216,824	317,046
	Eure.......	385,482	36,183	421,665	16,061	2,660	18,721	41/1000	73/1000	44/1000	197,378	222,609	310,726
Normandie..	Manche.....	555,461	55,745	611,206	9,345	3,513	12,858	16/1000	63/1000	21/1000	142,455	146,663	185,326
	Orne	398,030	36,349	434,379	8,794	2,504	11,298	22/1000	68/1000	26/1000	145,495	132,755	179,320
	Seine-Infér.	512,717	175,578	688,295	18,653	10,518	29,171	36/1000	59/1000	42/1000	823,265	701,128	1,099,667
Anjou......	Indre-et-L..	257,122	33,038	290,160	9,930	2,432	12,362	38/1000	73/1000	42/1000	215,279	174,779	202,663
Maine......	Mayenne ...	317,425	36,713	354,128	5,106	1,998	7,104	16/1000	54/1000	20/1000	104,468	84,573	111,167
Touraine...	Maine-et-L..	405,230	53,444	458,674	10,723	3,264	13,997	26/1000	61/1000	29/1000	184,170	193,840	215,839
	Sarthe	415,784	30,735	446,519	12,343	2,219	14,562	29/1000	72/1000	32/1000	160,450	157,510	214,523
	Sèvres (D-).	272,461	15,799	288,260	6,774	1,002	7,776	24/1000	60/1000	27/1000	84,065	86,715	132,918
Poitou......	Vendée.....	315,333	7,433	322,826	7,882	541	8,423	25/1000	72/1000	25/1000	83,937	74,922	108,450
	Vienne.....	231,823	35,847	267,670	6,899	1,923	8,822	29/1000	53/1000	32/1000	81,347	83,255	126,206
Blaisois....	Eure-et-Loir	245,155	33,060	278,215	9,951	2,262	12,213	40/1000	68/1000	43/1000	199,427	143,371	185,334
Orléanais...	Loir-et-Cher	205,704	24,962	230,666	7,695	2,032	9,727	37/1000	81/1000	42/1000	122,905	109,013	156,307
	Loiret......	246,946	57,282	304,228	9,468	3,432	12,900	38/1000	59/1000	42/1000	292,232	255,470	296,590
Berry	Cher.......	223,166	25,423	248,589	6,054	1,376	7,430	27/1000	54/1000	29/1000	99,768	85,134	143,867
	Indre.......	215,395	22,233	237,628	5,716	1,326	7,042	26/1000	59/1000	29/1000	76,369	77,832	121,123
Bourbonnais	Allier......	260,415	24,887	285,302	5,715	1,520	7,235	21/1000	61/1000	25/1000	81,206	78,355	104,406
Nivernais...	Nièvre......	244,575	27,202	271,777	7,604	1,663	9,267	33/1000	61/1000	37/1000	108,089	90,716	162,951

NOMS		NOMBRE D'HABITANTS			NOMBRE DE PATENTABLES			PROPORTION DES PATENTABLES à la population			MONTANT DES RÔLES DES PATENTES pendant les années		
des ANCIENNES provinces.	des DÉPARTEMENTS qui en ont été tirés.	DANS LES COMMUNES de moins de 5,000.	DANS LES COMMUNES de plus de 5,000.	dans toutes les communes du département.	DANS LES COMMUNES de moins de 5,000 âmes	DANS LES COMMUNES de plus de 5,000 âmes	dans toutes les communes du département.	DANS LES COMMUNES de moins de 5,000 âmes	DANS LES COMMUNES de plus de 5,000 âmes	pour le département entier.	1802.	1813.	1829.
											fr.	fr.	fr.
Forez	Loire	309,855	65,859	375,714	4,442	2,984	7,426	14/1000	45/1000	19/1000	84,937	92,601	202,029
Lyonnais	Rhône	237,063	179,512	416,575	6,256	11,786	18,042	26/1000	65/1000	43/1000	789,175	580,114	1,030,035
Alsace	Rhin (Bas-)	455,384	80,083	535,467	18,641	5,047	23,688	40/1000	63/1000	44/1000	367,789	334,744	358,566
	Rhin (Haut-)	353,851	54,890	408,741	12,199	3,572	15,771	34/1000	65/1000	38/1000	164,868	176,771	304,844
	Alpes (B.-)	147,697	5,366	153,063	4,461	176	4,637	30/1000	32/1000	30/1000	47,917	41,646	51,128
Comtat	Bouch.-du-R.	120,806	205,496	326,302	3,895	9,210	13,105	32/1000	44/1000	40/1000	606,578	329,361	715,409
Provence	Var	223,528	87,567	311,095	7,658	4,063	11,721	34/1000	46/1000	57/1000	172,080	187,590	268,326
	Vaucluse	165,133	67,915	233,048	5,468	3,474	8,944	33/1000	51/1000	38/1000	93,821	124,371	187,038
	Ain	327,920	13,708	341,628	9,001	912	9,913	27/1000	66/1000	28/1000	93,970	95,658	124,807
Bourgogne	Côte-d'Or	332,309	38,634	370,943	15,830	3,130	18,960	47/1000	81/1000	51/1000	222,958	203,535	340,847
Bresse	Saône-et-L.	479,115	36,661	515,776	10,288	3,182	13,470	21/1000	84/1000	26/1000	182,535	167,074	234,534
	Yonne	310,559	31,557	342,116	13,441	2,404	15,845	43/1000	76/1000	46/1000	175,228	147,029	253,570
	Alpes (H.-)	118,314	7,015	125,329	2,696	478	3,174	22/1000	[illegible]	25/1000	20,278	20,457	42,433
Dauphiné	Drôme	258,621	27,170	285,791	7,740	1,803	9,543	29/1000	66/1000	33/1000	67,250	73,720	126,480
	Isère	482,997	42,987	525,984	13,612	3,346	16,958	28/1000	77/1000	32/1000	191,603	169,998	299,743
	Doubs	225,519	28,795	254,314	5,762	1,579	7,341	25/1000	54/1000	28/1000	124,101	94,870	160,330
Franche-Comté	Jura	269,791	40,491	310,282	6,463	2,648	9,111	23/1000	65/1000	29/1000	116,635	94,661	122,214
	Saône (H.-)	309,489	18,152	327,641	11,937	983	12,920	38/1000	54/1000	39/1000	146,397	115,320	195,983
	Ardennes	254,440	27,184	281,624	15,666	2,218	17,884	61/1000	81/1000	63/1000	122,011	125,499	231,494
	Aube	216,177	25,585	241,762	13,339	1,977	15,316	61/1000	77/1000	63/1000	151,778	162,581	204,221
Champagne	Marne	265,490	59,555	325,045	15,678	4,010	19,688	59/1000	67/1000	60/1000	301,646	252,771	416,130
	Marne (H.-)	225,550	19,273	244,825	12,443	1,497	13,940	55/1000	77/1000	56/1000	127,537	117,078	225,874
	Meurthe	346,092	56,946	403,038	16,550	4,120	20,670	47/1000	73/1000	51/1000	204,944	185,736	278,002
Lorraine	Meuse	278,370	27,969	306,339	18,607	1,942	20,549	66/1000	69/1000	67/1000	160,509	168,338	247,670
	Moselle	358,058	51,097	409,155	15,138	2,517	17,655	42/1000	49/1000	43/1000	179,497	168,337	238,568
	Vosges	348,133	31,706	379,839	10,832	1,630	12,462	31/1000	51/1000	32/1000	143,521	119,717	150,098
Artois	Nord	705,555	257,093	962,648	20,909	12,508	33,417	29/1000	48/1000	34/1000	533,547	485,937	808,422
Flandre	Pas-de-Cal.	557,102	85,867	642,969	16,071	5,450	21,521	28/1000	63/1000	33/1000	[illegible]	261,706	443,363

	Aisne	457,058	32,502	489,560	23,217	2,363	25,580	50/1000	72/1000	52/1000	229,764	206,401	347,573
	Oise	353,624	31,500	385,124	17,163	2,446	19,609	48/1000	77/1000	50/1000	191,503	181,377	214,175
Ile-d.-France	Seine	112,180	901,193	1,013,373	6,991	45,848	52,837	62/1000	50/1000	52/1000	4,266,415	3,822,338	6,562,145
Picardie	Seine-et-M.	290,698	27,511	318,209	13,933	2,073	16,006	47/1000	75/1000	50/1000	203,929	182,559	239,721
	Seine-et-O.	386,832	54,039	440,871	20,439	4,064	24,503	52/1000	75/1000	55/1000	370,128	322,965	531,916
	Somme	464,730	61,552	526,282	14,976	3,665	18,641	32/1000	59/1000	35/1000	299,503	294,085	346,577
Limousin	Corrèze	269,192	15,690	284,882	4,845	797	5,642	18/1000	50/1000	19/1000	42,367	42,086	61,888
Marche	Creuse	252,932	»	252,932	4,614	»	4,614	18/1000	»	18/1000	38,707	37,269	53,633
	Vienne (H.-)	232,784	43,567	276,351	4,680	2,277	6,957	20/1000	52/1000	25/1000	88,481	87,443	140,723
	Cantal	245,797	16,216	262,013	4,573	1,017	5,590	18/1000	62/1000	21/1000	43,341	37,910	74,018
Auvergne	Loire (H.-)	247,899	37,774	285,673	2,974	1,541	4,515	11/1000	47/1000	15/1000	58,029	51,751	63,484
	Puy-de-D.	493,550	73,023	566,573	7,534	3,659	11,193	15/1000	50/1000	19/1000	130,255	98,570	163,128
	Landes	249,287	16,022	265,309	5,799	804	6,603	23/1000	50/1000	24/1000	79,702	74,754	99,008
Bordelais	Lot-et-Gar.	271,191	65,695	336,886	6,995	2,994	9,989	25/1000	45/1000	29/1000	103,422	83,873	137,677
Agenais	Gers	283,067	24,534	307,601	10,705	1,226	11,931	37/1000	49/1000	38/1000	79,805	94,205	133,105
	Gironde	435,659	102,492	538,151	15,789	7,710	23,499	34/1000	75/1000	43/1000	966,006	561,687	1,038,844
	Aveyron	317,758	32,256	350,014	6,182	2,095	8,277	19/1000	64/1000	23/1000	63,641	63,504	94,348
	Ariège	233,478	14,454	247,932	6,400	463	6,863	27/1000	32/1000	27/1000	55,587	53,898	88,995
Béarn	Lot	255,806	24,709	280,515	5,391	1,395	6,786	21/1000	56/1000	24/1000	108,267	49,235	76,796
Quercy	Pyrén. (H.-)	206,310	15,749	222,059	5,448	1,127	6,575	26/1000	71/1000	29/1000	49,202	46,519	87,997
Rouergue	Pyrén. (B.-	360,835	51,634	412,469	6,626	2,491	9,117	18/1000	48/1000	22/1000	125,440	122,515	144,614
	Pyrén.-Or.	136,015	15,357	151,372	4,221	1,036	5,257	31/1000	67/1000	34/1000	55,855	66,927	80,305
	Ardèche	320,432	7,987	328,419	7,489	343	7,832	23/1000	42/1000	83/1000	63,035	71,541	140,310
	Aude	221,347	44,644	265,991	7,338	2,452	9,790	33/1000	54/1000	36/1000	125,288	106,908	154,056
	Gard	266,269	81,281	347,550	9,103	4,494	13,597	34/1000	55/1000	38/1000	195,770	188,264	299,923
	Garonne (H.)	331,890	75,126	407,016	10,104	3,605	3,706	30/1000	47/1000	33/1000	253,301	923,036	306,449
Languedoc	Hérault	227,405	112,155	339,560	7,086	5,672	2,758	31/1000	50/1000	37/1000	273,700	023,592	331,028
	Lozère	133,333	5,445	138,778	2,951	89	3,340	22/1000	71/1000	25/1000	20,767	20,718	30,919
	Tarn	266,804	60,854	327,655	7,640	3,152	10,792	28/1000	51/1000	32/1000	74,784	77,983	158,934
	Tarn-et-G.	182,960	58,626	241,586	5,008	2,054	7,062	27/1000	35/1000	29/1000	»	79,019	108,615
Angoumois	Charente	338,347	15,306	353,658	10,007	638	11,075	29/1000	67/1000	31/1000	130,461	139,734	183,657
Périgord	Char.-Infér.	384,099	40,048	424,147	14,858	2,940	17,798	38/1000	73/1000	61/1000	236,210	183,936	336,115
Saintonge	Dordogne	441,501	22,573	464,074	9,168	1,418	10,584	20/1000	62/1000	22/1000	83,067	79,750	149,894
	Corse	167,894	17,185	185,079	2,467	1,000	3,468	14/1000	58/1000	18/1000	20,725	20,984	46,514
	TOTAUX	26,772,719	5,085,675	31,858,394	815,500	285,690	1,101,190	»	»	»	19,319,554	16,922,003	26,880,017

ÉTAT Nº XI. — TABLEAU DES DÉGRÈVEMENTS ACCORDÉS SUR LES CONTRIBUTIONS DIRECTES, DEPUIS LE 1er AVRIL 1814.

EXERCICES.	LOIS.	FONCIÈRE.				PERSONNELLE ET MOBILIÈRE. — Centimes additionnels.		PORTES ET FENÊTRES. — Centimes additionnels.		TOTAL GÉNÉRAL.
		PRINCIPAL.	Centimes additionnels.		TOTAL.					
1818	Loi du 15 mai 1818	»	»	»	»	50	13,580,627	»	»	13,580,627
1819	Loi du 17 juillet 1819	4,590,098	(A) 5	2,295,049 8,640,000	15,525,147	»	»	40	5,125,000	20,650,147
1821	Loi du 31 juillet 1821	13,529,124	(B) 5	6,088,106 7,733,906	27,351,136	»	»	»	»	27,351 136
1826	Loi du 1er mai 1825	»	3	4,642,728	4,642,728	3	814,831	3	768,748	6,226,307
1827	Loi du 6 juillet 1826 (État C annexé)	»	6	9,285,457	9,285,457	16	4,315,763	39	4,996,862	18,628,082
	TOTAUX	18,119,222		38,685,216	56,804,468		18,741,221		10,890,610	86,436,299
	Réduction sur les centimes de frais de perception résultant des dégrèvements successivement accordés									5,429,048
	TOTAL GÉNÉRAL									91,865,347

(A, B) Les lois qui ont accordé des dégrèvements n'ont point indiqué la quotité de centimes dont l'impôt était réductible.

TABLEAUX

PRÉSENTANT

LA PROGRESSION DES REVENUS PUBLICS DE LA FRANCE

DEPUIS LE 1er JANVIER 1816 JUSQU'AU 31 DÉCEMBRE 1826.

TABLEAU N° XII. — CONTRIBUTIONS DIRECTES.

* MONTANT BRUT DES RÔLES RECOUVRÉS EN PRINCIPAL ET CENTIMES ADDITIONNELS, pour les dépenses générales, les dépenses départementales, les dépenses ordinaires et extraordinaires des communes, les non-valeurs et les réimpositions, et les frais de perception.

EXERCICES.	CONTRIBUTION foncière.	CONTRIBUTION personnelle et mobilière.	PORTES et fenêtres.	PATENTES.	TOTAL.
1816	291,161,415	(a) 49,440,291	21,433,494	(b) 40,453,618	402,488,818
1817	294,168,898	(c) 26,198,481	(d) 24,912,075	20,677,871	402,957,325
1818	295,351,554	46,420,776	(e) 27,105,675	21,541,837	390,419,842
1819	279,303,916	46,027,985	21,589,928	21,565,052	368,486,801
1820	279,980,281	45,806,166	21,519,350	21,509,027	368,813,824
1821	265,374,967	45,000,917	21,457,612	21,671,060	354,654,565
1822	254,562,433	45,865,634	21,454,667	22,306,273	344,626,107
1823	252,785,754	45,520,391	21,444,103	23,539,880	343,288,131
1824	253,174,300	45,948,824	21,297,555	23,880,335	344,300,814
1825	254,435,826	46,012,471	21,320,127	24,889,995	346,658,416
1826	219,912,803	45,105,846	20,540,365	25,628,701	311,187,717
1827	241,130,965	49,747,947	15,380,427	26,033,142	333,292,281
1828	242,151,789	41,927,550	15,446,723	26,461,872	325,090,943 (f)

(a) Y compris 10 centimes extraordinaires. (Loi du 28 avril 1816.)
(b) Y compris 1 franc 10 centimes extraordinaires. (Même loi.)
(c) Y compris 50 centimes extraordinaires. (Loi du 25 mars 1817.)
(d) Y compris 40 centimes extraordinaires. (Même loi.)
(e) Y compris 40 centimes extraordinaires. (Loi du 15 mai 1818.)
(f) Ces totaux ne comprennent pas le produit des centimes pour *frais de premier avertissement*, perçus sur les quatre contributions.

OBSERVATIONS.

En 1817, il a été perçu, suivant le tableau ci-contre, sur les quatre contributions directes		402,957,325
Les dégrèvements successivement accordés de 1818 à 1827, ont été (en voir le détail par nature de contribution, p. 129 du budget de 1827) de		91,865,347
Ces dégrèvements déduits, les perceptions semblaient ne devoir plus s'élever que dans la limite de		311,091,978
Elles sont cependant, pour l'exercice 1828, de		325,090,943
EXCÉDANT à expliquer		13,998,965
Cet excédant a pour cause : 1° l'augmentation survenue dans le produit des patentes, qui, pour 1817, n'a été que de	20,607,871	
tandis que, pour 1828, il s'est élevé à	26,461,872	
AUGMENTATION pour 1828	5,787,001	5,787,001
2° La différence existant dans le montant des impositions d'utilité départementale et communale pour les deux années 1817 et 1828.		
Pour 1817, ces impositions n'ont été que de	25,507,178	
Pour 1828 (en y comprenant 4,039,016 de centimes additionnels affectés aux dépenses du cadastre, et imposés en exécution de la loi de finances de 1821), elles ont été de	33,643,966	
AUGMENTATION pour 1828	8,136,788	8,136,788
3° Depuis 1817, les contributions foncière, personnelle, mobilière et des portes et fenêtres se sont accrues, notamment la contribution foncière, par le résultat de nouvelles cotisations sur les biens restitués ou vendus, sur les bois aliénés, de		75,176
TOTAL ÉGAL		13,998,965

TABLEAU N° XIII. — ENREGISTREMENT, TIMBRE ET DOMAINES.

EXERCICES.	ENREGISTREMENT (déc. compris).	TIMBRE (déc. compris).	GREFFES (déc. compris).	HYPOTHÈQUES (déc. compris).	AMENDES de toute nature (déc. compris).	PASSE-PORTS et permis de port d'armes.	DROIT spécial sur les journaux.	PORTION des salaires des conservateurs des hypothèques attribuée au Trésor.	FRAIS de justice criminelle recouvrés.	FRAIS de poursuites recouvrés.	DOMAINES.	PRODUITS accidentels.	TOTAL par exercice.
1816	105,594,089	24,932,086	4,183,336	3,248,833	1,818,472	1,732,688	»	127,424	590,093	18,619	20,325,330	216,852	171,825,872
1817	128,273,842	27,287,963	4,514,721	1,605,054	3,124,040	1,390,056	37,703	271,190	683,696	16,767	12,536,585	796,867	180,638,100
1818	128,387,110	27,196,363	4,648,060	1,581,657	3,127,190	1,315,642	188,073	265,361	678,834	14,868	6,260,120	350,480	174,022,963
1819	117,074,607	26,063,547	4,587,386	1,537,234	3,272,527	1,267,269	332,966	230,691	576,511	(b) »	4,882,905	237,816	160,083,195
1820	116,092,123	2[illegible],742,119	(a) 3,600,050	1,272,782	2,816,726	1,330,518	387,421	222,185	550,966	»	5,124,846	341,878	158,081,631
1821	123,955,719	26,3[illegible]2,813	3,675,709	1,278,540	2,960,887	1,425,688	374,913	237,700	586,829	20,151	3,836,749	296,851	164,862,606
1822	122,260,920	26,793,732	3,688,663	1,278,043	3,442,497	1,639,072	373,096	230,044	603,837	24,888	5,983,834	224,380	166,492,008
1823	122,859,423	26,909,089	3,707,884	1,272,676	3,737,791	1,620,673	404,713	220,987	648,861	32,475	3,964,938	259,093	165,649,508
1824	131,744,504	26,977,911	3,718,081	1,355,859	3,363,568	1,634,990	356,649	235,682	694,606	33,730	3,320,678	198,633	176,634,926
1825	135,398,081	27,358,516	3,750,969	1,378,398	4,112,109	1,780,483	347,167	235,152	802,103	30,740	3,301,988	105,758	178,801,472
1826	136,394,547	27,875,605	3,842,144	1,450,664	4,942,724	1,886,026	351,154	230,168	767,861	32,212	2,491,803	70,923	180,315,253
1827	136,847,383	27,773,017	3,919,789	1,425,731	3,313,411	1,864,323	333,124	233,245	743,519	40,066	2,206,431	77,981	178,777,993
1828	140,684,655	28,995,611	4,053,476	1,602,924	3,968,843	1,917,690	362,921	246,217	691,690	38,247	2,669,734	34,628	185,263,636

(a) Déduction faite, à compter de 1820, des attributions des greffiers, qu'ils reçoivent directement des parties.
(b) Pour 1819 et 1820, ces frais sont confondus avec ceux de même nature relatifs aux forêts.

Les produits de l'enregistrement, du timbre et des domaines, se sont élevés, pour 1816, à.... 171,825,872

Ces mêmes produits, pour 1828, ont été de 185,263,636

Considérés dans leur ensemble, il ressort, pour 1828, une augmentation de................ 13,437,764

TABLEAU N° XIV. — Produits des forêts.

EXERCICES.	QUANTITÉS VENDUES.		NOMBRE d'arbres réservés.	PRINCIPAL des ACCESSOIRES.	PRODUITS ACCESSOIRES perçus par l'administration de l'enregistrement.	TOTAL par EXERCICE.
	HECTARES.	ARBRES.				
	h. a. c.			fr. c.	fr. c.	fr. c.
1816	27,855 66 43	359,864	865,342	13,057,002 22	4,792,954 65	17,849,956 87
1817	29,541 76 23	364,192	794,836	17,742,688 93	3,895,073 11	21,637,762 04
1818	26,201 49 79	363,956	853,074	16,150,312 15	4,031,027 66	20,181,389 81
1819	26,835 91 57	370,014	861,027	15,929,926 24	2,374,884 54	18.304,810 78
1820	23.966 83 93	483,358	902,364	13,700,546 81	2,156,615 86	15,857,162 67
1821	25,054 61 75	369,583	976,423	17,626,265 31	2,535,874 91	20,162,140 22
1822	26,515 51 47	471,715	1,030,864	20,176,472 48	4,485,030 69	24,661,503 17
1823	21,304 87 79	443,637	1,258,792	18,934,104 40	4,263,536 76	23,197,641 16
1824	24,312 48 31	611,652	1,657,192	18,659,033 21	4.506,269 20	23,165,302 41
1825	25,904 57 26	474,288	1,874,743	22,690,481 30	5,525,065 93	28,215,547 23
1826	26,528 42 13	354,186	1,919,355	25,965,623 06	5,628,710 68	31,594,333 74
1827	24,271 36 19	338,691	1,905,462	21,775,790 57	5,188,929 19	26,964,719 76
1828	24,324 01 63	275,707	1,912,408	24,069,100 29	5,239,553 21	29,308,653 50

TABLEAU N° XV. — Douanes et sels.

ANNÉES.	DOUANES.					SELS. — DROITS de consommation perçus sur les côtes.
	DROITS d'importation.	DROITS d'exportation.	DROITS de navigation.	RECETTES accidentelles.	TOTAL.	
1816	44.461,438	3,962,391	2,484,232	550,529	51,458,590	42,748,123
1817	56,928,395	3,226,911	2,081,424	556,363	62,793,093	46,840,501
1818	60,023,271	4,253,280	2,305,795	473,185	67,055,531	48,961,633
1819	56,294,644	4,214,618	2,001,414	814,504	63,325,180	48,938,499
1820	70,542,564	3,772,050	2,206,274	1,082,938	77,403,826	52,847,370
1821	69,913,833	2,671,201	2,292,713	1,212,681	76,090,428	52,536,535
1822	78,343,099	2,114,762	2,339,694	1,191,311	83,988,866	52,980,155
1823	78,294,349	1,759,080	2,410,319	1,327,025	75,790,773	53,467,273
1824	92,357,670	1,668,944	2,407,950	1,587,947	98,022,511	52,762,758
1825	86,993,594	1,683,521	2,335,455	1,351,152	92,363,722	53,950,432
1826	99,674,164	3,420,107	3,072,899	955,219	105,122,389	53,692,953
1827	93,591,369	1,545,437	2,753,597	778,215	98,668,618	54,375,812
1828	104,164,175	1,447,867	2,971,883	698,232	109,282,152	54,243,020

TABLEAU N° XVI. — Boissons, droits divers, tabacs et poudres.

EXERCICES.	BOISSONS.	BIÈRES — DROITS de fabrication.	LICENCES.	HUILES.	VOITURES PUBLIQUES.	CARTES.	SELS.	GARANTIE des MATIÈRES d'or et d'argent.	NAVIGATION et PÉAGES sur les ponts.	DIXIÈME des PRODUITS des octrois.	RECETTES DIVERSES, timbre compris.	TABACS.	POUDRES.	TOTAL.
1816	58,690,039	3,474,352	2,563,552	»	2,579,479	402,241	4,139,900	688,088	3,965,095	3,511,939	2,571,555	55,151,861	»	159,857,269
1817	62,509,926	5,207,145	2,701,285	2,051,670	2,105,661	356,894	5,661,279	629,310	4,515,854	2,775,260	2,967,269	63,008,136	»	154,790,667
1818	74,049,552	8,072,630	2,978,917	2,874,636	2,856,108	422,824	5,695,570	785,168	4,857,974	3,579,801	3,867,739	63,850,550	2,146,582	177,797,104
1819	82,373,561	7,313,855	3,167,256	3,035,376	5,115,558	455,697	5,400,282	816,575	4,812,435	4,059,885	4,185,855	64,153,554	3,277,354	186,547,257
1820	85,948,858	7,684,041	3,144,491	2,956,819	3,067,180	455,813	5,919,528	931,726	5,147,625	4,593,585	4,678,318	64,044,504	3,518,419	191,870,687
1821	85,269,774	9,019,696	3,074,558	3,083,782	3,298,815	454,094	6,049,804	1,178,306	5,586,457	4,333,464	4,526,855	65,072,858	3,199,574	194,048,815
1822	91,469,880	10,407,538	3,137,055	2,817,001	3,631,247	450,585	6,179,444	1,500,457	5,550,485	4,161,830	4,619,615	65,021,569	3,655,585	202,728,417
1823	90,958,496	8,366,848	3,101,795	55,509	3,976,222	455,592	6,255,292	1,250,907	5,628,665	4,424,562	4,505,947	63,902,851	3,502,516	196,561,670
1824	94,115,735	9,248,459	3,175,599	»	4,409,275	520,655	6,954,772	1,494,520	6,034,100	4,809,929	4,634,849	66,545,454	3,455,749	204,877,145
1825	97,112,249	10,259,275	3,208,565	»	5,105,122	574,250	6,918,496	1,680,458	6,215,284	4,915,300	4,944,157	67,526,419	3,918,934	212,211,507
1826	98,865,782	10,258,053	3,215,389	»	5,570,140	555,560	6,740,981	1,501,268	6,202,748	4,965,655	4,921,602	67,055,557	4,044,054	213,640,547
1827	96,890,895	9,294,205	3,507,775	»	5,527,753	538,148	6,734,172	1,506,449	5,805,728	4,934,930	5,188,558	66,740,895	4,247,057	209,605,725
1828	97,384,929	9,254,455	2,566,564	»	5,497,162	524,190	6,877,106	1,458,518	5,755,716	4,860,507	5,227,542	67,989,487	4,097,171	212,257,249

TABLEAU N° XVII. — Produits des postes.

EXERCICES.	TAXE des LETTRES.	DROIT de 5 p. 0/0 sur les envois d'argent.	PRODUIT des places dans les malles-postes.	PRODUIT des places dans les paquebots.	PRODUIT des offices étrangers.	RECETTES diverses accidentelles.	TOTAL.
1816	19,825,210	414,329	147,680	»	542,751	43,030	20,973,000
1817	20,275,312	428,228	128,329	»	580,568	15,735	21,428,172
1818	20,935,049	386,597	110,088	»	540,796	23,371	21,995,901
1819	20,939,101	422,784	1,045,912	»	508,481	53,460	22,969,738
1820	20,799,720	481,164	1,289,439	71,775	478,581	40,372	23,161,051
1821	21,107,013	45[illegible],386	1,588,981	69,781	502,294	169,242	23,892,697
1822	21,911,667	497,239	1,435,245	66,722	510,991	106,235	24,528,299
1823	22,780,634	605,985	1,470,020	31,498	458,675	17,532	25,363,344
1824	23,703,028	586,795	1,561,128	34,410	526,744	75,084	26,487,038
1825	24,724,718	561,728	1,627,086	53,364	571,959	13,789	27,552,639
1826	34,762,067	634,282	1,564,121	61,757	574,545	32,560	37,629,332
1827	24,755,863	562,539	1,585,553	66,420	547,262	23,268	27,540,905
1828	27,211,701	621,289	2,119,538	48,069	525,684	19,339	30,545,620

TABLEAU N° XVIII. — Loterie.

EXERCICES.	PRODUIT des MISES	LOTS gagnants ACQUITTÉS.	BÉNÉFICE NET.	OBSERVATIONS.
1816	42,463,015	29,411,107	13,051,908	
1817	47,987,918	37,966,845	10,021,073	
1818	58,867,861	43,461,504	15,405,557	
1819	53,609,933	42,970,763	10,639,170	
1820	57,621,900	35,476,692	22,145,208	
1821	51,401,276	37,408,501	13,992,775	
1822	52,363,138	34,869,000	17,494,138	
1823	49,399,305	33,200,253	16,179,052	
1824	50,909,529	38,161,907	12,747,622	
1825	57,259,801	41,751,442	15,505,359	
1826	51,350,917	39,452,959	11,897,958	
1827	51,735,728	40,429,392	11,306,336	
1828	53,183,007	38,313,456	14,869,551	

ÉTAT N° XIX.

RÉSUMÉ EN VALEURS

Du commerce de la France avec ses Colonies et les Puissances étrangères pendant l'année 1828.

Commerce général.

Valeurs entrées.

Marchandises. Matières nécessaires à l'industrie	366,510,668	607,677,321	825,778,396
Objets de consommation { fabriqués.	67,866,077		
Objets de consommation { naturels.	173,300,576		
Numéraires		208,101,075	

Valeurs sorties.

Marchandises. Produits naturels	267,271,311	609,922,632	638,494,196
Objets manufacturés	342,651,321		
Numéraires		28,571,564	
Différence			287,284,200

Commerce spécial.

Valeurs entrées.

Marchandises. Matières nécessaires à l'industrie	278,590,868	453,760,337	661,746,834
Objets de consommation { fabriqués.	38,323,551		
Objets de consommation { naturels.	136,845,918		
Numéraires		207,986,497	

Valeurs sorties.

Marchandises. Produits naturels	167,377,012	511,215,922	540,743,329
Objets manufacturés	343,838,910		
Numéraires		29,527,407	
Différence			121,003,505

ÉTAT N° XX.

TABLEAU DES MARCHANDISES EXPORTÉES AVEC JOUISSANCE DE LA PRIME, PENDANT L'ANNÉE 1828.

DÉSIGNATION DES MARCHANDISES.	QUANTITÉS exportées.	QUOTITÉ de la prime allouée.	SOMMES PAYÉES par quotité de prime.	SOMMES PAYÉES par espèce de marchandises.
	kilog.		fr.	fr.
Sucre raffiné	4,771,102	120 »	»	5,725,323
Melasses	4,918,164	12 »	»	590,179
Savons	3,664,086	Remboursements des droits sur l'huile et le natron	»	932,781
Soufre raffiné	59,184	1 10	868	34,901
	1,160,230	2 20	24,033	
Coton filé, de moins de 46,000 millimètres au kilogramme, écru	42,920	23 »	9,873	54,370
Coton filé, de moins de 46,000 millimètres au kilogramme, blanc	2,773	24 50	679	
Coton filé, de moins de 46,000 millimètres au kilogramme, bleu	17,556	26 50	4,652	
Coton filé, de moins de 46,000 millimètres au kilogramme, rouge	7,977	28 75	2,293	
Coton filé, de 46,000 millimètres ou plus au kilogramme, écru	72,322	50 »	36,160	
Coton filé, de 46,000 millimètres ou plus au kilogramme, blanc	985	50 »	492	
Coton filé, de 46,000 millimètres ou plus au kilogramme, bleu	113	57 50	64	
Coton filé, de 46,000 millimètres ou plus au kilogramme, rouge	214	62 50	159	
Tissus de coton	1,476,926	50 »	»	738,463
Meubles d'acajou	2,394	35 »	»	837
Acide nitrique	16,074	53 »	8,519	21,787
Acide sulfurique	379,114	3 50	13,268	
Draps et casimirs	472,703	10 p. 0/0 de la val.	1,190,245	2,022,196
Fils et tissus de laine. Bonneterie, usitée en Orient	9,002	300 »	27,006	
	3,241	240 »	7,778	
	16,923	180 »	30,462	
Fils et tissus de laine. Bonneterie, autre	28,652	180 »	51,573	
Fils et tissus de laine. Étoffes, croisées	49,629	360 »	178,666	
Fils et tissus de laine. Étoffes, mélangées de coton	19,611	180 »	35,300	
Fils et tissus de laine. Étoffes, simples	73,196	260 »	190,310	
Fils et tissus de laine. Étoffes, mélangées de soie	82,122	150 »	123,184	
Fils et tissus de laine. Couvertures, fines	3,320	200 »	6,641	
Fils et tissus de laine. Couvertures, moyennes	82,836	150 »	124,254	
Fils et tissus de laine. Couvertures, communes	11,134	100 »	11,134	
Fils et tissus de laine. Tapis	2,979	120 »	3,575	
Fils et tissus de laine. Passementerie	1,582	180 »	2,848	
Fils et tissus de laine. Fils, fins	18,180	200 »	36,361	
Fils et tissus de laine. Fils, communs	2,383	120 »	2,859	
Chapeaux de paille et d'écorce, grossiers	39,851	» 27	10,959	124,388
Chapeaux de paille et d'écorce, fins	82,194	1 37	113,429	
Peaux préparées, tannées ou corroyées	10,368	5 50	570	45,146
	40,901	11 »	4,499	
	242,893	16 50	40,077	
Plomb battu ou laminé	266,176	5 61	14,932	19,810
	62,122	7 85	4,878	
Cuivre allié de zinc, battu ou laminé	6,013	1 98	119	751
	15,964	3 96	632	
Cuivre pur, battu ou laminé	10,801	1 10	119	267
	2,731	2 20	60	
	2,018	4 40	88	
TOTAL des sommes payées pour primes pendant l'année 1828				10,311,199

Le total des primes payées depuis l'année 1820 a été, savoir :

1820...	971,218	1822...	9,625,015	1824...	5,062,599	1826...	9,437,223
1821...	3,165,761	1823...	2,133,173	1825...	9,307,063	1827...	10,149,433

Voir, pour la répartition de ces totaux entre les diverses marchandises admissibles à la prime, l'état joint au tableau du commerce de 1827 (p. 42).

ÉTAT N° XXI.

RELEVÉ DU DROIT DE CONSOMMATION PERÇU SUR LES SELS, A PARTIR DE L'ANNÉE 1817, PRÉSENTANT L'INDICATION EN QUINTAUX MÉTRIQUES DES QUANTITÉS DE SELS REPRÉSENTATIVES DU DROIT ET DE LA CONSOMMATION MOYENNE PAR INDIVIDU.

(La population supposée de 30,450,378 âmes (1).)

ANNÉES.	MONTANT DES DROITS RECOUVRÉS			QUANTITÉ de quintaux métriques représentatifs du droit de 28-50 (2)	CONSOMMATION de chaque individu, la population du royaume supposée de 30,450,378 âmes.
	par les contributions indirectes.	par les douanes.	Total.		
					kilogr.
1817	5,661,278	46,804,509	52,501,787	1,842,168	6.05
1818	5,695,370	48,961,633	54,657,003	1,917,789	6.30
1819	5,409,282	48,938,499	54,347,781	1,906,940	6.26
1820	5,919,527	52,847,370	58,766,897	2,061,996	6.77
1821	6,049,804	52,536,535	58,586,339	2,038,117	6.70
1822	6,179,444	52,881,848	59,061,292	2,072,326	6.80
1823	6,256,898	53,907,349	60,164,247	2,111,026	6.93
1824	6,934,772	52,762,758	59,697,530	2,094,650	6.87
1825	6 918,496	53,950,433	60,868,929	2,135,752	7.01
1826	6,710,781	53,692,954	60,403,735	2,119,429	6.96
1827	6,734,172	54,375,812	61,109,984	2,144,210	7.04
1828	6,877,100	54,243,020	61,120,120	2,144,569	7.04

Les contributions indirectes sont chargées de la perception du droit sur les sels provenant des salines dites *de l'Est*, des sources de Salies (Basses-Pyrénées), de Digne (Basses-Alpes), et de quelques autres établissements semblables dans les départements de l'Ariége, de Lot-et-Garonne et des Landes.

Les douanes perçoivent le droit aux marais salants.

En 1817, le droit perçu par les contributions indirectes a été de	5,661,278
En 1828, de	6,877,100
Il y a eu, de 1817 à 1828, une augmentation dans le droit de	1,215,822

équivalant à 21 47/00 pour cent. Les ventes ont donc augmenté dans cette même proportion.

En 1817, le droit perçu par les douanes a été de	46,840,509
En 1828, il a été de	54,243,020
Il y a eu une augmentation de	7,402,511

équivalant à 15 80/00.

Les ventes de sels aux salines et aux sources salées ont donc augmenté dans une proportion plus forte (de 5 67 pour cent) que celles faites aux marais salants.

(1) La statistique de la France en 1819 portait la population du royaume à 29,034,000 âmes; en 1822, elle était de 30,465,291 âmes (*ordonnance royale du 16 janvier 1822*), et en 1827, de 31,857,961 âmes (*ordonnances royales des 15 mars et 3 octobre 1827*). Le terme moyen de la population est par conséquent de 30,450,378 âmes pour la période de 13 années, qui fait l'objet de cet état.

(2) Déduction faite de la remise de 5 pour cent accordée pour tout déchet par l'article 12 du décret du 11 juin 1806, sur les sels enlevés des lieux de fabrication pour les entrepôts et pour la consommation.

ÉTAT N° XXII.

TABLEAU COMPARATIF DE L'ÉTENDUE ET DES PRODUITS DE LA CULTURE DES VIGNES DE 1780 A 1788 ET DE 1826 A 1828.

DÉPARTEMENTS.	NOMBRE D'HECTARES plantés en vignes — EN 1788.	NOMBRE D'HECTARES plantés en vignes — EN 1829.	NOMBRE D'HECTOLITRES produit par chaque hectare, année moyenne — de 1780 à 1788 inclusivement		NOMBRE D'HECTOLITRES produit par chaque hectare, année moyenne — de 1826 à 1828 inclusivement		NOMBRE D'HECTARES plantés en vignes depuis la récolte de 1827.	NOMBRE D'HECTARES arrachés depuis la récolte de 1827.	NOMBRE actuel de propriétaires de vignes par département.
	hectares.	hectares.	h.	l.	h.	l.	hectares.	hectares.	
Ain	13,346 »	18,992 »	25	»	32	80	419 »	»	22,120
Aisne	8,566 »	7,897 »	29	33	36	33	64 »	251 »	16,570
Allier	10,843 »	14,060 »	16	»	28	75	770 »	256 »	16,409
Alpes (Basses-)	5,138 »	5,631 »	13	60	16	40	»	»	12,329
Alpes (Hautes-)	5,130 »	4,750 »	16	33	20	03	»	»	10,838
Ardèche	12,800 »	24,406 »	20	»	25	»	200 »	170 »	43,300
Ardennes	1,746 »	1,828 »	48	60	53	»	98 »	8 »	6,871
Ariège	6,896 »	7,232 »	13	»	15	»	229 »	226 »	10,360
Aube	15,471 »	16,084 »	23	»	40	50	27 »	57 »	21,727
Aude	29,312 »	51,079 »	12	25	13	01	1,752 04	1,020 41	47,826
Aveyron (1)	»	»	»		»		»	»	»
Bouches-du-Rhône	32,672 »	37,867 »	»		14	16	»	»	42,556
Calvados (2)	»	»	»		»		»	»	»
Cantal	153 »	388 50	24	»	30	»	10 »	11 »	520
Charente	75,000 »	112,640 »	10	35	15	60	3,085 »	1,667 »	92,936
Charente-Infér.	84,000 »	105,000 »	21	»	28	50	300 »	300 »	35,000
Cher	9,944 »	11,694 »	18	66	24	33	75 »	15 »	28,850
Corrèze	10,995 »	13,893 »	13	50	14	50	5 »	287 »	15,196
Corse	8,861 »	11,908 »	26	40	24	60	300 »	»	14,509
Côte-d'Or	17,658 »	20,548 »	»		»		»	»	32,600
Côtes-du-Nord (3)	»	»	»		»		»	»	»
Creuse (4)	»	»	»		»		»	»	»
Dordogne	56,000 »	70,000 »	8	»	10	»	»	»	79,323
Doubs	7,400 »	8,500 »	19	»	27	50	23 »	71 »	17,600
Drôme	16,250 »	24,371 »	9	69	12	91	600 »	1,000 »	48,000
Eure	1,973 »	1,679 »	10	»	18	»	»	»	2,000
Eure-et-Loir	4,696 »	3,318 »	67	»	79	»	6 »	88 »	8,593
Finistère (5)	»	»	»		»		»	»	»
Gard	51,151 »	69,525 »	14	60	17	80	862 »	2,081 »	53,767
Garonne (Haute-)	40,500 »	54,000 »	8	»	9	»	»	»	36,750
Gers	62,000 »	80,000 »	13	»	14	»	50 »	150 »	69,340
Gironde	135,000 »	140,000 »	20	»	20	»	»	300 »	60,000
Hérault	63,650 »	121,800 »	17	75	22	15	3,300 »	2,760 »	76,071
Ile-et-Vilaine	148 27	145 32	27	»	30	»	»	»	633
Indre	14,020 »	18,000 »	16	25	18	50	380 »	30 »	20,000
Indre-et-Loire	26,000 »	37,657 »	14	33	20	»	335 »	185 »	19,000
Isère (6)	»	»	»		»		»	»	»
Jura	15,185 »	17,041 »	18	75	35	33	17 50	66 »	26 000
Landes	15,475 »	19,230 »	15	»	19	»	305 »	185 »	11,745
Loir-et-Cher	22,173 »	22,854 »	26	33	42	»	180 07	417 84	22,000
Loire	6,778 »	13,556 »	8	»	10	»	170 »	»	20,000
Loire (Haute-)	4,800 »	5,184 »	17	»	17	»	200 »	»	10,035

(1) Les renseignements fournis se bornent à faire connaître que la presque totalité des vins récoltés dans ce département se consomme sur les lieux.

(2) Il n'est pas récolté de vin dans ce département.

(3) Même observation.

(4) Même observation.

(5) Même observation.

(6) Dans ce département, la vigne, en général, est plantée au pied des arbres et grimpe dans les branches. Le sol est consacré à une autre culture. Il n'a donc été possible d'indiquer, ni le nombre d'hectares plantés, ni le produit par hectare.

SUITE DU TABLEAU CI-CONTRE.

DÉPARTEMENTS.	NOMBRE D'HECTARES plantés en vignes en 1788.	NOMBRE D'HECTARES plantés en vignes en 1829.	NOMBRE D'HECTOLITRES produit par chaque hectare, année moyenne de 1786 à 1788 inclusivement	NOMBRE D'HECTOLITRES produit par chaque hectare, année moyenne de 1826 à 1828 inclusivement	NOMBRE D'HECTARES plantés en vignes depuis la récolte de 1827.	NOMBRE D'HECTARES arrachés depuis la récolte de 1827.	NOMBRE ACTUEL de propriétaires de vignes par département.
	hectares.	hectares.	h. l.	h. l.	hectares.	hectares.	
Loire-Inférieure..	30,000 »	35,000 »	23 »	46 »	10 »	»	30,000
Loiret..........	32,146 93	36,340 56	20 »	42 »	»	771 »	31,040
Lot............	36,500 »	44,560 »	8 50	10 50	318 »	423 »	31,000
Lot-et-Garonne...	55,000 »	71,000 »	9 50	14 50	»	»	58,321
Lozère..........	2,020 »	1,927 85	24 »	27 75	»	»	2,370
Maine-et-Loire...	26,797 »	31,790 »	15 »	17 »	28 »	97 »	43,040
Manche (1)......	»	»	»	»	»	»	»
Marne..........	20,354 »	19,589 »	32 »	46 »	428 »	560 »	27,018
Marne (Haute-)...	11,847 »	14,936 »	27 92	47 70	130 15	104 56	31,313
Mayenne.........	1,660 »	750 »	11 »	11 »	»	20 »	1,250
Meurthe.........	12,710 »	15,999 »	43 »	61 »	255 »	126 »	35,140
Meuse..........	11,858 »	12,746 »	30 58	50 33	»	»	30,190
Morbihan (2).....	»	100 »	»	»	»	»	»
Moselle.........	4,938 »	5,391 »	46 40	59 66	1 30	95 90	15,050
Nièvre..........	8,816 »	9,897 »	25 75	35 50	125 »	194 »	21.570
Nord (3)........	»	»	»	»	»	»	»
Oise...........	3,694 84	2,525 12	31 40	32 40	»	»	29,801
Orne (4)........	»	»	»	»	»	»	»
Pas-de-Calais (5)..	»	»	»	»	»	»	»
Puy-de-Dôme.....	17,112 »	21,160 »	17 »	22 »	10 »	406 »	52,000
Pyrénées (Basses-)	18,525 »	23,175 »	17 20	18 60	»	»	26,671
Pyrénées (Hautes-)	12,338 »	15,297 »	20 »	24 »	»	»	23,880
Pyrénées-Oriental.	26,000 »	39,526 »	7 50	9 »	»	»	26,800
Rhin (Bas-)......	11,691 »	13,019 »	42 »	60 »	73 »	167 »	39,171
Rhin (Haut-).....	9,415 »	12,572 »	41 »	58 33	19 50	239 50	36,266
Rhône..........	22,948 »	30,452 »	24 50	27 50	1,052 »	844 »	29,163
Saône-et-Loire...	30,000 »	38,872 »	26 »	26 25	70 »	»	47,190
Saône (Haute-)...	12,809 »	13,850 »	20 66	38 49	102 13	139 29	26,165
Sarthe..........	8,780 50	10,452 82	11 25	14 25	»	»	16,350
Seine...........	2,828 »	3,017 »	38 »	50 »	106 »	64 »	5,580
Seine-Infér. (6)...	»	»	»	»	»	»	»
Seine-et-Marne...	13,750 »	12,970 »	33 33	43 33	»	»	27,100
Seine-et-Oise.....	15,451 »	13,331 »	35 50	41 21	591 »	»	94,858
Sèvres (Deux-)....	13,700 »	20,150 »	14 »	16 25	750 »	365 »	8,450
Somme (7).......	»	»	»	»	»	»	»
Tarn...........	25,500 »	30,594 »	10 37	11 06	671 »	259 »	39,276
Tarn-et-Garonne..	25,000 »	40,000 »	11 »	12 »	»	»	10,000
Var............	41,027 »	50,726 »	17 40	19 93	545 »	426 »	55,586
Vaucluse........	31,000 »	37,000 »	6 10	6 10	1,800 »	2,400 »	39,280
Vendée.........	12,590 »	16,471 »	13 »	16 »	66 »	55 »	72,375
Vienne.........	20,518 »	28,491 »	19 52	27 12	200 »	302 »	53,080
Vienne (Haute-)..	2,031 »	9,643 »	21 »	19 »	»	»	3,436
Vosges..........	2,932 »	4,216 »	25 »	39 20	8 »	6 »	12,670
Yonne..........	32,168 »	37,212 »	22 99	30 10	»	»	»
	1,555,475 54	1,993,307 17	......	......	21,401 69	19,672 50	2,184,013
Augmentation depuis 1788......	437,831 63		Augmentation depuis 1827.		1,729 19		

(1) Il n'est pas récolté de vin dans ce département.

(2) La culture de la vigne est peu en usage dans ce département. Les terrains plantés sont situés sur les côtes, et se réduisent au nombre d'hectares indiqué ci-contre.

(3) Il n'est pas récolté de vin dans ce département.

(4) Même observation. — (5) *Idem.* — (6) *Idem.* — (7) *Idem.*

ÉTAT N° XXIII.

TABLEAU COMPARATIF DE L'EXPORTATION DES VINS ET DES EAUX-DE-VIE DE FRANCE, A L'ÉTRANGER, DE 1787 à 1789 ET DE 1815 à 1829.

ANNÉES.	QUANTITÉS DE VINS.	QUANTITÉS D'EAUX-DE-VIE.	ANNÉES.	QUANTITÉS DE VINS.	QUANTITÉS D'EAUX-DE-VIE.
	hect.	hect.		hect.	hect.
1787	971,499	305,638	1815	1,345,243	154,160
1788	1,040,295	221,499	1816	1,151,842	137,398
1789	915,874	234,500	1817	619,874	61,697
			1818	974,395	99,402
			1819	1,183,422	231,652
			1820	1,195,292	253,349
			1821	1,007,783	153,408
			1822	1,035,079	230,186
			1823	1,227,947	310,059
			1824	906,726	317,347
			1825	1,053,845	259,937
			1826	1,189,567	194,110
			1827	1,076,287	273,574
			1828	1,243,120	403,207
			1829	1,136,010	321,202

NOTA. Il faut remarquer que les exportations, dans la première période de 1787 à 1789, ne comprennent que des eaux-de-vie simples, tandis que de 1815 à 1829 elles sont composées, en partie, d'esprits aux degrés les plus rectifiés, ce qui élèverait encore le chiffre comparatif en faveur de cette dernière période, s'il était possible d'établir les calculs sur un degré commun.

DEPUIS 1797 (AN VI) JUSQUES ET COMPRIS 1828.

	RECETTES en MISES.	DÉPENSES en LOTS.	PROPORTION de la DÉPENSE en lots comparée à la recette en mises.	BÉNÉFICE	DÉPENSES ADMINISTRATIVES			PROPORTION des DÉPENSES comparées au bénéfice.	PRODUIT NET revenant au Trésor royal sur le bénéfice.	PERTE sur 1814.
					REMISES à 5 et 6 pour 0/0 allouées aux receveurs sur les recettes en mises.	FRAIS administratifs.	TOTAL.			
1	2	3	4	5	6	7	8	9	10	11
An VI...	21,910,578 59	14,224,620 73	64 93 0/0	7,685,957 86	1,095,528 88	1,234,502 30	2,330,031 18	30 31	5,355,926 68	»
VII...	36,775,495 68	25,174,781 94	68 47	11,600,712 74	1,838,774 63	1,492,953 77	3,331,728 40	28 71	8,268,984 34	»
VIII..	31,033,043 71	20,075,041 60	64 70	10,958,002 11	1,551,648 65	1,994,775 60	3,546,424 25	32 36	7,411,577 86	»
IX...	55,312,428 30	39,763,546 75	74 60	13,548,891 55	2,919,492 69	1,796,701 22	4,716,193 91	34 81	8,830,697 64	»
X...	74,911,549 71	56,192,651 75	75 62	18,718,897 96	3,842,781 65	1,941,653 03	5,784,434 68	30 90	12,934,463 28	»
XI...	75,707,013 55	54,173,477 25	71 56	21,533,636 30	4,116,409 43	2,071,455 41	6,187,861 84	28 73	15,345,671 46	»
XII..	70,155,195 06	49,113,742 00	70 02	21,041,454 05	3,818,719 35	2,064,833 25	5,883,552 60	27 95	15,157,901 45	»
XIII..	69,502,946 40	50,474,273 50	72 84	18,828,672 90	3,764,741 16	2,092,100 30	5,857,101 46	31 10	12,974,571 44	»
XIV et 1806	77,822,083 70	58,435,160 85	75 09	19,389,522 85	4,252,744 37	2,863,123 95	7,115,868 32	36 69	12,213,654 53	»
1807.....	74,371,181 35	55,018,705 25	75 34	18,355,476 10	4,080,550 29	2,069,661 49	6,150,211 78	33 51	12,202,264 32	»
1808.....	71,475,505 45	52,289,254 25	73 17	19,286,251 20	4,226,901 62	2,156,477 93	6,383,379 55	33 26	12,802,871 65	»
1809.....	72,600,478 60	52,948,263 50	72 94	19,652,215 10	4,270,547 13	2,373,803 39	6,644,350 52	33 80	13,007,864 58	»
1810.....	88,263,502 20	56,760,277 00	68 18	31,503,225 20	4,883,596 65	419,708 32	7,303,304 97	23 18	24,199,920 23	»
1811.....	63,535,250 85	40,465,787 50	63 70	23,069,463 35	3,663,447 50	2,663,372 65	6,326,820 15	27 42	16,742,643 20	»
1812.....	70,433,043 00	50,829,879 50	72 17	19,612,163 50	4,013,983 61	2,703,075 31	6,717,058 92	34 24	12,895,104 58	»
1813.....	76,769,892 25	59,019,002 25	76 89	17,750,890 00	4,367,647 55	2,584,354 97	6,951,979 52	39 10	10,798,910 48	»
1814.....	33,287,956 75	29,978,929 00	90 06	3,309,007 75	1,976,323 92	1,709,381 18	3,685,705 10	»	»	376,697 35
1815.....	32,074,443 65	21,338,396 50	66 54	10,736,080 15	1,924,466 58	1,153,362 97	3,077,829 55	28 66	7,658,250 60	»
1816.....	42,463,015 85	29,411,107 90	69 28	13,051,908 85	2,547,780 91	1,265,199 50	3,812,980 41	29 20	9,238,928 44	»
1817.....	47,987,918 90	37,966,445 25	79 13	10,021,073 65	2,879,275 10	1,501,622 30	4,380,897 40	43 70	5,640,176 25	»
1818.....	58,867,061 30	43,461,507 50	73 83	15,405,556 80	3,532,023 63	1,548,283 77	5,080,307 40	32 97	10,325,249 40	»
1819.....	53,609,933 10	42,970,763 50	80 16	10,639,169 60	3,216,595 97	1,751,943 17	4,968,539 14	46 69	5,670,630 46	»
1820.....	57,622,254 10	35,147,150 30	60 99	22,475,103 80	3,457,335 25	1,395,202 75	4,852,538 01	21 58	17,622,565 79	»
1821.....	51,401,279 70	37,458,713 35	72 88	13,952,566 35	3,084,076 76	1,598,598 79	4,682,675 55	34 20	9,259,890 80	»
1822.....	52,368,138 65	35,148,330 35	67 13	17,214,808 10	3,141,788 31	1,423,518 05	4,565,306 36	26 51	12,649,301 74	»
1823.....	49,399,305 15	33,200,253 15	67 21	16,199,052 00	2,963,958 31	1,381,272 23	4,345,230 54	26 82	11,853,821 46	»
1824.....	50,909,529 60	38,240,664 00	75 11	12,668,865 60	3,054,571 78	1,465,910 17	4,520,481 95	35 68	8,148,383 65	»
1825.....	57,256,801 80	41,799,217 95	73 01	15,457,583 85	3,435,468 10	1,202,069 76	4,367,477 86	30 00	10,820,105 99	»
1826.....	51,354,765 11	39,452,959 35	76 82	11,901,805 76	3,081,055 07	1,089,383 24	4,170,438 31	35 30	7,731,367 45	»
1827.....	51,735,728 45	40,429,392 45	73 15	11,306,336 00	3,103,962 14	1,066,411 18	4,170,373 32	36 88	7,135,962 68	»
1828.....	53,183,007 25	38,313,456 10	78 04	14,869,551 15	3,190,770 22	1,020,830 66	4,211,600 88	28 32	10,657,950 27	»
	1,771,896,217 15	1,280,267,415 57	12 27	491,628,802 18	101,296,907 22	55,095,779 61	156,392,686 83	31 27	335,612,812 70	376,697 35
			A déduire pour pertes sur 1814						576,697,35	
									335,236,115 35	

TABLEAU N° XXV. — ÉTAT DES MATIÈRES VERSÉES AUX CHANGES DES MONNAIES DE…

HOTELS des MONNAIES.	ANCIENNES ESPÈCES VERSÉES AUX CHANGES POUR ÊTRE REFONDUES ET CONVERTIES EN ESPÈCES DÉCIMALES.							
	VERSÉES PAR LES PARTICULIERS.			VERSÉES PAR LES CAISSES PUBLIQUES.			TOTAUX DES ANCIENNES PIÈCES…	
	Or.	Argent.	Total.	Or.	Argent.	Total.	Or.	Argent.
Paris	108,618,417 35	126,248,417 35	234,867,262 59	11,446,822 47	295,283,130 29	306,729,952 76	120,065,230 82	421,531,075 …
Bayonne	»	6,830,962 18	6,830,962 18	»	13,009,860 69	13,009,860 69	»	19,840,822 87
Bordeaux	377,822 80	8,754,246 57	9,132,069 41	15,167 92	24,608,795 76	24,623,963 68	392,990 78	33,363,042 3…
La Rochelle	33,549 15	4,350,590 13	4,384,130 28	»	33,324,021 80	33,324,021 80	33,549 15	37,675,214 9…
Lille	10,877,828 56	10,941,800 37	21,819,628 93	13,478 09	37,461,302 76	37,474,780 85	10,891,306 65	48,403,103 1…
Limoges	433,137 08	11,147,719 70	11,580,856 78	52,181 81	43,979,054 94	44,031,236 75	485,318 89	54,126,774 6…
Lyon	»	10,715,697 48	10,715,697 48	»	43,904,796 11	43,904,796 11	»	54,620,493 59
Marseille	6,674 36	3,272,147 91	3,278,622 27	28,072 76	20,745,709 84	20,297,456 60	34,747 12	24,017,857 7…
Nantes	22,971 68	4,199,594 47	4,222,566 15	»	23,421,884 43	23,421,884 43	22,971 68	24,621,478 9…
Perpignan	1,210 34	7,354,864 07	7,256,074 41	10,918 75	20,286,537 59	20,297,456 34	12,129 09	27,511,308 6…
Rouen	11,620 97	69,851,165 43	69,863,086 40	»	7,917,629 40	7,917,629 40	11,620 97	77,769,094 83
Strasbourg	»	465,079 48	465,079 48	»	13,235,639 73	13,235,639 73	»	13,700,719 21
Toulouse	18,545 63	10,785,467 55	10,804,013 48	37,768 62	33,569,416 63	33,607,185 25	56,314 25	44,354,884 18
MONNAIES SUPPRIMÉES.								
Gênes	»	»	»	»	»	»	»	»
Genève	»	119,283 83	119,283 88	»	»	»	»	119,283 88
Rome	»	»	»	»	»	»	»	»
Turin	34,073 02	905 29	34,978 31	2,601,598 85	»	2,601,598 85	2,635,671 87	905 29
Utrecht	»	»	»	»	»	»	»	»
TOTAUX	120,435,851 »	271,938,666 63	392,374,517 63	14,200,009 27	610,748,382 07	624,954,391 94	134,641,860 27	882,687,049 30

(*) Les espèces ont été fabriquées aux types suivants, savoir :

	OR.	ARGENT.	TOTAL.
Au type de Bonaparte	328,024,450 »	887,830,055 50	1,415,854,405 50
— Louis XVIII	389,333,050 »	614,830,109 75	1,004,163,109 75
— Charles X	29,770,100 »	538,074,921 75	567,845,021 75
TOTAL	747,127,600 »	2,040,735,087 00	2,987,862,687 00

…IES DE… 1er AVRIL 1803 JUSQU'AU 31 DÉCEMBRE 1829, ET DES FABRICATIONS EN ESPÈCES DÉCIMALES.

…NES PIÈ… …ISES AU CHANGE.		LINGOTS ET AUTRES MATIÈRES VERSÉS AU CHANGE PAR LES PARTICULIERS POUR ÊTRE CONVERTIS EN ESPÈCES DÉCIMALES.			TOTAL DES ANCIENNES espèces et des lingots versés aux changes pour être convertis en monnaies décimales.	MONTANT DES ESPÈCES FABRIQUÉES D'APRÈS LE SYSTÈME DÉCIMAL.		
…rgent.	Total.	Or.	Argent.	Total.		Or.	Argent.	Total.
…31,975 …	…51,397,215 25	716,996,780 18	468,553,290 32	1,185,550,070 50	1,727,147,285 75	837,062,020 »	890,085,265 75	1,727,147,2…
…40,822 87	19,840,822,87	4,130,700 »	62,333,712 43	66,464,412 43	86,305,235 »	4,130,700 »	82,174,535 »	86,305,2…
…163,042 3…	33,756,033 09	2,608,549 22	33,594,124 44	36,202,673 66	69,958,706 75	3,001,540 »	66,957,166 75	69,958,7…
…75,214 0…	37,708,764 08	563,690 85	11,016,318 57	11,580,009 42	49,288,773 50	597,240 »	48,691,533 50	49,288,7…
…03,103 1…	59,294,409 78	74,892,393 35	285,035,714 02	359,958,107 07	419,252,517 75	85,793,700 »	333,468,817 75	419,252,5…
…26,774 0…	55,612,093 53	68,041 41	27,202,067 01	27,271,008 72	82,883,102 25	554,260 »	82,328,842 25	82,883,1…
…20,493 5…	54,620,493 59	»	30,499,812 66	30,499,812 66	85,120,306 25	»	85,120,306 25	85,120,3…
…17,857 7…	24,052,604 87	5,272 88	23,775,624 25	23,780,897 13	47,833,502 »	40,020 »	47,793,482 »	47,833,5…
…21,478 9…	24,644,450 58	670,870 32	3,334,430 35	4,005,138 67	28,649,589 55	693,080 »	27,955,209 25	28,649,5…
…41,398 60	27,553,527 75	7,401,370 91	39,207,142 09	46,608,513 »	74,222,040 75	7,413,500 »	66,808,540 75	74,222,0…
…69,094 53	77,780,715 50	480,139 03	96,009,348 97	96,489,488 »	174,270,203 50	491,760 »	173,778,443 50	174,270,2…
…00,719 21	13,700,719 21	»	7,240,500 79	7,240,500 79	20,941,220 »	»	20,941,220 »	20,941,2…
…54,884 18	44,411,198 43	1,239,125 75	64,796,917 57	66,036,043 32	110,467,241 75	1,345,440 »	109,121,801 75	110,467,2…
»	»	228,140 »	87,098 50	315,238 50	315,238 50	228,140 »	87,098 50	315,2…
…19,283 88	119,283 88	»	48,709 12	48,709 12	167,993 »	»	167,993 »	167,9…
»	»	384,500 »	341,125 »	725,625 »	725,625 »	384,500 »	341,125 »	725,6…
…905 29	2,630,577 10	961,768 13	2,638,651 71	3,600,419 84	6,236,997 »	3,597,440 »	2,639,557 »	6,236,9…
»	»	1,803,660 »	2,273,440 »	4,077,100 »	4,077,100 »	1,803,660 »	2,273,449 »	4,077,…
…87,040 30	1,017,328,909 57	812,485,739 73	1,458,048,037 70	1,970,533,777 43	2,087,862,687 »	947,127,602 »	2,040,735,087 »	2,047,862,… (*)

NOTA. — Il est nécessaire d'ajouter aux espèces décimales fabriquées depuis 1803 le montant de celles q… ont été frappées au type d'*Hercule*, de 1795 à 1803, pour une somme de 103,237,255 fr., ce qui élève le tot… des espèces décimales fabriquées à environ . . . . 3,100,000,0…

La refonte des anciennes espèces décimales qui restaient dans la circulation, et qui vont être converties en espèces nouvelles, doit ajouter à cette somme environ . . . . 600,000,0…

Les espèces décimales s'élèveront ainsi à . . . . 3,700,000,0…

Les fabrications faites depuis 1725 jusqu'en 1789 avaient, à cette dernière époque, porté le montant des espèces duodécimales à 751,000,000 fr. en or, et à 2,047,000,000 fr. en argent, ensemble. . . . . 2,800,000,0…

Il résulte de cette comparaison que les espèces décimales auront augmenté les signes représentatifs de la fortune publique d'une somme de. . . . . 900,000,0…

ÉTAT N° XXVI.

ÉTAT DES FABRICATIONS D'ESPÈCES DE CUIVRE DEPUIS 1726 JUSQU'EN 1810, ÉPOQUE DE LA DERNIÈRE ÉMISSION DE CETTE MONNAIE.

1° De 1726 à 1794	En billon	300,075l 0s 0d	Total en 1794..	29,777,012 56
	En cuivre	10,244,394 9 3		
	En métal de cloche	19,232,543 2 0		

2° De 1794 à 1810.

	DÉSIGNATION des espèces.	POIDS. k g	VALEURS.		
Loi du 28 thermidor an III (15 août 1795)	2 décimes	326,417 738	3,275,399 20	4,385,410 80	
	Décimes	45,852 597	455,485 10		
	5 centimes	65,457 591	654,526 50		
Loi du 3 brumaire an V (24 octobre 1796)	Décimes	900,172 907	5,485,017 30	8,250,673 64	
	5 centimes	554,979 836	2,764,823 75		
	Centimes	199,256 498	1,000,832 59		
Refrappage en vertu de ladite loi	Décimes	313,282 296	1,576,257 50	1,676,696 95	
	5 centimes	20,206 914	100,439 45		
Loi du 29 pluviôse an VII (17 février 1799)	Décimes	1,006,314 372	5,005,796 80	9,324,917 95	
	5 centimes	868,368 331	4,319,121 15		
Total				23,637,699 34	
Loi du 15 septembre 1807. — Billon, petites pièces de 10 centimes en 1808, 1809 et 1810				3,286,226 20	
Cuivre fabriqué en 1814 et 1815, à Strasbourg, durant les deux blocus				175,133 10	
Total du cuivre frappé de 1795 à 1815				27,099,058 64	27,099,058 64
Total général du cuivre présumé en circulation au 31 décembre 1829					56,876,071 20

ÉTAT N° XXVII.

ÉTAT DES RECETTES FAITES SUR LE PRODUIT DES SALINES ET MINES DE SEL DE L'EST.

EXERCICES.	MONTANT DES SOMMES VERSÉES au Trésor.
1801	2,837,902 »
1802	2,000,000 »
1803	2,300,000 »
1804	2,700,000 »
1805	2,200,000 »
Idem (3 derniers mois)	429,197 »
1806	2,000,000 » (1)
1807	3,000,000 »
1808	3,000,000 »
1809	3,000,000 »
1810	3,221,101 »
1811	3,439,098 »
1812	3,078,000 »
1813	3,917,794 20
1814	2,000,000 »
1815	2,400,000 »
1816	2,400,000 »
1817	2,400,000 »
1818	2,400,000 »
1819	2,400,000 »
1820	2,400,000 »
1821	2,400,000 »
1822	2,400,000 »
1823	2,400,000 »
1824	2,040,000 »
1825	2,040,000 »
1826	1,682,603 62 (2)
1827	1,697,302 38
1828	1,597,958 51

(1) Compagnie des salines de l'Est. (Décret du 15 avril 1806.)
(2) Compagnie des salines et mines de sel de l'Est. (Loi du 6 avril 1825.)

ÉTAT N° XXIX (1). — TABLEAU DES REVENUS DU TRÉSOR EN 1789, PERCEPTION ET D'ADMINISTRATION ÉTABLIS DANS L'ÉTAT ARRÊTÉ LE 22 CONSTITUANTE.

	DÉSIGNATION DES REVENUS.	PRODUITS nets portés au compte de M. Necker.	FRAIS d'administration et de perception établis dans l'état arrêté le 22 juin 1791, par le comité des contributions publiques de l'assemblée constituante.
	1	2	3
FERMES	générales...... 150,107,000 — Gabelles (sels).....	58,560,000	(A) 38,165,000
	générales — Tabacs...........	27,000,000	
	générales — Entrées de Paris ..	30,000,000	
	générales — Droits sur les sels..	28,440,000	
	générales — Supplément sur le tabac, entrées de Paris, etc.......	6,000,000	
	générales — Droits du Clermontais............	107,000	
	Postes.....................................	12,000,000	4,210,000
	Messageries.................................	1,100,000	
	Sceaux et Poissy.............................	630,000	270,000
	Affinages....................................	120,000	»
	Port-Louis en Bretagne. ......Boissons..........	47,000	»
	Quatre membres de la Flandre maritime.	823,000	177,000
RÉGIES.	Aides et droits réunis.	50,220,000	11,644,000
	Domaines et bois............................	50,000,000	6,118,000
	Loterie royale de France......................	14,000,000	4,000,000
	Revenus casuels. 3,000,000 — Mutations des offices	1,000,000	50,000
	Revenus casuels — Ventes des offices..	2,000,000	
	Marc d'or....................................	1,500,000	
	Poudres et salpêtres..........	800,000	150,000
IMPOSITIONS........ 180,528,000	Ville de Paris, pays d'élection et pays conquis.........	(B) 148,532,000	8,408,000
	Pays d'États.......	24,550,000	2,573,000
	Abonnés.	575,000	
	particulières destinées aux fortifications.	575,000	
	Dixièmes, capitation, retenue au Trésor royal.....	6,290,000	
RECETTES particulières.	Bénéfice des monnaies.	500,000	134,000
	Forges royales de la Chaussade.	80,000	»
	Caisse du commerce...........................	636,000	75,000
	Créance sur les Américains....................	1,600,000	»
	Quinze-Vingts................................	180,000	»
	Créance sur M. le duc de Deux-Ponts.........	300,000	»
		468,171,000	75,974,000

(1) Voir page 342 pour l'État N° XXVIII.

EXTRAIT DU COMPTE RENDU PAR M. NECKER, LE 1er MAI 1789, ET DES FRAIS DE JUIN 1791, PAR LE COMITÉ DES CONTRIBUTIONS PUBLIQUES DE L'ASSEMBLÉE

MONTANT RÉEL des produits bruts.	TAUX POUR CENT des frais.	OBSERVATIONS.
4	5	6
188,272,000	20 f. 22 c. 0/0	(A) La somme de 38,165,000 fr. pour frais d'administration, etc., des fermes générales, se compose ainsi qu'il suit : Frais de perception des sels.......... 10,000,000f *Idem* des tabacs.................... 12,500,000 *Idem* des entrées de Paris........... 2,200,000 Attributions aux quarante-quatre fermiers généraux.................... 6,365,000 Droits de traites.................. 6,500,000 38,165,000
17,310,000	21 33 0/0	
900,000	30 » 0/0	
120,000	» » »	
47,000	» » »	
1,000,000	17 70 0/0	
61,864,000	19 33 0/0	
56,118,000	10 71 0/0	
18,000,000	22 22 0/0	
4,550,000	1 11 0/0	
950,000	15 80 0/0	
156,940,000	5 35 0/0	(B) Les impositions de la ville de Paris, pays d'élection et pays conquis, sont portées au compte de M. Necker pour une somme de.......... 155,655,000f Dont il a été déduit, pour restitutions et non-valeurs établies au même compte parmi les dépenses fixes, pour.......... 7,123,000 Reste........ 148,532,000
34,569,000	7 44 0/0	
634,000	21 13 0/0	
80,000	» » »	
711,060	10 55 0/0	
1,600,000	» » »	
180,000	» » »	
300,000	» » »	
544,145,000	13 96 0/0	

ÉTAT N° XXVIII.

ÉTAT COMPARATIF DES PRODUITS ET DES FRAIS DE RÉGIE, DE PERCEPTION ET D'EXPLOITATION DES REVENUS PUBLICS DE LA FRANCE, EN 1828.

DÉSIGNATION DES REVENUS.	RECETTES.			FRAIS DE RÉGIE, D'EXPLOITATION ET DE PERCEPTION.			TAUX
	PRODUITS bruts.	REMBOURSEMENTS, non-valeurs, achats de matières à déduire.	PRODUITS réels.	PERSONNEL.	MATÉRIEL.	TOTAL.	POUR CENT des frais.
Contributions directes	325,678,931	4,323,090	321,355,841	14,110,922	1,074,349	16,115,271	5 1/000
Enregistrement, timbre et domaines	185,263,637	1,687,772	183,575,865	9,298,000	605,000	9,903,000	5 2/5
Produits de coupes de bois. Produit principal	21,069,100	79,616	29,229,037	(A) 2,830,544	637,313	3,467,857	119/10
Produits de coupes de bois. Produits accessoires	5,239,553						
Douanes et sels	163,525,177	12,592,358	150,932,819	22,943,698	1,437,300	24,380,998	16 1/6
Boissons et droits divers	140,170,590	870,000	139,300,590	19,101,950	1,832,300	20,934,250	15 2/100 (1)
Tabacs et poudres à feu	72,086,659	17,226,000	54,860,659	2,605,000	5,596,520	8,201,520	14 9/10 (2)
Postes	30,545,620	167,339	30,378,281	6,609,281	9,860,719	16,470,000	53 1/10 (3)
Loterie	53,183,007	38,313,456	14,869,551	2,697,075	302,925	3,000,000	20 1/4
Salines de l'Est	1,800,000	»	1,800,000	»	»	»	»
Produits divers. Recettes diverses	5,839,192	»	5,839,192	58,355	»	58,355	1 »
Produits divers. Amendes et confiscations	3,743,155	3,743,155	»	»	»	»	»
Produits divers. Produit des jeux	5,500,000	»	5,500,000	»	»	»	»
	1,016,641,621	79,002,786	937,641,835	80,284,827	22,246,426	102,531,251	11 5/10

(1, 2, 3) Les mêmes frais ne sont portés, page 96 du Rapport, que pour 12 1/2 p. 100, parce qu'on en a distrait les payements faits pour le monopole des tabacs et la vente des poudres, qui ne sont pas applicables à la perception, et n'ont été compris dans cet état que pour faire ressortir la proportion des recettes avec le montant des dépenses des divers services confiés à l'administration des contributions directes.

(A) Chiffres pris dans le compte définitif des dépenses du ministère des finances pour l'exercice 1828, page 38.

ÉTAT N° XXX.

ÉTAT DES PRODUITS ET FRAIS DE PERCEPTION DES REVENUS PUBLICS DE LA GRANDE-BRETAGNE, PENDANT L'ANNÉE 1828.

DÉSIGNATION DES REVENUS.	RECETTES.			FRAIS DE RÉGIE, d'exploitation et de perception.	TAUX POUR CENT des frais.
	PRODUITS bruts	REMBOURSEMENTS, non-valeurs, achats de matières à déduire.	PRODUITS réels.		
REVENUS ORDINAIRES.	Liv. sterl.	Liv. sterl.	Liv. sterl.	Liv. sterl.	
Douanes	20,608,711	1,191,527	19,417,185	1,451,010	7 1/2
Contributions indirectes (accise)	24,802,508	2,491,933	22,310,596	1,209,744	5 1/2
Timbre	7,605,108	287,498	7,317,610	225,516	3 1/2
Contribution foncière et somptuaire	5,169,875	7,002	5,162,874	280,813	5 1/2
Postes	2,287,962	79,963	2,207,000	663,775	30 2/5
Retenue sur les traitements et pensions	56,366	»	56,635	1,303	2 1/3
Droits sur les voitures de louage	77,438	»	77,438	10,790	14 0/0
Droits divers	83,977	»	83,977	1,098	1 1/3
Domaines de la couronne	448,793	»	448,793	43,097	9 2/5
AUTRES RESSOURCES.					
Sommes reçues de la compagnie des Indes-Orientales à titre de traitements de réforme, de pensions, etc, des troupes royales au service de la compagnie (acte 4 de Georges IV, chapitre 71)	60,000	»	60,000	»	»
Sommes reçues des caisses des pensions de la marine et de la guerre	3,082, 00	»	3,082,500	»	»
Recettes diverses	360,531	»	260,531	»	»
Produit des dividendes non réclamés de la banque d'Angleterre	25,035	»	25,035	»	»
Recouvrement d'avances faites sur fonds d'amortissement de 1825, pour fabrication de monnaies d'argent	94,000	»	94,000	»	»
TOTAL des revenus publics du Royaume-Uni	64,662,80	4,057,901	60,604,930	3,890,152	6 5/12
En francs	1,616,570,000	401,447,525	1,515,122,500	97,253,800	

ÉTAT N° XXXI.

SITUATION, AU 1er JANVIER 1830, DES CRÉDITS OUVERTS POUR L'INSCRIPTION DES RENTES 5 POUR 100.

LOIS QUI ONT OUVERT LES CRÉDITS.	AFFECTATION DES CRÉDITS.	MONTANT des CRÉDITS.	SITUATION AU 1er JANVIER 1830.	
			Montant des inscriptions.	Restant disponible sur les crédits.
Lois des 9 vendémiaire et 14 frimaire an VI, 13 brumaire an VII, 30 ventôse an IX, 24 floréal an X, et autres antérieures à 1814, et loi du 26 juillet 1821	Ancienne dette constituée et exigible, antérieure à l'an V ; arriéré des ministères, antérieurement à l'an IX	61,446,579	60,062,528	14,787
Loi du 20 mars 1813	Rentes des communes données en échange de leurs biens vendus	2,631,066	2,631,383	»
Lois des 23 septembre 1814 et 28 avril 1816	Arriéré du 1er janvier 1816 au 1er janvier 1817	8,777,629	8,777,629	»
Lois des 15 mai 1818 et 17 août 1822	Arriéré antérieur au 1er janvier 1810	2,400,000	2,113,701	286,299
Loi du 21 décembre 1814	Dettes contractées par le roi	1,500,000	1,499,654	346
Lois des 25 décembre 1814 et 6 mai 1818	Créances étrangères inscrites en exécution des conventions des 20 novembre 1815 et 25 avril 1818	43,244,187	43,244,187	»
Lois des 28 avril 1816, 25 mars 1817, 6 et 15 mai 1818	Rentes mises à la disposition du gouvernement	52,600,000	52,600,000	»
Lois des 8 mars 1821, 1er mai et 17 août 1822	Remboursement des reconnaissances de liquidation	20,409,292	20,409,292	»
Loi du 31 juillet 1821	Rentes de la Légion d'honneur	240,000	240,000	»
Même loi	Avances du Trésor pour remboursement de cautionnements	2,654	6,654	»
Loi du 17 mars 1823	Moyens de crédit pour les dépenses extraordinaires du budget de 1823	4,000,000	4,000,000	»
		197,251,407	195,584,034	301,432

ÉTAT N° XXXII. — ÉTAT INDIQUANT LE CLASSEMENT, PAR CATÉGORIES, DES PROPRIÉTAIRES DE RENTES 5 ET 3 P. 0/0 SUBSISTANTES AU 1er JANVIER 1830.

RENTES 5 POUR 0/0.

DÉSIGNATION DES PROPRIÉTAIRES.	NOMBRE des PROPRIÉTAIRES.	RENTES.
Propriétaires français et étrangers, parties au-dessous de 50 fr. de rente	8,000	305,815 f
Idem, parties de 50 à 600 fr.	54,170	10,800,000
Idem, parties de 601 à 800	3,720	2,656,000
Idem, parties de 801 à 1,000	3,150	2,911,000
Idem parties de 1,001 à 1,200	2,250	2,192,000
Idem, parties de 1,201 à 1,500	2,480	3,383,000
Idem, parties de 1,501 et au-dessus	11,900	61,577,188
Agents de change, banquiers, etc.	111	2,721,653
Rentes départementales	12,000	6,919,514 (A)
Majorats et remplois de dotation	184	1,684,057
Légion d'honneur	1	6,746,225
Caisse des invalides de la marine	1	4,594,159
Caisse des consignations	1	2,687,942
Banque de France	1	2,486,196
Fonds de retraites	37	1,360,401
Caisse d'épargnes, tontines, etc	13	1,675,461
Communes, établissements publics et religieux français	10,000	9,007,805
Établissements étrangers	74	300,662
Compagnies d'assurances	9	676,903
Cautionnements	516	625,554
Caisse du Trésor	1	67,637
Commissions de dépôts et liquidations	3	530,745
Société hollandaise dite *Woomberg*	1	486,263
	108,493 (B)	126,746,971

RENTES 3 POUR 0/0.

DÉSIGNATION DES PROPRIÉTAIRES.	NOMBRE des PROPRIÉTAIRES.	RENTES.
Propriétaires français et étrangers. — Inscriptions directes à toutes sommes	15,000	23,417,001 f
Idem. — Inscriptions départementales	1,000	1,059,300
Agents de change, banquiers et capitalistes	140	4,309,128
Majorats et remplois de dotations	4	22,070
Caisse des dépôts et consignations	2	191,129
Banque de France	1	287,152
Caisse syndicale des agents de change	1	145,500
Compagnies diverses d'assurances	2	358,900
Trésor royal, S/C rente de l'indemnité	5	1,112,219
Manufacture des glaces	4	45,000
Établissements publics et religieux	337	180,569
Rentes affectées à des cautionnements	128	165,810
Idem, en garantie de certificats visés	4	1,073,760
	16,559	30,317,017

(A) Indépendamment de ces 6,919,514 fr. de rentes inscrites sur les livres des receveurs généraux, il se paye dans les départements, en inscriptions directes, 9,108,000 fr. de rentes.

(B) Le nombre des inscriptions à Paris et dans les départements excède 200,000. On a indiqué dans cette colonne le nombre des propriétaires d'après des données positives ou par évaluation.

ÉTAT N° XXXIII.

TABLEAU PRÉSENTANT LA DÉCROISSANCE DE LA DETTE VIAGÈRE, A COMPTER DU 1er JANVIER 1830, JUSQU'A L'ÉPOQUE DE SON EXTINCTION.

ANNÉES.	SITUATION au commencement de chaque année.	ÉVALUATION de l'extinction par chaque année.		OBSERVATIONS.
		Proportion sur 100.	Rentes éteintes.	
1830.....	7,271,914	5	363 595	Les 7,271,914 fr. de rentes viagères subsistantes au 1er janvier 1830 se divisent comme ci-après :
1831.....	6,908,319	5 1/10	352,323	
1832.....	6,555,996	5 2/10	340,909	
1833.....	6,215,087	5 3/10	329,399	
1834.....	5,885,688	5 4/10	317,824	
1835.....	5,567,864	5 5/10	306,232	
1836.....	5,261,632	5 6/10	294,650	
1837.....	4,966,982	5 7/10	283,037	
1838.....	4,683,865	5 8/10	271,663	
1839.....	4,412,202	5 9/10	260,319	
1840.....	4,151,883	6	249,112	
1841.....	3,902,771	6 1/5	241,971	
1842.....	3,660,800	6 2/5	234,291	
1843.....	3,426,509	6 3/5	226,149	
1844.....	3,200,360	6 4/5	217,623	
1845.....	2,982,737	7	208,791	
1846.....	2,773,946	7 1/5	199,723	
1847.....	2,574,223	7 2/5	192,491	
1848.....	2,381,732	7 3/5	181,011	
1849.....	2,200,721	7 4/5	171,655	
1850.....	2,029,066	8	162,324	
1851.....	1,866,742	8 4/10	156,805	
1852.....	1,709,937	8 8/10	150,473	
1853.....	1,559,464	9 2/10	143,469	
1854.....	1,415,995	9 6/10	135,934	
1855.....	1,280,061	10	128,006	
1856.....	1,152,055	10 1/2	120,961	
1857.....	1,031,090	11	113,419	
1858.....	917,671	11 1/2	105,531	
1859.....	812,140	12	97,456	
1860.....	714,684	12 1/2	89,335	
1861.....	625,349	13	81,295	
1862.....	544,054	13 1/2	73,447	
1863.....	470,607	14	65,884	
1864.....	404,723	14 1/2	58,684	
1865.....	346,039	15	51,905	
1866.....	294,134	16	47,061	
1867.....	247,073	17	42,002	
1868.....	205,071	18	36,912	
1869.....	168,159	19	31,950	
1870.....	136,209	20	27,241	
1871.....	108,968	22	23,972	
1872.....	84,996	24	20,399	
1873.....	64,597	26	16,395	
1874.....	47,802	28	13,484	
1875.....	34,318	30	10,295	
1876.....	24,023	35	8,408	
1877.....	15,615	40	6,246	
1878.....	9,369	45	4,216	
1879.....	5,153	50	2,577	
1880.....	2,576	100	2,576	
			7,271,914	

OBSERVATIONS.

Les 7,271,914 fr. de rentes viagères subsistantes au 1er janvier 1830 se divisent comme ci-après :

Rentes sur Parties.		Rentes.
1e classe. 1 tête.	26,009	5,476,455 f.
2e — .. 2 têtes.	10,100	1,670,635
3e — .. 3 —	540	91,093
4e — .. 4 —	136	29,831
	36,785	7,271,914

Le nombre des têtes vivantes à la même époque, 1er janvier 1830, est évalué à 33,364, divisé comme ci-après :

Naissances.	Nombre de têtes.
1736 à 1740	754
1741 à 1745	1,810
1746 à 1750	2,944
1751 à 1755	4,685
1756 à 1760	4,458
1761 à 1765	3,767
1766 à 1770	3,989
1771 à 1775	3,975
1776 à 1780	3,780
1781 à 1785	1,975
1786 à 1790	600
1791 à 1795	30
1796 à 1800	6
Naissances inconnues.	595
	33,364

ÉTAT N° XXXV (1).

TABLEAU DU DÉCROISSEMENT PROBABLE DES ANCIENNES PENSIONS ECCLÉSIASTIQUES INSCRITES AU TRÉSOR AU 1er JANVIER 1820 (2).

ANNÉES.	SITUATION au commencement de chaque année.	EXTINCTION ANNUELLE.	SITUATION à la fin de chaque année.
1830	5,986,452	430,152	5,556,300
1831	5,556,300	418,400	5,137,900
1832	5,137,900	399,400	4,741,500
1833	4,741,500	417,700	4,323,800
1834	4,323,800	403,500	3,920,300
1835	3,920,300	404,700	3,515,600
1836	3,515,600	385,600	3,130,000
1837	3,130,000	349,400	2,780,600
1838	2,780,600	336,900	2,443,700
1839	2,443,700	332,500	2,111,200
1840	2,111,200	306,100	1,805,100
1841	1,805,100	290,400	1,514,700
1842	1,514,700	261,600	1,253,100
1843	1,253,100	227,100	1,026,000
1844	1,026,000	200,800	825,200
1845	825,200	174,500	650,700
1846	650,700	140,300	510,400
1847	510,400	117,000	393,400
1848	393,400	92,200	301,200
1849	301,200	75,300	225,900
	51,907,152	5,760,552	46,166,600
		Report.....	51,927,152
			98,093,752
Taux moyen des arrérages à servir......1/2.			49,046,876

(1) Voir pages 348-94 pour le tableau n° XXXIV.

(2) Le nombre actuel des pensionnaires ecclésiastiques est de 26,885 ayant l'âge moyen de 71 ans, et qui, l'un dans l'autre, pourront vivre 8 ans 4 mois. Or, la totalité des arrérages à servir par le Trésor depuis 1830, étant de 46,000,000 fr., il est évident que cette somme représente, à peu de chose près, celle qui serait nécessaire si on les payait sur le même pied qu'aujourd'hui pendant ce laps de temps.

Il ne restera à la fin de l'année 1849 qu'environ 1,000 pensionnaires de l'âge moyen de 85 ans.

ÉTAT N° XXXIV. — TABLEAU PRÉSENTANT LE RELEVÉ DES RECETTES ET DES DÉPENS… FAITES
DU DÉPARTEMENT DES FINANCES, DU … JANVIE…

RESSOURCES.

ANNÉES PENDANT LESQUELLES ont été effectuées les recettes.	RECETTES ORDINAIRES APPARTENANT AUX PRODUITS CI-APRÈS :										RE… EXTI…
	PRODUITS de retenues sur appointements, de congés, d'amendes, saisies et confiscations, attribués aux fonds de retraite.		PRODUIT d'arrérages de rentes 5 pour 0/0.		FONDS subventionnels fournis par le Trésor.		RENTRÉE, à défaut de payement, d'arrérages mis en dépense dans les comptes précédents.		TOTAL des recettes ordinaires.		d'aliéi… somme de rente aliénée
	fr.	c.	fr.	c.	fr.	c.	fr.	c.	fr.	c.	fr.
1825 { avec imputation à 1824	1,303,206	88	»		»		»		1,303,206	88	»
1825 { avec imputation à 1825	4,773,075	45	839,202	»	822,432	»	»		6,435,609	45	»
1826	4,813,740	81	809,202	»	774,554	»	82,214	53	6,479,081	34	60,000
1827	4,809,346	07	779,202	»	726,676	»	93,775	74	6,408,970	71	50,000
1828	4,731,169	07	759,202	»	678,798	»	86,271	82	6,255,441	79	30 000
1829	4,720,417	02	719,202	»	630,920	»	111,307	20	6,181,846	82	50,000
TOTAUX	15,451,707	40	3,906,010	»	3,633,380	»	373,569	20	33,064,756	69	160,000

Comparaison, par année, des recettes et des charges. Résultat au 31 décembre 1829.

ANNÉES.	MONTANT DES RECETTES réalisées sur les revenus ordinaires.		MONTANT DES CHARGES supportées par la caisse générale.		EXCÉDANT DES CHARGES sur les recettes ordinaires, formant déficit au 31 décembre de chaque année.	
	fr.	c.	fr.	c.	fr.	c.
Année 1825. { avec imputation à 1824	1,303,206	88	1,680,144	82	376,937	94
Année 1825. { avec imputation à 1825	6,435,609	15	6,772,539	17	336,930	02
— 1826	6,479,081	34	6,850,131	29	370,449	95
— 1827	6,408,970	71	6,830,616	62	421,645	91
— 1828	6,255,441	70	6,936,239	03	680,797	24
— 1829	6,181,846	82	7,094,765	49	912,918	37
	33,064,756	69	36,164,436	12	3,099,679	43
Application à l'extinction des déficits de la recette extraordinaire provenant de la vente de 100,000 francs de rentes 5 pour 0/0, ayant donné un produit de					3,300,366	27
RÉSULTAT final en excédant de ressources, ou fonds disponibles au 31 décembre 1829.					200,686	84

1° Pr… douziè… res de… pour b…

2° Pr… 50,000… le défi… nation,… tion, a… le pay… couran… 15,000 f…

3° Fo… Il est… loi de…

La s… tres d… devra…

Les c… qui se…

...DÉPENSES [FA]ITES PAR LA CAISSE DES DÉPÔTS ET CONSIGNATIONS, POUR LES PENSIONS DE RETRAITE ...S, DU [1er J]ANVIER 1825, AU 31 DÉCEMBRE 1829.

DÉPENSES.

...TOTAL ...recettes ...dinaires.	RESSOURCES EXTRAORDINAIRES provenant d'aliénation de rentes 5 pour 0/0. Somme de rente aliénée.	RESSOURCES EXTRAORDINAIRES provenant d'aliénation de rentes 5 pour 0/0. PRODUIT.	TOTAL des RECETTES ordinaires et extraordinaires.	ANNÉES PENDANT LESQUELLES sont intervenues les autorisations de payement.	MONTANT DES AUTORISATIONS intervenues POUR ARRÉRAGES DE PENSIONS. Ordonnancés ou réordonnancés après rentrée au crédit de la caisse générale sur les années antérieures.	MONTANT DES AUTORISATIONS intervenues POUR ARRÉRAGES DE PENSIONS. Ordonnancés et mis en payement sur les quatre trimestres de l'année courante.	MONTANT DES AUTORISATIONS intervenues POUR ARRÉRAGES DE PENSIONS. TOTAL.
fr. c.	fr.	fr. c.	fr. c.		fr. c.	fr. c.	fr. c.
...1,206 88	»	»	1,303,200 88	1825 { avec imputation à 1824...	»	1,680,444 82	1,680,144 82
...3,609 15	»	»	6,435,600 15	1825 { avec imputation à 1825...	»	6,872,539 17	6,772,530 17
...0,081 34	60,000	1,170,014 71	7,050,596 05	1826..................	68,118 94	6,782,012 35	6,850,131 29
...8,070 71	20,000	405,586 62	6,814,557 33	1827..........................	109,838 43	6,720,778 19	6,830,616 62
...5,411 79	30 000	634,605 75	6,890,047 54	1828.....	89,941 01	6,846,208 02	6,936,230 03
...1,816 82	50,000	1,083,259 10	7,205,406 01	1829..........................	184,330 79	6,910,434 40	7,094,765 19
...4,750 69	160,000	3,300,366 27	36,305,122 96	TOTAUX.........	452,229 17	35,712,206 95	36,164,436 42

Aperçu des ressources ordinaires et des charges de l'année 1830.

...DANT ...HARGES ...les ...ordinaires ...t déficit ...décembre de ...e année.
fr. c.
...,937 94
...,930 02
...,449 95
...,645 91
...,797 24
...,918 37
...,679 43
...,366 27
...,686 84

1° Produits de retenues de 5 pour 0/0 sur appointements, du premier mois d'appointements et du premier douzième des augmentations; produits de congés et produits d'amendes, saisies et confiscations en matières de douanes et de contributions indirectes, attribués aux fonds de retraite (*recouvrements de 1829 pris pour base de ceux réalisés en* 1830) .... 4,720,417 fr.

2° Produit d'arrérage des rentes 5 pour 0/0 :
50,000 francs de rente 5 pour 0/0 ont été aliénés en juin et décembre 1829, à l'effet de couvrir le déficit portant sur cette année. Les rentes 5 pour 0/0 qui restaient inscrites après cette aliénation, au nom de la caisse générale, étaient encore de 679,202 francs. On doit prévoir l'aliénation, avant le 22 septembre prochain, d'une somme de 30,000 francs de ces rentes, pour assurer le payement des arrérages de pensions portant sur les trois premiers trimestres de l'année courante. Cet article de recette ne peut dès lors être reproduit qu'avec une diminution de 15,000 francs : soit pour.......... 664,202

3° Fonds subventionnel fourni par le Trésor en 1829 .... 630,920 fr.
Il est reproduit sous la déduction d'une somme de 47,878 francs, retranchée par la loi de finances de 1830, en exécution de la loi du 15 mai 1818, ci 47,878

RESTE pour cet article de recette, en 1830.......... 583,042 ci. 583,042

TOTAL des prévisions des ressources ordinaires pour l'année 1830... 5,967,661

La somme d'arrérages de pensions ordonnancée et mise en payement pour les quatre trimestres de l'année 1829, est prise pour base de l'appréciation des charges que la caisse générale devra supporter en 1830 : cette somme est de.......... 6,910,000

Les charges opposées aux ressources conduisent à prévoir, pour 1830, un nouveau déficit de.. 942,339 qui sera couvert, comme ceux des années précédentes, par des aliénations de rentes 5 pour 0/0.

ÉTAT N° XXXVI.

TABLEAU PRÉSENTANT LA DÉCROISSANCE DES PENSIONS MILITAIRES JUSQU'A L'ÉPOQUE OU ELLES SERONT RÉDUITES AU MAXIMUM DE 20,000,000 FR. FIXÉ PAR LA LOI DU 25 MARS 1817.

ANNÉES.	MONTANT DES PENSIONS inscrites au commencement de chaque année.	PENSIONS à inscrire annuellement.	RÉUNION DES PENSIONS inscrites au commencement de chaque année, avec celles qui le seront annuellement.	EXTINCTIONS probables PAR ANNÉE.	SITUATION DES PENSIONS à la fin de chaque année.
		(1)			
1830....	47,643,139	1,138,500	48,781,639	1,971,639	46,810,000
1831....	46,810,000	1,014,000	47,824,000	1,981,000	45,843,000
1832....	45,843,000	1,062,000	46,905,000	2,000,000	44,905,000
1833....	44,905,000	1,108,500	46,013,500	2,010,000	44,003,000
1834....	44,003,000	900,000	44,905,000	2,020,000	42,885,000
1835....	42,885,000	900,000	43,785,000	2,013,000	41,772,000
1836....	41,772,000	895,500	42,667,500	2,001,000	40,666,000
1837....	40,666,000	897,000	41,563,000	1,988,000	39,575,000
1838....	39,575,000	865,500	40,440,500	1,975,500	38,465,000
1839....	38,465,000	840,000	39,305,000	1,970,000	37,335,000
1840....	37,335,000	840,000	38,175,000	1,950,000	36,225,000
1841....	36,225,000	840,000	37,065,000	1,930,000	35,135,000
1842....	35,135,000	840,000	35,975,000	1,910,000	34,065,000
1843....	34,065,000	840,000	34,905,000	1,880,000	33,025,000
1844....	33,025,000	840,000	33,865,000	1,860,000	32,005,000
1845....	32,005,000	840,000	32,845,000	1,845,000	31,000,000
1846....	31,000,000	840,000	31,840,000	1,820,000	30,020,000
1847....	30,020,000	840,000	30,860,000	1,800,000	29,060,000
1848....	29,060,000	840,000	29,900,000	1,780,000	28,120,000
1849....	28,120,000	840,000	28,960,000	1,760,000	27,200,000
1850....	27,200,000	840,000	28,040,000	1,740,000	26,300,000
1851....	26,300,000	840,000	27,140,000	1,710,000	25,430,000
1852....	25,430,000	840,000	26,270,000	1,680,000	24,590,000
1853....	24,590,000	840,000	25,430,000	1,650,000	23,780,000
1854....	23,780,000	840,000	24,620,000	1,630,000	22,990,000
1855....	22,990,000	840,000	23,830,000	1,600,000	22,230,000
1856....	22,230,000	840,000	23,070,000	1,570,000	21,500,000
1857....	21,500,000	840,000	22,340,000	1,540,000	20,800,000
1858....	20,800,000	840,000	21,640,000	1,510,000	20,130,000
1859....	20,130,000				

(1) On a supposé que l'application du tarif annexé à l'ordonnance royale du 10 octobre 1829 exigerait un supplément de 1/5 au crédit annuel de 700,000 fr., ce qui le portera à 8,400,000 fr. Les excédants de cette somme représentent l'emploi du restant disponible sur les 1,800,000 fr. de crédit accordés pour l'inscription des traitements d'inactivité convertis en pensions.

ÉTAT N° XXXVII.

NOMENCLATURE DES LOIS, ARRÊTÉS, DÉCRETS ET DÉCISIONS QUI ONT SOUMIS LES DIVERSES FONCTIONS PUBLIQUES A LA CONDITION D'UN CAUTIONNEMENT EN NUMÉRAIRE.

DATES.	OBJET DES LOIS, ARRÊTÉS ET DÉCISIONS.
Loi du 6 frimaire an VIII.........	Création des cautionnements des receveurs généraux.
Loi du 1er pluviôse an VIII.......	Création des cautionnements des quatre payeurs généraux du Trésor.
Loi du 7 ventôse an VIII..........	Création des cautionnements des préposés des douanes, de l'enregistrement, de la loterie et des postes, de ceux des greffiers des tribunaux et des notaires.
Loi du 27 ventôse an VIII.........	Création des cautionnements des avoués, huissiers et receveurs particuliers des finances.
Arrêté du 13 frimaire an IX......	Création des cautionnements des payeurs des divisions militaires, des armées, des ports et des caissiers du trésor.
Loi du 27 ventôse an IX.........	Création des cautionnements des agents de change et des commissaires-priseurs, à Paris.
Loi du 28 floréal an X..........	Création des cautionnements des greffiers de paix et de police.
Arrêté du 4 pluviôse an XI.......	Création des cautionnements des percepteurs des villes dont les rôles sont de 15.000 âmes et au-dessus.
Loi du 25 ventôse an XI.........	Premier supplément demandé aux notaires.
Arrêté du 10 floréal an XI.......	Création des cautionnements des préposés comptables des monnaies (classes diverses).
Arrêté du 18 frimaire an XII.....	Fixation nouvelle des cautionnements des payeurs des divisions militaires, des armées et des ports, et création de ceux des payeurs des départements et des trésoriers des colonies.
Loi du 5 ventôse an XII.........	Création des cautionnements des préposés comptables des droits réunis, de ceux des percepteurs des villes et communes dont les rôles sont au-dessous de 15,000 francs, et demande d'un supplément aux receveurs particuliers des finances.
Décret du 4e jour complém. an XII.	Création des cautionnements des secrétaires des écoles de droit.
Décret du 13 frimaire an XIII....	Création des cautionnements des receveurs des revenus des communes.
Loi du 2 ventôse an XIII.........	Suppléments demandés aux receveurs généraux, aux agents de change de Paris, aux avoués, commissaires-priseurs à Paris, aux greffiers des tribunaux, aux greffiers de paix et de police, et deuxième supplément demandé aux receveurs particuliers.
Loi du 24 avril 1806............	Premier supplément demandé aux préposés de l'enregistrement.
Décret du 29 août 1807..........	Création des cautionnements fixés à 3,000 francs pour chaque receveur sédentaire et ambulant des droits réunis.
Décret du 14 mars 1808..........	Création des cautionnements des gardes du commerce, à Paris.
Décret du 11 janvier 1811........	Création des cautionnements des préposés aux tabacs.
Décision du 15 mars 1811........	Création du cautionnement du fermier des droits de lâchage et remontage des bateaux sous les ponts de Paris (classes diverses).
Décret du 17 mars 1811	Création des cautionnements des gardes-magasins des campements et de l'habillement des troupes (classes diverses).
Décret du 28 août 1813.........	Création des cautionnements des receveurs de l'octroi.
Loi du 28 avril 1816.............	Création des cautionnements des commissaires-priseurs autres que ceux de Paris, de divers préposés des douanes et des contributions indirectes; nouveau mode de fixation de ceux des receveurs-fermiers des octrois; nouvelle fixation des cautionnements des receveurs communaux, percepteurs, conservateurs des hypothèques; premier supplément des agents de change, avocats à la cour de cassation, avoués, greffiers des tribunaux, greffiers de paix et de police, huissiers et payeurs du Trésor; second supplément des receveurs particuliers des finances et notaires; troisième supplément.....
Règlement du roi du 17 juillet 1816	Création des cautionnements des trésoriers des invalides de la marine (classe des payeurs).
Ordonnance du 18 novembre 1817	Création du cautionnement du payeur principal des ministères, à Paris.
Ordonnance du 9 janvier 1818....	Nouvelle organisation et fixation des cautionnements des payeurs du Trésor.
Ordonnance du 15 juillet 1818....	Création des cautionnements des agents de la direction des poudres (classes).
Loi du 17 juillet 1819...........	Création des cautionnements des distributrices de papier timbré, à Paris.
Loi du 23 juillet 1820...........	Création des cautionnements des entreposeurs des poudres (divers).
Décision du 26 juin 1822.........	Nouvelle fixation des cautionnements des comptables de la direction des postes, dont la garantie doit être en numéraire, d'après la loi du 28 avril 1816.
Arrêté du ministre de la guerre du 15 novembre 1823.........	Création des cautionnements des entrepreneurs comptables du matériel de la guerre (divers).
Décision du 24 avril 1824........	Création des cautionnements des entreposeurs, débitants de sels dans l'arrondissement de Gex (divers).

ÉTAT N° XXXVIII. — TABLEAU DES CAPITAUX DE CAUTIONNEMENTS INSCRITS AU 1er AVRIL 1824 ET AU 1er JANVIER 1830.

CLASSES DES TITULAIRES.	SITUATION AU 1er AVRIL 1814.									SITUATION AU 1er JANVIER 1830.					
	CAPITAUX INSCRITS						TOTAL			CAPITAUX INSCRITS				TOTAL.	
	en faveur de titulaires de places dans les départements français.			en faveur de titulaires de places supprimées dans les départements séparés de la France.			par nombre.	par sommes.		en faveur de titulaires de places dans les départements français.		en faveur de titulaires de places supprimées dans les départements séparés de la France.			
	Nombre.	Sommes.		Nombre.	Sommes.										
Agents de change	644	8,673,030	91	105	552,867	31	749	9,225,998	22	13,634,555	31	»		13,634,555	31
Avoués	3,932	5,742,763	56	999	1,264,995	55	4,931	7,007,759	11	11,596,205	86	2,026	96	11,598,232	82
Caissiers et payeurs	160	5,070,960	98	68	1,166,979	74	228	6,237,940	72	4,914,455	40	»		4,914,455	40
Commissaires-priseurs	91	1,793,689	91	»		»	91	1,793,689	91	4,663,764	21	»		4,663,764	21
Douanes	351	386,439	35	438	418,045	28	789	804,484	63	2,596,293	51	35,234	88	2,631,528	39
Contributions indirectes	2,438	3,418,047	76	351	5,322,809	28	2,789	8,740,857	04	24,946,043	»	122,187	88	25,068,230	88
Enregistrement	3,216	10,879,386	85	1,227	3,761,264	42	4,443	14,640,651	27	12,732,073	70	147,642	45	12,879,716	15
Gardes du commerce	10	66,000	»	»		»	10	66,000	»	66,000	»	»		66,000	»
Greffiers des tribunaux	639	916,891	69	196	219,034	79	835	1,135,926	48	2,761,295	29	4,000	»	2,765,295	29
Greffiers de paix	2,978	2,455,551	96	918	778,336	66	3,896	3,233,888	62	4,757,892	80	1,566	34	4,759,459	14
Huissiers	10,790	4,189,928	36	1,500	566,332	93	12,290	4,756,261	29	8,316,411	69	4,401	06	8,320,812	75
Loterie	725	3,941,880	76	409	588,677	17	1,134	4,530,557	93	4,043,531	15	24,262	42	4,067,733	57
Notaires	12,191	15,243,695	49	3,659	4,959,028	32	15,850	20,202,723	81	35,369,823	18	2,634	»	35,372,457	18
Percepteurs	13,218	19,880,199	33	3,561	7,615,979	71	16,779	27,496,179	04	29,645,952	47	165,326	76	29,811,279	23
Postes	1,795	359,483	48	195	41,769	95	1,990	401,583	43	1,787,583	22	8,931	90	1,796,515	12
Receveurs communaux	11,394	3,101,423	13	1,854	1,430,213	62	13,248	4,531,636	75	6,426,262	20	10,327	70	6,436,589	09
Receveurs généraux	101	26,471,909	74	45	5,540,018	53	146	32,011,928	27	28,410,673	57	»		28,410,673	57
Receveurs particuliers	282	13,519,055	17	118	3,022,342	61	400	16,541,397	78	16,728,131	12	251	46	16,728,382	58
Secrét. des écoles de droit	9	72,000	»	2	16,000	»	11	88,000	»	32,000	»	»		32,000	»
Divers	29	238,101	»	3	3,536	»	32	241,637	»	1,337,212	37	1,902	»	1,339,114	37
Préposés aux tabacs	18,377	25,301,943	60	5,004	6,985,334	18	23,381	32,287,277	78	9,239,539	12	221,917	23	9,461,456	35
Octrois	227	643,342	46	76	314,557	19	303	957,899	65	1,678,704	58	16,986	15	1,695,690	73
	83,597	152,365,725	49	20,728	44,568,123	24	104,325	196,933,848	73	225,714,433	87	769,539	49	226,483,973	06

NOTA. Les versements de cautionnements qui ont été faits jusqu'au 1er avril 1814 se sont élevés, distraction faite des remboursements effectués :

	fr.	c.
Pendant l'an VIII et l'an IX	25,635,824	»
— X	6,148,129	23
— XI	27,390,101	12
— XII	4,615,439	07
— XIII	26,047,561	96
— XIV (1806, 15 mois)	36,862,890	80
Pendant l'année 1807	18,639,616	59
— 1808	2,151,971	85
A reporter	147,485,534	62

	fr.	c.
Report	147,485,534	62
Pendant l'année 1809	1,393,167	81
— 1810	993,681	52
— 1811	31,853,543	33
— 1812	13,256,154	61
— 1813	1,951,766	84 (1)
TOTAL, au 1er avril 1814, des sommes reçues, déduction faite de celles remboursées	196,883,848	75

Ces capitaux avaient été recouvrés, savoir :

	fr.	c.
Par la caisse d'amortissement	75,971,762	84
Par le Trésor	88,674,808	11
Par l'administration des droits réunis, sur les cautionnements des tabacs	32,237,277	78
TOTAL ÉGAL	196,883,848	75

(1) L'excédant des versements sur les remboursements de 1813 est en réalité de 2,283,575 fr. 30 c.; mais on en a déduit le montant des remboursements du 1er trimestre 1814, pendant lequel il n'a été fait aucun versement.

ÉTAT A.

BUDGET GÉNÉRAL

DES DÉPENSES DE L'EXERCICE 1831.

Budget de la dette consolidée et de l'amortissement.

			fr.
Rentes inscrites au 1er janvier 1830.	3 p. 100............		39,810,144
	4 1/2 p. 100.........		1,029,237
	5 p. 100............		163,857,078
Total des rentes inscrites au 1er janvier 1830..........			204,696,459
Dont à déduire, pour les arrérages des rentes présumées devoir être rachetées par la caisse d'amortissement du 1er janvier 1830 au 22 juin suivant, rayées du grand-livre de la dette publique, et annulées au profit de l'État........................			1,400,000
Arrérages restant à servir pour 1831, sur la somme de rentes inscrites au 1er janvier 1830....................................			203,296,459
RENTES A INSCRIRE SUR LE CRÉDIT DE 4 MILLIONS ACCORDÉ PAR LA LOI DU 19 JUIN 1828.			
Rentes 4 p. 100 avec jouissance du 22 mars 1830...........			3,134,950
Montant des rentes à servir pour l'année 1831...............			206,431,409
Dotation de la caisse d'amortissement........................			41,665,050
Cette somme se compose :			
De la dotation déterminée par la loi du 25 mars 1817..		40,000,000	
De la somme qui lui doit être ajoutée en vertu de la loi du 19 juin 1828, et qui se compose de la différence entre le crédit accordé par cette loi, ci................................	4,800,000		
Et de la somme de rentes 4 p. 100 négociées, ci......................	3,134,950		
	1,665,050 ci.	1,665,050	
Total égal.........................		41,665,050	
Total....................................			248,096,459

ÉTAT B.

PREMIÈRE PARTIE.

Service général.

					fr.
LISTE CIVILE			25,000,000		32,000,000
FAMILLE ROYALE			7,000,000		
JUSTICE.	Administration centrale		546,000		19,916,475
	Conseils du roi		572,300		
	Cours et tribunaux		15,223,175		
	Frais de justice		3,400,000		
	Fonds de subvention à la caisse du sceau des titres		75,000		
AFFAIRES ÉTRANGÈRES.	Administration centrale		750,000		8,846,500
	Traitement du service extérieur		5,075,000		
	Dépenses variables		2,840,000		
	Bureau de commerce et des colonies		181,500		
AFFAIRES ecclésiastiques INSTRUCTION publique.	Affaires ecclésiastiques.	Administration centrale	306,500	36,825,000	39,000,000
		Traitem^ts et indemnités fixes du clergé	27,663,500		
		Instruct. ecclésiastiq.	2,600,000		
		Dépenses diocésain	3,340,000		
		Secours	2,410,000		
		Chapitre 1er de St-Denis et dépenses diverses	505,000		
	Instruction publique.	Dépenses fixes des collèges roy. et des bourses royales	1,675,000	2,175,000	
		Instruction primaire	500,000		
INTÉRIEUR.	Administration centrale		1,244,000		43,004,000
	Cultes chrétiens non catholiques		760,000		
	Ponts et chaussées, mines et lignes télégraphiques		41,000,000		
	A reporter		43,004,000		

Ministère	Service	Article	Détail	Montant	Total
		Report		43,004,000	fr.
INTÉRIEUR (Suite.)		Travaux publics		3,470,000	110,000,000
		Sciences, belles-lettres et beaux-arts		2,491,000	
		Haras et dépôts d'étalons		1,900,000	
		Commerce, agriculture et services divers d'utilité publique		4,924,000	
		Dépenses spéciales sur le versement de la ville de Paris		4,440,000	
	DÉPENSES départementales.	Fixes ou communes (6 centimes 4/10 centralisés au Trésor	11,645,244	48,351,431	
		Variables spéciales 12 (c. 6/10 dont 5 en fonds commun)	22,926,574		
		Sur centimes facultatifs et extraordin.	12,850,000		
		Sur ressources spéc. et éventuelles des départements	929,613		
		Fonds de secours dans les cas d'incendie, de grêle, etc. (1 cent.)		1,819,569	
GUERRE.		Administration centrale		1,717,000	188,800,000
		États-majors		16,430,000	
		Maison militaire du roi		2,800,000	
		Gendarmerie		15,895,000	
		Solde et entretien des troupes		127,755,000	
		Matériel de l'artillerie		7,750,000	
		Matériel du génie		8,325,000	
		Écoles militaires, dépôts de la guerre, et ordre de Saint-Louis		3,936,000	
		Dépenses temporaires et imprévues		4,192,000	
MARINE.	Service MARINE.	Administrat. centrale	750,000	58,109,900	65,109,900
		Personnel	27,316,200		
		Matériel naval	24,449,500		
		Construct. hydrauliques et civiles	4,300,000		
		Objets spéciaux	1,294,200		
		SERVICES COLONIES		7,000,000	
		A reporter			363,909,900

Ministère	Chapitre	Article	Détail	Montant	Sous-total	fr.
		Report				363,909,000
FINANCES.		Chambres des paires		800,000	97,398,095	
		Chambres des députés		600,000		
		Légion d'honneur		3,264,000		
		Cour des comptes		1,255,000		
	DETTE inscrite.	Dette viagère		6,450,000		
		Pensions de la pairie		2,528,000		
		Pensions civiles	1,500,000	53,959,475		
		Pensions militaires	45,220,000			
		Pensions ecclésiastiq.	5,050,000			
		Pensions de donataires	1,504,000			
		Subventions aux fonds de retenues des ministères	685,475			
		Intérêts des capitaux des cautionnements		9,000,000		
		Administration centrale des finances		4,850,000		
		Frais de liquidation de l'indemnité accordée aux anciens propriétaires dépossédés		150,000		
		Frais de liquidation de l'indemnité de Saint-Domingue		175,000		
	Commission des MONNAIES.	Service central (personnel)	123,700	1,439,300		
		Service dans les départements	315,600			
		Frais de refonte	1,000,000			
	Service de Trésorerie.	Frais de service et de trésorerie	2,400,000	12,927,320		
		Intérêts de la dette flottante, escompte et frais de négociations	6,000,000			
		Bonification d'intérêts aux recev. des finances sur les anticipat. de recouv. des contribut. dir.	2,000,000			
		Taxat. aux mêmes sur les versem. des revenus indirects	1,200,000			
		Traitem. et frais de service des payeurs dans les départements et les ports	1,327,320			
TOTAL DE LA PREMIÈRE PARTIE						561,470,970

DEUXIÈME PARTIE.

Administration des revenus publics.

				fr.
CONTRIBUTIONS DIRECTES.		Administration dans les départements..	3,300,000	22,284,000
	FRAIS de Perception.	Traitements et taxation des receveurs des finances, et remises des percepteurs.....	12,334,000	
		Frais de premier avertissemnt.	650,000	
	CADASTRE.	Fonds commun (loi du 31 juillet 1821)...............	1,000,000	
		Centimes facultatifs votés par les conseils généraux.....	5,000,000	
ENREGISTREMENT ET DOMAINES.		Administration centrale..............	672,710	10,610,960
		Service administratif et de perception dans les départements............	9,164,900	
		Timbre..........................	773,350	
FORÊTS.		Administration centrale..............	254,000	4,096,000
		Services dans les départements........	3,227,000	
		Avances recouvrables (frais divers communs aux bois de l'État et des communes)..........................	615,000	
DOUANES.		Administration céntrale..............	545,000	24,380,998
		Service administratif et de perception dans les départements.............	23,835,998	
CONTRIBUTIONS INDIRECTES.		Administration centrale..............	1,034,000	47,117,000
		Service administratif et de perception dans les départements.............	20,600,000	
		Exploitation des tabacs..............	23,000,000	
		Exploitation des poudres à feu........	2,483,000	
POSTES.		Administration centrale..............	2,193,130	20,073,432
		Service administratif et de perception dans les départements.............	4,198,460	
		Transport des dépêches...............	10,693,342	
		Service rural.........................	2,988,500	
LOTERIE.		Administration centrale...............	433,195	3,203,895
		Service administratif dans les départements	470,700	
		Frais de perception (remises aux receveurs buralistes)..................	2,300,000	
		A reporter....................		131,766,285

	fr.
Report	131,766,285
REMISES aux Receveurs des finances sur le recouvrement des produits divers et des coupes de bois	100,000
TOTAL DE LA DEUXIÈME PARTIE	131,866,285

TROISIÈME PARTIE.

Remboursements et restitutions.

RESTITUTIONS sur les CONTRIBUTIONS DIRECTES.	Pour non-valeurs sur les quatre contributions, et pour attributions aux communes sur les patentes	5,324,883	24,514,883
	Pour non-valeurs extraordinaires sur patentes	220,000	
	Sur les centimes ordinaires et extraordinaires des communes	18,200,000	
	Sur les fonds de réimpositions	770,000	
RESTITUTIONS DE SOMMES indûment reçues SUR LES PRODUITS :	De l'enregistrement et des domaines	1,100,000	1,925,000
	Des forêts	100,000	
	Des douanes	200,000	
	Des boissons, tabacs et poudres	100,000	
	Des postes	25,000	
	Divers	400,000	
RESTITUTIONS de produits D'AMENDES et CONFISCATIONS.	De l'enregistrement	1,400,000	3,912,000
	Des douanes	1,600,000	
	Des contributions indirectes	900,000	
	Des postes	12,000	
PRIMES à l'exportation des marchandises			10,000,000
ESCOMPTE sur le droit de consommation des sels			1,400,000
TOTAL DE LA TROISIÈME PARTIE			41,751,883

RÉCAPITULATION DES DÉPENSES.

			fr.
ÉTAT A.	Dette consolidée et amortissement		248,096,459
ÉTAT B.	1re partie. — Service général	561,470,970	735,089,138
	2e partie. — Administration des revenus publique	131,866,285	
	3e Partie. — Remboursement et restitutions	41,751,883	
	TOTAL DES DÉPENSES DE L'EXERCICE 1831		983,185,597

DÉPENSES POUR ORDRE.

JUSTICE.	Imprimerie royale	1,787,785	25,060,903
AFFAIRES ECCLÉSIASTIQUES et INSTRUCTION PUBLIQUE.	Conseil royal de l'instruction publique	3,576,908	
INTÉRIEUR.	Taxe spéciale des brevets d'invention.	200,000	
GUERRE.	Hôtel royal des Invalides	3,250,037	
	Direction générale des poudres et salpêtres	3,121,620	
FINANCES.	Légion d'honneur	10,278,373	
	Frais de fabrication des monnaies	2,846,180	
	TOTAL GÉNÉRALE		1,008,246,500

PROJET DE LOI

RELATIF A LA FIXATION DU BUDGET DES RECETTES DE L'EXERCICE 1831.

CHARLES, etc.

A tous ceux qui ces présentes verront, salut.

Nous avons ordonné et ordonnons que le projet de loi dont la teneur suit, soit présenté en notre nom à la chambre des députés des départements par notre ministre secrétaire d'État des finances.

§ 1er.

Impôts autorisés pour l'exercice 1831.

ART. 1er.

Continuera d'être faite, en 1831, conformément aux lois existantes, la perception des droits d'enregistrement, de timbre, de greffe, d'hypothèques, de passeports et de permis de port d'armes, et des droits à percevoir, pour le compte du Trésor, sur l'expédition des lettres de naturalité, dispense de parenté pour mariages, autorisation de servir à l'étranger.

D'après le tarif fixé par l'ordonnance du roi du 8 octobre 1814;

Des droits de douanes, y compris celui sur le sel; des contributions indirectes, des postes, des loteries, des monnaies et droits de garantie;

Des taxes des brevets d'invention;

Des droits établis sur les journaux;

Des droits de vérification des poids et mesures, conformément au tarif annexé à l'ordonnance royale du 18 décembre 1825;

Du dixième des billets d'entrées dans les spectacles; du prix des poudres, tel qu'il est fixé par la loi du 16 mars 1819;

D'un quart de la recette brute dans les lieux de réunion et de fête où l'on est admis en payant, et d'un décime par franc sur ceux de ces droits qui n'en sont point affranchis, y compris les amendes et condamnations pécuniaires;

Des contributions spéciales destinées à subvenir aux dépenses des bourses et chambres de commerce, ainsi que des revenus spéciaux accordés auxdits établissements et aux établissements sanitaires;

Des droits établis pour frais de visite chez les pharmaciens-droguistes et épiciers;

Des rétributions imposées, en vertu des arrêtés du gouvernement du 3 floréal an VIII (23 avril 1800) et du 6 nivôse an XI (27 décembre 1802) sur les établissements d'eaux minérales naturelles, les fabriques d'eaux minérales artificielles, et sur les dépôts des unes et des autres, pour le traitement des médecins chargés par le gouvernement de l'inspection de ces établissements;

Des redevances sur les mines;

Des diverses rétributions imposées en faveur de l'Université sur les établissements particuliers d'instruction, et sur les élèves qui fréquentent les écoles publiques; des taxes imposées avec l'autorisation du gouvernement pour la conservation et la réparation des digues et autres ouvrages d'art intéressant les communautés de propriétaires ou d'habitants, des taxes pour les travaux de dessèchements autorisés par la loi du 16 septembre 1807, et des taxes d'affouages, là où il est d'usage et utile d'en établir;

Des droits de péage qui seraient établis, conformément à la loi du 4 mai 1802, pour concourir à la construction ou à la réparation des ponts, écluses ou ouvrages d'art à la charge de l'État, des départements et des communes; des sommes réparties sur les israélites de chaque circonscription, pour le traitement des rabbins et autres frais de leur culte.

ART. 2.

La contribution foncière, la contribution personnelle et mobilière, les contributions des portes et fenêtres et des patentes seront perçues, pour 1831, en principal et centimes additionnels, conformément à l'état A ci-annexé.

Le contingent de chaque département dans les contributions foncière, personnelle et mobilière, et des portes et fenêtres, est fixé aux sommes portées dans les états B, nos 1, 2 et 3, annexés à la présente loi.

ART. 3.

Les traitements fixes et remises des receveurs généraux et des receveurs particuliers, ainsi que les remises des percepteurs, continueront, conformément à l'article 12 de la loi du 23 septembre 1814, d'être imposés dans les rôles des quatre contributions, et l'imposition aura lieu à raison de 4 centimes par franc du montant du principal et des centimes additionnels.

Le produit des 4 centimes sera versé au Trésor, et formera un fonds commun destiné au payement des frais de recouvrement.

ART. 4.

En exécution de l'article 106 du Code forestier, une somme de 1,409,461 fr., montant des frais d'administration des bois des communes et établissements publics, sera ajoutée, pour 1831, à la contribution foncière établie sur ces bois.

Cette somme sera répartie par une ordonnance royale entre les différents départements du royaume.

§ II.

Évaluation des recettes de l'exercice 1831.

ART. 5.

Le budget des recettes est évalué, pour l'exercice 1831, à la somme de 986,201,158 fr., conformément à l'état C, ci-annexé.

§ III.

Moyens de service.

ART. 6.

Le ministre des finances est autorisé à créer, pour le service de la trésorerie et les négociations avec la banque de France, des bons royaux portant intérêt et payables à échéances fixes.

Les bons royaux en circulation ne pourront excéder cent cinquante millions.

Dans le cas où cette somme serait insuffisante pour les besoins du service, il y sera pourvu au moyen d'une émission supplémentaire qui devra être autorisée par ordonnance du roi, et qui sera soumise à la sanction législative dans la plus prochaine session des chambres.

§ IV.

Dispositions générales.

ART. 7.

Toutes contributions directes ou indirectes, autres que celles autorisées par la présente loi, à quelque titre et sous quelque dénomination qu'elles se perçoivent, sont formellement interdites, à peine, contre les autorités qui les ordonneraient, contre les employés qui confectionneraient les rôles et les tarifs, et ceux qui en feraient le recouvrement, d'être poursuivis comme concussionnaires, sans préjudice de l'action en répétition, pendant trois années, contre tous receveurs, percepteurs, ou individus qui auraient fait la perception, sans que, pour exercer cette action devant les tribunaux, il soit besoin d'une autorisation préalable. Il n'est pas néanmoins dérogé à l'exécution des art. 20 et 28 de la loi du 31 juillet 1821, de l'art. 22 de la loi du 17 août 1822 et de l'art. 4 de la loi du 2 août 1829, relatifs à la spécification des dépenses variables départementales et aux centimes facultatifs que les conseils généraux de département sont autorisés à voter pour les dépenses d'utilité départementale et pour les opérations cadastrales, et des art. 31, 39, 40, 41, 42 et 43 de la loi du 15 mai 1818, relatifs aux dépenses ordinaires et extraordinaires des communes.

Donné à Paris, en notre château des Tuileries, le 14e jour du mois de mars de l'an de grâce 1830 et de notre règne le sixième.

CHARLES.

Par le Roi,

Le ministre secrétaire d'Etat des finances.

COMTE DE CHABROL.

ÉTAT C.

BUDGET GÉNÉRAL

DES REVENUS DE L'ÉTAT POUR L'EXERCICE 1831.

DÉSIGNATION DES REVENUS ET IMPOTS.

1° Produits spécialement affectés à la dette consolidée.

			fr.
ENREGISTREMENT, TIMBRE ET DOMAINES.	Droits d'enregistrement, de timbre, hypothèques, droits de greffe, etc....	184,286,000	196,786,000
	Revenus et prix de ventes de domaines.	4,700,000	
	Domaines et bois engagés ou échangés (loi du 12 mars 1820)............	4,400,000	
	Produits accessoires des forêts.......	3,400,000	
COUPES DE BOIS	Prix principal des adjudications payables en traites à échéances (adjudication de l'année 1831).....		22,282,000
DOUANES ET SELS.	Droits de douanes et de navigation, et recettes accidentelles...............	104,920,000	159,085,000
	Droits sur les sels..................	54,165,000	
	TOTAL.....................		378,153,000

2° Produits affectés aux dépenses générales de l'État.

EXCÉDANT ÉVENTUEL des produits ci-dessus sur le service de la dette consolidée..			*Mémoire.*
CONTRIBUTIONS INDIRECTES.	Droits généraux et recouvrements d'avances	134,970,000	206,225,000
	Vente des tabacs..................	66,605,000	
	Ventes des poudres à feu............	4,650,000	
POSTES..			32,838,000
LOTERIE..			12,500,000
	A reporter............		251,563,000

Catégorie	Sous-catégorie	Article	Sommes partielles	Sommes	Totaux
		Report..................			251,563,000
CONTRIBUTIONS DIRECTES.		Principal et centimes additionnels....		278,823,000	
		Centimes de perception..............		12,634,000	
	CENTIMES FACULTATIFS.	Pour dépenses d'utilité départementale.	12,550,000		
		Pour dépenses du cadastre..	5,000,000		
		Pour dépenses ordinaires et extraordinaires des communes.......	18,200,000	36,050,000	329,147,000
		Frais de premier avertissement......		650,000	
		Fonds de réimpositions		770,000	
		Fonds de non-valeurs extraordinaires sur patentes.....................		220,000	
		Contribution additionnelle à celle qui est assise sur les bois de communes et établissements publics, égale au montant des frais d'administration de ces bois..............................			1,409,461
PRODUITS DIVERS.		Versement au Trésor par la ville de Paris, en vertu de la loi du 19 juillet 1820..................			5,500,000
		Salines et mines de sel de l'Est.................			1,200,000
		Intérêts de la créance due par l'Espagne...........			2,289,084
		Bénéfices réalisés par la caisse des dépôts et consignations au 31 décembre 1829.................			6,000,000
		Prélèvements sur les budgets des communes, à titre de subvention pour les dépenses du nouveau service rural des postes (loi du 3 juin 1829(.......			910,000
		Recettes de diverses origines			5,600,000
	PRODUITS D'AMENDES, SAISIES et CONFISCATIONS attribuées A DIVERS.	Amendes de police simple et de police correctionnelle..........		1,000,000	
		En matière de douanes..		1,600,000	3,500,000
		En matière de contributions indirectes......		900,000	
		Ressources spéciales et éventuelles des départements.			929,613
		TOTAL.......................			608,048,158

RÉCAPITULATION DES RECETTES.

	fr.
1° Produits affectés à la dette consolidée (1).......	378,153,000
2° Produits affectés aux dépenses générales........	608,048,168
MONTANT présumé des produits propres au budget de l'exercice 1831..............................	986,201,158

RECETTES POUR ORDRE.

JUSTICE.	Imprimerie royale...................	1,995,000	
AFFAIRES ECCLÉSIASTIQUES et INSTRUCTION PUBLIQUE.	Conseil royal de l'instruction publique.......................	4,088,927	
INTÉRIEUR.	Taxe spéciale des brevets d'invention.	200,000	35,781,417
GUERRE.	Hôtel royal des Invalides...........	3,250,037	
	Direction générale des poudres et salpêtres.........................	3,122,900	
FINANCES.	Légion d'honneur..................	10,278,373	
	Retenues sur les matières versées au change.........................	2,846,180	
	TOTAL GÉNÉRAL...............		1,011,982,575

RÉSULTAT.

LES RECETTES présumées sont de.......	986,201,158
LES DÉPENSES de....................	983,185,591
EXCÉDANT présumé de RECETTES..	3,015,561

(1) L'affectation spéciale de certains produits du budget à la dette consolidée était une forme de comptabilité très-mal à propos empruntée à l'Angleterre et que l'administration a dû abandonner. Cette spécialité compliquée affaiblissait effectivement les garanties bien plus puissantes données désormais aux engagements de l'État, par la totalité du revenu public, par la bonne foi du gouvernement et par l'honneur national.

DISCOURS

DU MINISTRE DES FINANCES,

POUR LA PRÉSENTATION,

A LA CHAMBRE DES DÉPUTÉS,
DES PROJETS DE LOIS RELATIFS AU RÈGLEMENT DÉFINITIF
DU BUDGET DE 1828,
ET A LA FIXATION DES DÉPENSES ET DES RECETTES
DE 1831.

DISCOURS

DU MINISTRE DES FINANCES, POUR LA PRÉSENTATION,
A LA CHAMBRE DES DÉPUTÉS,
DES PROJETS DE LOIS RELATIFS AU RÈGLEMENT DÉFINITIF
DU BUDGET DE 1828,
ET A LA FIXATION DES DÉPENSES ET DES RECETTES
DE 1831.

Messieurs,

Le roi nous a chargé de présenter à vos délibérations les projets de lois qui doivent régler définitivement le budget de 1828, fixer les recettes de l'exercice 1831 et ouvrir des crédits à ses dépenses.

Nous aurons l'honneur de développer les motifs de nos propositions par des explications étendues, et par un exposé complet des ressources et des charges de l'État, qui vous feront connaître, dans toutes ses parties, la véritable situation des finances.

La franchise de ces communications n'est pas seulement un devoir, mais elle est aussi le premier besoin d'une administration qui veut placer son plus ferme appui dans l'exécution des lois.

La Cour des comptes vient de confirmer par ses déclarations authentiques l'exactitude des résultats de la loi réglementaire de 1827; elle a déjà prononcé la conformité de ses arrêts judiciaires avec les faits exécutés sur l'exercice 1828 jusqu'au 31 décembre de la même année; c'est donc sous la garantie de cet important contrôle que vous est présenté le tableau définitif de ce dernier budget, et vous pourrez prononcer avec confiance sur des recettes et des dépenses soumises à une épreuve aussi rassurante.

Quoique nous n'ayons aucune nouvelle disposition à proposer sur l'exercice 1829, sa situation provisoire sera soumise à votre examen, ainsi qu'un aperçu des besoins extraordinaires de 1830; nous ajouterons à cette série de renseignements le résumé des articles du bilan du Trésor royal, afin de vous donner une entière connaissance des opérations antérieures, avant de solliciter votre adhésion sur les prévisions du budget de l'exercice 1831.

RÈGLEMENT DÉFINITIF DU BUDGET DE L'EXERCICE 1828.

La situation de 1828 a déjà été analysée avec détail pendant le cours de la dernière session; il ne reste plus aujourd'hui qu'à rappeler les services déjà votés, dont l'exécution a été achevée conformément au vœu de la législature, et à solliciter la sanction de la loi pour leur imprimer un dernier caractère de régularité et pour en arrêter définitivement les résultats.

Les ressources de cet exercice ont été fixées par les lois précédentes à....................................	965,329,492
Les recouvrements obtenus ont été de.........	982,269,463
et ont offert un excédant de recette de...........	16,939,971

La progression de nos revenus est arrivée à son plus haut degré pendant le cours de cette dernière année. Le produit des patentes, dont le nombre se mesure toujours sur l'activité du commerce, s'est accru de 500,000 francs. Les droits d'enregistrement et de timbre, qui suivent aussi le mouvement des transactions civiles, ont dépassé les évaluations de près de 9 millions. Les douanes, favorisées par une plus grande consommation, ont procuré un excédant de 17 millions, qui a porté leur revenu fort au-dessus des proportions antérieures ; l'élévation du prix des bois a ajouté près de 1,400,000 francs au budget, et la vente des tabacs et des poudres y a également apporté une ressource imprévue de 840,000 fr. Ces augmentations réunies auraient procuré une ressource supplémentaire de près de 29 millions, si nous n'avions pas éprouvé des diminutions sur plusieurs autres articles. Un mécompte de 6,700,000 fr. a eu lieu sur les domaines engagés et autres revenus éventuels d'immeubles ; l'impôt des boissons a souffert de l'abondance des récoltes, et s'est affaibli de 831,000 fr. ; les produits du service journalier des postes sont restés au-dessous de nos prévisions de 514,000 fr. ; les circonstances qui ont troublé l'exploitation des salines de l'Est ont occasionné une non-valeur de 769,000 fr. ; les bénéfices de la loterie se sont réduits de 638,000 fr. ; enfin, les recettes diverses ont été diminuées de 1,812,000 fr. Ces différentes causes ont ramené l'augmentation des produits de 1828 à 16,940,000 fr.

Les crédits ordinaires accordés à cet exercice, par les lois des 24 juin 1827 et 6 août 1828, se montaient à.....	963,998,095
Les fonds extraordinaires mis à la disposition des ministres par les lois des 2 juillet 1828, 24 juin et 4 juillet 1829, ont été de....................	56,751,288
A reporter...	1,020,749,383

Report.. 1,020,749,383

et ont eu pour objet d'accorder des traitements de réforme aux officiers en non-activité; de pourvoir à l'accroissement de l'effectif de l'armée, aux frais d'occupation et d'évacuation de l'Espagne ; de subvenir aux frais de l'expédition de Morée, et enfin, de faire face à tous les besoins de la marine pour le Levant, pour le blocus d'Alger et pour la mission du Brésil.

Le total des crédits ouverts s'est ainsi élevé à.. 1,020,749,383

Nous devons maintenant vous demander de ramener ces crédits aux dépenses qui ont été réellement effectuées, en annulant les sommes restées disponibles après l'entier accomplissement des services, et en allouant les compléments de ressources qui ont été réclamés par leur exécution.

Le ministre de la justice abandonne 162,983 fr. pour des traitements non employés, par suite de vacances d'emplois.

Celui des affaires étrangères présente, pour la même cause, un fonds libre de 199,746 fr. qui se compense avec un excédant de dépense de 198,152 fr. occasionné par des changements d'agents diplomatiques et des frais de courrier.

Le retard apporté dans l'établissement de la maison des hautes études ecclésiastiques, et la non application de tous les fonds destinés aux indemnités du clergé et aux bourses des séminaires, ont procuré un disponible de 416,241 fr. qui n'a été réduit que de 69,239 fr. par des frais de premier établissement et des dépenses d'exercice clos.

Les vacances de bourses et les secours non distribués ont laissé sans emploi 9,574 francs sur l'instruction publique.

Une économie de 144,226 fr., qui a été réalisée sur la police secrète et les travaux publics par le ministère de l'intérieur, ne s'est atténuée que de 57,581 fr. pour les services des poids et mesures et des ponts et chaussées.

Les primes de la pêche maritime ont excédé leur évaluation de 1,547,389 francs ; le ministère du commerce et des manufactures a laissé un fonds disponible de 4,870 fr.

Le ministre de la guerre rend une somme de 286,091 francs sur son administration centrale et ses dépenses temporaires ; mais il a éprouvé une insuffisance de 1,018,256 fr. sur la solde, l'entretien de l'armée et le matériel des établissements, nonobstant d'assez fortes économies obtenues sur la gendarmerie, le casernement, le recrutement, l'habillement, les remontes et les écoles militaires.

Les approvisionnements de la marine et les travaux relatifs à la flotte ont laissé sans emploi 161,955 fr. ; l'effectif des marins, les constructions et autres dépenses accessoires ont élevé de 425,494 fr. la dépense des autres sections de ce ministère.

Le ministre des finances a réduit les frais de son administration centrale de 59,492 fr. et ceux du service de trésorerie de 500,610 fr. ; ceux de la refonte des monnaies, de 25,287 fr. ; d'autres retranchements, qui tiennent à la nature même des services, ont été opérés sur les crédits ouverts aux arrérages des rentes pour 3 millions 637,038 fr. ; des pensions, pour 927,780 fr. ; de la dette viagère, pour 175,054 fr. ; des cautionnements, pour 104,268 fr. ; enfin une diminution de 74,441 fr. a été réalisée sur le crédit relatif aux dépenses de la chambre des députés.

D'un autre côté, des dispositions législatives imposaient au même ministère la nécessité de dépasser les limites du budget pour compléter les allocations des services suivants :

La dotation des légionnaires de l'armée, nommés depuis 1822, réclamait 219,772 fr.

Les pensions des fonctionnaires civils et des donataires ont présenté un excédant de 63,024 fr. ;

L'entretien des ateliers monétaires a exigé 20,200 fr. et les taxations légalement dues aux comptables, 49,592 fr. ;

La dette flottante, mise à la charge du Trésor par les exercices antérieurs et par le retard apporté dans la négociation des 4 millions de rentes affectés aux dépenses extraordinaires de 1828 et de 1829, l'a grevé d'un excédant d'intérêts de 1,820,099 fr. ;

Les primes de douanes à l'exportation ont occasionné une dépense supplémentaire de 6,323,162 fr. ;

Enfin les remboursements et restitutions et les frais inhérents à la régie et à la perception des impôts, ont excédé leur évaluation de 2,876,976 fr.

Ces diverses modifications ne produiront, en définitif, qu'une différence en plus de 3,351,254 fr. sur l'ensemble du budget de 1828. Les articles non soldés qui resteront encore à payer, après la clôture des crédits, ne sont que de 838,419 fr. Ce faible reliquat d'un exercice qui s'est élevé à plus d'un milliard, et qui a été soumis aux retards attachés à des expéditions lointaines, témoigne trop hautement de l'accélération imprimée à l'exécution des services publics, et de la ponctualité du payement des dépenses, pour qu'il ne soit pas signalé à votre attention comme un des plus heureux résultats de l'ordre qui s'est établi dans toutes les parties de l'administration.

Le roi nous a prescrit, par son ordonnance du 23 décembre dernier, de remettre constamment sous vos yeux, dans nos comptes annuels, les restes des exercices fermés, et de vous donner ainsi les moyens de suivre la marche des dépenses qui s'appliquent à chacun d'eux jusqu'à leur terme final. Cette nouvelle mesure, qui met en évidence le petit nombre de créances dont l'État reste débiteur après la clôture de chaque budget, ne laisse plus en dehors de votre contrôle aucune partie de nos besoins, et complétera désormais, à chaque session, le tableau de notre situation financière.

Nous nous sommes empressé de recueillir, dès cette année, les avantages de son exécution, et vous éprouverez sans doute une satisfaction véritable à reconnaître encore, dans cette révision scrupuleuse des charges rejetées sur les budgets courants par les quinze exercices qui ont suivi la Restauration, que jamais les droits des tiers n'ont été satisfaits par le Trésor avec une fidélité et une promptitude plus frappantes, puisque, malgré l'importance et l'étendue de nos dépenses, il restait à peine 500,000 fr. à solder aux créanciers rétardataires sur les opérations antérieures à 1828.

Une aussi favorable situation a produit d'utiles conséquences dans les diverses branches de l'administration; déjà son influence s'est fait remarquer sur les prix des marchés qui engagent l'État envers les particuliers. La sécurité des tiers améliore chaque jour les conditions de tous les contrats administratifs ; et le crédit du gouvernement, fondé par les principes d'ordre et de justice, qu'il a si religieusement observés depuis quinze années, nous assure à la fois les avantages de l'économie et de la bonne exécution des services.

Mais, pour obtenir tous les fruits qu'on doit attendre d'un régime qui exige autant de célérité que d'exactitude, il est indispensable de prévenir les embarras ou les retards qui pourraient s'introduire dans l'acquittement des droits des parties, et suspendre indéfiniment la libération du Trésor. Toute lenteur, toute incertitude dans la liquidation et le payement des charges publiques, troubleraient la situation des finances, porteraient une atteinte fâcheuse à la confiance et pourraient préparer le retour des désordres et des sacrifices que l'ancien arriéré a fait peser si longtemps sur notre administration. La nécessité d'échapper pour l'avenir à un semblable danger nous a conduit à vous proposer deux dispositions spéciales qui ont pour objet de mettre le gouvernement à l'abri de toute répétition trop tardive, soit sur l'arriéré, soit sur l'exercice clos.

Les fréquents avis donnés par la législature et sans cesse renouvelés par les ordonnateurs des différents ministères, n'ont pu vaincre encore la négligence de quelques créanciers antérieurs à 1816 : les termes de déchéance, prononcés par plusieurs lois, n'ont pas été assez précis pour dégager définitivement l'État vis-à-vis de ceux qui ont ajourné leurs réclamations de manière à en grever constamment notre passif exigible, ou qui ont abandonné des droits dont nous paraîtrions toujours débiteurs. Nous ne devons plus ajouter de nouvelles lenteurs à celles dont nous avons déjà supporté le préjudice, et nous vous proposons, pour dernier délai de prescription applicable à cette partie de nos anciennes dettes, l'époque du 1er juillet 1831.

Une disposition préparée dans le même but vous est également présentée pour fermer les comptes ouverts aux créanciers des services courants, après l'expiration de cinq années dans l'intérieur de la France, et de six années pour les pays d'outre-mer. Cette utile précaution, qui concilie à la fois les intérêts du créancier et du débiteur, et qui est consacrée par les principes du droit commun, doit aussi défendre le Trésor public contre des embarras et des dommages qui menaceraient la société tout entière. Cette règle salutaire, tracée dans le Code civil, a déjà été appliquée par les lois précédentes aux arrérages de la dette inscrite, et nous n'avons plus aucun motif de ne pas y soumettre toutes les autres dépenses de l'État, au moment où les budgets exécutés pendant le cours de quinze années ne laissent que 1,380,023 francs de créances non réclamées par les parties en retard, en y comprenant les 838,417 francs restant à payer sur l'exercice 1828.

C'est une garantie de plus que nous devons offrir à la sécurité des tiers qui contractent avec le gouvernement, que d'éclairer sa situation et de la préserver à l'avenir de toute dette arriérée. L'exactitude commande, dans l'intérêt de tous, une juste sévérité, et le gouvernement, qui satisfait aux droits de ses créanciers aussitôt qu'ils viennent de les acquérir, doit avoir la faculté de stipuler avec eux un délai de rigueur pour sa propre libération.

Nous n'avons pas voulu vous demander de clore définitivement 1828 sans avoir pourvu préalablement à tout ce qu'exigeait encore l'apurement des exercices qui l'ont précédé. Maintenant que nous avons accompli cette tâche importante, nous vous proposons d'arrêter les recettes de ce budget à... 1,032,782,145
de ramener ses crédits, montant à 1,020,749,383
par des allocations complémentaires de 14,688,936 et par des annulations de.......... 11,337,682 } 3,351,254
à la somme totale de........... 1,024,100,637
ci..................................... 1,024,100,637

et de fixer l'excédant définitivement disponible à.. 8,681,508
dont 4,767,550 fr. seront ajoutés aux ressources de 1829 — et 3,913,958 fr. seront transportés au budget de 1830, en conservant leur affectation primitive aux dépenses des départements.

Nous ne terminerons pas cet examen des anciens exercices sans rappeler que les intérêts échus sur les rentes 3 0/0, créées par la loi du 27 avril 1825, en faveur des propriétaires dépossédés, pourront retomber à la charge des budgets suivants pour une somme de 14 millions, au fur et à mesure de la liquidation des cinquièmes exigibles et de la délivrance des inscriptions aux parties intéressées. Nous n'avons pas dû comprendre ces besoins futurs avec les restes des exercices fermés, parce qu'ils ne représentent pas des droits reconnus et acquis définitivement au profit des créanciers de l'État.

SITUATION PROVISOIRE DU BUDGET DE L'EXERCICE 1819.

Nous n'avons aucune disposition législative à solliciter sur l'exercice 1829, dont les ressources et les besoins ont été suffisamment prévus par les lois précédentes; mais nous pouvons dès à présent vous exposer la situation provisoire de ses recettes et de ses dépenses, parce qu'elles sont déjà presque entièrement réalisées, et qu'elles se trouvent d'ailleurs constatées par des liquidations régulières dans la comptabilité des différentes branches de l'administration.

Les produits de ce budget avaient été évalués par la loi du 17 août 1828, à........................	991,966,738
Les recouvrements effectifs ont été de.........	996,527,783
et offrent une plus-value de...................	4,561,045

Qu'il nous soit permis de placer ici, sur l'exactitude de la rentrée des impôts, une remarque non moins frappante que celle qui s'appliquait tout à l'heure à la ponctualité du service des dépenses. Il a suffi de treize mois pour réaliser la totalité des revenus de l'État. Une perception aussi prompte et aussi facile n'est-elle pas un nouveau bienfait de l'ordre public qui atteste dans toutes les parties de la France l'obéissance et le respect aux lois du royaume?

Le produit des patentes, qui a dépassé de 666,000 francs celui de 1828, entre dans l'excédant que nous venons d'établir pour 779,000 francs; ceux de l'enregistrement y sont compris pour 4,789,000 francs. Ils ont dépassé de 1,106,000 francs les recettes de 1828, et leur accroissement se serait même élevé à 2,400,000 francs, sans des mécomptes survenus pour les domaines engagés et les droits de timbre, de greffe et d'hypothèques; les douanes et sels ont excédé leur évaluation de 6,165,000 francs et ne sont restés que de 4 millions au-dessous de l'année 1828, qui avait été la plus abondante; les recettes accidentelles ont donné un excédant de 2,388,000 francs par suite du paiement des intérêts dus sur les avances faites à l'Espagne; ces diverses augmentations, montant à 14,121,000 francs, ont été compensées par les diminutions suivantes:

Les contributions indirectes, toujours réduites par l'abaissement du prix des boissons, ont été inférieures de 4,680,000 francs au budget, et de 6 millions aux produits de l'année précédente; les coupes de bois en principal et accessoires ont présenté une différence en moins de 4,300,000 francs qui porte sur le nombre d'hectares vendus plus encore que sur leur valeur; les postes n'ont pas obtenu tout ce que l'on avait espéré du service journalier et ont rapporté 289,000 francs de moins que leur évaluation, quoiqu'elles aient augmenté de 215,000 francs sur l'année 1828; la loterie n'a présenté qu'une insuffisance de 123,000, et les salines de l'Est, de 202,000 francs.

Telles sont les différentes causes de l'excédant de recette de 4,461,045 francs, que fait ressortir le budget de 1829.

Les dépenses ordinaires de cet exercice ont été fixées par les lois des 17 août 1828 et 26 juillet 1829, à.......	981,454,278
Celle du 2 août dernier a ouvert des crédits extraordinaires montant à 42,648,670 fr. qui ont été répartis jusqu'à concurrence de............	39,282,800
pour la continuation du blocus d'Alger, l'accroissement de l'effectif de l'armée, l'achèvement de	
A reporter....	1,020,737,078

Report.... 1,020,737,078

la mission du Brésil, la suite de l'exécution du traité de Londres du 6 juillet 1827, et enfin l'occupation de la Morée;

et ils s'élèvent aujourd'hui à 1,020,737,078

Les crédits spéciaux accordés dès l'année dernière aux services extraordinaires que nous venons de rappeler, ne nous laissent plus que le devoir de vous présenter à l'avance les résultats des lois que vous avez votées, afin de vous faire pressentir les dispositions qui resteront à prendre à l'époque de la session prochaine, ainsi que le solde final de ce budget courant.

Vous aurez déjà remarqué que les opérations autorisées par la loi du 2 août dernier ne consommeront pas la totalité des ressources qui leur avaient été affectées et n'exigeront qu'un emploi de 39,282,800 francs sur le crédit spécial de 42,648,690 francs.

Mais d'un autre côté les besoins ordinaires des divers départements ministériels réclameront des allocations complémentaires montant à 12,793,630 francs qui s'appliqueront pour 120,000 francs à des frais de premier établissement des ministères de la justice et des affaires ecclésiastiques; pour 100,000 francs à une régularisation de dépenses imputables sur les produits des poids et mesures; pour 1,400,000 francs aux primes de la pêche maritime; pour 5,515,072 francs à l'élévation du prix des vivres et des fourrages de la guerre, et à des rappels sur d'anciens exercices, nonobstant de nouvelles épargnes sur la solde d'activité, sur l'habillement, le harnachement, les hôpitaux, les remontes et les écoles militaires;

pour 62,900 francs à des frais administratifs du ministère de la marine ; pour 852,158 francs à la Légion d'honneur ; pour 1,500,000 francs aux intérêts de la dette flottante du Trésor ; pour 3,190,000 francs aux primes de douanes à l'exportation ; enfin pour 503,500 francs aux frais de régie, de perception et d'exploitation des revenus publics.

En même temps, les ministres auront à faire annuler des fonds sans emplois pour 6,913,556 francs ; 5,600,000 fr. s'appliquent aux arrérages de la dette perpétuelle et des pensions, et le surplus de 1,313,556 francs se répartit entre les diverses sections du budget.

Le résultat de ces modifications ajoutera aux dépenses de l'exercice 1829, montant à........................	1,020,737,078
un complément de........................	5,880,074
qui doit les élever définitivement à.............	1,026,617,152
tandis que les recettes, augmentées des 29,487,323, restés disponibles sur le produit de l'emprunt autorisé par la loi du 19 juin 1828 et de l'excédant de recettes de 4,767,550 fr. sur le budget précédent, seront de........................	1,030,782,656
et présenteront un excédant de................	4,165,504
à transporter à l'exercice 1830.	

APERÇU DE LA SITUATION DE L'EXERCICE 1830.

Les deux exercices qui viennent de s'accomplir n'exigent donc aucune allocation nouvelle de ressources, et les lois précédentes avaient suffisamment pourvu à tous leurs besoins ; mais il était impossible de prévoir les charges extraordinaires qui devaient peser sur 1830 au moment où la dernière loi de finances a accordé les recettes applicables à ses dépenses, et nous devons les rattacher aujourd'hui au résultat précédemment exposé, pour compléter l'ensemble de notre situation financière.

La suite des opérations commencées pour l'exécution du traité de Londres, du 6 juillet 1827, pour l'occupation de la Morée et pour le blocus d'Alger, exigera encore, en 1830, un subside extraordinaire que l'on peut évaluer à 12 millions.

Les engagements pris, par les lois précédentes, avec les concessionnaires de canaux, nous imposeront une dépense supplémentaire de 12 millions. Les services antérieurs nous ont ainsi grevés d'une nouvelle exigence montant à 24 millions.

Nous aurons également à subvenir aux frais de la nouvelle expédition qui se prépare à Toulon et dont nous n'avons pas pu calculer encore l'importance et la durée. Aussitôt que nous serons parvenu à connaître les résultats avec plus d'exactitude, nous vous demanderons les voies et moyens indispensables pour couvrir ces besoins extraordinaires et urgents dans la forme prescrite par l'art. 152 de la loi du 25 mars 1817.

SITUATION DU TRÉSOR ROYAL AU 1er JANVIER 1830.

Maintenant que vous avez reçu tous les renseignements relatifs aux budgets des exercices clos et en cours d'exécution, nous présentons à votre examen la situation dans laquelle les opérations précédentes ont placé le Trésor, avant de vous occuper des ressources et des charges que vous avez à lui préparer pour l'exercice 1831.

L'exercice antérieur au 1er avril 1814 l'a grevé d'un déficit de.. 73,687,152

Les avances faites à l'Espagne, de 1823 à 1828, le mettent encore à découvert, jusqu'à l'époque de leur remboursement, de........................ 89,216,283

Celles qu'il a supportées pour les dépenses extraordinaires de 1828, et qui seront à sa charge jusqu'à la réalisation du crédit de 4 millions de rentes ouvert par la loi du 19 juin 1828, s'élevaient au 1er janvier dernier à........................ 50,512,682

Enfin, les avances qu'il aurait dû faire pour suppléer à l'insuffisance momentanée de ses recouvrements applicables aux dépenses courantes, étaient, à la même époque, de........................ 56,770,880

C'est ainsi que sa dette flottante s'élevait à...... 270,186,997 et se composait des placements des communes pour 65,874,000 fr.; des fonds particuliers des comptables, pour 32,437,000 fr.; des avances de ses correspondants ordinaires, pour 28,325,000 fr.; enfin, des bons royaux émis pour 133,591,000 fr., et des autres effets à payer, pour 9,959,000 fr.

Ces divers emprunts administratifs, que le crédit actuel de l'administration rend faciles à supporter, et qui favorisent des relations nécessaires à son service et aux convenances du public, assurent dans tous les temps et sur tous les points du service une exactitude qui est aussi précieuse pour les intérêts des tiers que pour ceux du gouvernement.

Une nouvelle autorisation est aujourd'hui indispensable pour faire face à ces besoins particuliers, que l'exécution des lois antérieures a fait retomber sur le Trésor, et nous demandons le maintien du crédit spécial de 150 millions en bons royaux, qui a déjà été ouvert aux budgets de 1829 et de 1830.

PROPOSITION DU BUDGET DE L'EXERCICE 1831.

Après avoir complétement expliqué les résultats des exercices qui ont été soumis à vos précédentes délibérations, de manière à ne laisser aucune incertitude sur le passé, nous vous demandons d'apprécier les recettes et les dépenses de 1831, et de préparer ainsi pour l'avenir la marche facile et régulière de tous les services publics.

DÉPENSES.

Les crédits demandés pour ce nouvel exercice sont les mêmes que ceux dont vous avez déjà apprécié la nécessité, en votant le budget de 1830.

Les modifications qu'il a paru indispensable d'y apporter ont principalement pour objet de remplir le vœu des lois précédemment adoptées; de rattacher, pour ordre, au budget, des recettes et des dépenses qui s'en trouvaient encore séparées; et enfin de pourvoir à quelques exigences nouvelles : vous remarquerez néanmoins que cette dernière partie de nos demandes est presque entièrement compensée par des économies et des réductions équivalentes.

La dette consolidée sera augmentée du complément du crédit de 4,800,000 francs créé par la loi du 19 juin 1828, dont les fonds n'avaient été faits que pour six mois au budget de 1830, et d'une faible différence portant sur l'appréciation des rachats de la caisse d'amortissement. Cette double modification, qui est une conséquence inévitable de la législation antérieure, ajoutera 2,553,394 francs aux besoins de cet important service.

Les mesures que réclameront le règlement de l'amortissement et la conversion de nos rentes 5 0/0 doivent faire l'objet de propositions spéciales qui ne peuvent pas se confondre, à cause de l'importance et de l'étendue de leurs motifs, avec le travail relatif au budget de l'exercice 1831.

Le produit des extinctions de pensions ecclésiastiques attribué au clergé par la loi du 4 juillet 1821, fera reporter à son crédit une somme de 400,000 francs.

Les intérêts, primes et amortissement dus pour les canaux en vertu des lois rendues en 1821 et en 1822 imposeront une charge inévitable de 1,150,000 francs.

Les encouragements accordés à la pêche de la morue et de la baleine exigeront 600,000 francs de plus que ne l'avait prévu l'évaluation de 1830.

Le service rural des postes, ordonné le 3 juin 1829, occasionnera une dépense de 2,988,500 francs qui se balance avec une recette probable d'égale somme.

La mesure d'ordre qui fait rentrer au budget la dépense des écoles militaires y apporte un supplément de 454,750 francs qui se compense avec la recette des pensions payées par les familles.

Une autre régularisation, ayant pour but de conformer les crédits aux produits des centimes additionnels qui y sont affectés, ajoute 90,927 francs aux dépenses fixes et variables des départements.

Enfin, une opération analogue rattache aux non-valeurs des patentes 49,486 francs, et aux frais de perception des contributions directes une somme de 164,000 francs.

Les diverses augmentations que nous venons d'expliquer, et qui s'élèvent ensemble à 8,451,057 francs, nous sont donc commandées par des dispositions législatives ou des règles de comptabilité; celles qui sont sollicitées par divers intérêts publics concernent les services suivants :

Le ministère de la justice demande 387,455 francs pour fortifier l'organisation des cours royales, en élevant à la quatrième classe celles qui composent aujourd'hui la cinquième; pour compléter le personnel des tribunaux de première instance, par l'adjonction d'un quatrième juge dans les lieux où ils ne sont qu'au nombre de trois, et pour créer plusieurs emplois devenus indispensables.

Le ministre des affaires étrangères, dont l'ancien budget de 9 millions a subi, l'année dernière, une réduction de 884,000 fr., réclame une allocation de 549,000 francs motivée sur l'établissement d'un consulat général en Grèce, de neuf consulats nouveaux en Amérique, et sur l'insuffisance du crédit affecté en 1830 aux dépenses variables de son département.

L'accroissement du nombre des succursalistes, des vicaires des paroisses en activité et des jeunes ecclésiastiques remplissant les fonctions de desservants, exige qu'un supplément de 533,500 francs soit ajouté aux 400,000 francs que l'on doit attendre du produit des extinctions des pensions du clergé.

L'instruction primaire a besoin d'un nouveau secours de 200,000 francs.

Les cultes chrétiens non catholiques, l'entretien des établissements de bienfaisance ou d'utilité publique appartenant au ministère de l'intérieur, réclament une allocation complémentaire de 165,000 francs.

La caisse des Invalides de la guerre attend une subvention de 1,500,000 francs qui lui permette de ne plus exercer sur les pensions civiles et militaires une retenue dont la suppression, depuis longtemps sollicitée, est proposée à votre approbation.

L'insuffisance des fonds précédemment affectés à la conservation et au repeuplement des forêts, nous oblige à vous demander un nouveau crédit de 119,500 francs qui s'atténue d'une économie de 43,650 francs.

Enfin, l'établissement d'une malle nouvelle sur la route de Lyon à Bordeaux, et quelques autres frais administratifs des postes, exigeraient une somme de 442,857 francs, si les simplifications introduites dans les administrations centrales par une ordonnance royale du 3 janvier dernier n'avaient pas permis de réduire le supplément nécessaire en 1831 à 305,108 francs.

Ces nouveaux moyens de mieux assurer l'exécution des services élèveront la dépense de 3,759,563 francs; mais elle doit en même temps s'atténuer par les épargnes et les retranchements qu'il a été possible de réaliser sur d'autres branches d'administration.

L'extinction naturelle de la dette viagère, des pensions de toute nature et des traitements de la Légion d'honneur doit présenter un disponible de 1,804,925 francs.

La substitution d'un bureau et d'un conseil supérieur au ministère du commerce doit procurer une économie de 120,300 francs.

La révision scrupuleuse de toutes les branches de l'administration des finances, commencée par les soins de mon prédécesseur, que je me suis fait un devoir de continuer dans le même but, m'a conduit à obtenir des réductions compatibles avec la bonne exécution des services.

Une ordonnance royale du 13 septembre 1829 a renfermé l'organisation de l'administration centrale des finances dans un cadre qui est inférieur de deux cents personnes et de 600,000 fr. à celui de 1828, et qui a préparé pour 1831 une économie de.. 150,000

Les frais de la liquidation des indemnités dues aux émigrés et aux colons de Saint-Domingue ont aussi été diminués de.......................... 45,000

Une ordonnance royale du 1er novembre 1829, qui a supprimé les places de payeurs spéciaux de la guerre et de la marine, pour ne conserver qu'un seul comptable des dépenses par département, et qui a ramené les traitements de ces préposés à des proportions plus justes et plus modérées, a ménagé pour l'avenir une épargne de 336,000 fr. qui a déjà procuré 120,000 fr. sur 1830, et qui doit donner encore en 1831............. 21,080

Une ordonnance royale du 11 novembre 1829, qui a déterminé les nouvelles bases de l'organisation du personnel de l'enregistrement et des domaines, a retranché près de 400,000 fr. sur les dépenses de cette administration et les réduira, dès 1831, de...... 174,000

La même réforme appliquée à la direction générale des douanes par une ordonnance du 30 décembre dernier, a permis d'obtenir plus de 400,000 fr. pour fortifier le service des brigades, et de réduire le budget actuel de.............................. 40,000

Une autre décision de S. M., rendue le même jour, a soulagé le commerce d'une dépense de plus de 500,000 fr. par la réduction des frais de plombage des marchandises et de la remise accordée aux receveurs des douanes sur les crédits ouverts aux négociants pour le payement des droits.

L'ordonnance royale du 13 décembre 1829, qui

A reporter........... 430,080

Report..............	430,080
réorganise la régie des contributions indirectes, et réunit à l'avenir les entrepôts de tabacs aux recettes principales, a produit, en 1831, une diminution de..................................	122,220
qui s'augmentera par la suite de près de 700,000 fr.	
Les économies préparées, en 1829, par le ministère des finances, qui doivent se réaliser sur l'exercice 1831, seront ainsi de....................	552,300

Elles ont déjà retranché près d'un million et demi sur 1830 et sont assurées pour 1,300,000 francs aux budgets futurs.

Enfin, les remboursements et restitutions paraissent devoir exiger 237,000 francs de moins qu'en 1830.

L'extinction d'une partie de nos dettes temporaires et les économies obtenues doivent donc décharger le budget de l'exercice 1831 d'une dépense de 2,758,175 francs. Les modifications dont vous venez d'entendre les motifs porteront, en définitif, les crédits demandés à la somme de 983,185,597 francs.

Les recettes qui sont applicables à ces besoins nous ont paru devoir être appréciées, suivant l'usage habituel, d'après les produits réalisés pendant l'année la plus récente, et nous avons pensé qu'elles nous offriraient en 1831, comme en 1829, après la déduction du double produit des coupes de bois et des fonds departementaux transportés des exercices précédents, une ressource de..................................	969,328,053
Toutefois, nous avons dû y comprendre plusieurs articles portés pour une somme égale à la dépense, et qui sont relatifs aux postes et aux écoles militaires, et la moitié de la retenue attribuée à la caisse des Invalides de la marine....................	3,988,000
A reporter.........	973,316,053

Report	973,316,053
Mais, d'un autre côté, quelques modifications sur différents produits ont occasionné une faible diminution de..................................	114,895
et leur montant probable a été ainsi ramené à la somme de..................................	973,201,158
Nous avons réuni à ces prévisions les rentrées à espérer sur les domaines engagés et sur les biens de l'ancienne dotation du sénat, en les évaluant à....	7,000,000
Nous y avons ajouté aussi une somme de....... prélevée sur les 8,900,000 fr. de bénéfices réalisés par la caisse des dépôts, et qui sont destinés à accroître les produits des budgets.	6,000,000
Ces deux suppléments de recettes élèveront les voies et moyens à une somme totale de.......... qui excède de 3,015,561 fr. les dépenses de l'exercice 1831.	986,201,158

Vous remarquerez sans doute qu'une disposition du projet de loi qui vous est présenté a pour but de substituer une seule imposition aux divers centimes additionnels de frais de perception des contributions directes, et de rendre égale pour toutes les localités cette dépense spéciale qui les grevait, jusqu'à présent, dans une proportion inverse des forces contributives de chacune d'elles. Désormais, selon le vœu plusieurs fois exprimé dans les sessions précédentes, cette charge fixe et commune pourra être calculée au marc le franc du montant des rôles de tous les départements.

CONCLUSION.

En traçant cet exposé de la situation de nos besoins et

de nos ressources, nous avons voulu vous procurer autant d'éclaircissements sur les intérêts publics soumis à vos délibérations, que nous en avions recueilli nous-même pour former les éléments de notre propre conviction. Nous espérons avoir fait pénétrer vos regards dans les nombreux détails de cet ensemble, et vous en avoir fait saisir tous les résultats. Pour éclairer plus complétement encore vos travaux législatifs, nous nous empressons de livrer à votre examen un compte très-étendu qui vient d'être soumis à Sa Majesté, sur toutes les branches de l'administration des finances, et sur les questions qui s'y rattachent.

Je ne terminerai pas, Messieurs, cette importante discussion de tous les services, sans vous annoncer que l'exercice 1831 sera sans doute le dernier pour lequel nous ne puissions parvenir qu'à un équilibre exact entre les recettes et les dépenses de l'État. Les améliorations que nous avons obtenues dans la situation de notre crédit par notre inébranlable fidélité à remplir les engagements des temps difficiles, nous permettent d'espérer une diminution prochaine de nos charges annuelles par de nouvelles mesures sur l'amortissement et sur l'intérêt de la dette publique, et de préparer ainsi, aux budgets futurs, un excédant de ressources assez considérable pour vous offrir les moyens de compléter ces travaux des routes et des canaux qui doivent créer partout des relations industrielles si avantageuses à la fortune publique, de ne plus ajourner les constructions indispensables à la défense de nos frontières et à la restauration de nos ports, et enfin de réaliser tout ce qui manquerait encore à la sécurité et au bien-être de la France.

PROJET DE LOI

PORTANT RÈGLEMENT DU BUDGET DE L'EXERCICE 1828.

CHARLES, etc.

A tous ceux qui ces présentes verront, salut.

Nous avons ordonné et ordonnons que le projet de loi dont la teneur suit, soit présenté en notre nom à la chambre des députés des départements, par notre ministre secrétaire d'État des finances, etc.

§ Ier.

Des annulations de crédits.

ART. 1er.

Les crédits ouverts par les lois des 24 juin 1827, 6 août 1828 et 24 juin 1829, pour les services ordinaires et extraordinaires de l'exercice 1828, sont réduits d'une somme totale de 7,423,724 fr. restée disponible et sans emploi, d'après les payements effectués sur cet exercice, à la date du 1er décembre 1829.

Ces annulations sont et demeurent réparties entre les ministères et sections spéciales sur lesquels portent les excédants et crédits, conformément à l'état A ci-annexé.

ART. 2.

Les crédits affectés au service des départements fixes et variables, les secours distribués en cas de grêle, incendies, épizooties, etc., les dépenses cadastrales et les non-valeurs sur contributions foncière, personnelle et mobilière, sont réduits d'une somme de 3,913,958 fr. restée disponible à la date du 1er décembre 1829. Cette somme est affectée et transportée au budget de 1830 pour y recevoir la destination qui lui a été donnée par la loi du 24 juin 1827.

§ II.

Des suppléments de crédits.

ART. 3.

Il est accordé, sur le budget de 1828, au delà des crédits fixés par les lois des 24 juin 1827 et 24 juin 1829, des crédits additionnels et complémentaires jusqu'à concurrence de 14,668,936 fr., qui demeurent répartis entre les ministères et services désignés au même état A ci-annexé.

§ III.

Fixation du budget de l'exercice 1828.

ART. 4.

Au moyen des dispositions précédentes, les crédits au budget de l'exercice 1828 sont définitivement fixés à la somme de 1 milliard 24,100,637 fr. avec affectation,

SAVOIR :

Aux dépenses des services ordinaires jusqu'à concurrence de....................................	973,587,955 f.
Aux dépenses des services extraordinaires imposables sur le fonds spécial de 80 millions créé par la loi du 19 juin 1828, jusqu'à concurrence de....................................	50,512,682
Total général...........	1,024,100,637 f.

Cette somme est et demeure répartie entre les différents ministères et services, conformément à l'état A ci-annexé.

ART. 5.

Les recettes de toute nature de ce même exercice sont arrêtées, au 1er décembre 1829, à la somme totale de 1,032,782,145 fr., conformément à l'état B aussi annexé à la présente loi.

ART. 6.

La somme de 8,681,508 fr., formant la différence entre les recettes de 1828 arrêtées par l'article précédent à........................... 1,032,782,145 f.
et les crédits du même exercice, définitivement réglés par l'article 4, à............. 1,024,100,637

Différence........... 8,681,508 f.

Est affectée et transportée, savoir :

Au budget de l'exercice 1830, conformément à l'article 2 de la présente loi, pour......................... 3,913,958 f.

A celui de 1829, pour la différence, montant à.. 4,767,550

Total égal.......... 8,681,508 f.

§ IV.

Dispositions générales.

ART. 7.

Les sommes qui pourraient provenir encore des ressources affectées à l'exercice 1828, seront portées en recette au compte de l'exercice courant, au moment où les recouvrements seront effectués.

ART. 8.

Toute créance portant sur l'arriéré antérieur à 1816, et dont le titulaire ou les ayants cause n'auront pas fourni, avant le 1er juillet 1831, les justifications nécessaires pour la délivrance du titre de payement, sera définitivement éteinte et amortie au profit de l'État.

ART. 9.

Seront prescrites et définitivement éteintes au profit de l'État, sans préjudice des échéances prononcées par les lois antérieures ou consenties par des marchés ou conventions, toutes créances qui, n'ayant pas été acquittées avant la clôture des crédits de l'exercice auquel elles appartiennent, n'auraient pu, à défaut de justifications suffisantes, être liquidées, ordonnancées et payées dans un délai de cinq années, à partir de l'ouverture de l'exercice pour les créanciers domiciliés en Europe, et de six années pour les créanciers résidant hors du territoire européen.

Le montant des créances frappées d'opposition sera, à l'époque de la clôture des payements, versé à la caisse des dépôts et consignations.

Le terme de prescription des créances portant sur les exercices 1830 et antérieurs est fixé au 31 décembre 1834 pour les créanciers domiciliés en Europe, et au 31 décembre 1835 pour les créanciers résidant hors du territoire européen.

ART. 10.

Les dispositions des deux articles précédents ne seront pas applicables aux créances dont l'ordonnancement et le payement n'auraient pu être effectués, dans les délais déterminés, par le fait de l'administration ou par suite de pourvois formés devant le conseil d'État.

Tout créancier aura le droit de se faire délivrer, par le ministre compétent, un bulletin énonçant la date de la demande et les pièces produites à l'appui.

Donné à Paris, en notre château des Tuileries, le 14e jour du mois de mars, de l'an de grâce 1830 et de notre règne le sixième.

CHARLES.

Par le Roi,

Le ministre secrétaire d'État des finances,

COMTE DE CHABROL.

PROJET DE LOI

RELATIF A LA FIXATION DU BUDGET DES DÉPENSES DE L'EXERCICE 1831.

CHARLES, etc.

A tous ceux qui ces présentes verront, salut.

Nous avons ordonné et ordonnons que le projet de loi dont la teneur suit, soit présenté en notre nom à la chambre des députés des départements, par notre ministre secrétaire d'État des finances, etc.

§ Ier.

Budget de la dette consolidée et de l'amortissement.

ART. 1er.

Les dépenses de la dette consolidée et de l'amortissement sont fixées, pour l'exercice 1831, à la somme de 248,096,459 fr., conformément à l'état A ci-annexé.

§ II.

Fixation des dépenses générales du service.

ART. 2.

Des crédits sont ouverts jusqu'à concurrence de 735,089,138 fr. pour les dépenses générales du service de l'exercice 1831, conformément à l'état B ci-annexé ;

APPLICABLES :

Aux dépenses générales, ci..............	561,470,970 f.
Aux frais d'administration et de perception des impôts directs et indirects et des revenus de l'État, ci	131,866,285
Aux remboursements et restitutions à faire sur le produit desdits impôts et revenus, et au payement de primes à l'exportation, ci........	41,751,883
Total égal...........	735,089,138 f.

ART. 3.

Il sera pourvu au payement des dépenses mentionnées dans les articles 1 et 2 de la présente loi, et dans les tableaux y annexés, par les voies et moyens de l'exercice 1831.

Donné à Paris, en notre château des Tuileries, le 14e jour du mois de mars, de l'an de grâce 1830, et de notre règne le sixième.

CHARLES.

Par le Roi,

Le ministre secrétaire d'État des finances,

COMTE DE CHABROL.

TABLE DES MATIÈRES

CONTENUES DANS LE TOME PREMIER.

FIN DE LA TABLE DES MATIÈRES.

Paris, Imprimerie de Paul Dupont, rue de Grenelle-Saint-Honoré, 45.

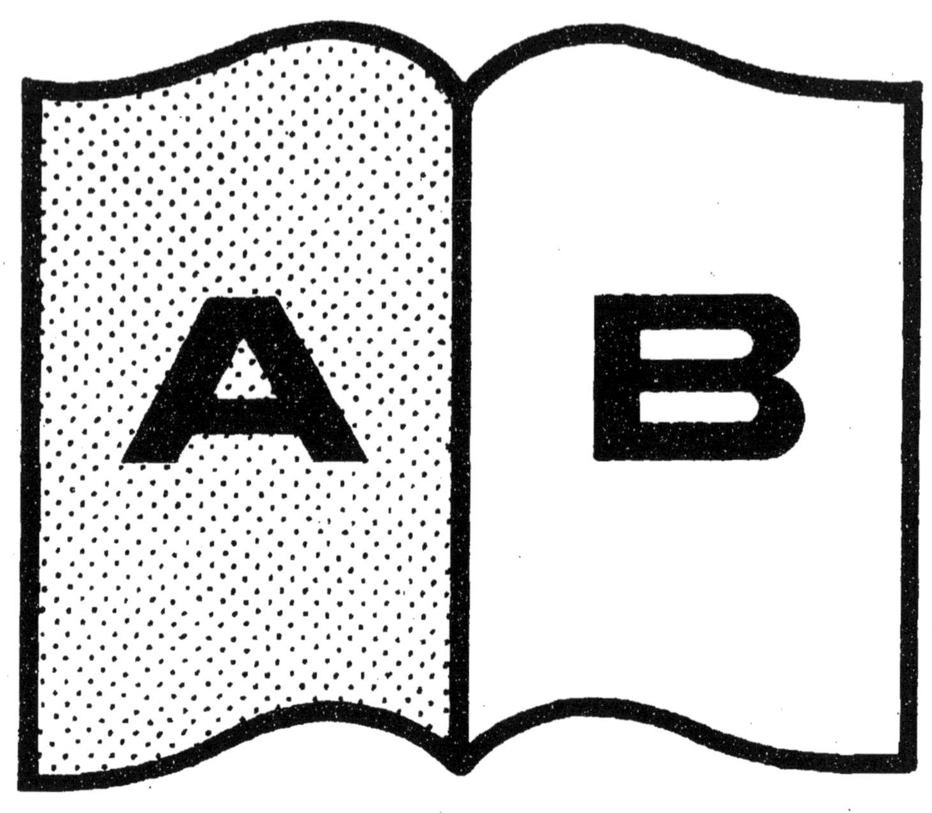

Contraste insuffisant

NF Z 43-120-14

www.ingramcontent.com/pod-product-compliance
Ingram Content Group UK Ltd.
Pitfield, Milton Keynes, MK11 3LW, UK
UKHW012004240726
13965UKWH00001B/153